Inhaltsverzeichnis

Abkürzungsverzeichnis

Abs.	Absatz
AVR	Arbeitsvertragsrichtlinien
BAföG	Bundesausbildungsförderungsgesetz
BbgSchG	Brandenburgisches Schulgesetz
BEEG	Bundeselterngeld- und Elternzeitgesetz
BGB	Bürgerliches Gesetzbuch
BKiSchG	Bundeskinderschutzgesetz
BSHG	Bundessozialhilfegesetz
EuGH	Europäischer Gerichtshof
GG	Grundgesetz
gGmbH	gemeinnützige Gesellschaft mit beschränkter Haftung
JArbSchG	Jugendarbeitsschutzgesetz
JGG	Jugendgerichtsgesetz
JuSchG	Jugendschutzgesetz
KiFöG	Kinderförderungsgesetz
KJHG	Kinder- und Jugendhilfegesetz
KSchG	Kündigungsschutzgesetz
MuSchG	Mutterschutzgesetz
SGB	Sozialgesetzbuch
StGB	Strafgesetzbuch
StPo	Strafprozessordnung
TVöD	Tarifvertrag für den öffentlichen Dienst
WfbM	Werkstatt für behinderte Menschen
WMVO	Werkstätten-Mitwirkungsverordnung
ZPO	Zivilprozessordnung

Vorwort zur 8. Auflage

Die vorliegende 8. Auflage des Lehrbuches berücksichtigt die Änderungen im BGB auf der Grundlage des „Gesetzes zur Reform der elterlichen Sorge nicht miteinander verheirateter Eltern" vom 19. Mai 2013. Diese konnten bei Drucklegung der 7. Auflage noch keine Berücksichtigung finden.

Im Rahmen des Sozialrechts möchten wir an dieser Stelle noch einmal auf folgende Entwicklungen verweisen, die bereits in der 7. Auflage relevant waren: Am 22. Dezember 2011 trat das „Gesetz zur Stärkung eines aktiven Schutzes von Kindern und Jugendlichen (Bundeskinderschutzgesetz – BKiSchG)" in Kraft. In diesem wird mit der Begrifflichkeit „Frühe Hilfen" ein wesentliches Unterstützungselement für die Wahrnehmung von Elternverantwortung durch die staatliche Gemeinschaft gekennzeichnet. Damit wird keine neue „Hilfssäule" geschaffen, das Gesetz will vielmehr bereits vorhandene Entwicklungen verstetigen. So bleiben die Hilfen zur Erziehung z. B. ein wichtiger Baustein im Rahmen der Frühen Hilfen. Neu ist im Gesetz jedoch die Erweiterung der Angebote der Kinder- und Jugendhilfe hin zur vorgeburtlichen Phase. Mit dem Gesetz sind auch weitere Veränderungen im SGB VIII verbunden. Von besonderer Bedeutung ist dabei die Neufassung des § 8a. Diese Änderungen haben praktische Auswirkungen auf die berufliche Tätigkeit von sozialpädagogischen Fachkräften in allen Arbeitsfeldern.

Eine weitere wichtige Entwicklung stellt der seit dem 1. August 2013 bestehende Rechtsanspruch auf einen Betreuungsplatz innerhalb der Kindertagesbetreuung dar. Erzieherinnen und Erzieher sind in diesen Entwicklungsprozess eingebunden und tragen eine hohe Verantwortung hinsichtlich der Qualitätsentwicklung in diesem sozialpädagogischen Arbeitsfeld.

Die vorliegende 7. Auflage des Buches berücksichtigt diese und weitere Veränderungen im SGB VIII. Dabei wird die in der Unterrichtspraxis bewährte Möglichkeit des Übens der Rechtsanwendung beibehalten. Komplexe Fallsituationen sollen helfen, den Lernprozess möglichst praxisnah und kompetenzorientiert zu gestalten.

 Die früheren Auflagen beigefügte CD-ROM wird – mit einigen kleinen Erweiterungen bzw. Veränderungen innerhalb der Arbeitsmaterialien – durch ein sogenanntes Buch-PlusWeb ersetzt. Nach Eingabe der Bestellnummer auf der Internetseite www.bildungs-verlag1.de können Sie die Arbeitsmaterialien herunterladen und ausdrucken.

Die bereits im Vorwort zur 3. Auflage gekennzeichnete „Rahmenvereinbarung zur Ausbildung von Erziehern/Erzieherinnen" der Kultusministerkonferenz aus dem Jahre 2000 ist trotz vieler kritischer Stimmen aus Theorie und Praxis nach wie vor aktuell. Sie wurde inzwischen durch das „Kompetenzorientierte Qualifikationsprofil für die Ausbildung von Erzieherinnen und Erziehern an Fachschulen/Fachakademien (Beschluss der Kultusministerkonferenz vom 01.12.2011)" ergänzt. Es orientiert sich am „Deutschen Qualifikationsrahmen für lebenslanges Lernen" (DQR). Dies hat weitreichende Konsequenzen für die fachdidaktische Gestaltung der Ausbildung: Die zu vermittelnden fachlichen Inhalte müssen sich vorrangig an der zu entwickelnden Fachkompetenz und personalen Kompetenz (nach DQR) orientieren. In fach- bzw. lernfeldübergreifenden Lernsituationen sind rechtliche Fragestellungen handlungsorientiert zu integrieren.

Die vorliegende Neuauflage versucht den genannten Konsequenzen gerecht zu werden. Der Charakter eines Lern- und Arbeitsbuches bleibt dabei erhalten. Um die Lesbarkeit des Textes nicht zu beeinträchtigen, wird überwiegend die weibliche Berufsbezeichnung „Erzieherin" verwendet. Selbstverständlich sind stets auch alle männlichen Erzieher angesprochen.

Für kritische Anmerkungen und Hinweise ist der Verfasser auch diesmal sehr dankbar.

Erhard Doll

Grundsätzliches zum Recht und seiner Bedeutung für die sozialpädagogische Arbeit

1 Grundfragen des Rechts

1.1 Wesen und Aufgaben des Rechts in der Gesellschaft

Im folgenden Beispiel wird der sozialpädagogische Alltag beschrieben.

Fallbeispiel *Erzieher Frank arbeitet seit zwei Jahren in einem Kinder- und Jugendheim. Träger des Heimes ist der Verein „Regenbogen e. V.". Frank arbeitet im Dreischichtsystem. Gemeinsam mit drei weiteren Kolleginnen und Kollegen ist er für eine Gruppe von zehn Kindern und Jugendlichen verantwortlich. Die Gruppenmitglieder sind im Alter von zwölf bis siebzehn Jahren.*

Frank hat einen recht anstrengenden Tag hinter sich. Als er zum Dienst erschien, herrschte in der Gruppe große Aufregung. Marcel, 14 Jahre alt, wurde nach der Schule beim Diebstahl in einem Supermarkt erwischt. Er versuchte ein Smartphone zu stehlen. Der Marktleiter erstattete Anzeige.

Der fünfzehnjährige Klaus hatte Geld für den Kauf einer neuen Jeans erhalten. Statt des neuen Kleidungsstücks kaufte er sich einen MP3-Player.

Am Nachmittag machte Frank mit einem Teil der Gruppe einen kleinen Stadtbummel. Bei dieser Gelegenheit wurde er auch in der Verkaufsstelle vorstellig, in der Klaus eingekauft hatte. Frank machte dort den Kauf des MP3-Players rückgängig.

Während des Spaziergangs kam es zu einem weiteren Zwischenfall. Die dreizehnjährige Christiane „verzierte" mit einem Stein den Lack eines parkenden Autos. Der Eigentümer des Fahrzeugs erwischte Christiane bei ihrem Tun und drohte Frank mit Strafanzeige wegen Verletzung der Aufsichtspflicht und verlangte sofortigen Schadensersatz.

Am Abend bat dann die sechzehnjährige Carla Frank um ein persönliches Gespräch. Sie eröffnete ihm, dass der Frauenarzt, bei dem sie heute einen Termin hatte, eine Schwangerschaft festgestellt hat. Sie ist ganz verzweifelt und bestürmt den Erzieher mit Fragen: „Darf ich mit sechzehn schon für ein Kind sorgen? Soll ich es lieber nicht zur Welt bringen? Kann ich mit dem Kind weiter im Heim bleiben? Wer sorgt für den Unterhalt des Kindes? Ob ich die Schule trotz Kind abschließen kann?"

Völlig geschafft kommt Frank am Abend nach Hause. Zu allem Überdruss findet er im Brief-kasten auch noch die Aufforderung zur Zahlung eines Bußgeldes wegen zu schnellen Fah-rens mit seinem Pkw. Er war „geblitzt" worden.

Aufgabe
Lesen Sie das obige Beispiel aufmerksam durch. Benennen und erklären Sie fünf Sachverhal-te, die etwas mit Recht zu tun haben.

Das obige Beispiel gibt einen kleinen Einblick in den Erzieheralltag einer Heimeinrich-tung. Viele der beschriebenen Vorgänge sind ganz alltäglich. Sie machen auch deutlich, dass ein Zusammenleben von Menschen ohne Normen und Regeln nicht möglich ist. So wird z. B. die Arbeitszeit des Erziehers durch ein Dreischichtsystem geregelt. Auf dieses kann sich der Betroffene verlassen, weil es dafür Rechtsnormen bzw. rechtliche Bestim-mungen gibt. Ebenso bekommt der Erzieher Frank für sein Handeln bezüglich des ihm anvertrauten fünfzehnjährigen Klaus durch einen entsprechenden rechtlichen Hinter-grund Handlungssicherheit.

Aufgrund des Gesagten können wir den Begriff „Recht" wie folgt definieren:

> ## Definition
> *Recht ist ein in jeder Gesellschaft existierendes System von Verhaltensvorschriften.*
> *Diese sind mithilfe staatlicher Instanzen durchsetzbar.*

Der Begriff hat eine objektive und eine subjektive Seite. *Objektives Recht* verkörpert die Bestimmung (Vorschrift) als solche. So gibt es in jeder Gesellschaft Gesetze, über deren Einhaltung der Staat wacht bzw. wachen soll. Dieses System ist objektiv (= sachlich, lat.) gegeben (vorhanden). *Subjektives Recht* sind Rechte bzw. Rechtsansprüche, die der ein-zelne Mensch auf der Grundlage des objektiven Rechts (z. B. Gesetze) wahrnehmen kann.

Im gegebenen Beispiel gibt es für das Rückgängigmachen des Kaufs als Grundlage das Bürgerliche Gesetzbuch (BGB). Aus diesem kann für den vorliegenden Fall eine Berechti-gung für das Handeln des Erziehers abgeleitet werden.

Das Recht erfüllt in jeder Gesellschaft ganz bestimmte **Aufgaben** (**Funktionen**):

Schutzfunktion
Das Strafgesetzbuch (StGB) stellt das Handeln des 14-jährigen Marcel als Diebstahl (§ 242) unter Strafe. Mit dieser Regelung soll das Eigentum geschützt werden. Außerdem hat der Eigentümer des Supermarkts ein Recht darauf, dass der entstandene Konflikt mit-hilfe des Staates (z. B. Polizei) gelöst wird.

Ordnungsfunktion
Durch das Recht werden Regeln für ein geordnetes Zusammenleben der Menschen geschaf-fen. Durch die Kenntnis dieser Regeln sollen Konflikte von vornherein verhütet werden. Ent-stehen Konflikte, dann können diese mithilfe von vorhandenen Regeln gelöst werden.

So ordnet die Straßenverkehrsordnung z. B. das Verhalten aller Teilnehmer am Straßenverkehr. Kommt es zu Konflikten zwischen den Verkehrsteilnehmern, dann können diese auf der Grundlage der Regelungen in der Straßenverkehrsordnung gelöst werden.

Friedensfunktion

Durch das Recht wird der gesellschaftliche und soziale Frieden in der Bundesrepublik Deutschland gesichert. Unterschiedliche Interessenlagen innerhalb der Gesellschaft lassen immer wieder Konflikte entstehen. Diese können in gesetzlich geregelten Verfahren vor den entsprechenden Gerichten gelöst werden. Diese Tatsache verdeutlicht, dass im Rahmen der Friedensfunktion allein der Staat für die Durchsetzung des Rechts verantwortlich ist.

Recht gibt Verhaltenssicherheit

Das Vorhandensein und die Kenntnis gesetzlicher Regelungen gibt den Bürgerinnen und Bürgern unseres Landes Sicherheit für ihr Verhalten in allen Bereichen des täglichen Lebens.

In unserem Beispiel weiß der Erzieher oder die Erzieherin, worin der Inhalt der Aufsichtspflicht besteht. Dies ist u. a. im BGB geregelt (siehe Abschnitt 9.2). Daraus kann er sein Verhalten gegenüber den ihm anvertrauten Kindern und Jugendlichen ableiten und entsprechend auf die Anschuldigungen des Autofahrers reagieren.

1.2   Rechtsquellen

Wenn wir uns jetzt das System der in unserer Gesellschaft existierenden Verhaltensvorschriften näher ansehen, dann kommen wir zu den Rechtsquellen. Diese geben uns Auskunft darüber, wo Verhaltensregeln bzw. Rechtsansprüche festgehalten sind. Dabei unterscheidet die Rechtswissenschaft zwischen geschriebenem und ungeschriebenem Recht. Alle Regeln, die durch eine Rechtsnorm ausdrücklich bestimmt (gesetzt) worden sind, müssen von Regeln unterschieden werden, die sich in langjähriger Übung (Gewohnheitsrecht) herausgebildet haben.

> *Fallbeispiel 1   Familie M erhält mit dem Amtsblatt ihrer Stadt die neue Gebührensatzung für die Müllentsorgung ihres Wohngrundstückes übermittelt.*
>
> *Fallbeispiel 2   Familie K und Familie L bewohnen benachbarte Grundstücke. Familie K muss seit Einzug in ihr Wohnhaus vor elf Jahren zur Einfahrt in ihre Garage einen Weg benutzen, der zum Eigentum von Familie L gehört. Diese verwehrt jetzt nach einem Streit die Zufahrt über ihren Privatweg.*

Im ersten Beispiel handelt es sich eindeutig um geschriebenes (gesetztes) Recht. Dieses hat in unserer Gesellschaft die eindeutige Dominanz. Das Fallbeispiel 2 ist dem Gewohnheitsrecht zuzurechnen. Danach kann Familie K auf die weitere Nutzung der Zufahrt zur hauseigenen Garage bestehen, da sich dieses Recht durch jahrelange Duldung entwickelt hat.

Betrachten wir jetzt die wichtigsten Rechtsquellen des geschriebenen Rechts:

Grundgesetz

Das Grundgesetz ist die grundlegendste Rechtsquelle der Bundesrepublik Deutschland. Sie gilt zugleich als wichtigste historische Errungenschaft auf dem Gebiet des Rechts seit Beendigung des Zweiten Weltkriegs. Das Gesetz enthält die wichtigsten Rechte und Pflichten der Bürger und des Staates. So enthalten die Artikel 1 bis 19 Grundrechte der Bürger, Artikel 38 die Art und Weise der Ausübung politischer Macht. Alle weiteren Rechtsquellen sind dem Grundgesetz verpflichtet. Sie dürfen den in diesem Gesetz enthaltenen Festlegungen nicht widersprechen, d. h., sie müssen verfassungskonform sein. Darüber wacht das Bundesverfassungsgericht als oberstes Gericht unseres Landes (siehe Abschnitt 1.4.2).

Länderverfassungen

Sie haben auf der Ebene der Bundesländer einen ähnlichen Stellenwert wie das Grundgesetz.

Gesetze

Der Staat legt in Gesetzen für jeden Menschen verbindliche Verhaltensregeln fest. Verabschiedet (erlassen) werden können Gesetze durch die Parlamente (Bundestag, Landesparlamente).

Bundesgesetze	Landesgesetze	Alte Reichs- und Landesgesetze
Erlassen vom Bundestag in Zusammenwirkung mit dem Bundesrat, z.B. Strafgesetzbuch (StGB), Kinder- und Jugendhilfegesetz (SBG VIII/KJHG)	Von den Länderparlamenten erlassen, z.B. Schulgesetze, Polizeigesetze	Erlassen vom früheren Reichstag bzw. den Landtagen, z.B. Bürgerliches Gesetzbuch (BGB)

Aufgabe
Informieren Sie sich im Internet über die im letzten Jahr erlassenen bzw. veränderten Gesetze in Ihrem Bundesland.

Rechtsverordnungen

Das Recht des Erlasses von Gesetzen obliegt in unserem Land ausschließlich den Parlamenten (Legislative). Die Bundesregierung bzw. die jeweiligen Landesregierungen (Exekutive) können ebenfalls für alle verbindliche Verhaltensregeln in Form von Rechtsverordnungen aufstellen. Diese enthalten meist Detailregelungen zur Durchführung von Gesetzen. So regelt beispielsweise der § 28 des Brandenburgischen Schulgesetzes (BbgSchulG) Grundlegendes zu den Bildungsgängen der Fachschule. Die „Verordnung über die Bildungsgänge für Sozialwesen in der Fachschule vom 24. April 2003" ist die zugehörige Rechtsverordnung. Sie regelt u. a. die Aufnahmevoraussetzungen, Ausbildungsdauer und Form der abzulegenden Prüfungen. Sie wurde von der Regierung des Landes Brandenburg, vertreten durch das Ministerium für Bildung, Jugend und Sport, erlassen.

Aufgabe
Stellen Sie alle für Sie wichtigen Regelungen der für Ihr Bundesland geltenden Ausbildungs- und Prüfungsordnung zur Abschlussprüfung an der Fachschule für Sozialpädagogik zusammen.

Satzungen
Die im Fallbeispiel 1 auf Seite 14 erwähnte Satzung über die Gebühren zur Müllentsorgung ist eine weitere Rechtsquelle des gesetzten Rechts. Wie in unserem Beispiel geschehen, können Städte für ihren Bereich allgemeingültige Regelungen aufstellen. Sie gelten für alle Bürger, die im Einzugsgebiet der jeweiligen Stadt bzw. Gemeinde leben. Man bezeichnet diese als Satzungen.

Aber auch andere Personengruppen können für ihre Bereiche geltende Verhaltensregeln aufstellen. Dies ist z. B. bei den Satzungen von Sportvereinen, Krankenkassen und Berufsverbänden der Fall. Für Erzieherinnen sind die Satzungen der Träger von Einrichtungen der Jugendhilfe von Bedeutung (siehe auch Abschnitt 5.3).

Verträge
Verträge spielen in unserem gesellschaftlichen Leben eine große Rolle. Sie enthalten Regelungen, die zwei oder mehrere Personen betreffen. Der Kaufvertrag ist uns allen als wohl bekannteste Form geläufig. Eltern schließen mit Trägern von Kindertageseinrichtungen Betreuungsverträge ab, die u. a. die Betreuungszeit, das Betreuungsziel und natürlich auch die zu zahlende Vergütung beinhalten.
Für Arbeitgeber und Arbeitnehmer hat der Arbeitsvertrag eine herausragende Bedeutung (siehe Abschnitt F).

Aufgabe
Lassen Sie sich das Formular eines Praktikumsvertrages Ihrer Fachschule aushändigen. Tragen Sie daraus die für Sie wichtigsten Regelungen zusammen und erläutern Sie diese.

An dieser Stelle soll noch auf das „Richterrecht" verwiesen werden. Die obersten Gerichte legen durch ihre „ständige Rechtsprechung" u. a. fest, wie bestimmte Vorschriften auszulegen und Gesetzeslücken zu schließen sind. Von besonderer Bedeutung sind dabei die Entscheidungen des Bundesverfassungsgerichts. Sie bestimmen, ob Gesetze und Urteile verfassungskonform oder verfassungswidrig sind. Diese Entscheidungen des Bundesverfassungsgerichts sind endgültig und für alle Gerichte, Verwaltungen und Parlamente verbindlich.

1.3 Öffentliches Recht und Zivilrecht

Erinnern wir uns noch einmal an unser Beispiel unter dem Punkt 1. 1. Der vierzehnjährige Marcel wurde beim Diebstahl in einem Supermarkt gestellt.

Aufgabe
Stellen Sie fest, ob nachfolgende Bestimmung des Strafgesetzbuches (StGB) auf das Handeln von Marcel zutrifft.

§ 242 StGB „(1) Wer eine fremde bewegliche Sache einem anderen in der Absicht wegnimmt, die Sache sich oder einem Dritten rechtswidrig zuzueignen, wird mit Freiheitsstrafe bis zu fünf Jahren oder mit Geldstrafe bestraft.

(2) Der Versuch ist strafbar."

Die Bestimmungen des StGB gehören zum Bereich des öffentlichen Rechts. Dieser umfasst alle Rechtsverhältnisse zwischen Staat und Bürger bzw. Bürger und Staat.

Definition
Das öffentliche Recht regelt rechtliche Beziehungen zwischen Privatpersonen und Trägern hoheitlicher Gewalt (z. B. Bund, Länder, Gemeinden). Dieses Rechtsgebiet ist durch das Prinzip der Über- und Unterordnung gekennzeichnet. Träger hoheitlicher Gewalt können mithilfe von Befehl und Zwang gegenüber Privatpersonen handeln, wenn ein Gesetz dies zulässt.

Das im vorangestellten Fallbeispiel angeordnete Bußgeld gegen den Erzieher Frank wegen zu schnellen Fahrens macht das Prinzip der Über- und Unterordnung im öffentlichen Recht deutlich. Die Privatperson muss sich den Interessen des Gemeinwesens unterordnen. In diesem Falle muss Frank anerkennen, dass die Sicherheit aller Verkehrsteilnehmer mit seinem Verhalten nicht in Einklang steht, da die überhöhte Geschwindigkeit eine Gefahr für Frank und die anderen Verkehrsteilnehmer darstellt. Die handelnde Behörde fordert das Bußgeld per Bescheid (Zwang) ein.

Das öffentliche Recht beinhaltet viele Rechtsgebiete. Für den sozialpädagogischen Bereich spielt u. a. das Sozialrecht eine wichtige Rolle. Dieses beinhaltet viele Bestimmungen, auf deren Grundlage Privatpersonen Leistungen gegenüber dem Staat geltend machen können. Für die Erbringung solcher Leistungen bedarf es ganz bestimmter Voraussetzungen, die zur Gewährung erfüllt sein müssen. So hängt es z. B. unter anderem von der Höhe des Familieneinkommens ab, ob für einen jungen Menschen mit Beginn seines Studiums ein Anspruch auf BAföG besteht oder nicht. Dies wird auf der Grundlage eines Antrages durch die handelnde Behörde geprüft. Antragstellende Privatpersonen müssen sich der dann getroffenen Entscheidung beugen, wobei es hier auch noch rechtliche Hilfsmittel für den Bürger gibt (siehe auch Abschnitt 15.3).

Rechtsgebiete des öffentlichen Rechts	Wichtige Gesetze
Verfassungsrecht	Grundgesetz (GG), Verfassungen der Bundesländer
Steuerrecht	Einkommensteuergesetz
Strafrecht	Strafgesetzbuch (StGB), Jugendgerichtsgesetz (JGG)
Prozessrecht	Zivilprozessordnung (ZPO), Strafprozessordnung (SPO)
Polizeirecht	Polizeigesetze, Unterbringungsgesetze
Sozialrecht	Sozialgesetzbuch VIII (Kinder- und Jugendhilfegesetz), SGB XII (Sozialhilfe)

„Darf ich mit 16 Jahren für mein Kind schon selbst sorgen?" Diese Frage stellt die Heimbewohnerin Carla an unseren Erzieher Frank im Ausgangsfall auf Seite 12. Bei der Beantwortung dieser Frage müssen wir uns im BGB und damit im Zivilrecht, auch als Privatrecht bezeichnet, orientieren. Das Gebiet des Zivilrechts regelt die Rechtsverhältnisse zwischen Bürger und Bürger. Im Falle Carla geht es um die Rechtsbeziehungen zwischen Eltern und Kindern. Das Zivilrecht kennt das Prinzip der Über- und Unterordnung nicht. Alle Privatpersonen treten sich als gleichberechtigte Partner gegenüber.

Definition
Das Zivilrecht regelt Rechtsverhältnisse zwischen Bürger und Bürger (Privatpersonen). Das Prinzip von Über- und Unterordnung existiert nicht. Bürger und Bürger stehen sich gleichberechtigt gegenüber.

Es gibt auch Rechtsbeziehungen zwischen Staat und Bürger, die zivilrechtlicher Natur sind. Dies ist z. B. der Fall, wenn ein Bürger mit einer Stadt einen Kaufvertrag über ein städtisches Grundstück abschließt. Der Kaufvertrag gehört zum Zivilrecht. In diesem Falle stehen sich beide Vertragspartner gleichberechtigt gegenüber.

Rechtsgebiete des Zivilrechts	Wichtige Gesetze
Familienrecht	Bürgerliches Gesetzbuch (BGB)
Mietrecht	Bürgerliches Gesetzbuch (BGB), Gesetz zur Regelung der Miethöhe
Kaufrecht	Bürgerliches Gesetzbuch (BGB)
Erbrecht	Bürgerliches Gesetzbuch (BGB)

Aufgabe
Ordnen Sie folgende Sachverhalte dem öffentlichen Recht bzw. dem Zivilrecht zu. Begründen Sie Ihre Aussagen.

a) *Frau Müller ist mit der Mieterhöhung nicht einverstanden und will gegen den Vermieter rechtlich vorgehen.*

b) *Herr und Frau Sommer schließen mit der Gemeinde M, Träger der Kindertagesstätte „Spielhaus", einen Betreuungsvertrag für ihre Tochter Sandra ab.*

c) *Familie Otto klagt gegen das Sozialamt ihrer Stadt, um ihr Recht auf Sozialhilfe durchzusetzen.*

d) *Herr Werner verursacht unter starkem Alkoholeinfluss einen schweren Verkehrsunfall. Der Unfallbeteiligte wird verletzt, sein PKW beschädigt. Er möchte die Arzt- und Reparaturkosten ersetzt haben.*

1.4 Die Gerichtsbarkeiten

Definition
Gerichtsbarkeiten sind alle Organe der rechtsprechenden Gewalt. Auch die Tätigkeit dieser Organe wird als Gerichtsbarkeit bezeichnet.

Bei den Gerichtsbarkeiten muss zwischen verschiedenen Zweigen unterschieden werden.

1.4.1 Europäische Gerichtsbarkeit

Dieser Zweig ist der jüngste. In ihm ist zwischen dem Europäischen Gerichtshof (EuGH) für Menschenrechte (Sitz in Straßburg) und dem EuGH für Gemeinschaftsrecht der EU in Luxemburg zu unterscheiden.

Der EuGH für Gemeinschaftsrecht der EU ist die oberste rechtliche Instanz in der Europäischen Union. Sie soll die einheitliche Anwendung, Auslegung und Weiterentwicklung des Gemeinschaftsrechts sichern. Zuständig ist er u. a. für Streitigkeiten zwischen Mitgliedstaaten der EU, zwischen Mitgliedstaaten und Organen der Gemeinschaft und für Entscheidungen über Klagen von Bürgern aus Mitgliedsländern der EU gegenüber getroffenen Festlegungen der Europäischen Union.

1.4.2 Das Bundesverfassungsgericht

Artikel 92 des Grundgesetzes (GG) legt die Gerichtsorganisation für die Bundesrepublik Deutschland fest. Das Bundesverfassungsgericht wird darin als oberstes Gericht bestimmt. In Artikel 93 GG wird die Zuständigkeit des Bundesverfassungsgerichts festgelegt. So entscheidet dieses Gericht u. a. bei Meinungsverschiedenheiten oder Zweifeln über die Vereinbarkeit von Bundes- bzw. Landesrecht mit dem GG. Des Weiteren nimmt dieses Gericht Verfassungsbeschwerden entgegen, die auch von jedem Bundesbürger erhoben werden können. Das Bundesverfassungsgericht ist ein selbstständiger und unabhängiger oberster Gerichtshof. Seine Entscheidungen binden alle Verfassungsorgane des Bundes, der Länder, alle Gerichte und Verwaltungsbehörden sowie alle Bürger des Landes. Seinen Sitz hat das Gericht in Karlsruhe. Die Leitung obliegt seinem Präsidenten und dessen Stellvertreter. Die Richter werden zur Hälfte vom Bundestag und vom Bundesrat gewählt. Eine Amtszeit dauert zwölf Jahre.

Aufgabe
Recherchieren Sie im Internet zur Tätigkeit des Bundesverfassungsgerichts. Stellen Sie in einem Kurzvortrag zwei Beispiele für Entscheidungen des Bundesverfassungsgerichts vor, die Sie für besonders bedeutungsvoll halten.

1.4.3 Ordentliche Gerichtsbarkeit

Die ordentliche Gerichtsbarkeit wird unterteilt in die Zivilgerichtsbarkeit und die Strafgerichtsbarkeit.

Zivilgerichtsbarkeit

Die Zivilgerichtsbarkeit ist ein sehr großer Bereich der rechtsprechenden Gewalt in unserer Gesellschaft. Sie hat auch für den sozialpädagogischen Bereich eine große Bedeutung. Diese Gerichtsbarkeit entscheidet u. a. über Ansprüche aus Kaufverträgen, über Schadenersatzansprüche, Mietstreitigkeiten usw. In diesen Verfahren werden Anträge gestellt, die dann durch das Gericht durchgesetzt werden sollen. Sie werden deshalb auch als streitige Gerichtsbarkeit im Rahmen des Zivilrechts bezeichnet. Hier gibt es folgende Instanzen: 1. Instanz, Berufung und Revision.

Die 1. Instanz ist das Gericht, bei dem eine Klage erstmalig vorgebracht wird. Dies kann entweder das Amtsgericht oder das Landgericht sein. Das Amtsgericht ist laut § 23 des Gerichtsverfassungsgesetzes für Klagen zuständig, bei denen es sich um einen maximalen Streitwert von 5 000 € handelt. Dies trifft jedoch u. a. auf Mietsachen nicht zu. Liegt der Streitwert höher, ist das Landgericht zuständig.

Die Berufung innerhalb der Zivilgerichtsbarkeit ist nur möglich, wenn der Beschwerdegegenstand die Summe von 600 € nicht unterschreitet und das Gericht der 1. Instanz in seinem Urteil eine Berufung zugelassen hat (§ 511 ff. ZPO). War in dieser Instanz das Amtsgericht zuständig, dann findet die Berufung vor dem Landgericht statt. Ist das erstinstanzliche Gericht das Landgericht, dann findet die Berufung vor dem Oberlandesgericht statt.

Die Revision ist in den §§ 542 bis 566 ZPO geregelt. Sie ist nur zulässig, wenn das Berufungsgericht diese im Urteil zuließ und die Rechtssache von grundsätzlicher Bedeutung ist. Zuständig für die Revision ist der Bundesgerichtshof.

Im Rahmen der freiwilligen Gerichtsbarkeit entscheidet das Zivilgericht u. a. in Familiensachen, Vormundschaftssachen, Nachlasssachen. Dazu gehört aber auch die Führung des Vereins- bzw. Güterrechtsregisters (siehe auch Abschnitt 5.3). In diesen Fällen wird durch das Gericht neues Recht geschaffen (z. B. durch Scheidung einer Ehe, Einsetzen eines Vormunds).

Vor dem Amtsgericht kann sich jeder selbst vertreten. Anwaltszwang besteht für das Landgericht, Oberlandesgericht und den Bundesgerichtshof.

Der Ablauf eines Zivilprozesses ist in der Zivilprozessordnung (ZPO) geregelt.

Strafgerichtsbarkeit

Bei Straftaten, z. B. gegen das Leben, den Körper oder das Eigentum anderer, entscheidet die Strafgerichtsbarkeit.

Bei kleinerer und mittlerer Kriminalität ist in 1. Instanz das Amtsgericht zuständig. Droht eine Freiheitsstrafe von nicht mehr als zwei Jahren, dann entscheidet ein Einzelrichter. Ist ein höheres Strafmaß zu erwarten, dann ist ein Schöffengericht (ein Richter und zwei Schöffen = ehrenamtliche Richter) zuständig (Regelungen im Rahmen des JGG s. Abschnitt D).

Bei schwerer und Schwerstkriminalität, z. B. Mord, ist das Landgericht zuständig. Schwere Kriminalität wird vor der Großen Strafkammer (drei Richter plus zwei Schöffen), Schwerstkriminalität vor dem Schwurgericht (drei Richter plus zwei Schöffen) des Landgerichts verhandelt.

Berufungen gegen Urteile des Amtsgerichts verhandelt die Kleine Strafkammer (ein Richter plus zwei Schöffen) des Landgerichts. Gegen das Urteil der Kleinen Strafkammer kann Revision beim Strafsenat des Oberlandesgerichts eingelegt werden.

Revisionen gegen Urteile der Großen Strafkammer werden vom Strafsenat des Bundesgerichtshofes verhandelt.

1.4.4 Weitere wichtige Gerichtsbarkeiten

Verwaltungsgerichtsbarkeit
Die Verwaltungsgerichtsbarkeit ist zuständig für Rechtsstreitigkeiten auf dem Gebiet des öffentlichen Rechts (s. Abschnitt 1.3).

Arbeitsgerichtsbarkeit
Sie ist zuständig für Streitigkeiten aus Arbeitsverhältnissen (z. B. bei Klage gegen eine Kündigung).

Sozialgerichtsbarkeit
Diese Gerichtsbarkeit kümmert sich um Streitigkeiten, die sich u. a. im Zusammenhang mit den Sozialversicherungen ergeben.

Finanzgerichtsbarkeit
Die Finanzgerichtsbarkeit trifft Entscheidungen in Steuerangelegenheiten (z. B. Einspruch gegen den Steuerbescheid).

1.5 Wichtige Personen der Rechtspflege

Richter
Richter spielen im Rahmen der Rechtspflege eine herausragende Rolle. Dies legt Artikel 92 GG fest:

> § „Die rechtsprechende Gewalt ist den Richtern anvertraut; ..."

§ 1 des Deutschen Richtergesetzes legt fest, dass die rechtsprechende Gewalt durch Berufsrichter und durch ehrenamtliche Richter ausgeübt wird. Berufsrichter werden in der Regel auf Lebenszeit berufen und sind hauptamtlich tätig. Der Tätigkeit geht ein entsprechend umfangreiches Studium mit dazugehörigen Prüfungen (erstes und zweites Staatsexamen) voraus.

Artikel 97 GG bestimmt die Unabhängigkeit der Richter und deren alleinige Gebundenheit an das Gesetz. Dies beinhaltet, dass ein Richter in seinen Entscheidungen frei von Anweisungen durch Vorgesetzte ist. Er untersteht dienstrechtlich den Vorgesetzten nur bezüglich einer ordnungsgemäßen Amtsführung und Erledigung seiner Amtsgeschäfte.

Richter führen in streitigen Verfahren ein Ergebnis herbei, welches die Form eines Urteils, eines Beschlusses oder eines Vergleichs haben kann.

Ehrenamtliche Richter (in der Strafgerichtsbarkeit auch als Schöffen bezeichnet) sind Laien, die gemeinsam mit den Berufsrichtern bei verschiedenen Gerichten mit vollem Stimmrecht als Vertreter des Volkes Recht sprechen. Sie werden alle vier Jahre auf der Grundlage des Gerichtsverfassungsgesetzes gewählt. Schöffen kommen aus allen Berufsgruppen. Um dieses Ehrenamt können sich Bürger bewerben oder von anderen vorgeschlagen werden.

Rechtspfleger
Rechtspflegern sind nach dem Rechtspflegergesetz bestimmte Rechtsaufgaben zugewiesen. Zu diesen Aufgaben, die ihnen teilweise oder ganz übertragen werden, zählen u. a. Grundbuchsachen, Vormundschaftssachen, Mahnverfahren, Nachlasssachen.

Rechtspfleger sind Justizbeamte des gehobenen Dienstes. Sie besitzen kein juristisches Hochschulstudium. Ihre Ausbildung erfolgt auf der Grundlage eines Fachhochschulstudiums, welches mit einem Vorbereitungsdienst verbunden ist.

Gerichtsvollzieher
Gerichtsvollzieher gehören zu den Beamten des mittleren Dienstes. Ihre Aufgaben sind u. a. die Durchsetzung von Herausgabeansprüchen (siehe auch Abschnitt 8.2.1), Vornahme von öffentlichen Versteigerungen, die Räumungsvollstreckung (z. B. die Zwangsräumung von Wohnungen), die Zwangsvollstreckung in das bewegliche Vermögen eines Schuldners.

Staatsanwalt
Ein Staatsanwalt ist Beamter der staatlichen Anklagebehörde. Die Staatsanwaltschaft stellt eine selbstständige Justizbehörde dar. Sie muss von Amts wegen einschreiten, wenn beispielsweise eine strafbare Handlung geplant oder verübt worden ist. Die Staatsanwaltschaft ermittelt mithilfe der Polizei den entsprechenden Sachverhalt und entscheidet dann über die Anklageerhebung bei Gericht. In der Hauptverhandlung vor Gericht tritt der jeweilige Staatsanwalt als Anklagevertreter auf (s. dazu auch Abschnitt 19).

Die Einleitung und Überwachung der Vollstreckung eines Urteils gehört ebenfalls zu den Aufgaben der Staatsanwaltschaft.

Notar
Notare spielen im Rechtsleben unserer Gesellschaft eine große Rolle. Sie sind Träger eines öffentlichen Amtes und sind nach der Ernennung durch den Justizminister eines Bundeslandes selbstständig tätig, mit Ausnahme von Baden-Württemberg. Die wesentlichste Aufgabe eines Notars ist die Beurkundung von Rechtsvorgängen. Solche Beurkundungen sind häufig per Gesetz vorgeschrieben. Dazu gehören u. a. der Grundstückskauf, der Ehevertrag, der Erbvertrag, die gemeinsame Sorgerechtserklärung für unverheiratete Paare mit Kindern (s. auch Abschnitt 8.3.3).

Rechtsanwalt

Laut Bundesrechtsanwaltsordnung ist der Rechtsanwalt ein unabhängiges Organ der Rechtspflege. Er übt einen freien Beruf aus, hat aber kein Gewerbe inne. Jeder Bürger hat das Recht, sich in allen Angelegenheiten gegenüber Behörden, Privatpersonen oder vor Gericht von einem Rechtsanwalt seiner Wahl vertreten zu lassen (§ 3 Bundesrechtsanwaltsordnung). Rechtsanwälte sind auch berechtigt, Rechtsauskünfte zu erteilen. Des Weiteren nehmen sie Aufgaben der Vermögens- und Nachlassverwaltung wahr.

1.6 Sozialpädagogik und Recht

In den vorhergehenden Abschnitten haben wir einen ersten Einblick in grundsätzliche Fragen des Rechts bekommen. Dabei ist sicher deutlich geworden, dass unser gesamtes privates und gesellschaftliches Leben in irgendeiner Form mit rechtlichen Fragestellungen bzw. Problemen behaftet ist. Sozialpädagogik kann aus verschiedenen Sichten definiert werden. Zunächst wird durch diesen Begriff der Erziehungsbereich bezeichnet, der neben Familie, Schule und Berufsausbildung stattfindet. Sozialpädagogik wird auch als Teil von Sozialarbeit gesehen. Weiterhin steht der Begriff auch für gesellschaftliche Bestrebungen, Notstände, die aufgrund gesellschaftlicher Entwicklungen entstanden sind, wieder zu beheben. Diese gesellschaftlichen Anstrengungen haben gegenwärtig ein starkes Wachstum zu verzeichnen. Darauf wird in Abschnitt C noch einzugehen sein.

Aus allen genannten Definitionsansätzen wird deutlich, dass die Tätigkeit von Erzieherinnen eng mit familiären und gesellschaftlichen Entwicklungen verbunden ist. Beide besitzen eine wichtige rechtliche Substanz. So liegen allen Familienformen rechtliche Konsequenzen, z.B. bezogen auf die Wahrnehmung der Erziehung von Kindern, zugrunde. Erzieherinnen sind in gesellschaftlichen Einrichtungen tätig, die ebenfalls eine rechtliche Basis haben. Daraus ergeben sich beispielsweise arbeitsrechtliche Fragestellungen für die sozialpädagogische Arbeit.

Erzieherinnen arbeiten sehr eng mit Eltern und anderen Sorgeberechtigten zusammen. Dabei müssen in der Arbeit Möglichkeiten und Grenzen für die sozialpädagogischen Fachkräfte abgesteckt werden.

Arbeiten Erzieherinnen im Bereich der Hilfen zur Erziehung, so werden sie mit sozialrechtlichen Fragestellungen konfrontiert (s. auch Abschnitt 14). Hier kommt es z.B. auch auf ein rechtlich fundiertes professionelles Handeln gegenüber Behörden (u.a. das Jugendamt) an.

Berufliche Perspektiven im sozialpädagogischen Bereich sind oft mit Fragen von Trägerschaften sozialer Einrichtungen verbunden. Erzieherinnen sind in diesem Zusammenhang gut beraten, wenn sie diesbezüglich auch Wege zur Gründung von Erzieher- bzw. Elterninitiativen kennen.

Schließlich und endlich soll noch auf das weite Feld der Aufsichtspflicht und Haftung verwiesen werden. In diesen Bereichen stößt das pädagogische Handeln ganz massiv auf rechtliche Fragestellungen. Jeder pädagogische Ansatz in einer Kindertagesstätte hat auch diesbezüglich zu beachtende rechtliche Aspekte.

Alle gemachten Ausführungen zeigen, dass Rechtswissen im sozialpädagogischen Bereich eine Notwendigkeit darstellt. Das Studium von rechtlichen Inhalten muss dazu beitragen, dass Erzieherinnen sich stets in die Lage versetzt fühlen, vor einem gesicherten rechtlichen Hintergrund arbeiten zu können. Dabei hat der Erwerb von Fachkompetenz bezüglich des Umgangs mit rechtlichen Grundlagen eine wichtige Bedeutung.

Zusammenfassung

Als Recht können wir Verhaltensvorschriften bezeichnen, die mithilfe staatlicher Instanzen durchsetzbar sind. Das Recht ist Bestandteil der Sozialordnung. Es hat u. a. folgende Funktionen: Schutzfunktion, Ordnungsfunktion, Friedensfunktion und gibt Verhaltenssicherheit.

Die wichtigste Rechtsquelle in unserer Gesellschaft ist das Grundgesetz. Diesem in der Rangfolge nachgeordnet sind die Verfassungen der Bundesländer, Bundes- und Landesgesetze, Rechtsverordnungen, Satzungen und Verträge.

Recht ist in die zwei grundlegenden Gebiete des öffentlichen Rechts und des Zivilrechts eingeteilt.

Zu den wichtigsten Gerichtszweigen gehören die europäische Gerichtsbarkeit, das Bundesverfassungsgericht und die ordentliche Gerichtsbarkeit (Zivilgerichtsbarkeit und Strafgerichtsbarkeit).

Wichtige Personen der Rechtspflege sind der Richter, der Rechtspfleger, der Gerichtsvollzieher, der Staatsanwalt, der Notar und der Rechtsanwalt.

Die Notwendigkeit der Beschäftigung mit Rechtsfragen ergibt sich für Erzieherinnen und Erzieher u. a. aus folgenden Gesichtspunkten:

▪ *Sozialpädagogische Tätigkeit steht in einem engen Zusammenhang mit gesellschaftlichen und familiären Entwicklungen. Beide stehen in einer engen Verbindung mit den geltenden Rechtsnormen.*

▪ *Die Zusammenarbeit mit Eltern und anderen Sorgeberechtigten erfordert eine genaue Abgrenzung von rechtlicher Verantwortlichkeit beider Seiten.*

▪ *Pädagogisches Handeln in allen sozialpädagogischen Bereichen berührt auch immer Fragen der Aufsichtspflicht und Haftung.*

Aufgaben

1. *Erläutern Sie alle in Punkt 1.1 genannten Funktionen des Rechts mit Beispielen aus dem sozialpädagogischen Alltag.*

2. *Begründen Sie, warum das Grundgesetz die wichtigste Rechtsquelle in unserem Land ist.*

3. *Welche Gerichtsbarkeiten sind in folgenden Fällen zuständig?*

   a) *Erzieherin Kathrin ist mit ihrer fristlosen Kündigung nicht einverstanden und will mithilfe ihrer Gewerkschaft rechtliche Schritte einleiten.*

b) Frau Frankes frisch renoviertes Bad wurde durch Wasser, das aus der Waschmaschine ihrer Nachbarin auslief, stark beschädigt. Die Nachbarin will den Schaden nicht ersetzen.

c) Herr Ludwig wird nach einem Gaststättenbesuch von zwei Männern niedergeschlagen und seiner Brieftasche beraubt.

4. Zeigen Sie anhand jeweils eines Beispiels, dass Erzieherinnen im beruflichen Alltag sowohl mit Problemen des öffentlichen Rechts als auch des Zivilrechts konfrontiert werden können.

Arbeitsmaterialien zum Download
Anwendungsaufgaben zu Grundfragen des Rechts S. 1–2

2   Das Kinder- und Jugendhilfegesetz (KJHG; SGB VIII)

2.1   Die Bedeutung des SGB VIII in der Gesellschaft

Das SGB VIII regelt die Kinder- und Jugendhilfe in unserem Land. Es wird deshalb im allgemeinen Sprachgebrauch auch als „Kinder- und Jugendhilfegesetz" bezeichnet. Das Gesetz gilt seit 1991 für alle Bundesländer. Zurzeit ist es in der Fassung der Bekanntmachung vom 11. September 2012 gültig und wurde zuletzt durch das „Gesetz zur Reform der elterlichen Sorge nicht miteinander verheirateter Eltern" (NEheSorgeRG) geändert.

Vorgänger dieses Gesetzes war das „Gesetz für Jugendwohlfahrt (JWG)", welches erstmals 1961 in Kraft trat und das „Reichsjugendwohlfahrtsgesetz" aus dem Jahre 1922 ablöste.

Das SGB VIII bildet heute die Rechtsgrundlage für die Tätigkeit der Jugendämter in ihrem Zusammenwirken mit den freien Trägern der Jugendhilfe. Grundsätzliches Ziel dabei ist die Unterstützung der Eltern und anderer Sorgeberechtigter bei der Durchführung ihrer Aufgaben. Hierbei wird das Eingriffsrecht des Staates völlig den Gerichten überlassen (mit Ausnahme sogenannter Eilfälle). Das Gesetz bietet Hilfen für die Sorgeberechtigten an, deren Hauptverantwortung dadurch aber nicht gemindert wird.

Die früher nur in Ansätzen geregelte Jugendpflege wird heute durch den Begriff „Jugendarbeit" ersetzt. Gleichzeitig sorgen neu geschaffene Regelungen für eine Stärkung dieses Bereichs der sozialpädagogischen Tätigkeit.

Das SGB VIII ist ein Sozialleistungsgesetz. Viele der hier verankerten Leistungen stellen mögliche Arbeitsbereiche für Erzieherinnen und Erzieher dar. Die Kenntnis der Zielsetzungen dieser Bereiche bildet eine wichtige Grundlage für verantwortungsbewusstes sozialpädagogisches Handeln.

Träger von Hilfsangeboten haben auf der Grundlage des Gesetzes die Möglichkeit, sehr innovativ auf die aktuellen Anforderungen der sozialpädagogischen Praxis zu reagieren. Dies zeigt sich auch besonders in den vielschichtigen Entwicklungen im Rahmen der Hilfe zur Erziehung (vgl. auch Abschnitt 14).

Eine weitere Neuerung gegenüber dem früher geltenden Recht stellt die Ausweitung der Hilfsangebote auf junge Volljährige dar. Diese Angebote gewinnen aufgrund der aktuellen gesellschaftlichen Entwicklungen (komplizierte Familienstrukturen, Jugendarbeitslosigkeit, zeitliche Verschiebung des Eintritts in das Berufsleben u. a.) an Bedeutung.

Die Beratungstätigkeit des Jugendamtes wird im Gesetz umfassend geregelt. Es beeinflusst durch seine Tätigkeit die Umsetzung der im SGB VIII geregelten Leistungsangebote entscheidend. Dabei gewinnt das Spannungsfeld zwischen finanziellen Zwängen und sozialpädagogisch notwendigen Angeboten eine immer größere Brisanz. Deshalb sind die Kenntnisse über diesen gesetzlichen Rahmen für Erzieherinnen und Erzieher von grundlegender Bedeutung. Sind sie es doch oftmals, die zuerst mit Krisensituationen in den Familien konfrontiert und um Hilfe und Unterstützung gebeten werden.

2.2 Aufbau des Gesetzes

Das Gesetz besteht aus insgesamt 10 Kapiteln. Die meisten Kapitel untergliedern sich in Abschnitte und Unterabschnitte. Die einzelnen Kapitel des SGB VIII tragen folgende Überschriften:

1. Allgemeine Vorschriften (§§ 1 bis 10)

2. Leistungen der Jugendhilfe (§§ 11 bis 41)

3. Andere Aufgaben der Jugendhilfe (§§ 42 bis 60)

4. Schutz von Sozialdaten (§§ 61 bis 68)

5. Träger der Jugendhilfe, Zusammenarbeit, Gesamtverantwortung (§§ 69 bis 81)

6. Zentrale Aufgaben (§§ 82 bis 84)

7. Zuständigkeit, Kostenerstattung (§§ 85 bis 89h)

8. Kostenbeteiligung (§§ 90 bis 97c)

9. Kinder- und Jugendhilfestatistik (§§ 98 bis 103)

10. Straf- und Bußgeldvorschriften (§§ 104 bis 105)

Nicht alle Vorschriften des SGB VIII haben für Erzieherinnen und Erzieher gleichermaßen berufliche Bedeutung. Deshalb konzentrieren sich die folgenden Ausführungen auf einige Schwerpunkte, die aus der Sicht der sozialpädagogischen Tätigkeit für Erzieherinnen und Erzieher wichtig sind.

Die Aufgaben von Jugendhilfe werden im SGB VIII wie folgt strukturiert:

Leistungen der Jugendhilfe	Andere Aufgaben der Jugendhilfe
• Jugendarbeit; Jugendsozialarbeit; erzieherischer Kinder- und Jugendschutz (§§ 11 bis 15) • Förderung der Erziehung in der Familie (§§ 16 bis 21) • Förderung in Tageseinrichtungen und in Kindertagespflege (§§ 22 bis 26) • Hilfen zur Erziehung (§§ 27 bis 40) • Hilfe für junge Volljährige, Nachbetreuung (§ 41)	• Inobhutnahme von Kindern und Jugendlichen (§ 42) • Schutz von Kindern und Jugendlichen in Familienpflege und Einrichtungen (§§ 43 bis 49) • Mitwirkung in gerichtlichen Verfahren (§§ 50 bis 52) • Beistandschaft, Pflegschaft und Vormundschaft für Kinder und Jugendliche, Auskunft über Nichtabgabe von Sorgeerklärungen (§§ 52a bis 58a) • Beurkundung und Beglaubigung, vollstreckbare Urkunden (§§ 59 bis 60)

2.3 Die grundlegende Aufgabenstellung der Kinder- und Jugendhilfe

Das zentrale Sozialisationsfeld für Minderjährige ist die Familie. Aus diesem Grund stellt das Verhältnis der Jugendhilfe zu den Minderjährigen und deren Eltern einen wichtigen Gesichtspunkt für die Ausgestaltung des sozialen Leistungsrechts dar. Dazu legt der § 1 des Gesetzes unter der Überschrift „Recht auf Erziehung, Elternverantwortung, Jugendhilfe" grundlegende Zielsetzungen für die Arbeit fest.
Absatz 1 des § 1 bestimmt:

> § „Jeder junge Mensch hat ein Recht auf Förderung seiner Entwicklung und auf Erziehung zu einer eigenverantwortlichen und gemeinschaftsfähigen Persönlichkeit."

Das Recht auf Erziehung spiegelt Leitvorstellungen wider. Es macht die Bandbreite deutlich, mit der heute konkrete Ziele in der Erziehung abgesteckt werden können. Diese Zielformulierung geht von der Position des erziehungsberechtigten Kindes bzw. Jugendlichen aus. Es kann als Leitmotiv für das gesamte Gesetzeswerk verstanden werden. Ein Rechtsanspruch auf Erziehung kann immer dann abgeleitet werden, wenn der Minderjährige als subjektiv Leistungsberechtigter in Erscheinung tritt.

Absatz 2 des § 1 SGB VIII zitiert den Artikel 6 Absatz 2 des Grundgesetzes. Damit verdeutlicht der Gesetzgeber die Hauptverantwortung der Eltern bei der Realisierung des Rechts auf Erziehung.

> § „Pflege und Erziehung der Kinder sind das natürliche Recht der Eltern und die zuvörderst ihnen obliegende Pflicht. Über ihre Betätigung wacht die staatliche Gemeinschaft."

Erst in Absatz 3 erscheinen die grundlegenden Aufgabenstellungen für alle Bereiche der Jugendhilfe:

> § „Jugendhilfe soll zur Verwirklichung des Rechts nach Absatz 1 insbesondere
>
> 1. junge Menschen in ihrer individuellen und sozialen Entwicklung fördern und dazu beitragen, Benachteiligungen zu vermeiden oder abzubauen,
>
> 2. Eltern und andere Erziehungsberechtigte bei der Erziehung beraten und unterstützen,
>
> 3. Kinder und Jugendliche vor Gefahren schützen,
>
> 4. dazu beitragen, positive Lebensbedingungen für junge Menschen und ihre Familien sowie eine kinder- und familienfreundliche Umwelt zu erhalten oder zu schaffen."

Mit diesen Zielsetzungen wird deutlich, dass Jugendhilfe keinen eigenständigen Erziehungsauftrag besitzt. Sie soll immer im Rahmen der Elternverantwortung agieren. Für Erzieherinnen und Erzieher bedeutet dies, dass die Grundrichtungen der Erziehung stets die

Inhaber des elterlichen Sorgerechts bestimmen. Die Bandbreite der möglichen Hilfen durch das SGB VIII machen die oben genannten Zielsetzungen deutlich. Sie haben für alle Leistungen und Aufgaben der Jugendhilfe Bedeutung. Sicher sind Jugendarbeit und Jugendsozialarbeit besonders im Rahmen der ersten Zielsetzung wirksam, während die vierte Zielsetzung in andere Politikfelder hineinragt. Die Ausgestaltung von Familienpolitik z. B. beeinflusst die Tätigkeit von Jugendhilfe genauso wie die Schwerpunktsetzungen in der Finanzpolitik.

Abschließend wollen wir den Begriff „Jugendhilfe" im Sinne des SGB VIII definieren:

> **Definition**
> *Alle Leistungen, die die Entwicklung junger Menschen neben der Familie, Schule und Berufsausbildung fördern sowie Familien entlasten und unterstützen, bezeichnen wir als Jugendhilfe.*

Aufgaben

1. *Lesen Sie sich noch einmal den Absatz 3 des § 1 SGB VIII durch. Beschreiben Sie, wie Erzieherinnen und Erzieher in Einrichtungen der Heimerziehung sowie in Kindertageseinrichtungen an der Umsetzung der Ziffer 1 mitwirken können.*

2. *Eltern bestimmen die Grundrichtung der Erziehung für ihre Kinder. Welche Konsequenzen hat dies für Ihre künftige berufliche Tätigkeit als Erzieherin und Erzieher?*

2.4   Das Subsidiaritätsprinzip in der Kinder- und Jugendhilfe

Der Begriff „Subsidiarität" leitet sich aus dem Wort „subsidior" (lat.: in Reserve) ab und bedeutet „unterstützend". Als Grundsatz entstammt das Subsidiaritätsprinzip der katholischen Soziallehre. Danach soll jeweils ein kleineres soziales Gebilde seine Angelegenheiten stets so lange selbst regeln, wie es dies aus eigener Kraft leisten kann. Eine übergeordnete Instanz (z. B. der Staat) darf nur dann eingreifen und fördern, wenn alle Möglichkeiten der untergeordneten Instanz nicht ausreichen. Dieses Prinzip hat in das SGB VIII in zweifacher Weise Eingang gefunden. Im oben zitierten Absatz 2 des § 1 wird das Vorrecht der elterlichen Erziehungsverantwortung gemäß dem Grundgesetz verdeutlicht. Elternrecht steht stets an erster Stelle. Jugendhilfe soll erst dann wirksam werden, wenn die elterliche Verantwortung nicht ausreicht, um eine dem Wohl der Kinder gemäße Entwicklung zu gewährleisten. Daraus leiten sich weitere allgemeine Bestimmungen ab, die in Abschnitt 2.5 erläutert werden.

Jugendhilfe wird von öffentlichen und freien Trägern der Jugendhilfe erbracht. Ihr Verhältnis zueinander wird wesentlich durch das Subsidiaritätsprinzip bestimmt. § 3 Absatz 1 ist auf eine Vielfalt von Trägern ausgerichtet, um verschiedene Wertorientierungen zu ermöglichen. Das SGB VIII nimmt in den Absätzen 2 und 3 des § 3 eine genaue Verteilung der Aufgaben von Jugendhilfe zwischen den Trägern vor.

> § „(2) Leistungen der Jugendhilfe werden von Trägern der freien Jugendhilfe und von Trägern der öffentlichen Jugendhilfe erbracht. Leistungsverpflichtungen, die durch dieses Buch begründet werden, richten sich an die Träger der öffentlichen Jugendhilfe.

> § (3) Andere Aufgaben der Jugendhilfe werden von Trägern der öffentlichen Jugendhilfe wahrgenommen. Soweit dies ausdrücklich bestimmt ist, können Träger der freien Jugendhilfe diese Aufgaben wahrnehmen oder mit ihrer Ausführung betraut werden."

Die anderen Aufgaben stellen immer auch amtliche Maßnahmen dar und bleiben in der Regel den öffentlichen Trägern vorbehalten. Im Bereich der Leistungen überwiegt die Tätigkeit der freien Träger. Dazu gehören vor allen Dingen die auf Bundesebene zusammengeschlossenen Verbände der freien Wohlfahrtspflege sowie die Kirchen und Religionsgemeinschaften:

1. Arbeiterwohlfahrt

2. Deutscher Caritasverband

3. Deutscher Paritätischer Wohlfahrtsverband

4. Deutsches Rotes Kreuz

5. Diakonisches Werk

6. Zentralwohlfahrtsstelle der Juden in Deutschland

Erwähnenswert sind auch die einzelnen Jugendverbände, die sich auf örtlicher Ebene in den Kreisjugendringen zusammengeschlossen haben, zum Beispiel die Pfadfinder oder die Sportjugend. Wichtig für die freien Träger ist, dass sie als solche auch anerkannt werden. Die Bedingungen für die Anerkennung sind in § 75 SGB VIII festgelegt. Wichtigste Bedingung ist das Wirken im Sinne des § 1.

Die Ausgestaltung der Zusammenarbeit zwischen öffentlichen und freien Trägern der Jugendhilfe im Sinne des Subsidiaritätsprinzips ist u. a. in § 4 Absatz 1 SGB VIII geregelt. An erster Stelle steht dabei das partnerschaftliche Zusammenwirken:

> § „Die öffentliche Jugendhilfe soll mit der freien Jugendhilfe zum Wohl junger Menschen und ihrer Familien partnerschaftlich zusammenarbeiten. Sie hat dabei die Selbständigkeit der freien Jugendhilfe in Zielsetzung und Durchführung ihrer Aufgaben sowie in der Gestaltung ihrer Organisationsstruktur zu achten."

Subsidiär gestaltet sich das Verhältnis zwischen den beiden Jugendhilfeträgern dahingehend, dass die öffentliche Jugendhilfe gegenüber den freien Trägern Nachrangigkeit besitzt:

> § § 4 Absatz 2 SGB VIII
>
> „Soweit geeignete Einrichtungen, Dienste und Veranstaltungen von anerkannten Trägern der freien Jugendhilfe betrieben werden oder rechtzeitig geschaffen werden können, soll die öffentliche Jugendhilfe von eigenen Maßnahmen absehen."

Im Detail bedeutet diese Regelung, dass der öffentliche Jugendhilfeträger die Gesamtverantwortung für die Erfüllung der Aufgaben nach dem SGB VIII hat. Dies legt § 79 Absatz 1 des Gesetzes fest:

> „Die Träger der öffentlichen Jugendhilfe haben für die Erfüllung der Aufgaben nach diesem Buch die Gesamtverantwortung einschließlich der Planungsverantwortung."

Zunächst hat dabei der öffentliche Träger eine Bedarfsfeststellung in seinem jeweiligen Verantwortungsbereich durchzuführen. Dabei geht es um die Frage, ob es genügend Einrichtungen, Veranstaltungen bzw. Dienste gibt, um allen Ansprüchen aus dem Gesetz genügen zu können. Im Gesetz lautet der Absatz 2 des § 79 SGB VIII dazu wie folgt:

> „Die Träger der öffentlichen Jugendhilfe sollen gewährleisten, dass zur Erfüllung der Aufgaben nach diesem Buch
> 1. die erforderlichen und geeigneten Einrichtungen, Dienste und Veranstaltungen den verschiedenen Grundrichtungen der Erziehung entsprechend rechtzeitig und ausreichend zur Verfügung stehen; hierzu zählen insbesondere auch Pfleger, Vormünder und Pflegepersonen; ..."

Auf der Grundlage der Bedarfsanalyse, welche einen fortlaufenden Prozess der Arbeit darstellt, erfolgt die Jugendhilfeplanung der öffentlichen Träger. Sie ist in § 80 SGB VIII konkret geregelt. Im Kern geht es dabei um eine vernünftige Aufgabenverteilung und die damit verbundene sinnvolle Nutzung der öffentlichen Mittel. Müssen Einrichtungen, Dienste und Veranstaltungen neu geschaffen bzw. ausgebaut werden, dann haben die öffentlichen Träger pflichtgemäß zu prüfen, ob es geeignete freie Träger dafür gibt. Die Eignung bezieht sich dabei auf mögliche finanzielle Eigenleistungen, personelle und räumliche Ausstattungen. Erst wenn feststeht, dass freie Träger nicht vorhanden sind bzw. öffentliche Einrichtungen und Dienste erheblich kostengünstiger sind, muss der öffentliche Träger tätig werden. Dabei spielt das Wirken der jeweiligen Jugendhilfeausschüsse eine wichtige Rolle. Dazu gibt es in Abschnitt 15.2 nähere Erläuterungen.

Aufgaben
1. *Lesen Sie den § 3 Absatz 1 SGB VIII. Ergründen Sie mithilfe verschiedener Medien (z. B. Internet, Nachschlagewerke) die wichtigsten Wertorientierungen von drei freien Trägern der Jugendhilfe.*

2. *Erfragen Sie beim zuständigen Jugendamt Ihres Studienortes die im Moment aktuellen Probleme der Jugendhilfeplanung nach § 80 SGB VIII.*

2.5   Weitere allgemeine Vorschriften des SGB VIII

In § 5 SGB VIII ist das Wunsch- und Wahlrecht von Leistungsberechtigten geregelt. Absatz 1 sagt aus:

> „Die Leistungsberechtigten haben das Recht, zwischen Einrichtungen und Diensten verschiedener Träger zu wählen und Wünsche hinsichtlich der Gestaltung der Hilfe zu äußern. Sie sind auf dieses Recht hinzuweisen."

Diese Regelung soll u. a. sicherstellen, dass die Leistungsberechtigten entsprechend ihrer weltanschaulichen Orientierung Leistungen der Jugendhilfe in Anspruch nehmen können. Weiterhin soll das Wunsch- und Wahlrecht auch einen Beitrag zur Qualitätssicherung im Angebotsspektrum der Jugendhilfe leisten. Umsetzbar sind diese Absichten aber nur dann, wenn auch immer mehrere Einrichtungen zur Auswahl vorhanden sind. Grenzen werden dort gesetzt, wo Wahl und Wünsche mit unverhältnismäßigen Kosten verbunden sind (§ 5 Absatz 2).

Von großer Wichtigkeit für die Umsetzung des Gesetzes im Alltag sind die Begriffsbestimmungen des § 7 SGB VIII. Für die Durchführung des Leistungskatalogs im Gesetz ist es unabdingbar, den Kreis der Leistungsberechtigten genau einzugrenzen. Nach § 7 SGB VIII ist:

1. Kind, wer noch nicht 14 Jahre alt ist,

2. Jugendlicher, wer 14, aber noch nicht 18 Jahre alt ist,

3. Junger Volljähriger, wer 18, aber noch nicht 27 Jahre alt ist,

4. Junger Mensch, wer noch nicht 27 Jahre alt ist,

5. Personensorgeberechtigter, wer allein oder gemeinsam mit einer anderen Person auf der Grundlage der Bestimmungen des bürgerlichen Gesetzbuches (BGB) die Personensorge ausüben darf,

6. Erziehungsberechtigter, jeder Personensorgeberechtigte und jede sonstige Person über 18 Jahre, die auf der Grundlage einer Vereinbarung mit dem Personensorgeberechtigten nicht nur vorübergehend Aufgaben der Personensorge wahrnimmt.

Weiterhin gilt als Kind im Sinne des § 1 Absatz 2 SGB VIII jeder, der noch nicht 18 Jahre alt ist.

Aus den Begriffsbestimmungen ergibt sich, dass Erzieherinnen es in ihren Aufgabengebieten mit den Altersbereichen zwischen 0 und 27 Jahren zu tun haben können. Es ist in diesem Zusammenhang auch wichtig, dass sozialpädagogische Fachkräfte die beiden Begriffe „Personensorgeberechtigter" und „Erziehungsberechtigter" inhaltlich erfassen müssen. Mit beiden hat man es im Berufsalltag zu tun. In diesem rechtlichen Kontext ist es für sozialpädagogische Fachkräfte wichtig zu wissen, wie sich ihr Handlungsspielraum im Rahmen der elterlichen Sorge gestaltet (siehe auch Abschnitt 8).

> *Fallbeispiel* Lars ist 14 Jahre alt und erscheint verstört im Jugendamt. Er beschwört die dortigen Mitarbeiter, unter keinen Umständen seine Eltern über den Jugendamtsbesuch zu informieren. Sein Vater hat ihn wiederholt schwer misshandelt. Die Spuren sind unübersehbar. Lars befürchtet erneut Prügel, wenn der Vater vom Besuch erfährt. Welche Handlungsmöglichkeiten gibt es?

Zunächst ist festzustellen, dass Lars ein Recht darauf hat, von den Mitarbeitern des Jugendamtes angehört zu werden. § 8 Absatz 2 SGB VIII bestimmt:

§ „Kinder und Jugendliche haben das Recht, sich in allen Angelegenheiten der Erziehung und Entwicklung an das Jugendamt zu wenden."

Bleibt als Nächstes zu klären, ob die Mitarbeiter auch ohne Wissen der Eltern den Jungen beraten dürfen. Dazu sagt § 8 Absatz 3 SGB VIII:

> § „Kinder und Jugendliche haben Anspruch auf Beratung ohne Kenntnis des Personensorgeberechtigten, wenn die Beratung auf Grund einer Not- und Konfliktlage erforderlich ist und solange durch die Mitteilung an den Personensorgeberechtigten der Beratungszweck vereitelt würde. § 36 des Ersten Buches bleibt unberührt."

Die oben beschriebene Situation lässt sich sicher als Notlage einschätzen. Deshalb wäre die Nichtbenachrichtigung der Eltern kein unberechtigter Eingriff in das elterliche Sorgerecht. Der Beratungszweck soll natürlich u. a. auch dazu dienen, dass Lars keine neuerlichen körperlichen Züchtigungen befürchten muss.

Nehmen wir jetzt einmal an, dass für Lars eine Trennung vom Elternhaus sinnvoll wäre. Bei der entsprechenden Entscheidungsfindung müsste das Jugendamt Lars gemäß seines Alters und Entwicklungsstandes einbeziehen. Dies würde z. B. bedeuten, dass Lars Einverständnis über eine anderweitige Unterbringung (Pflegeeltern, Heim, betreutes Wohnen) notwendig ist. Dies ergibt sich aus § 8 Absatz 1 SGB VIII:

> § „Kinder und Jugendliche sind entsprechend ihrem Entwicklungsstand an allen sie betreffenden Entscheidungen der öffentlichen Jugendhilfe zu beteiligen. Sie sind in geeigneter Weise auf ihre Rechte im Verwaltungsverfahren sowie im Verfahren vor dem Familiengericht, dem Vormundschaftsgericht und dem Verwaltungsgericht hinzuweisen."

Im Zusammenhang mit dem beschriebenen Fall ist das am 1. Januar 2012 in Kraft getretene Bundeskinderschutzgesetz von Bedeutung. In Abschnitt 3 soll deshalb auf dieses Gesetz umfassender eingegangen werden.

3   Das Bundeskinderschutzgesetz

3.1   Inhalte und Struktur des Gesetzes

Das Bundeskinderschutzgesetz (BKiSchG) ist ein sogenanntes „Artikelgesetz". Ein solches Gesetzeswerk ändert gleichzeitig mehrere andere Gesetze. In seiner Struktur wird es in Artikel gegliedert. Diese stehen der textgliedernden Funktion von Paragraphen gleich. Das Bundeskinderschutzgesetz beinhaltet folgende Artikel:

Artikel 1: Gesetz zur Kooperation und Information im Kinderschutz (KKG)
Artikel 2: Änderung des Achten Buches Sozialgesetzbuch
Artikel 3: Änderungen anderer Gesetze
Artikel 4: Evaluation
Artikel 5: Neufassung des Achten Buches Sozialgesetzbuch
Artikel 6: Inkrafttreten

Nachfolgend soll auf einige wichtige Aspekte im Zusammenhang mit dem SGB VIII eingegangen werden.

3.2   Frühe Hilfen

Das Gesetz zur Kooperation und Information im Kinderschutz (Artikel 1 Bundeskinderschutzgesetz KKG) enthält in § 1 wichtige grundlegende Bestimmungen. Unter der Überschrift „Kinderschutz und staatliche Mitverantwortung" wird in Absatz 3 folgendes ausgesagt:

> § „(3) Aufgabe der staatlichen Gemeinschaft ist es, soweit erforderlich, Eltern bei der Wahrnehmung ihres Erziehungsrechts und ihrer Erziehungsverantwortung zu unterstützen, damit
> 1. sie im Einzelfall dieser Verantwortung besser gerecht werden können,
> 2. im Einzelfall Risiken für die Entwicklung von Kindern und Jugendlichen frühzeitig erkannt werden und
> 3. im Einzelfall eine Gefährdung des Wohls eines Kindes oder eines Jugendlichen vermieden oder, falls dies im Einzelfall nicht mehr möglich ist, eine weitere Gefährdung oder Schädigung abgewendet werden kann."

In dieser Vorschrift wird das Wächteramt des Staates hinsichtlich seiner Ausgestaltung als Gefahrenvorsorge und Gefahrenabwehr gekennzeichnet. Dabei wird es an die Grundsätze der Subsidiarität und Verhältnismäßigkeit gebunden. Das staatliche Wächteramt wird hier vor allen Dingen darin gesehen, dass es zunächst um Maßnahmen geht, die dabei helfen, die elterliche Erziehungskompetenz zu verbessern. Erst in speziellen Risikolagen geht es um staatliche Maßnahmen zur Abwendung einer Gefährdung des Kindeswohls.

Diese grundlegenden Intensionen werden in Absatz 4 weiter präzisiert:

> § „(4) Zu diesem Zweck umfasst die Unterstützung der Eltern bei der Wahrnehmung ihres Erziehungsrechts und ihrer Erziehungsverantwortung durch die staatliche Gemeinschaft insbesondere auch Information, Beratung und Hilfe. Kern ist die Vorhaltung eines möglichst frühzeitigen, koordinierten und multiprofessionellen Angebots im Hinblick auf die Entwicklung von Kindern vor allem in den ersten Lebensjahren für Mütter und Väter sowie schwangere Frauen und werdende Väter (Frühe Hilfen)."

Das Gesetz führt an dieser Stelle den Begriff „Frühe Hilfen" ein. Es knüpft dabei an bereits vorhandene Erfahrungen mit dem System Frühe Hilfen an. Im Jahre 2008 kam es zur Gründung des „Nationalen Zentrums Frühe Hilfen". Anliegen dieser Institution war und ist es, Brücken zwischen Leistungen der Gesundheitshilfe und der Kinder- und Jugendhilfe zu bauen. Eltern haben vor und nach der Geburt ihres Kindes viel Kontakt zu Vertretern der Gesundheitshilfe. Dies trifft auf Kontakte zur Kinder- und Jugendhilfe eher nicht zu. Wenn sich ein Hilfebedarf hinsichtlich von Beratungs- und Unterstützungsleistungen ergibt, der in den Bereich der Jugendhilfe hineinreicht, dann bedarf es einer entsprechenden Vermittlung. Das Bundeskinderschutzgesetz verfolgt die Absicht, dieses System zu verstetigen. Es ist damit keine Schaffung einer neuen Hilfssäule verbunden. Das Gesetz öffnet die Angebote der Kinder- und Jugendhilfe hin zu vorgeburtlichen Angeboten in diesem Bereich.

Ein erstes Angebot im Rahmen der Frühen Hilfen wird in § 2 KKG definiert:

> § „§ 2 (1) Eltern sowie werdende Mütter und Väter sollen über Leistungsangebote im örtlichen Einzugsbereich zur Beratung und Hilfe in Fragen der Schwangerschaft, Geburt und der Entwicklung des Kindes in den ersten Lebensjahren informiert werden.
>
> (2) Zu diesem Zweck sind die nach Landesrecht für die Information der Eltern nach Absatz 1 zuständigen Stellen befugt, den Eltern ein persönliches Gespräch anzubieten. Dieses kann auf Wunsch der Eltern in ihrer Wohnung stattfinden. Sofern Landesrecht keine anderen Regelungen trifft, bezieht sich die in Satz 1 geregelte Befugnis auf die örtlichen Träger der Jugendhilfe."

Hier knüpft das Gesetz an Modellprojekte und Einzelinitiativen von Kreisen und Städten an. Genannt sei hier die Stadt Dormagen, die eine Praxis des Willkommensbesuches entwickelte. Eltern erhielten in ihren Wohnungen nach der Geburt eines Kindes Besuch von einem Vertreter der Stadt. Dabei standen die Wertschätzung der Eltern bezüglich ihrer neuen Pflichten und das Angebot zur diesbezüglichen Hilfe und Unterstützung im Vordergrund. Das Gesetz greift diesen Grundgedanken auf und will ihn weiterentwickeln. Eltern sollen in diesem Rahmen Informationen zu möglichen Unterstützungsangeboten bekommen. Der Gedanke der Prävention hinsichtlich möglicher Kindeswohlgefährdungen vor bzw. nach der Geburt eines Kindes wird hier deutlich.

Die Zuständigkeit für ein solches Angebot wird den örtlichen Trägern der Jugendhilfe übertragen. Werden diese Informationsbesuche durch Fachkräfte des Allgemeinen Sozialen

Dienstes der Jugendämter wahrgenommen, dann kann dies sehr positive Auswirkungen haben. Eltern dürfte es dann zukünftig sicher leichter fallen, ihre „Schwellenängste" bezüglich des Jugendamtes zu überwinden.

§ 3 des KKG (Artikel 1 Bundeskinderschutzgesetz) definiert Rahmenbedingungen für Netzwerkstrukturen, die innerhalb des Kinderschutzes zu entwickeln sind. In Absatz 2 der genannten Bestimmung werden wichtige Bereiche eines solchen Netzwerks gekennzeichnet:

> § „(2) In das Netzwerk sollen insbesondere Einrichtungen und Dienste der öffentlichen und freien Jugendhilfe, Einrichtungen und Dienste, mit denen Verträge nach § 75 Absatz 3 des Zwölften Buches Sozialgesetzbuch bestehen, Gesundheitsämter, Sozialämter, Gemeinsame Servicestellen, Schulen, Polizei- und Ordnungsbehörden, Agenturen für Arbeit, Krankenhäuser, Sozialpädiatrische Zentren, Frühförderstellen, Beratungsstellen für soziale Problemlagen, Beratungsstellen nach §§ 3 und 8 des Schwangerschaftskonfliktgesetzes, Einrichtungen und Dienste zur Müttergenesung sowie zum Schutz gegen Gewalt in engen sozialen Beziehungen, Familienbildungsstätten, Familiengerichte und Angehörige der Heilberufe einbezogen werden."

Der Gesetzgeber umschreibt den Kreis von Institutionen, die am Netzwerk zu beteiligen sind. Es handelt sich dabei um keine abschließende Aufzählung. Die einzelnen Bundesländer können hier ihre landesspezifischen Ergänzungen vornehmen.

Mit dem Begriff „Netzwerk" sind hier Kooperationsbeziehungen zwischen den Fachstellen und den jeweiligen anderen Akteuren im Kinderschutz gemeint. Ziel soll dabei sein, einen präventiven und intervenierenden Kinderschutz zu gewährleisten. In diesem Rahmen haben besonders die zuständigen Jugendämter eine wichtige Funktion zu erfüllen. In vielen Landkreisen sind dazu Arbeitskreise zum Kinderschutz entstanden. Hier versammeln sich in regelmäßigen Abständen Partner der Netzwerke und informieren über ihr Leistungsangebot. Dadurch können die einzelnen Einrichtungen bzw. Dienste bei Notwendigkeit schneller und zielgerichteter im Einzelfall notwendige Hilfsangebote organisieren.

In Absatz 4 des § 3 KKG wird eine besondere Form der Frühen Hilfen definiert:

> § „(4) Dieses Netzwerk soll zur Beförderung Früher Hilfen durch den Einsatz von Familienhebammen gestärkt werden. ..."

Familienhebammen sind Hebammen mit einem staatlichen Examen und einer landesrechtlich geregelten Zusatzqualifikation in Form einer Fortbildung. Ihnen kommt innerhalb der Frühen Hilfen eine Schlüsselfunktion zu. Aufgrund ihrer zusätzlichen Qualifikation sind sie in der Lage, Eltern und Familien in belastenden Lebenssituationen zu unterstützen. Sie gehen bis zu einem Jahr nach der Geburt in die Familien. Dort unterstützen sie die gesundheitliche Versorgung und leisten psychosoziale Unterstützung. Besonders jungen Eltern kann damit wirksam geholfen werden, ihre neue Rolle im Familiensystem zu erkennen und damit ihrer Verantwortung besser gerecht werden. Familienhebammen können hier eine Lotsenfunktion innehaben. Mithilfe des örtlichen Netzwerkes besteht die Möglichkeit, notwendige Unterstützungsangebote mit den Eltern zu kommunizieren und zu organisieren. Rund um die Geburt fällt es vielen Eltern leichter, Hilfen anzunehmen. Gegenüber Hebammen haben Mütter meist großes Vertrauen. Dies kann im Bereich der Frühen Hilfen präventives Handeln erleichtern und damit Kindeswohlgefährdungen bereits im Ansatz verhindern.

Die Bundesregierung fördert diese Form der Frühen Hilfen in Form einer vierjährigen Bundesinitiative. Federführend dabei ist das Bundesministerium für Familie, Senioren, Frauen und Jugend. Von 2012 bis zum Jahre 2015 waren dafür insgesamt 126 Mio. Euro vorgesehen.

Eine dritte Säule der Frühen Hilfen stellen Leistungsangebote im Rahmen des SGB VIII dar.

3.3 Schutzauftrag bei Kindeswohlgefährdung

Fallbeispiel   Olivia ist drei Jahre alt und gehört zu der von Ihnen geleiteten Kindergarten-gruppe. Seit der Scheidung ihrer Eltern vor vier Monaten lebt Olivia bei ihrer Mutter, die das alleinige Sorgerecht besitzt. Ihre Kolleginnen und Sie hatten bisher den Eindruck, dass Olivia in ihrem Verhalten trotz der veränderten Familiensituation keine wesentlichen Auffälligkeiten zeigt. Auch Olivias Mutter schien mit der Situation den Umständen entsprechend souverän umgehen zu können.

Nach dem verlängerten Osterwochenende ist Olivia im Kindergarten ungewöhnlich ruhig. Beim Gang zur Toilette entdecken Sie auf Olivias Gesäß blau unterlegte Flecke. Als Sie das Mädchen darauf ansprechen, beginnt es zu weinen und sucht Ihre Nähe. „Ich bin böse gewesen", bringt es unter heftigem Schluchzen hervor.

Aufgabe
Wie würden Sie in dieser Situation handeln?
Stellen Sie Ihre Überlegungen in Form eines Statements der Lerngruppe vor. Begründen Sie Ihr Handeln.

Betrachten wir jetzt die Regelungen des § 8a SGB VIII, der einen Schutzauftrag bei Kindeswohlgefährdung formuliert. Dieser gilt für alle, die in Arbeitsfeldern der Kinder- und Jugendhilfe tätig sind. Welche Anforderungen stellt er an das Erzieherhandeln in einer solchen Situation? In Absatz 1 des § 8a heißt es:

> § „Werden dem Jugendamt gewichtige Anhaltspunkte für die Gefährdung des Wohls eines Kindes oder Jugendlichen bekannt, so hat es das Gefährdungsrisiko im Zusammenwirken mehrerer Fachkräfte einzuschätzen. Soweit der wirksame Schutz dieses Kindes oder Jugendlichen nicht in Frage gestellt wird, hat das Jugendamt die Erziehungsberechtigten sowie das Kind oder den Jugendlichen in die Gefährdungseinschätzung einzubeziehen und, sofern dies nach fachlichen Einschätzungen erforderlich ist, sich dabei einen unmittelbaren Eindruck von dem Kind und von seiner persönlichen Umgebung zu verschaffen. Hält das Jugendamt zur Abwendung der Gefährdung die Gewährung von Hilfen für geeignet und notwendig, so hat es diese den Erziehungsberechtigten anzubieten."

Diese Bestimmung verpflichtet die Jugendämter, tätig zu werden, wenn Anhaltspunkte für die Gefährdung des Wohls eines Kindes oder Jugendlichen im Amtsbereich bekannt werden. Die Behörde hat in diesem Zusammenhang das Gefährdungsrisiko einzuschätzen. Der Gesetzgeber verlangt dazu das Tätigwerden mehrerer Fachkräfte. Welche dies sind, wird sicher im Einzelfall zu entscheiden sein. So erfordert sexueller Missbrauch andere fachliche Kompetenzen als beispielsweise häusliche Gewalt. Damit schließt der Gesetzgeber in solchen Situationen eine Einzelentscheidung durch einen Mitarbeiter allein ausdrücklich aus.

Hält das Jugendamt ein Wirksamwerden zum Schutz der Minderjährigen für erforderlich, dann steht hier zunächst das Zusammenwirken der Betroffenen mit der Behörde im Mittelpunkt. Ziel soll in solchen Situationen zunächst das Angebot von Hilfen sein, wenn diese für erforderlich gehalten werden.

Im Fall der kleinen Olivia hilft uns diese Regelung zunächst nicht weiter. Aus Absatz 4 des § 8a SGB VIII leiten sich konkrete Handlungsanforderungen für unseren Fall ab:

> § „(4) In Vereinbarungen mit den Trägern von Einrichtungen und Diensten, die Leistungen nach diesem Buch erbringen, ist sicherzustellen, dass
>
> 1. deren Fachkräfte bei Bekanntwerden gewichtiger Anhaltspunkte für die Gefährdung eines von ihnen betreuten Kindes oder Jugendlichen eine Gefährdungseinschätzung vornehmen,
>
> 2. bei der Gefährdungseinschätzung eine insoweit erfahrene Fachkraft beratend hinzugezogen wird sowie
>
> 3. die Erziehungsberechtigten sowie das Kind oder der Jugendliche in die Gefährdungseinschätzung einbezogen werden, soweit hierdurch der wirksame Schutz des Kindes oder des Jugendlichen nicht in Frage gestellt wird.
>
> In die Vereinbarung ist neben den Kriterien für die Qualifikation der beratend hinzuzuziehenden insoweit erfahrenen Fachkraft insbesondere die Verpflichtung aufzunehmen, dass die Fachkräfte der Träger bei den Erziehungsberechtigten auf die Inanspruchnahme von Hilfen hinwirken, wenn sie diese für erforderlich halten, und das Jugendamt informieren, falls die Gefährdung nicht anders abgewendet werden kann."

Aus der obigen rechtlichen Regelung können wir ableiten, dass es auch zwischen dem Träger des Kindergartens in unserer Fallsituation und dem zuständigen Jugendamt eine solche Vereinbarung gibt. Die Träger haben auf dieser Grundlage für ihre Mitarbeiter entsprechende Handlungsanweisungen entwickelt. In diesen ist festgeschrieben, wie bei Verdachtsmomenten einer Kindeswohlgefährdung durch die zuständigen Fachkräfte konkret zu handeln ist. Wir wollen für unseren Fall Olivia einige grundsätzliche Handlungsmodalitäten im Sinne des SGB VIII darstellen.

Eine erste wichtige Regel ist, dass niemals allein und überstürzt gehandelt werden darf. Im Mittelpunkt steht zunächst Olivia, die in ihrem augenscheinlichen Schmerz nicht allein gelassen werden darf. Trost und Zuspruch sind naheliegende Reaktionen. Das Mädchen darf seine Emotionen durch Weinen zum Ausdruck bringen. Es bedarf jetzt des kollegialen Austausches. Die Erzieherin sollte noch am selben Tag das Gespräch mit der Leiterin und anderen Kolleginnen suchen. Dadurch können Beobachtungen von mehreren Personen zusammengetragen werden. Es erfolgt eine erste Einschätzung der Situation. Im Falle von Olivia könnte beispielsweise festgestellt werden, dass Zeichen von physischer Gewalt bei ihr erstmals festgestellt wurden. Alle gemachten Beobachtungen sind unbedingt schriftlich zu dokumentieren. Dabei geht es um Ort, Zeit und Namen der Beobachtenden.

Solche Fälle treten im Alltag von Kindertageseinrichtungen glücklicherweise nicht täglich auf. Damit die pädagogischen Fachkräfte mit der Situation professioneller umgehen können, hat der Gesetzgeber festgelegt, dass eine insoweit erfahrene Fachkraft hinzuzuziehen ist. Eine solche Fachkraft kann vom Träger der Einrichtung gestellt werden, sie kann aber auch von außerhalb kommen. Bei den Jugendämtern gibt es Verzeichnisse dieser Fachkräfte.

Vor dem eben beschriebenen fachlichen Hintergrund kann jetzt im Fall Olivia eine Risikoabschätzung vorgenommen werden. Dabei spielen Schwere und Art der Misshandlung eine Rolle. Weiterhin muss aufgrund der Familiensituation die Wahrscheinlichkeit erneuter Misshandlungen beurteilt werden. Es ist auch einzuschätzen, inwieweit die Mutter in unserem Fall bereit ist, Hilfen anzunehmen. Bisher war sie allen Angelegenheiten der Erziehung ihres Kindes im Rahmen des Kindergartens offen. Ein zeitnahes Gespräch mit der Mutter, der Leiterin und zuständigen Erzieherin sollte ein nächster Schritt sein. Hier kann ein eventueller Hilfebedarf im Sinne des § 8a SGB VIII ermittelt werden.

Nicht alle Sorgeberechtigten stehen in solchen Situationen den Erziehern und Erzieherinnen offen und kooperativ gegenüber. Deshalb können in solchen Fällen mit Hilfe des Jugendamtes weitere Schritte eingeleitet werden. Dazu ist in Absatz 2 des § 8a SGB VIII das Folgende bestimmt:

> „(2) Hält das Jugendamt das Tätigwerden des Familiengerichts für erforderlich, so hat es das Gericht anzurufen; dies gilt auch, wenn die Erziehungsberechtigten nicht bereit oder nicht in der Lage sind, bei der Abschätzung des Gefährdungsrisikos mitzuwirken. Besteht eine dringende Gefahr und kann die Entscheidung des Gerichts nicht abgewartet werden, so ist das Jugendamt verpflichtet, das Kind oder den Jugendlichen in Obhut zu nehmen.“

In solchen Fällen ist im Sinne des § 1666 BGB (siehe auch Abschnitt 8.4) die Kindeswohlgefährdung einzuschätzen. Das Familiengericht entscheidet dann über den Umfang des Eingriffs in das elterliche Sorgerecht. Dabei spielt die Aufenthaltsbestimmung für das Kind bzw. den Jugendlichen (siehe auch Abschnitt 8.2.1) eine wichtige Rolle.

Die oben gekennzeichnete Inobhutnahme erfolgt im Rahmen des § 42 SGB VIII (siehe auch Abschnitt 16.1).

Alle hier dargestellten Regelungen zum Schutzauftrag sind auch im Zusammenhang mit dem Wächteramt des Staates hinsichtlich der Ausübung des elterlichen Sorgerechts nach Artikel 6 Absatz 2 Grundgesetz zu sehen (vgl. Abschnitt 8.1). Die hohe Verantwortung, die Erzieherinnen und Erzieher in diesem Zusammenhang tragen, ist sicher deutlich geworden. Von ihrer Fachlichkeit im Handeln hängt wesentlich die Umsetzung des Schutzauftrages im Sinne des SGB VIII ab.

Aufgabe

Lesen Sie noch einmal das Fallbeispiel auf Seite 32. Beurteilen Sie die Situation auf der Grundlage der Bestimmungen des § 8a SGB VIII.

Zusammenfassung

Das Kinder- und Jugendhilfegesetz ist als VIII. Buch Bestandteil des Sozialgesetzbuches. Es ist ein Sozialleistungsgesetz. Die Aufgaben der Jugendhilfe gliedern sich im Gesetz nach Leistungen der Jugendhilfe und anderen Aufgaben. Die Jugendhilfe formuliert als Ziel der Erziehung für junge Menschen deren Entwicklung zu eigenverantwortlichen und gemeinschaftsfähigen Persönlichkeiten. Für die Realisierung dieses Ziels sind zuerst die Eltern verantwortlich.

Öffentliche Träger und freie Träger sind für die Durchführung der Jugendhilfe verantwortlich. Sie arbeiten partnerschaftlich zusammen. Die Hauptverantwortung obliegt unter Wahrung des Subsidiaritätsprinzips den öffentlichen Trägern.

Kinder und Jugendliche haben das Recht, sich in allen Angelegenheiten der Erziehung und Entwicklung an das zuständige Jugendamt zu wenden.

Eine besondere Verantwortung hinsichtlich der Ausgestaltung des Kinderschutzes erlegt das SGB VIII in § 8a allen Trägern von Leistungen der Jugendhilfe auf. Diese Bestimmung konkretisiert das Wächteramt des Staates im Rahmen des Artikels 6 Absatz 2 des Grundgesetzes.

Aufgaben

1. *Erläutern Sie das Wirken des Subsidiaritätsprinzips innerhalb des Kinder- und Jugendhilfegesetzes.*

2. *Erklären Sie mithilfe von Beispielen die Begriffe „Personensorgeberechtigter" und „Erziehungsberechtigter".*

3. *Diskutieren Sie in Kleingruppen folgende These zum Schutzauftrag bei Kindeswohlgefährdung:*

„Kindertageseinrichtungen, in denen die Beobachtung und Begleitung der Entwicklung aller Kinder sowie eine entsprechende Dokumentation dieser Arbeit zum Alltag gehören, haben beste Voraussetzungen, um dem Schutzauftrag ohne größeren Aufwand gerecht werden zu können."

 Arbeitsmaterialien zum Download, S. 3

Rechtsfragen im Arbeitsfeld der Kindertagesbetreuung

4 Gesetzlicher Rahmen der Kindertagesbetreuung

4.1 Grundsätze der Förderung nach dem SGB VIII

Das zweite Kapitel dritter Abschnitt des Gesetzes trägt die Überschrift „Förderung von Kindern in Tageseinrichtungen und in Tagespflege". Es wurde am 10. Dezember 2008 durch das „Kinderförderungsgesetz" neu gefasst.

§ 22 SGB VIII beinhaltet Grundsätze der Förderung. In Absatz 1 ist dazu geregelt:

> § „Tageseinrichtungen sind Einrichtungen, in denen sich Kinder für einen Teil des Tages oder ganztägig aufhalten und in Gruppen gefördert werden. Kindertagespflege wird von einer geeigneten Tagespflegeperson in ihrem Haushalt oder im Haushalt des Personensorgeberechtigten geleistet. Das Nähere über die Abgrenzung von Tageseinrichtungen und Kindertagespflege regelt das Landesrecht. Es kann auch regeln, dass Kindertagespflege in anderen geeigneten Räumen geleistet wird."

Absatz 1 definiert den Begriff „Tageseinrichtungen" und regelt grundsätzlich die Formen der Tagespflege. Der neu gefasste § 22 SGB VIII erhebt einheitliche Fördergrundsätze für beide Formen der Kindertagesbetreuung. Dazu heißt es in den Absätzen 2 und 3:

> § „(2) Tageseinrichtungen für Kinder und Kindertagespflege sollen
>
> 1. die Entwicklung des Kindes zu einer eigenverantwortlichen und gemeinschaftsfähigen Persönlichkeit fördern,
>
> 2. die Erziehung und Bildung in der Familie unterstützen und ergänzen,
>
> 3. den Eltern dabei helfen, Erwerbstätigkeit und Kindererziehung besser miteinander vereinbaren zu können.
>
> (3) Der Förderungsauftrag umfasst Erziehung, Bildung und Betreuung des Kindes und bezieht sich auf die soziale, emotionale, körperliche und geistige Entwicklung des Kindes. Es schließt die Vermittlung orientierender Werte und Regeln ein. Die Förderung soll sich am Alter und Entwicklungsstand, den sprachlichen und sonstigen Fähigkeiten, an der Lebenssituation sowie den Interessen und Bedürfnissen des einzelnen Kindes orientieren und seine ethnische Herkunft berücksichtigen."

Hier wird die zuvor in Absatz 1 genannte Förderung präzisiert. Der Bereich der Bildung ist in jüngster Zeit immer stärker in den Mittelpunkt des öffentlichen Interesses gerückt. Von Erzieherinnen wird erwartet, dass sie in der Lage sind, Bildungsangebote für Kinder besonders in den Kindergärten zu machen. Dieser Bereich wird auch immer mehr von der Politik als erste Stufe des Bildungssystems verstanden. Der bisherige Gedankengang, dass die Kindertageseinrichtungen in erster Linie Elternschaft und Berufstätigkeit in Einklang bringen sollen, tritt gegenüber dem Bildungsgedanken zurück. Dabei wird auch die Untrennbarkeit von Bildung und Erziehung stärker betont.

Dem Zusammenwirken mit den Erziehungsberechtigten innerhalb der Tagesbetreuung widmet das SGB VIII besondere Aufmerksamkeit. § 22 Absatz 3 SGB VIII lautet:

> § „Der Förderungsauftrag umfasst Erziehung, Bildung und Betreuung des Kindes und bezieht sich auf die soziale, emotionale, körperliche und geistige Entwicklung des Kindes. Es schließt die Vermittlung orientierender Werte und Regeln ein. Die Förderung soll sich am Alter und Entwicklungsstand, den sprachlichen und sonstigen Fähigkeiten, der Lebenssituation sowie den Interessen und Bedürfnissen des einzelnen Kindes orientieren und seine ethnische Herkunft berücksichtigen."

Der Förderungsauftrag in der Kindertagesbetreuung wird mithilfe der Formulierung von Qualitätsmerkmalen stärker konkretisiert. Erziehung, Bildung und Betreuung erfahren in Absatz 3 eine Präzisierung, die sich am Kind als Gesamtpersönlichkeit orientiert. Dadurch wird der Charakter der Ganzheitlichkeit des Förderungsauftrags in der Kindertagesbetreuung hervorgehoben. Es erfolgt auch eine Ausdehnung dieser Qualitätsbestimmung auf die Kindertagespflege (siehe auch Abschnitt 4.3). Somit wird auf bundespolitischer Ebene der Ausbau der Tagesbetreuung als qualifiziertes frühes Förderungsangebot angeregt.

4.2 Regelungen zur Förderung in Tageseinrichtungen

Für die Förderung in Tageseinrichtungen werden in § 22a SGB VIII weitere Qualitätsmerkmale bestimmt. Der Absatz 1 lautet:

> § „Die Träger der öffentlichen Jugendhilfe sollen die Qualität der Förderung in ihren Einrichtungen durch geeignete Maßnahmen sicherstellen und weiterentwickeln. Dazu gehören die Entwicklung und der Einsatz einer pädagogischen Konzeption als Grundlage für die Erfüllung des Förderungsauftrages sowie der Einsatz von Instrumenten und Verfahren zur Evaluierung der Arbeit in den Einrichtungen."

Der Gesetzgeber will durch die Hervorhebung der Konzeption einer Einrichtung die Zielgerichtetheit pädagogischer Arbeit im vorschulischen Bereich als grundlegende Notwendigkeit bestimmen. Gleichzeitig wird im Gesetzestext der Prozesscharakter sozialpädagogischer Arbeit betont, indem die Evaluierung als Qualitätsmerkmal hervorgehoben wird. Dies hat weitreichende Konsequenzen für die Aus- und Weiterbildung der Fachkräfte.

Für die Zusammenarbeit von Fachkräften mit den jeweiligen Erziehungsberechtigten bestimmt der § 22a Absatz 2 SGB VIII das Folgende:

> § „Die Träger der öffentlichen Jugendhilfe sollen sicherstellen, dass die Fachkräfte in ihren Einrichtungen zusammenarbeiten
>
> 1. mit den Erziehungsberechtigten und Tagespflegepersonen zum Wohl der Kinder und zur Sicherung der Kontinuität des Erziehungsprozesses,
>
> 2. mit anderen kinder- und familienbezogenen Institutionen und Initiativen im Gemeinwesen, insbesondere solchen der Familienbildung und -beratung,
>
> 3. mit den Schulen, um den Kindern einen guten Übergang in die Schule zu sichern und um die Arbeit mit Schulkindern in Horten und altersgemischten Gruppen zu unterstützen.
>
> Die Erziehungsberechtigten sind an den Entscheidungen in wesentlichen Angelegenheiten der Erziehung, Bildung und Betreuung zu beteiligen."

Für eine erfolgreiche Entwicklung von Kindern ist die Erziehungs- und Bildungspartnerschaft von Eltern und Fachkräften eine wichtige Voraussetzung. Eine weitere wichtige Bedingung ist aber auch die Vernetzung dieser Partnerschaft mit anderen Bereichen des Bildungssystems. In Absatz 2 werden entsprechende Kooperationsangebote für die Träger dieses Leistungsspektrums (Städte und Gemeinden) geregelt.

Nr. 1 zielt darauf ab, dass Fachkräfte in Einrichtungen kindbezogen mit Tagespflegepersonen zusammenarbeiten sollen. Dies gilt für die Fälle, in denen ein Kind ergänzend zur Förderung in einer Einrichtung in Tagespflege betreut wird. Dies kann z. B. dann der Fall sein, wenn die entsprechenden Öffnungszeiten nicht bedarfsgerecht erfolgen können.

Nr. 2 des Absatzes zielt auf eine Öffnung der Tageseinrichtungen ab. Durch eine entsprechende Netzwerkarbeit können Erziehungsberechtigte noch effektiver bei der Wahrnehmung ihrer Erziehungsaufgaben unterstützt werden. So können beispielsweise Angebote von Einrichtungen der Familienbildung Elternabende in Tageseinrichtungen inhaltlich sinnvoll unterstützen.

In Nr. 3 wird der Übergang der Kinder von der Tageseinrichtung in die Schule als besonders bedeutsam herausgestellt. Dieser spielt in der Biografie der Kinder eine wichtige Rolle. Deshalb ist es Aufgabe der Kinder- und Jugendhilfe, mit der Schule zu kooperieren. Gleichzeitig bedeutet dies jedoch auch, dass sich Schulen gegenüber den Tageseinrichtungen öffnen müssen.

Um diese Regelung im SGB VIII erfolgreich umsetzen zu können, müssen in den Schulgesetzen der Länder entsprechende Festlegungen getroffen werden.

Der Absatz 3 des § 22a SGB VIII will dafür Sorge tragen, dass sich die Angebote der Tages-einrichtungen noch stärker als bisher an den jeweiligen Familiensituationen im konkreten Einzugsbereich orientieren. Dort heißt es:

> „Das Angebot soll sich pädagogisch und organisatorisch an den Bedürfnissen der Kinder und ihren Familien orientieren. Werden Einrichtungen in den Ferienzeiten geschlossen, so hat der Träger der öffentlichen Jugendhilfe für die Kinder, die nicht von den Erziehungsberechtigten betreut werden können, eine anderweitige Betreuungsmöglichkeit sicherzustellen."

Diese Regelung wird immer dann im Sinne des Gesetzgebers beachtet, wenn Kinderta-geseinrichtungen auf der Grundlage einer genauen Situationsanalyse ihres Einzugsbe-reichs pädagogische Konzeptionen erarbeiten und umsetzen. In diesem Zusammenhang ist es laut Gesetz auch notwendig, die Ausgestaltung von Öffnungszeiten an den Bedürf-nissen der betroffenen Familien auszurichten. Die Träger der öffentlichen Jugendhilfe haben darauf zu achten, dass während der Schließzeiten eine anderweitige Betreuungs-möglichkeit für betroffene Kinder gesichert ist. Dadurch wird ein weiterer begrüßenswer-ter Schritt unternommen, die Vereinbarkeit von Elternschaft und beruflicher Tätigkeit zu unterstützen.

Absatz 4 des § 22a SGB VIII erwähnt explizit erstmals den Integrationsgedanken in der Kindertagesbetreuung. Dazu heißt es:

> „Kinder mit und ohne Behinderung sollen, sofern der Hilfebedarf dies zulässt, in Gruppen gemeinsam gefördert werden. Zu diesem Zweck sollen die Träger der öf-fentlichen Jugendhilfe mit den Trägern der Sozialhilfe bei der Planung, konzeptio-nellen Ausgestaltung und Finanzierung des Angebots zusammenarbeiten."

4.3   Förderung in Kindertagespflege

Durch das Kinderförderungsgesetz hat die Kindertagespflege einen qualitativ neuen Stellenwert innerhalb der Kindertagesbetreuung erhalten. In Abschnitt 3.1 wurde bereits darauf hingewiesen, dass hinsichtlich des Förderungsauftrages künftig einheitliche Qua-litätsstandards für Tageseinrichtungen und Einrichtungen der Kindertagespflege gelten.

Der § 23 Absatz 1 SGB VIII bestimmt die Vermittlung von Kindertagespflege durch die jeweiligen Träger der Jugendhilfe zu einer wesentlichen Aufgabe für die Realisierung der Zielsetzungen der Kindertagesbetreuung insgesamt:

> „Die Förderung in Kindertagespflege nach Maßgabe von § 24 umfasst die Vermitt-lung des Kindes zu einer geeigneten Tagespflegeperson, soweit diese nicht von der erziehungsberechtigten Person nachgewiesen wird, deren fachliche Beratung, Be-gleitung und weitere Qualifizierung sowie die Gewährung einer laufenden Geldleis-tung an die Tagespflegeperson."

Jugendämtern obliegt es in Zukunft noch stärker als bisher, Tagespflegepersonen fachlich zu begleiten und finanziell zu unterstützen. In Absatz 2 des § 23 SGB VIII werden mögliche Geldleistungen nach Absatz 1 genauer bestimmt:

> § „(2) Die laufende Geldleistung nach Absatz 1 umfasst
>
> 1. die Erstattung angemessener Kosten, die der Tagespflegeperson für den Sachaufwand entstehen,
>
> 2. einen Betrag zur Anerkennung ihrer Förderleistung nach Maßgabe von Absatz 2a,
>
> 3. die Erstattung nachgewiesener Aufwendungen für Beiträge zu einer Unfallversicherung sowie die hälftige Erstattung der Aufwendungen zu einer angemessenen Alterssicherung der Tagespflegeperson und
>
> 4. die hälftige Erstattung nachgewiesener Aufwendungen zu einer angemessenen Krankenversicherung und Pflegeversicherung.
>
> (2a) Die Höhe der laufenden Geldleistung wird von den Trägern der öffentlichen Jugendhilfe festgelegt, soweit Landesrecht nicht etwas anderes bestimmt. Der Betrag zur Anerkennung der Förderleistung der Tagespflegeperson ist leistungsgerecht auszugestalten. Dabei sind der zeitliche Umfang der Leistung und die Anzahl sowie der Förderbedarf der betreuten Kinder zu berücksichtigen."

Mit diesen möglichen finanziellen Zuwendungen wird eine Besserstellung der in der Tagespflege tätigen Personen möglich. Für diesen Personenkreis ist die Vermittlung über das Jugendamt dadurch auch attraktiver geworden. Neben der öffentlich finanzierten Kindertagespflege wird es auch weiterhin von den Eltern privat finanzierte Kindertagespflege geben.

In Absatz 3 des § 23 SGB VIII werden Mindestanforderungen an Tagespflegepersonen formuliert:

> § „Geeignet im Sinne von Absatz 1 sind Personen, die sich durch ihre Persönlichkeit, Sachkompetenz und Kooperationsbereitschaft mit den Erziehungsberechtigten und anderen Tagespflegepersonen auszeichnen und über kindgerechte Räumlichkeiten verfügen. Sie sollen über vertiefte Kenntnisse hinsichtlich der Anforderungen der Kindertagespflege verfügen, die sie in qualifizierten Lehrgängen erworben oder in anderer Weise nachgewiesen haben."

Ausgebildete Erzieherinnen und Erzieher sind natürlich besonders geeignet, als Tagespflegepersonen tätig zu sein. Kritisch muss hier angemerkt werden, dass auch Personen ohne pädagogischen Berufsabschluss als Tagespflegepersonen gefördert werden und tätig sein können. Dies trägt nicht gerade positiv zum gesellschaftlichen Stellenwert von sozialpädagogischen Fachkräften bei. § 43 SGB VIII regelt Näheres über die zu erteilende Erlaubnis zur Kindertagespflege durch die zuständigen Jugendämter.

Dem auszugestaltenden Landesrecht kommt hierbei ein wichtiger Stellenwert zu. Im Land Brandenburg z.B. gibt es dafür eine „Tagespflegeeignungsverordnung". Darin ist u.a.

geregelt, dass Jugendämter bzw. Gemeinden zum Zwecke der Eignungsfeststellung ein persönliches Führungszeugnis und ein ärztliches Attest über den Gesundheitszustand der künftigen Pflegeperson verlangen können. Des Weiteren können auch Hausbesuche erfolgen, wenn die Betreuung im Haushalt der Pflegeperson stattfindet. Dabei geht es um die häuslichen Verhältnisse allgemein und um die räumliche Geeignetheit überhaupt.

Zur Feststellung der Geeignetheit gehört es auch, dass die Tagespflegeperson über ihre Ziele, Angebote und die Gestaltung des Tagesablaufs eine schriftlich formulierte Konzeption (analog des Konzepts einer Tageseinrichtung) vorlegen kann.

Durch die Neuregelungen des Kinderförderungsgesetzes bezüglich der Kindertagespflege ergeben sich auch hinsichtlich des Krankenversicherungsschutzes für Tagespflegepersonen nicht unerhebliche Verbesserungen. Sie werden in die Familienversicherung einbezogen und müssen bei freiwilliger Versicherung niedrigere einkommensgerechte Beiträge zahlen. Die Krankenkassen gehen erst ab einer Betreuung von fünf Kindern von einer hauptberuflichen Erwerbstätigkeit aus.

Aufgabe
Ermitteln Sie die geltenden Regelungen Ihres Bundeslandes zur Ausgestaltung der Tagespflege. Stellen Sie die nach Ihrer Meinung wichtigsten Bestimmungen überblicksmäßig zusammen.

4.4 Inanspruchnahme von Tageseinrichtungen und Kindertagespflege

Seit dem 1. August 2013 ist in der Kindertagesbetreuung ein grundlegender rechtlicher Wandel eingetreten. Eine lang anhaltende gesellschaftliche Diskussion über die Notwendigkeit des Ausbaus der Kindertagesbetreuung fand damit einen Abschluss. Kindertageseinrichtungen haben durch diese Entwicklung einen noch höheren Stellenwert als familienergänzende Bildungs- und Erziehungsstätten für Kinder bekommen. Dieser ist auch mit qualitativ höheren Ansprüchen an die fachliche Qualität der Arbeit in diesen Institutionen verbunden. Der § 24 des SGB VIII wurde wie folgt neu gefasst. Die Absätze 1 bis 3 enthalten folgende Regelungen:

§ (1) Ein Kind, das das erste Lebensjahr noch nicht vollendet hat, ist in einer Einrichtung oder in Kindertagespflege zu fördern, wenn

1. diese Leistung für seine Entwicklung zu einer eigenverantwortlichen und gemeinschaftsfähigen Persönlichkeit geboten ist oder

2. die Erziehungsberechtigten
   a) einer Erwerbstätigkeit nachgehen, eine Erwerbstätigkeit aufnehmen oder Arbeit suchend sind,
   b) sich in einer beruflichen Bildungsmaßnahme, in der Schulausbildung oder Hochschulausbildung befinden oder
   c) Leistungen zur Eingliederung in Arbeit im Sinne des Zweiten Buches erhalten.

Lebt das Kind nur mit einem Erziehungsberechtigten zusammen, so tritt diese Person an die Stelle der Erziehungsberechtigten. Der Umfang der täglichen Förderung richtet sich nach dem individuellen Bedarf.

(2) Ein Kind, das das erste Lebensjahr vollendet hat, hat bis zur Vollendung des dritten Lebensjahres Anspruch auf frühkindliche Förderung in einer Tageseinrichtung oder in Tagespflege. Absatz 1 Satz 3 gilt entsprechend.

(3) Ein Kind, das das dritte Lebensjahr vollendet hat, hat bis zum Schuleintritt Anspruch auf Förderung in einer Tageseinrichtung. Die Träger der öffentlichen Jugendhilfe haben darauf hinzuwirken, dass für diese Altersgruppe ein bedarfsgerechtes Angebot an Ganztagsplätzen zur Verfügung steht. Das Kind kann bei besonderem Bedarf oder ergänzend auch in Kindertagespflege gefördert werden.

Nach dieser Regelung besteht ein grundsätzlicher Rechtsanspruch auf Kindertagesbetreuung ab dem ersten Lebensjahr bis zum Schuleintritt. Dieser Anspruch besteht unabhängig von der Berufstätigkeit beider Elternteile. Damit wird der eigenständige Bildungs- und Erziehungsauftrag von Tageseinrichtungen betont. Bedeutungsvoll ist auch der in Absatz eins formulierte Anspruch auf Förderung in Kindertageseinrichtungen und in Kindertagespflege für Kinder, die das erste Lebensjahr noch nicht vollendet haben. Der Gesetzgeber will damit die Vereinbarkeit von Beruf und Familie besonders auch für alleinerziehende Elternteile unterstützen. Weiterhin kann mit den formulierten Voraussetzungen für eine Inanspruchnahme der Leistung Kindern aus Familien mit schwierigen sozialen Verhältnissen besser geholfen werden, Eigenständigkeit und Gemeinschaftsfähigkeit zu entwickeln.

Nach Angaben des statistischen Bundesamtes vom 01.03.2016 hat die Betreuung von Kindern unter sechs Jahren in der Kindertagesbetreuung seit 2012 folgende Entwicklung genommen:

Kinder im Alter von 0 bis 2 Jahren
2012: 27,6 %
2016: 32,7 %

Kinder im Alter von 3 bis 5 Jahren
2012: 93,4 %
2016: 93,6 %

(Quelle: www.destatis.de/DE/ZahlenFakten/GesellschaftStaat/Soziales/Sozialleistungen/Kindertagesbetreuung/Kindertagesbetreuung [13.12.2017])

Der Vergleich macht deutlich, dass die öffentliche Erziehung und Bildung im Bereich der jüngsten Kinder deutlich an Bedeutung zugelegt hat. Dies betrifft insbesondere die alten Bundesländer, bei denen sich die Quote von 22,3 % (2012) auf 28,1 % (2016) erhöhte. Bei den neuen Bundesländern stieg die Quote immerhin von 49 % auf 51,8 %.

Trotz dieser erfreulichen Entwicklungen bleibt festzustellen, dass der Rechtsanspruch auf Kindertagesbetreuung noch nicht flächendeckend realisiert werden konnte.

Die Reform der Förderung von Kindern in Tageseinrichtungen und in Kindertagespflege stellt eine große Herausforderung an die Finanzkraft der Träger der öffentlichen Jugendhilfe dar. Es gibt allerdings keine Alternative, wenn man den Notwendigkeiten einer ganzheitlichen Förderung innerhalb der ersten sechs Lebensjahre eines Menschen gerecht werden will. Außerdem stellt das Erreichen der ehrgeizigen Zielstellungen einen echten familienpolitischen Qualitätssprung dar.

Zusammenfassung

Die Förderung von Kindern in Tageseinrichtungen und in Kindertagespflege ist im SGB VIII im zweiten Kapitel dritter Abschnitt als ein Leistungsangebot der Jugendhilfe geregelt. Für die gesamte Kindertagesbetreuung werden Qualitätsmerkmale für einen ganzheitlichen Förderungsauftrag formuliert. Dabei steht die soziale, emotionale, körperliche und geistige Entwicklung des Kindes innerhalb der Erziehungs-, Bildungs- und Betreuungsarbeit im Mittelpunkt. Die Ausgestaltung von Angeboten in der Kindertagespflege unterliegt den gleichen Qualitätsmerkmalen wie in Kindertageseinrichtungen.

Tagespflegepersonen müssen eine in § 23 Absatz 3 SGB VIII festgelegte Eignung besitzen. Sie erhalten für ihre Arbeit Geldleistungen, die in § 23 Absatz 2 SGB VIII geregelt sind.

Ein Rechtsanspruch auf einen Platz in einer Kindertageseinrichtung bzw. in der Kindertagespflege besteht ab dem ersten Lebensjahr bis zum Schuleintritt. Für Kinder unter drei Jahren ist im SGB VIII ein Angebot definiert, welches an bestimmte Bedingungen geknüpft ist. Diese sollen Eltern u. a. dabei unterstützen, Erwerbstätigkeit und Familie besser miteinander verbinden zu können.

Die konkrete Ausgestaltung der Leistungen in der Kindertagesbetreuung und deren Finanzierung unterliegt dem Landesrecht.

Aufgaben

1. Beschaffen Sie sich die landesrechtliche Grundlage für die Ausgestaltung der Kindertagesbetreuung in Ihrem Bundesland. Analysieren Sie diese dann unter folgender Aufgabenstellung: Wie werden die Regelungen des SGB VIII zur Kindertagesbetreuung konkretisiert und eventuell erweitert?

2. Nehmen Sie Kontakt zu einem örtlichen Träger der Jugendhilfe auf (Schul- oder Wohnortnähe). Erkundigen Sie sich dort, wie in dessen Einzugsbereich die Umsetzung des § 24 gelungen ist. Erfassen Sie Ergebnisse und aktuelle Probleme in der Arbeit.

3. Erarbeiten Sie gemeinsam mit einem Partner aus Ihrer Studiengruppe eine schriftliche Argumentation zu folgender These: „Die Entwicklung vertrauensvoller Beziehungen zwischen Erzieherinnen/Erziehern, Kindern und Eltern in einer Kindertageseinrichtung sind ein wesentliches Fundament für die Umsetzung des Schutzauftrages nach § 8a SGB VIII."

Arbeitsmaterialien zum Download, S. 4–12

5 Rechtspersonen

Fallbeispiel 1   *Familie A hat eine zweijährige Tochter. Kürzlich verstarb die Patin der Toch-*
ter aufgrund einer schweren Erkrankung. In ihrem Testament bedachte sie ihr Patenkind mit
einem Grundstück aus ihrem Vermögen.

Fallbeispiel 2   *Die Kindertagesstätte „Regenbogen e. V." der Stadt L ist bei den Bewohnern*
des städtischen Altenheims bekannt und beliebt. Oft besuchen die Kinder der Tagesstätte
die Senioren und erfreuen diese mit kulturellen Darbietungen und selbstgebastelten Ge-
schenken zu Geburtstagen und anderen Höhepunkten. Herr M, Bewohner des Heimes,
schenkt der Kindertagesstätte 10 000 € aus seinem Vermögen. Damit möchte er die not-
wendig gewordene Erneuerung des Spielplatzes der Einrichtung unterstützen.

Aufgaben

1. *Stellen Sie Gemeinsamkeiten und Unterschiede in den obigen Fallbeispielen fest.*

2. *Formulieren Sie Fragen aus rechtlicher Sicht, die sich für Sie ergeben.*

Mit den beiden Ausgangssituationen begeben wir uns jetzt in das Gebiet des Zivilrechts.
Die wichtigste Rechtsgrundlage stellt in diesem Rechtsbereich das Bürgerliche Gesetzbuch
(BGB) dar. Dessen historische Herkunft und Wesen wollen wir zunächst kurz darstellen.

5.1   Das BGB – wichtigstes Gesetz des Zivilrechts

Wie kam es zur Schaffung des BGB? Dies lässt sich anhand der gesellschaftlichen Situation Deutschlands im 19. Jahrhundert verdeutlichen. Die Zersplitterung in viele Kleinstaa-
ten führte dazu, dass es eine Fülle verschiedener Privatrechtsordnungen gab. Eine
solche Rechtszersplitterung widersprach jedoch dem erwachenden Nationalgefühl auf der
einen und der industriellen Revolution auf der anderen Seite. 1871 erfolgte die Gründung
des Deutschen Reiches, dessen erster Reichskanzler Otto von Bismarck wurde. Die Einheit
des Reiches machte nun auch die Rechtseinheit möglich und notwendig.

Im Jahre 1874 begann eine Vorkommission mit den ersten Arbeiten zur Schaffung des
Bürgerlichen Gesetzbuches. 1887 lag ein erster Entwurf vor. Dieser erfuhr eine lebhafte
Kritik. Eine Überarbeitung wurde notwendig. Sie begann im Jahre 1890 durch eine wei-
tere Kommission, der Juristen und Nichtjuristen angehörten. 1895 lag dann ein neuer Ent-
wurf vor, der allgemeine Zustimmung im Reichstag fand. 1896, am 18. August, fertigte
Kaiser Wilhelm II. das BGB als Gesetz aus. Am 1. Januar 1900 trat es in Kraft.

Verfolgt man diesen langen historischen Weg, dann ergibt sich die Frage, wie ein solches
Gesetzeswerk einen solch langen Zeitraum bis in unsere Gegenwart hinein überdauern
konnte. Ein Grund unter verschiedenen anderen zu dieser Frage ist die abstrakte Sprache
des Gesetzes. Sie bereitet dem juristisch Ungeübten beim Lesen und Verstehen oft
Schwierigkeiten. Sie sorgt aber dafür, dass die Anpassung an geänderte Rechtsauffassun-
gen erleichtert wird.

Das Bürgerliche Gesetzbuch unterteilt sich in fünf verschiedene Bücher. Die nachfolgende Übersicht spiegelt die Einteilung wider:

Erstes Buch: Allgemeiner Teil §§ 1 bis 240	Es werden allgemeine Rechtsbegriffe geklärt. Dazu gehören u.a. Personen, Sachen, Rechtsgeschäfte, Fristen, Termine, Verjährung, Selbstverteidigung, Selbsthilfe, Sicherheitsleistung.
Zweites Buch: Recht der Schuldverhältnisse §§ 241 bis 853	Dieser Abschnitt regelt die schuldrechtlichen Verhältnisse zwischen Schuldner und Gläubiger. Dazu gehören u.a.: Inhalt von Schuldverhältnissen, Verträge, Erlöschen von Schuldverhältnissen, einzelne Schuldverhältnisse.
Drittes Buch: Sachenrecht §§ 854 bis 1296	Im Sachenrecht geht es um Besitz und Eigentum an Sachen, Erwerb und Verlust von Sachen und Eigentum, Eigentumsbeschränkungen und Belastungen.
Viertes Buch: Familienrecht §§ 1297 bis 1921	Das Familienrecht regelt familienrechtliche Beziehungen einer Person: Ehe, Verwandtschaft, Vormundschaft, Betreuung.
Fünftes Buch: Erbrecht §§ 1922 bis 2385	Dieser Teil des BGB regelt den Übergang von Vermögen eines Verstorbenen auf die Erben: Erbfolge, Rechtsstellung der Erben, Testament, Erbvertrag, Pflichtteil u.a.

Bei Betrachtung der Struktur des BGB wird ein Ablauf von der Geburt bis zum Tod erkennbar. Dieser kann wie folgt beschrieben werden:

Mit der Geburt wird der Mensch rechtlich als Person gekennzeichnet. Mit dem Eintritt in das Leben entstehen Schuldverhältnisse, z.B. zwischen Eltern und Kindern sowie Kindern und Eltern. Im Verlaufe des weiteren Lebens erwirbt der Mensch Besitz und Eigentum in verschiedenster Form, um das Leben nach seinen Vorstellungen gestalten zu können. Durch Beziehungen zu anderen Menschen können familiäre Bindungen und damit verbundene Rechte und Pflichten entstehen. Am Ende des Lebenszyklus kann der Mensch über den Tod hinaus bestimmen, was mit seinem erarbeiteten Vermögen geschehen soll.

5.2 Die Rechtsfähigkeit

Die Rechtsfähigkeit ist ein grundlegender Begriff des BGB. Mit diesem betrachtet das Gesetz alle Personen als Rechtssubjekte. Danach ist jeder Mensch rechtlich gesehen eine **natürliche Person**.

§ § 1 BGB

„Die Rechtsfähigkeit des Menschen beginnt mit der Vollendung der Geburt."

Eine Geburt gilt als vollendet, wenn das Kind vollständig aus dem Mutterleib ausgetreten ist. Rechtsfähig wird das Kind jedoch nur dann, wenn es bei der Vollendung der Geburt auch lebt. Nach § 31 der „Verordnung zur Ausführung des Personenstandsgesetzes" hat das Kind gelebt, wenn das Herz geschlagen oder die Nabelschnur pulsiert oder die natürliche Lungenatmung eingesetzt hat.

Welchen Inhalt hat der Begriff der Rechtsfähigkeit?

Definition
Rechtsfähigkeit ist die Fähigkeit, selbst Träger von Rechten und Pflichten zu sein.

In unserem ersten Fallbeispiel ist die zweijährige Tochter demnach rechtsfähig. Sie hat also das Recht, Erbin ihrer Patentante zu werden. Das vererbte Grundstück geht in das Eigentum des Kindes über. Daraus ergibt sich auch z. B. die Pflicht, die jährlich fällig werdende Grundsteuer zu entrichten. Diese Verpflichtung richtet sich an das Kind als Eigentümer. Es ist dabei unerheblich, ob das Kind hier selbst handeln kann oder nicht (siehe Abschnitte 7 und 8).

Wie verhält es sich nun mit dem „Regenbogen e. V." aus dem zweiten Fallbeispiel? Das BGB erkennt unter bestimmten Voraussetzungen Personenvereinigungen (z. B. Vereine wie der e. V., siehe Abschnitt 5.3) und Zweckvermögen (z. B. die Aktiengesellschaft, GmbH) die Rechtsfähigkeit zu. Sie werden dann als juristische Person bezeichnet. Dies stellt für die Wirtschaft und den Geschäftsverkehr eine große Erleichterung dar. Juristische Personen können im Rechtsverkehr als Vertragspartner handeln und somit Träger von Rechten und Pflichten sein. Sie handeln anstelle einer Vielzahl von Mitgliedern bzw. Kapitaleignern.

Rechtspersonen

Natürliche Personen	Juristische Personen
1. alle Menschen, jedoch keine Tiere 2. Beginn der Rechtsfähigkeit: Vollendung der Geburt 3. Ende der Rechtsfähigkeit: mit dem Tod	4. Zusammenschlüsse von Personen (z. B. Sportvereine) oder Vermögensmassen 5. werden rechtlich als Person betrachtet 6. können handeln wie natürliche Personen, z. B. Verträge schließen, Klage erheben, Eigentum erwerben 7. Beginn der Rechtsfähigkeit: mit der Registereintragung (Vereinsregister, Handelsregister) 8. Ende der Rechtsfähigkeit: mit der Löschung im Register

Die juristischen Personen müssen noch einmal in zwei Bereiche unterteilt werden. Beide spielen im Rahmen der Trägerschaft von Einrichtungen im Jugendhilfebereich eine Rolle.

Juristische Personen

Öffentliches Recht	Privates Recht
9. Gebietskörperschaften: Gemeinden, Städte, Landkreise, Bundesländer, der Bund 10. Anstalten: z. B. ARD, ZDF 11. Stiftungen: z. B. Stiftung Warentest	12. eingetragene Vereine: e. V. (z. B. „Regenbogen e.V.) 13. Aktiengesellschaften (AG) 14. Gesellschaften mit beschränkter Haftung (GmbH)

5.3 Der eingetragene Verein – Beispiel für die private Trägerschaft von Tages- und anderen Einrichtungen der Jugendhilfe

Fallbeispiel Die Stadt M hat ein Problem. Ihre wirtschaftliche Situation hat sich in den letzten Jahren drastisch verschlechtert. Die Haushaltslage verlangt Einsparungen. Es existieren in Trägerschaft der Stadt zwei Kindertagesstätten. Eine Einrichtung soll aus der öffentlichen Trägerschaft entlassen werden. Dies soll die Kindertagesstätte „Klecks" sein. Die Erzieherinnen bewegen jetzt viele Fragen: Was wird mit unseren Arbeitsplätzen? Kann unsere Einrichtung erhalten bleiben?

Für die Stadt steht fest, dass zwei Kindertagesstätten zur Erfüllung der Realisierung des Rechtsanspruchs auf einen Platz in einer Kindertagesstätte notwendig sind. Welchen möglichen Ausweg gibt es?

Solche Situationen sind im Alltag unserer Gesellschaft nicht selten. Sie bedeuten Veränderung und beinhalten auch neue Möglichkeiten für Erzieherinnen. Dabei kommt es auf eine vertrauensvolle und konstruktive Zusammenarbeit zwischen dem Team und der Verwaltung der Stadt an. Die rechtzeitige Einbeziehung der Eltern ist selbstverständlich auch eine unbedingte Notwendigkeit.

Betrachten wir zunächst einige diesbezügliche Grundsatzregelungen im BGB:

> § 21 BGB
>
> „Ein Verein, dessen Zweck nicht auf einen wirtschaftlichen Geschäftsbetrieb gerichtet ist, erlangt Rechtsfähigkeit durch Eintragung in das Vereinsregister des zuständigen Amtsgerichts."
>
> § 65 BGB
>
> „Mit der Eintragung erhält der Name des Vereins den Zusatz ‚eingetragener Verein'."

Was ist unter dem in § 21 BGB geregelten nichtwirtschaftlichen Zweck zu verstehen? Dies bedeutet, dass alle Einnahmen des Vereins vorbehaltlos zur Realisierung des Vereinszwecks einzusetzen sind. Eine Verwendung der Mittel beispielsweise zur Spekulation an der Börse ist nicht möglich. Der nichtwirtschaftliche Zweck erbringt auch Steuervergünstigungen. Körperschaftssteuer und Gewerbesteuer entfallen gänzlich. Bei der Umsatzsteuer gibt es eine Ermäßigung von derzeit 19 % auf 7 %.

Um als Verein eingetragen zu werden, bedarf es bestimmter Voraussetzungen. Die Zahl der Mitglieder des Vereins muss mindestens sieben betragen (§ 56 BGB). Es bedarf der Formulierung und schriftlichen Niederlegung einer Satzung. Sie muss folgende Angaben enthalten: Zweck, Name und Sitz des Vereins; Bestimmungen über den Ein- und Austritt der Mitglieder, Zahlung von Beiträgen, Bildung des Vorstands, Voraussetzungen unter denen die Mitgliederversammlung einberufen wird.

Sind alle Vorbedingungen erfüllt, dann meldet der Vorstand den Verein beim zuständigen Amtsgericht an.

> **§** „§ 59 BGB
>
> (1) Der Vorstand hat den Verein zur Eintragung anzumelden.
>
> (2) Der Anmeldung sind beizufügen:
>
>   1. die Satzung in Urschrift und Abschrift;
>   2. eine Abschrift der Urkunde über die Bestellung des Vorstandes.
>
> (3) Die Satzung soll von mindestens sieben Mitgliedern unterzeichnet sein und die Angabe des Tages der Errichtung enthalten."

Die Erzieherinnen unserer Kindertagesstätte „Klecks" könnten den beschriebenen Weg der Vereinsgründung gehen. Mitglieder des Vereins können sie selbst werden. Es wäre aber auch günstig, wenn Außenstehende zur Unterstützung des Vereinszwecks gefunden werden könnten. Eine Erzieherin kann dann auch zur Vorsitzenden des Vereins gewählt werden. In einem solchen Falle müsste überlegt werden, ob die Leitung der Einrichtung und der Vereinsvorsitz in eine Hand gehören. Der Verein als juristische Person agiert als Arbeitgeber. Im Prinzip sind dann die Erzieherinnen als Vereinsmitglieder über die Mitgliederversammlung Kontrollorgan über alle Aktivitäten des Vereins. Man kann sogar sagen, sie sind ihre eigenen Arbeitgeber.

Da die Stadt M am Erhalt der Einrichtung Interesse haben muss, können weitere wichtige Fragen in einem Übernahmevertrag festgehalten werden. Es wäre denkbar, dass die Stadt die kostenlose Nutzung von Gebäude und Grundstück ermöglicht. Dies kann natürlich nur dann erfolgen, wenn sie Eigentümer der Immobilie ist. Weiterhin wären Vereinbarungen über die Verteilung der Bewirtschaftungskosten denkbar. An den Personalkosten ist die Stadt prozentual auf der Grundlage des jeweils geltenden Landesgesetzes beteiligt.

Abschließend bleibt noch festzustellen, dass die Wohlfahrtsverbände (siehe Punkt 2.4) ebenfalls den Status eines eingetragenen Vereins besitzen. Auch sie genießen aufgrund ihrer Gemeinnützigkeit Vorteile im Steueraufkommen. Mittel, die die Verbände erwirtschaften, sind auch zweckgebunden den Zielen des Verbandes entsprechend einzusetzen.

> **Zusammenfassung**
> *Das Bürgerliche Gesetzbuch ist die wichtigste Rechtsgrundlage innerhalb des Zivilrechts. Es ist in fünf Bücher unterteilt: 1. Allgemeiner Teil, 2. Schuldrecht, 3. Sachenrecht, 4. Familienrecht, 5. Erbrecht. Das BGB kennt zwei Arten von Rechtssubjekten: natürliche Personen (alle Menschen) und juristische Personen (Zusammenschlüsse von Personen oder Vermögensmassen). Beiden Personen wird die Rechtsfähigkeit zuerkannt. Diese ermöglicht die Übernahme von Rechten und Pflichten. Dabei können juristische Personen genauso handeln wie natürliche Personen. Für die Trägerschaft von Kindertageseinrichtungen ist der eingetragene Verein (e. V.) von großer Bedeutung. Sie werden rechtsfähig durch ihre Eintragung im Vereinsregister des zuständigen Amtsgerichts. Die Voraussetzungen der Eintragung regelt das BGB in den § 55 ff.*

Aufgabe
Stellen Sie Vor- und Nachteile der Gründung eines eingetragenen Vereins für unser Beispiel gegenüber. Würden Sie als Betroffene dieser Möglichkeit zustimmen?

6   Die Rechtsanwendung

An dieser Stelle wollen wir uns der Anwendung des Rechts auf den konkreten Einzelfall zuwenden. Dies soll helfen, rechtliche Fragestellungen aus dem Alltag möglichst fachlich fundiert zu beurteilen und auf dieser Grundlage zu handeln. Des Weiteren werden solche Fähigkeiten für die Abschlussprüfung benötigt.

Dem juristisch Ungeübten bereitet die Rechtsanwendung einige Schwierigkeiten. Wir wollen dazu eine Schrittfolge empfehlen und diese anhand eines Beispiels demonstrieren. Auf dieser Grundlage können dann Einzelfälle aus allen Rechtsgebieten beurteilt werden.

Schrittfolge zur Rechtsanwendung

1. Feststellung des genauen Sachverhalts

2. Feststellung der gesetzlichen Grundlagen

3. Feststellung des Ergebnisses

Formulieren wir jetzt als Beispiel eine rechtlich fundierte Begründung für die Erbsituation in Fall 1 des Abschnittes 5.

Die zweijährige Tochter der Familie A soll von ihrer verstorbenen Patentante ein Grundstück erben. Kann Sie Erbin sein? Nach § 1 BGB ist die Tochter rechtsfähig. Diese Rechtseigenschaft beinhaltet auch das Recht, Eigentum von Todes wegen zu erwerben. Somit ist nachgewiesen, dass die zweijährige Tochter Erbin des Grundstücks werden kann.

Prüfen wir jetzt als zweites Beispiel die rechtliche Situation in Fall 2 des Abschnittes 5.

Die Kindertagesstätte „Regenbogen e. V." soll von Herrn M 10 000 € als Schenkung erhalten. Kann der Verein diesen Vermögenswert annehmen?
Nach § 21 BGB erwirbt ein nichtwirtschaftlicher Verein Rechtsfähigkeit durch Eintragung in das Vereinsregister des zuständigen Amtsgerichts. § 65 BGB legt fest, dass nach Eintragung der Name des Vereins mit dem Zusatz „e. V." versehen wird. Beide Bedingungen sind im vorliegenden Fall erfüllt. Somit ist der „Regenbogen e. V." eine juristische Person und damit rechtsfähig. Dies bedeutet, dass er u. a. auch das Recht hat, Eigentum zu erwerben. Somit ist die Entgegennahme des Vermögenswertes von Herrn M möglich und rechtens.

7 Die Rechtsstellung von Kindern

7.1 Die Handlungsfähigkeit

Im folgenden Abschnitt wollen wir die rechtliche Situation der Kinder betrachten. Erzieherinnen und Erzieher benötigen dazu Kenntnisse, um ihr pädagogisches Handeln rechtlich zu untermauern. Betrachten wir dazu das Handeln des Erziehers Frank gegenüber dem fünfzehnjährigen Klaus im Beispiel des Abschnittes 1.1. Aus pädagogischer Sicht ist es sicher wichtig, dem Jungen sein Fehlverhalten hinsichtlich des Einkaufs zu verdeutlichen. Jugendliche, nicht nur in Heimeinrichtungen, müssen u. a. auch lernen, Geldausgaben im Alltag entsprechend ihrer wirtschaftlichen Möglichkeiten und persönlichen Notwendigkeiten zu planen. Diesen Lernprozess unterstützt die Rechtsordnung. Gesetzliche Bestimmungen sorgen dafür, dass Eltern und andere Erziehungsberechtigte korrigierend eingreifen können. Frank kann in dieser Situation ganz zielgerichtet vorgehen, weil er die Situation rechtlich einschätzen kann.

Wenn das zweijährige Mädchen aus dem Abschnitt 5 Erbin des Grundstücks werden kann, dann ist die Frage des Handelns im Rahmen der Erbschaft noch nicht geklärt. Eindeutig ist jedoch, dass ein zweijähriges Kind im Rahmen seiner Eigentümerschaft nicht die damit verbundenen Pflichten (z. B. Entrichten der Grundsteuer, Gewährleistung der öffentlichen Ordnung auf und im Umfeld des Grundstücks) wahrnehmen kann.

Es geht hier um die Handlungsfähigkeit natürlicher Personen. Betrachten wir zunächst den wesentlichsten Inhalt des Begriffs „Handlungsfähigkeit".

> *Definition*
> *Unter Handlungsfähigkeit verstehen wir die Fähigkeit, rechtswirksam zu handeln. Dabei sind zwei Formen zu unterscheiden:*
> *a) Geschäftsfähigkeit ist die Fähigkeit, Rechtsgeschäfte wirksam abschließen zu können;*
> *b) Deliktsfähigkeit ist die Fähigkeit, für eine unerlaubte Handlung in Form von Schadenersatz verantwortlich gemacht werden zu können.*
> *Die Handlungsfähigkeit natürlicher Personen ist abhängig vom Alter und Geisteszustand der handelnden Person.*

7.1.1 Die Geschäftsfähigkeit

In Abschnitt 7.1 haben wir die Geschäftsfähigkeit als Fähigkeit zum wirksamen Abschluss von Rechtsgeschäften definiert. Zunächst bedarf es der Klärung des Begriffs „Rechtsgeschäft". Unter einem Rechtsgeschäft verstehen wir den juristischen Tatbestand, dass mithilfe von Willenserklärungen Rechtswirkungen herbeigeführt werden. Das Testament aus unserem obigen Beispiel, welches das zweijährige Patenkind zur Erbin macht, ist ein solches Rechtsgeschäft. Die Erblasserin hat durch das Testament ihren Willen geäußert, das Grundstück an ihre Patentochter zu vererben. Die Rechtswirkung, die dabei herbeigeführt wird, ist, dass die Patentochter Eigentümerin des Grundstücks werden kann.

Noch deutlicher lässt sich der Inhalt des Begriffs „Rechtsgeschäft" an einem alltäglichen Einkauf verdeutlichen: Der Käufer von Lebensmitteln legt im Supermarkt seine ausgewählten Waren auf das Transportband an der Kasse. Dies ist eine Willenserklärung, die durch konkludentes (schlüssiges) Handeln zum Ausdruck kommt. Der Käufer formuliert dabei seinen Willen nicht ausdrücklich durch eine mündliche Aussage („Ich möchte diese Waren kaufen."). Ebenso agiert die Kassiererin, die durch das Eintippen der Preise ihre Willenserklärung in gleicher Weise zum Ausdruck bringt (sie ist bereit, die Waren zu veräußern). Der herbeigeführte Rechtserfolg besteht in der Übertragung des Eigentums an den Lebensmitteln bzw. des Geldes an den jeweiligen Partner des Rechtsgeschäfts.

Definition
Rechtsgeschäfte entstehen durch Willenserklärungen, die einen Rechtserfolg herbeiführen. Willenserklärungen können mündlich, schriftlich oder durch konkludentes (schlüssiges) Handeln abgegeben werden.

Wir unterscheiden zwei Arten von Rechtsgeschäften: einseitige und zweiseitige (mehrseitige) Rechtsgeschäfte. Bei einseitigen Rechtsgeschäften genügt die Abgabe einer Willenserklärung, um einen Rechtserfolg herbeizuführen. Dies ist beispielsweise bei Kündigungen und Testamenten der Fall. Bei den zweiseitigen Rechtsgeschäften sind zwei Willenserklärungen zum Rechtserfolg notwendig. Diese müssen auch inhaltlich übereinstimmen. Darunter fallen alle Arten von Verträgen.

In unserem Fallbeispiel des „Regenbogen e. V." ist ein Schenkungsvertrag die Grundlage für die Übereignung der genannten Geldsumme. Der Schenker, Herr M, drückt seinen Willen aus, dass er das Geld dem Verein überlassen möchte. Der Vorstand des Vereins muss seinerseits den Willen bekunden, dass er die Schenkung annehmen möchte. Grundbedingung einer solchen Schenkung ist die Überlassung des Vermögenswertes ohne die Bedingung einer Gegenleistung. In einem solchen Falle ist die schriftliche Formulierung eines Schenkungsvertrages denkbar. Damit kann Herr M als Schenker sichern, dass sein Geld auch zur Erneuerung des Spielplatzes verwendet wird.

Wenden wir uns jetzt der Situation des fünfzehnjährigen Klaus aus dem Fallbeispiel von Seite 12 zu. Wir müssen prüfen, ob in diesem Falle ein rechtsgültiger Kaufvertrag zwischen dem Jungen und der Einkaufseinrichtung entstanden ist. Das BGB bestimmt in den §§ 104 ff. das Folgende:

§ **§ 104 BGB**

„Geschäftsunfähig ist:

1. wer nicht das siebente Lebensjahr vollendet hat;

2. wer sich in einem die freie Willensbestimmung ausschließenden Zustande der Geistestätigkeit befindet, sofern nicht der Zustand seiner Natur nach ein vorübergehender ist."

§ 105 Absatz 1 BGB
„Die Willenserklärung eines Geschäftsunfähigen ist nichtig."

Diese Regelungen bestimmen zunächst für Kinder im Alter zwischen 0 und der Vollendung des 7. Lebensjahres die völlige Geschäftsunfähigkeit. Sie beinhaltet die Tatsache, dass Willenserklärungen dieses Personenkreises im Zusammenhang mit dem Abschluss von Rechtsgeschäften von Anfang an ungültig sind. Geschäfte dieser Art können somit nicht abgeschlossen werden. Für unseren Fall sind die §§ 104 und 105 BGB jedoch nicht zutreffend, da Klaus bereits 15 Jahre alt ist.

Der in § 104 BGB unter 2. beschriebene geschäftsunfähige Personenkreis umfasst volljährige natürliche Personen, die an einer Geisteskrankheit oder -störung leiden. Diese Menschen sind nicht automatisch bei Vorliegen einer der genannten Einschränkungen geschäftsunfähig. Entscheidend ist, ob sich die handelnde Person im Einzelfall zum Zeitpunkt der Handlung in dem krankhaften Zustand befand oder nicht. Die völlige Geschäftsunfähigkeit von Volljährigen aufgrund ihres Geisteszustandes ist eher die Ausnahme (siehe auch Abschnitt 21 „Grundzüge des Betreuungsrechts").

Die Notwendigkeit des Schutzes im Rahmen der Geschäftsunfähigkeit ist sicher verständlich. Unlogisch wäre es, wenn das Recht jungen Menschen keine Möglichkeit böte, Verantwortung beim Abschluss von Rechtsgeschäften durch eigenständiges Handeln zu erwerben. Deshalb gibt es das Rechtsinstrument der beschränkten Geschäftsfähigkeit.

§ § 106 BGB
„Ein Minderjähriger, der das siebente Lebensjahr vollendet hat, ist nach Maßgabe der §§ 107 bis 113 in der Geschäftsfähigkeit beschränkt."

Die Bestimmung des BGB legt zunächst wieder den Personenkreis fest, der unter die beschränkte Geschäftsfähigkeit fällt. Klaus aus unserem Fallbeispiel ist beschränkt geschäftsfähig.

§ 107 BGB sagt zu diesem Sachverhalt Grundsätzliches aus.

§ „Der Minderjährige bedarf zu einer Willenserklärung, durch die er nicht lediglich einen rechtlichen Vorteil erlangt, der Einwilligung seines gesetzlichen Vertreters."

Grundsätzlich gilt demnach für die beschränkt Geschäftsfähigen, dass sie zum Abschluss eines Rechtsgeschäfts der Einwilligung des gesetzlichen Vertreters bedürfen. In § 107 BGB wird eine Ausnahme gemacht. Erbringt der Abschluss des Rechtsgeschäfts dem Minderjährigen einen rechtlichen Vorteil, dann ist die Einwilligung nicht erforderlich. Ein rechtlicher Vorteil ist immer dann gegeben, wenn keine Gegenleistung erbracht werden muss.

Klaus hat von seinem verantwortlichen Erzieher die Einwilligung zum Kauf einer neuen Jeans erhalten. Ein solcher Kauf wäre völlig unproblematisch gewesen. Für den Kauf des MP3-Players hatte der Jugendliche nicht die erforderliche Einwilligung. Dies wäre ein erstes Argument für den Erzieher, um den Kauf rückgängig zu machen. Es muss jedoch noch eine andere Bestimmung aus dem BGB herangezogen werden:

§ § 108 Absatz 1 BGB

„Schließt der Minderjährige einen Vertrag ohne die erforderliche Einwilligung des gesetzlichen Vertreters, so hängt die Wirksamkeit des Vertrages von der Genehmigung des Vertreters ab."

Klaus hat den beschriebenen Kaufvertrag ohne Einwilligung des Erziehers abgeschlossen. Somit ist der Vertrag bis zur Genehmigung durch den Erzieher Frank zunächst schwebend unwirksam. Würde Frank jetzt mit dem erfolgten Kauf des MP3-Players einverstanden sein, dann wäre der Kauf rechtsgültig. Er verweigert jedoch seine Genehmigung. Damit kann der Erzieher den Vertrag rückgängig machen. Der Verkäufer kann sich in diesem Fall auch nicht auf Unwissenheit seinerseits bezüglich der beschränkten Geschäftsfähigkeit des Fünfzehnjährigen berufen. Es war sein Risiko, in das Rechtsgeschäft einzuwilligen. Das Gesetz schützt an dieser Stelle den Schwächeren. Erziehungsberechtigte benötigen für solche Situationen geeignete Eingriffsmöglichkeiten, um zielgerichtet erzieherischen Einfluss nehmen zu können.

Wir wollen jetzt noch auf einen weiteren Aspekt des Abschlusses von Rechtsgeschäften beschränkt Geschäftsfähiger eingehen.

In § 108 Absatz 2 BGB heißt es dazu:

§ „Fordert der andere Teil den Vertreter zur Erklärung über die Genehmigung auf, so kann die Erklärung nur ihm gegenüber erfolgen; eine vor der Aufforderung dem Minderjährigen gegenüber erklärte Genehmigung oder Verweigerung der Genehmigung wird unwirksam. Die Genehmigung kann nur bis zum Ablaufe von zwei Wochen nach Empfang der Aufforderung erklärt werden; wird sie nicht erklärt, so gilt sie als verweigert."

Für welche Situationen im alltäglichen Leben ist diese Festlegung zutreffend? Nehmen wir nachfolgenden Fall zu Hilfe:

Fallbeispiel *Saskia, 15 Jahre alt, möchte sich einen DVD-Player kaufen. Dafür möchte sie Geld verwenden, welches ihr zur Konfirmation von Verwandten geschenkt wurde. Sie geht in ein Fachgeschäft, um ein qualitativ hochwertiges Gerät zu erwerben. Als sie mit dem Verkäufer den Kauf tätigen will, fragt dieser sie nach ihrem Alter. Er verweigert Saskia den sofortigen Kauf und unterbreitet folgenden Vorschlag: Saskia solle gegen Quittung die Kaufsumme zahlen. Der DVD-Player verbleibt im Geschäft und wird erst dann ausgehändigt, wenn Saskia mit Mutter oder Vater im Geschäft erscheint. Saskia ist damit einverstanden und verlässt das Geschäft ohne Geld, aber mit einem Zahlungsbeleg in der Tasche.*

Nach § 108 Absatz 2 BGB hat Saskia jetzt zwei Wochen Zeit, um im Beisein eines Sorgeberechtigten den Kaufvertrag endgültig rechtskräftig zu gestalten. Solange muss der Verkäufer das ausgewählte Gerät für Saskia im Geschäft zurückhalten und darf es nicht anderweitig veräußern. Sollte die Frist nicht eingehalten werden, dann gilt die Genehmigung für den Kaufvertrag als verweigert. Saskia muss das Geld zurückbekommen und der Verkäufer kann das Gerät weiter veräußern.

Worin liegt der Sinn dieser Regelung? Der Verkäufer kann sich absichern, dass der Kauf nicht im Nachhinein nach § 108 Absatz 1 BGB rückgängig gemacht wird. In einem solchen Fall müsste er auch in Kauf nehmen, dass der gekaufte DVD-Player beschädigt zurückgegeben wird und er trotzdem den vollen Kaufpreis erstatten müsste. Das Risiko des Abschlusses eines solchen Rechtsgeschäfts mit einem beschränkt Geschäftsfähigen trägt der Verkäufer. Weiterhin trägt die Bestimmung dazu bei, die Erziehungsverantwortung von Sorgeberechtigten zu stärken.

Minderjährige im Alter der beschränkten Geschäftsfähigkeit erhalten in der Regel auch Taschengeld. Dafür gibt es zwar keinen direkten Anspruch, aber viele Eltern nutzen dieses Mittel, um den Umgang mit finanziellen Mitteln und die Einstellung zu diesen erzieherisch zu beeinflussen. Das BGB unterstützt ein solches Handeln durch den § 110:

> § „Ein von dem Minderjährigen ohne Zustimmung des gesetzlichen Vertreters geschlossener Vertrag gilt als von Anfang an wirksam, wenn der Minderjährige die vertragsmäßige Leistung mit Mitteln bewirkt, die ihm zu diesem Zwecke oder zu freier Verfügung von dem Vertreter oder mit dessen Zustimmung von einem Dritten überlassen worden sind."

Aufgabe
Formulieren Sie zwei Fallbeispiele für die Regelungen in § 110 BGB.

> *Fallbeispiel* Die siebzehnjährige Janina trat vor vier Jahren mit Einwilligung ihrer Eltern dem Sportverein ihres kleinen Heimatortes bei. In letzter Zeit zeigt sie für den Sport (Volleyball) wenig Interesse. Das liegt u. a. auch daran, dass ihr neunzehnjähriger Freund mehr Zeit beansprucht. Saskia kündigt ohne Wissen der Eltern die Mitgliedschaft im Sportverein.

Im obigen Beispiel liegt das einseitige Rechtsgeschäft der Kündigung vor. Für solche Fälle hat das BGB den § 111 parat:

> § „Ein einseitiges Rechtsgeschäft, das der Minderjährige ohne die erforderliche Einwilligung des gesetzlichen Vertreters vornimmt, ist unwirksam. Nimmt der Minderjährige mit dieser Einwilligung ein solches Rechtsgeschäft einem anderen gegenüber vor, so ist das Rechtsgeschäft unwirksam, wenn der Minderjährige die Einwilligung nicht in schriftlicher Form vorlegt und der andere das Rechtsgeschäft aus diesem Grunde unverzüglich zurückweist. Die Zurückweisung ist ausgeschlossen, wenn der Vertreter den anderen von der Einwilligung in Kenntnis gesetzt hatte."

Janinas Kündigung ist nur dann wirksam, wenn die Eltern ihre Einwilligung erteilen. Dies geschieht in solchen Fällen am besten schriftlich, damit es im Nachhinein keine Missverständnisse geben kann. Aber auch eine mündliche Mitteilung durch die Eltern an den

Verein wäre denkbar. Mit dieser Bestimmung haben Saskias Eltern die Möglichkeit, auf die Entscheidung ihrer Tochter Einfluss zu nehmen. Sie könnten Motive hinterfragen und versuchen, das Freizeitverhalten positiv zu beeinflussen.

In der beschränkten Geschäftsfähigkeit gibt es weitere Ausnahmen für den rechtswirksamen Abschluss von Rechtsgeschäften ohne Einwilligung des gesetzlichen Vertreters. Betrachten wir dazu ein weiteres Beispiel aus dem Lebensalltag Minderjähriger:

> *Fallbeispiel Der sechzehnjährige Jonas besitzt seit einem halben Jahr einen Gewerbeschein für seine Internetfirma „Web-Profi". Er gestaltet Internetseiten für kleinere Unternehmen und betreut diese dann. Gestern unterschrieb er einen neuen Vertrag mit einem Handwerksbetrieb, für den er einen neuen Internetauftritt vorbereiten soll. Jonas Eltern wissen von diesem neuen Vorhaben noch nichts.*

Das im obigen Beispiel abgeschlossene Rechtsgeschäft ist ein Werkvertrag. Jonas soll eine Internetseite gestalten. Kann ein Minderjähriger auf diese Art und Weise unternehmerisch tätig sein? Benötigt er für diesbezügliche Rechtsgeschäfte immer die Einwilligung bzw. nachträgliche Genehmigung des gesetzlichen Vertreters? § 112 BGB legt das Folgende fest:

> § „Ermächtigt der gesetzliche Vertreter mit Genehmigung des Familiengerichts den Minderjährigen zum selbständigen Betrieb eines Erwerbsgeschäfts, so ist der Minderjährige für solche Rechtsgeschäfte unbeschränkt geschäftsfähig, welche der Geschäftsbetrieb mit sich bringt. Ausgenommen sind Rechtsgeschäfte, zu denen der Vertreter der Genehmigung des Familiengerichts bedarf."

Zwei Bedingungen müssen erfüllt sein, damit ein Minderjähriger ein selbstständiges Erwerbsgeschäft betreiben darf: die Einwilligung des gesetzlichen Vertreters und die Genehmigung des Familiengerichts. Beides ist im obigen Beispiel gegeben, der Gewerbeschein liegt seit einem halben Jahr vor. Daraus können wir ableiten, dass der abgeschlossene Vertrag zum normalen Geschäftsbetrieb gehört. Er bedarf also keiner Einwilligung bzw. Genehmigung durch den gesetzlichen Vertreter.

Abschließend sei noch auf den § 113 BGB verwiesen. Dieser bezieht sich auf alle Rechtsgeschäfte im Zusammenhang mit der Aufnahme eines Dienst- bzw. Arbeitsverhältnisses. Voraussetzung ist dabei die grundsätzliche Ermächtigung des gesetzlichen Vertreters zur Aufnahme eines solchen Verhältnisses. Berufsausbildungsverträge sind davon ausgenommen.

Stufen der Geschäftsfähigkeit

Geschäftsunfähigkeit	Beschränkte Geschäftsfähigkeit	Volle Geschäftsfähigkeit
• alle natürlichen Personen im Alter von 0 bis zur Vollendung des 7. Lebensjahres • volljährige Personen, die nicht im Vollbesitz ihrer geistigen Kräfte sind und deren freie Willensbildung ausgeschlossen ist (Störung ist nicht nur vorübergehend gegeben) • **Rechtsfolge:** Willenserklärungen und Rechtsgeschäfte sind grundsätzlich nichtig (von Anfang an ungültig); grundsätzlich handeln für diese Personen die gesetzlichen Vertreter	• alle natürlichen Personen im Alter von 7 bis zur Vollendung des 18. Lebensjahres • **Rechtsfolge:** beschränkt Geschäftsfähige benötigen zum Abschluss von Rechtsgeschäften grundsätzlich die Einwilligung bzw. Genehmigung des gesetzlichen Vertreters **AUSNAHMEN:** • Eigene Mittel zur freien Verfügung oder zweckgebunden (§ 110 BGB) • selbstständiges Erwerbsgeschäft (§ 112 BGB) • Arbeitsverhältnis (§ 113 BGB)	• alle Volljährigen natürlichen Personen, die im Vollbesitz ihrer geistigen Kräfte sind • alle juristischen Personen ab Erwerb der Rechtsfähigkeit (es handeln die gesetzlichen Vertreter, z. B. der Vorstand des e. V.) • **Rechtsfolge:** alle abgeschlossenen Rechtsgeschäfte sind voll wirksam

Aufgaben

1. *Weisen Sie nach, dass die Festlegungen zu den Stufen der Geschäftsfähigkeit zur Verwirklichung der Schutzfunktion des Rechts beitragen.*

2. *Die zwölfjährige Alexandra bekommt von Nachbarn einen kleinen Hund geschenkt. Benötigt sie dafür die Einwilligung ihrer Eltern? Begründen Sie Ihre Antwort unter Einbeziehung der gesetzlichen Regelungen.*

3. *Michael, fünfzehn Jahre alt, bringt sein Sportrad zur Reparatur in eine Fachwerkstatt. Die Mutter des Jungen, die mit ihm alleine lebt, verbot ihm die Reparatur ausdrücklich, weil Michael zurzeit durch mangelnden Fleiß größere schulische Probleme hat. Die Werkstatt verlangt für ihre Leistung 65,25 €.*

   Prüfen Sie, ob die Mutter die Rechnung begleichen muss. Beziehen Sie die Bestimmungen des BGB in Ihre Falllösung ein.

4. *Der sechsjährige Jan bekommt von seinem Onkel ein Computerspiel geschenkt. Ist die Schenkung rechtens, wenn Jan sie annimmt?*

Begründen Sie Ihre Antwort mit den zutreffenden gesetzlichen Regelungen.

7.1.2 Die Deliktsfähigkeit

Die zweite Form der Handlungsfähigkeit ist die Deliktsfähigkeit. Wir haben sie in Punkt 7.1 als Fähigkeit bezeichnet, für eine unerlaubte Handlung verantwortlich gemacht zu werden. Betrachten wir wieder zwei Fälle aus dem Alltag:

Fallbeispiel 1 *Der fünfjährige Tom spielt mit anderen Kindern auf einem Spielplatz, der inmitten einer Eigenheimsiedlung liegt.*
Heute kommt es zu einem Streit mit anderen Kindern. Tom wirft mit Sand und kleinen Steinen nach anderen Kindern. Diese sind erbost. Es kommt zu einem Handgemenge, dem sich Tom durch Weglaufen entziehen möchte. Dabei verlässt er den Spielplatz und läuft ohne auf den Verkehr zu achten auf die Straße. Eine ältere Radfahrerin muss seinetwegen scharf bremsen und kommt zu Fall. Dabei werden Teile ihrer Kleidung erheblich beschädigt. Am Fahrrad wird die Beleuchtungseinrichtung zerstört.

Fallbeispiel 2 *Zwei dreizehnjährige Jungen rauchen heimlich in einer Scheune, die etwas außerhalb ihres Heimatdorfes gelegen ist. Dabei fangen einige Strohballen Feuer und es entsteht ein Großbrand, der die gesamte Scheune zerstört.*

In beiden Fällen stehen die Geschädigten vor der Frage, wer ihnen die entstandenen Schäden ersetzt. Die Grundvoraussetzungen für die Leistung von Schadenersatz bestimmt § 823 Absatz 1 BGB:

> **§** „Wer vorsätzlich oder fahrlässig das Leben, den Körper, die Gesundheit, die Freiheit, das Eigentum oder ein sonstiges Recht eines anderen widerrechtlich verletzt, ist dem anderen zum Ersatze des daraus entstehenden Schadens verpflichtet."

In dieser Regelung wird das Wesen einer unerlaubten Handlung bestimmt. Das Gesetz nennt zunächst die Rechtsgüter, die von einer unerlaubten Handlung betroffen sein können. Für die obigen Fälle wäre dies das Eigentum der Geschädigten. Nachfolgende Tabelle gibt Auskunft über die Wesensmerkmale einer unerlaubten Handlung:

Unerlaubte Handlung

Schaden	Schuld	Widerrechtlichkeit
• Rechtsgut eines Dritten wurde nachweislich geschädigt	**Fahrlässigkeit:** Schadensverursacher missachtete die notwendige Sorgfalt bei seinem Handeln **Vorsatz:** Schadensverursacher handelte mit Absicht und kalkulierte die schädlichen Folgen bewusst ein	• unbefugter Eingriff in ein fremdes Rechtsgut • kein Rechtfertigungsgrund für die schädigende Handlung gegeben

Alle drei Merkmale müssen bei einer unerlaubten Handlung nachweislich vorliegen. Fällt nur ein Merkmal heraus, dann besteht kein Anspruch auf Schadenersatz.

In unseren zwei Fällen liegen augenscheinlich unerlaubte Handlungen vor. Die geschädigten Rechtsgüter haben wir oben bereits charakterisiert. Schuldhaftes Handeln ist in beiden Fällen in Form von Fahrlässigkeit gegeben. § 276 Absatz 1 Satz 2 BGB bestimmt dazu:

> § „Fahrlässig handelt, wer die im Verkehr erforderliche Sorgfalt außer Acht lässt."

In beiden Sachverhalten wurde die erforderliche Sorgfalt missachtet. Es liegen in beiden Fällen auch keine Rechtfertigungsgründe für das Verhalten vor. Somit besteht prinzipiell ein Anspruch auf Schadenersatz.

Jetzt ergeben sich natürlich weitere Fragen, die sich auf die handelnden Personen beziehen. Fünfjährige überblicken in bestimmten Situationen die Folgen ihres Handelns nicht. Woher soll dieser Personenkreis die finanziellen Mittel nehmen, um Schäden zu regulieren? Dass Dreizehnjährige das Rauchen zumindest ausprobieren, gehört wohl zu unser aller Lebenserfahrung. Konnten die beiden die Leichtsinnigkeit ihres Verhaltens im gegebenen Umfeld abschätzen? Die Frage des Woher der finanziellen Mittel stellt sich bei ihnen natürlich noch schärfer. Haften in solchen Fällen immer die Eltern? Diese letzte Frage wollen wir an dieser Stelle nicht beachten, weil darauf in Abschnitt 9.2 näher einzugehen ist.

Das bisher Gesagte macht deutlich, wir müssen jetzt klären, ob die Kinder für ihre unerlaubten Handlungen haftbar gemacht werden können. Ziehen wir den § 828 Absatz 1 BGB zu Rate:

> § „Wer nicht das siebente Lebensjahr vollendet hat, ist für einen Schaden, den er einem anderen zufügt, nicht verantwortlich."

Auch die Deliktsfähigkeit unterteilt sich in drei Stufen. Die zitierte Festlegung des BGB definiert den Personenkreis, der als deliktsunfähig eingestuft wird. Als Rechtsfolge ergibt sich, dass sie prinzipiell nicht für eine unerlaubte Handlung verantwortlich (haftbar) gemacht werden können. Wir können somit feststellen, dass unser Fünfjähriger für den verursachten Schaden nicht haften muss.

Bevor wir Fall zwei näher betrachten, wollen wir die weiteren Regelungen des § 828 BGB, die seit dem 1.8.02 durch das „Gesetz zur Änderung schadensersatzrechtlicher Vorschriften" neu gefasst wurden, betrachten:

> § „(2) Wer das siebente, aber nicht das zehnte Lebensjahr vollendet hat, ist für den Schaden, den er bei einem Unfall mit einem Kraftfahrzeug, einer Schienenbahn oder einer Schwebebahn einem anderen zufügt, nicht verantwortlich. Dies gilt nicht, wenn er die Verletzung vorsätzlich herbeigeführt hat.
>
> (3) Wer das 18. Lebensjahr noch nicht vollendet hat, ist, sofern seine Verantwortlichkeit nicht nach Absatz 1 oder 2 ausgeschlossen ist, für den Schaden, den er einem anderen zufügt, nicht verantwortlich, wenn er bei der Begehung der schädigenden Handlung nicht die zur Erkenntnis der Verantwortlichkeit erforderliche Einsicht hat."

Nach Absatz 3 des § 828 BGB sind unsere Dreizehnjährigen als bedingt deliktsfähig einzuordnen. Die Bedingung, unter der sie haftbar gemacht werden können, wird als „Einsichtsfähigkeit" bezeichnet. Es geht um die Frage: Konnten die dreizehnjährigen Jungen zurzeit der Begehung ihrer unerlaubten Handlung mögliche Gefahren erkennen? Bei Jungen in diesem Alter, die als normal entwickelt gelten nach dem Kenntnisstand der Entwicklungspsychologie, darf dies wohl angenommen werden. Da aus dem beschriebenen Fall keine gegenteiligen Fakten diesbezüglich dargestellt sind, kann von der Verantwortlichkeit der beiden Kinder ausgegangen werden. In solchen Situationen werden im Normalfall sicher die Eltern unter Einbeziehung ihrer Haftpflichtversicherung tätig werden. Sie können dies tun, müssen es aber nicht. Die beiden Jungen müssten dann bei Eintritt in die wirtschaftliche Selbstständigkeit mit der Regulierung des Schadens beginnen. Der Geschädigte muss in solchen Fällen auf eine mögliche Verjährungsfrist achten. Sie beträgt in diesem Falle dreißig Jahre. Näheres regelt das BGB in den §§ 194 ff.

Absatz 2 des § 828 BGB schützt zunächst einmal Kinder zwischen dem siebenten und zehnten Lebensjahr vor Schadensersatzansprüchen für fahrlässig herbeigeführte Unfälle im Rahmen des Straßen- und Schienenverkehrs. Das Gesetz trägt jetzt besser den immer komplizierter werdenden Bewegungsmöglichkeiten für Kinder in der Öffentlichkeit Rechnung. Gleichzeitig erhöht es aber auch den Schutz von Betroffenen, die vom gekennzeichneten Personenkreis vorsätzlich geschädigt wurden.

Im Rahmen der Schadenshaftung von Minderjährigen ist § 829 BGB von Bedeutung. Er kennzeichnet die sogenannte Billigkeitshaftung:

> § „Wer in einem der in den §§ 823 bis 826 bezeichneten Fällen für einen von ihm verursachten Schaden aufgrund der §§ 827, 828 nicht verantwortlich ist, hat gleichwohl, sofern der Ersatz des Schadens nicht von einem aufsichtspflichtigen Dritten erlangt werden kann, den Schaden insoweit zu ersetzen, als die Billigkeit nach den Umständen, insbesondere nach den Verhältnissen der Beteiligten, eine Schadloshaltung erfordert und ihm nicht die Mittel entzogen werden, deren er zum angemessenen Unterhalte sowie zur Erfüllung seiner gesetzlichen Unterhaltspflichten bedarf."

Diese Gesetzesgrundlage könnte für unseren ersten Fall bedeuten, dass der fünfjährige Tom unter bestimmten Voraussetzungen doch zum Ersatz des verursachten Schadens herangezogen werden kann. Dies wäre beispielsweise dann zu prüfen, wenn der Junge vermögend ist und die geschädigte Radfahrerin aufgrund ihrer wirtschaftlichen Situation einen erheblichen Nachteil erleiden würde, der in keinem vertretbaren Verhältnis zum Vermögen des Schädigers steht. Ein solcher Fall ist auch denkbar, wenn aufgrund nicht vorhandener Einsichtsfähigkeit ein bedingt Deliktsfähiger für einen Schaden nicht haftbar zu machen wäre.

Für die sozialpädagogische Arbeit sind noch die Bestimmungen des § 830 BGB von praktischer Bedeutung:

> § „(1) Haben mehrere durch eine gemeinschaftlich begangene unerlaubte Handlung einen Schaden verursacht, so ist jeder für den Schaden verantwortlich. Das gleiche gilt, wenn sich nicht ermitteln lässt, wer von mehreren Beteiligten den Schaden durch seine Handlung verursacht hat.
>
> (2) Anstifter und Gehilfen stehen Mittätern gleich."

Besonders bei bedingt deliktsfähigen Jugendlichen sind gemeinschaftlich begangene unerlaubte Handlungen möglich. Erzieherinnen können es sich aufgrund dieser gesetzlichen Regelung oft ersparen, als „Kriminalisten" zu agieren. Es genügt zu erfassen, wer bei der Begehung der unerlaubten Handlung zugegen war und sie duldete. Wollen Jugendliche in dieser Situation niemanden „verpfeifen", dann gehen sie das Risiko ein, selbst mit zur Verantwortung gezogen zu werden. Gleiches gilt für den Älteren, der Jüngere zu unerlaubten Handlungen anstiftet.

Deliktsfähigkeit

Deliktsunfähigkeit	Bedingte Deliktsfähigkeit	Volle Deliktsfähigkeit
• natürliche Personen im Alter von 0 bis zur Vollendung des 7. Lebensjahres • natürliche Personen, die zum Zeitpunkt der Handlung unzurechnungsfähig sind **Rechtsfolge:** Personenkreis kann für den verursachten Schaden nicht haftbar gemacht werden Billigkeitshaftung nach § 829 BGB ist zu beachten	• natürliche Personen im Alter von 7 bis zur Vollendung des 18. Lebensjahres • im Alter von 7 bis zur Vollendung des 10. Lebensjahres für Schäden durch Verursachung eines Verkehrsunfalls mit einem Kfz oder einer Schienenbahn bei Vorsatz verantwortlich **Rechtsfolge:** Personenkreis kann nur dann für den verursachten Schaden haftbar gemacht werden, wenn zum Zeitpunkt der Handlung die entsprechende Einsichtsfähigkeit gegeben war	• natürliche Personen mit der Vollendung des 18. Lebensjahres • Organe einer juristischen Person (z. B. Vorstand des e. V.) **Rechtsfolge:** volle Verantwortlichkeit für Schäden, die einem Dritten zugefügt wurden

Aufgaben

1. *Lesen Sie noch einmal das Fallbeispiel 2 auf Seite 63. Formulieren Sie dann in schriftlicher Form eine Lösung zu folgender Frage: Sind die Jungen für den Schaden haftbar zu machen? Beziehen Sie in Ihre Argumentation die Bestimmungen des geltenden Rechts ein.*

2. *Die elfjährige Ina verlässt völlig schockiert nach Schulschluss das Schulgebäude. Sie erreichte bisher immer gute und sehr gute Leistungen. Heute bekam sie ein Diktat zurück, welches mit genügend (vier) bewertet wurde. Eine solche Note hat Ina bisher noch nie*

bekommen. Voller Angst vor der Reaktion der Eltern tritt sie den Nachhauseweg mit dem Fahrrad an. An einer Kreuzung biegt sie ohne Zeichengebung nach links ab. Ein entgegenkommender Motorradfahrer bremst scharf, kommt zu Fall und verletzt sich erheblich. Am Motorrad entstand ein größerer Sachschaden.
Beurteilen Sie unter Einbeziehung des BGB-Bestimmungen die rechtliche Situation Inas bezüglich der Schadenshaftung.

3. Der sechzehnjährige Sven verleitet den siebenjährigen Toralf zum Schießen mit einem Luftgewehr. Dabei trifft dieser die Scheibe des Wintergartens vom Nachbarhaus.
Wer ist für den Schaden haftbar zu machen? Prüfen Sie den Fall mit den gesetzlichen Regelungen des BGB ab.

4. Drei siebzehnjährige Jugendliche verabreichen während einer Feier im Jugendclub einem Achtzehnjährigen ohne dessen Wissen ein Betäubungsmittel, indem sie dieses unter ein Getränk mischen. Beim Verlassen des Clubs kommt der Achtzehnjährige zu Fall und bricht sich den Arm. Außerdem wird seine Kleidung beschädigt.
Prüfen Sie mithilfe des BGB, ob eine unerlaubte Handlung vorliegt und wer für die Schäden haftbar zu machen ist.

Arbeitsmaterialien zum Download, S. 13–17

7.2 Die Strafmündigkeit

Im Rahmen der Rechtsstellung von Kindern wollen wir hier kurz einen Abstecher in das öffentliche Recht (hier in das Strafrecht) machen. Ausführliches zum Strafrecht werden wir in Abschnitt D darstellen.

An dieser Stelle wollen wir nur die Frage behandeln, ob Kinder auch strafrechtlich zur Verantwortung gezogen werden können. Unerlaubte Handlungen können auch gleichzeitig Straftaten sein. Betrachten wir ein Beispiel:

> *Fallbeispiel Ein Dreizehnjähriger entreißt einer älteren Frau auf offener Straße die Einkaufstasche. Beim entstehenden Handgemenge werden Tasche und Kleidung der Dame zerrissen.*

Die Tatsache der unerlaubten Handlung ist hier ohne Schwierigkeiten erkennbar. Nach dem Strafgesetzbuch § 249 können wir auch von einem Raub sprechen, für den man zwischen sechs Monaten und fünf Jahren Freiheitsstrafe verurteilt werden kann.

Im vorliegenden Fall ist jedoch § 19 StGB zu beachten:

> § „Schuldunfähig ist, wer bei Begehung der Tat noch nicht vierzehn Jahre alt ist."

Die Strafmündigkeit setzt also mit der Vollendung des vierzehnten Lebensjahres ein. Bis zu diesem Zeitpunkt kann gegen Kinder nicht strafrechtlich vorgegangen werden.

Zusammenfassung

Die Fähigkeit, rechtswirksam handeln zu können, bezeichnen wir als Handlungsfähigkeit. Es sind zwei Formen von Handlungsfähigkeit zu unterscheiden: Geschäftsfähigkeit und Deliktsfähigkeit. Geschäftsfähigkeit ist die Fähigkeit, Rechtsgeschäfte rechtswirksam vornehmen zu können. Sie ist bei natürlichen Personen abhängig vom Alter und vom Geisteszustand. Geschäftsunfähigkeit besitzen alle natürlichen Personen im Alter von 0 bis zur Vollendung des 7. Lebensjahres. Rechtsgeschäfte dieser Menschen sind von Anfang an ungültig (nichtig). Dies trifft auch auf Volljährige zu, die nicht im Vollbesitz ihrer geistigen Kräfte sind. Im Alter zwischen 7 und dem vollendeten 18. Lebensjahr sprechen wir von beschränkter Geschäftsfähigkeit. Willenserklärungen und Rechtsgeschäfte dieses Personenkreises sind nur mit Einwilligung bzw. Genehmigung des gesetzlichen Vertreters gültig. Ausnahmen sind u. a.: rechtlicher Vorteil für den Minderjährigen, Taschengeld.

Voll geschäftsfähig sind alle natürlichen Personen ab der Vollendung des 18. Lebensjahres und juristische Personen mit Beginn ihrer Rechtsfähigkeit. Sie können unbeschränkt Rechtsgeschäfte abschließen.

Deliktsfähigkeit ist die Fähigkeit, für unerlaubte Handlungen zum Schadenersatz verpflichtet zu sein. Natürliche Personen im Alter von 0 bis zur Vollendung des 7. Lebensjahres sind deliktsunfähig. Sie können für eine unerlaubte Handlung nicht verantwortlich gemacht werden (Billigkeitshaftung ist zu beachten). Deliktsunfähig sind auch Volljährige, die zum Zeitpunkt der Handlung unzurechnungsfähig sind. Ausnahme bildet hier die schuldhafte Herbeiführung eines solchen Zustandes nach § 827 Satz 2 BGB. Natürliche Personen im Alter zwischen 7 und dem vollendeten 18. Lebensjahr sind bedingt deliktsfähig. Ihre Haftung ist abhängig von der konkreten Einsichtsfähigkeit zum Zeitpunkt der Handlung. Voll deliktsfähig sind alle volljährigen natürlichen Personen und juristische Personen. Sie müssen für ihre unerlaubten Handlungen einstehen. Kinder im Alter von 0 bis zur Vollendung des 14. Lebensjahres sind nicht strafmündig.

8 Elterliches Sorgerecht

8.1 Grundrecht und Elternrecht

Die Tätigkeit in sozialpädagogischen Bereichen unserer Gesellschaft ist sehr häufig mit den Problemen des elterlichen Sorgerechts verbunden. Erzieherinnen benötigen u. a. eine genaue Kenntnis darüber, wer bei den ihnen anvertrauten Kindern und Jugendlichen das elterliche Sorgerecht ausübt. Nur so können sie effektiv und nutzbringend mit den Personensorgeberechtigten im Interesse der Minderjährigen im Sinne einer Erziehungspartnerschaft zusammenarbeiten. Stellen wir einmal drei mögliche Familienkonstellationen dar, in denen heute Kinder eingebunden sein können.

Fallbeispiel Ihre Gruppe in einer Kindertagesstätte besteht aus 18 Kindern. Zu ihnen gehören auch:
1. Stefanie, fünf Jahre alt, lebt bei ihren leiblichen Eltern, die nicht miteinander verheiratet sind.
2. Sandra, vier Jahre alt, lebt in einem Kinderheim.
3. Joel, fünf Jahre alt, lebt bei seiner leiblichen Mutter. Der Vater verstarb, als Joel ein Jahr alt war. Die Mutter hat einen neuen Lebenspartner, mit dem sie nicht verheiratet ist. Alle drei Personen leben in einem gemeinsamen Haushalt.

In allen drei Beispielen ist die Ausübung der elterlichen Sorge unterschiedlich geregelt. Die Gruppenerzieherin benötigt dazu konkrete Kenntnisse. Sie muss z. B. wissen, wem sie das Kind bei Abholung herausgeben darf und wem nicht. Im Falle des kleinen Joel ist auch von Bedeutung, welche Rolle bezüglich des elterlichen Sorgerechts der neue Lebenspartner der Mutter spielt. Kann er beispielsweise der Erzieherin gegenüber die Erlaubnis zur Teilnahme an einer Tagesfahrt für den Jungen erteilen?

Ehe wir uns den konkreten Inhalten des elterlichen Sorgerechts zuwenden, wollen wir zunächst das Elternrecht aus dem Blickwinkel des Grundgesetzes betrachten. Artikel 6 Absatz 2 GG lautet:

> § „Pflege und Erziehung der Kinder sind das natürliche Recht der Eltern und die zuvörderst ihnen obliegende Pflicht. Über ihre Betätigung wacht die staatliche Gemeinschaft."

Im Grundgesetz wird das Elternrecht als ein Grundrecht garantiert. Damit ist klargestellt, dass die Hauptverantwortung für die Sorge um die Kinder bei den Eltern liegt. Das von der Natur begründete Recht Eltern sein zu können (natürliches Recht vor künstlich geschaffenem Recht) ist gleichzeitig auch Pflicht. Es kann hier von einem Pflichtrecht der Eltern ausgegangen werden.

Dieses Pflichtrecht beinhaltet auch, dass Eltern in der Regel keine gerichtlich nicht bestimmten Eingriffe in das Elternrecht dulden müssen. Damit können sie jedoch nicht nur nach Gutdünken und reinem freien Belieben das elterliche Sorgerecht wahrnehmen. Das GG erwähnt deshalb das Wächteramt der staatlichen Gemeinschaft. Dieses soll dem Schutz der Kinder dienen. Im Grundgesetz gibt es keine näheren Festlegungen zu den Grundrechten der Kinder. Der Staat wacht mithilfe der Familiengerichte und der Jugendämter über die Ausübung der elterlichen Sorge. Erzieherinnen sind durch ihre Tätigkeit in das Wächteramt einbezogen. Durch den unmittelbaren Kontakt zu den Familien erkennen sie häufig zuerst Problemlagen bei der Ausübung des elterlichen Sorgerechts. Fingerspitzengefühl und ein hoher Grad von Einfühlungsvermögen sind hier gefragt. Oft reichen kleine Hinweise im vertrauensvollen Gespräch aus, um größeren Problemen vorzubeugen. In anderen Situationen hilft nur aktives Eingreifen mit Unterstützung des Jugendamtes. Dies ist besonders dann der Fall, wenn nachweislich elterliche Sorge missbräuchlich wahrgenommen wird (u. a. durch Gewalt oder sexuellem Missbrauch).

Im Rahmen des aktiven Eingriffs in das elterliche Sorgerecht setzt das GG klare Schranken. In Absatz 3 des Artikels 6 GG heißt es:

> § „Gegen den Willen der Erziehungsberechtigten dürfen Kinder nur aufgrund eines Gesetzes von der Familie getrennt werden, wenn die Erziehungsberechtigten versagen oder wenn die Kinder aus anderen Gründen zu verwahrlosen drohen."

Nach dieser grundsätzlichen Regelung ist z. B. die Unterbringung eines Kindes außerhalb der elterlichen Wohnung gegen den Willen der Eltern nur mit gerichtlichem Beschluss möglich. Maßstab für einen solchen Beschluss ist das Wohl des Kindes. Dies bestimmte das Bundesverfassungsgericht im Februar 1982 in einem Urteil:

„... Kindeswohl ist die oberste Richtschnur der elterlichen Pflege und Erziehung. ..."

(Quelle: Neue Juristische Wochenschrift Nr. 99/1982, S. 2173)

„Kindeswohl" ist ein unbestimmter Rechtsbegriff, der nirgendwo definiert ist. In der Fachöffentlichkeit versucht man sich u. a. an den Grundrechten und Grundbedürfnissen von Kindern zu orientieren. Danach hat ein am Wohl des Kindes ausgerichtetes Handeln diese Aspekte zur Grundlage. Jörg Maywald versucht folgende Definition:

„Ein am Wohl des Kindes ausgerichtetes Handeln ist dasjenige, welches die an den Grundrechten und Grundbedürfnissen von Kindern orientierte, für das Kind jeweils günstigste Handlungsalternative wählt."

(Quelle: Jörg Maywald: Kindeswohlgefährdung - erkennen, einschätzen, handeln, Freiburg i. Br., Verlag Herder GmbH, 2011, S. 18)

Grundbedürfnisse lassen sich anhand der UN-Kinderrechtskonvention ableiten: so u. a. das Bedürfnis nach Liebe, Akzeptanz und Zuwendung; das Bedürfnis nach Ernährung und Versorgung; das Bedürfnis nach Gesundheit; das Bedürfnis nach Schutz vor Gefahren von Ausbeutung (materiell und sexuell); das Bedürfnis nach Wissen und Bildung.

Abschließend bleibt festzustellen, dass Erzieherinnen und Erzieher durch ihre Arbeit immer in das elterliche Sorgerecht eingebunden sind. Sie haben die Rechte der Eltern zu achten und müssen zum Wohle der Kinder und Jugendlichen mit ihnen zusammenarbeiten.

8.2 Inhalte der elterlichen Sorge

In diesem Abschnitt wollen wir klären, was im Sinne des Familienrechts unter elterlicher Sorge verstanden wird bzw. wie sie inhaltlich strukturiert ist. Zunächst nimmt das BGB in § 1626 Absatz 1 eine grundlegende Einteilung vor:

> § „Die Eltern haben die Pflicht und das Recht, für das minderjährige Kind zu sorgen (elterliche Sorge). Die elterliche Sorge umfasst die Sorge für die Person des Kindes (Personensorge) und das Vermögen des Kindes (Vermögenssorge)."

Die elterliche Sorge unterteilt sich zunächst in die Bereiche der Personen- und Vermögenssorge. Einen weiteren wichtigen Teil des elterlichen Sorgerechts definiert das BGB in § 1629 Absatz 1 Satz 1:

> § „Die elterliche Sorge umfasst die Vertretung des Kindes. ..."

Unter Vertretung verstehen wir hier die gesetzliche Vertretung. Sie berührt sowohl die Personensorge als auch die Vermögenssorge. Die nachfolgende Übersicht stellt die grundsätzliche Einteilung der elterlichen Sorge dar:

Elterliche Sorge

Personensorge	Vermögenssorge
• Erziehung • Aufenthaltsbestimmung • Umgangsregelung • Herausgabeanspruch • Pflege • Betreuung	• Verwaltung und Pflege des Vermögens des Kindes

Gesetzliche Vertretung

1. Jedes Handeln mit Rechtswirkung für das Kind in der Personen- und Vermögenssorge

2. Grundsatzentscheidungen über den Besuch von Tageseinrichtungen und Schulen

3. Einwilligung in ärztliche Behandlungen jeder Art

4. Einrichten und Führen von Sparkonten

5. Verwalten von Immobilien

6. Verkauf von Immobilien (unter Einbeziehung des Familiengerichts)

7. Vertretung in Rechtsstreitigkeiten aller Art

8. Geltendmachung von Renten, Schmerzensgeldern, Ausbildungsbeihilfen, Sozialhilfe

8.2.1 Personensorge

Ausgehend von den konkreten Bestimmungen im BGB wollen wir die Bestandteile der Personensorge näher betrachten. Dazu kehren wir zur fünfjährigen Stefanie aus Abschnitt 8.1 Beispiel 1 zurück. Beschreiben wir einmal einen denkbaren Tagesablauf für das Mädchen näher. Wir lassen dabei zunächst die Fragen der Berechtigung zur Ausübung der elterlichen Sorge gegenüber Stefanie außer Acht:

Fallbeispiel   Stefanie wird heute von der Mutter aus dem Kindergarten abgeholt. Dabei teilt sie der Erzieherin mit, dass Stefanie an der geplanten Tagesfahrt in zwei Wochen teilnehmen darf. Die Fahrt ist mit einem Besuch im Tierpark verbunden. Nach dem Abholen begeben sich beide zum Haus der Eltern der Mutter. Dort bleibt Stefanie für etwa zwei Stunden. Die Mutter erledigt in der Zwischenzeit einige Einkäufe.
Wieder in der Wohnung angekommen, muss Stefanie getröstet werden, weil eine Freundin heute zum letzten Mal im Kindergarten war. Diese zieht mit ihren Eltern in eine andere Stadt.

In den dargestellten Handlungen gegenüber der Tochter stecken viele Inhalte der Personensorge. So bestimmt die Mutter den Aufenthalt für Stefanie, indem sie bei den Großeltern gelassen wird. In gleicher Weise ist die anschließende Rückkehr in die Wohnung eine Handlung im Rahmen der Aufenthaltsbestimmung. Die Festlegung über die Teilnahme am Tagesausflug betrifft diesen Bereich ebenfalls. Eine solche Einwilligung ist zugleich auch Teil der gesetzlichen Vertretung in diesem Bereich. Das Aufenthaltsbestimmungsrecht wird in § 1631 Absatz 1 BGB genannt:

> § „Die Personensorge umfasst insbesondere die Pflicht und das Recht, das Kind zu pflegen, zu erziehen, zu beaufsichtigen und seinen Aufenthalt zu bestimmen."

Der wichtigste Inhalt der Personensorge ist die Erziehung, und die wichtigste Aufgabe des Personensorgeberechtigten besteht folglich darin, für die Erziehung des Minderjährigen zu sorgen. Sie kann von den Eltern frei bestimmt werden. Einschränkungen vonseiten des Staates gibt es gemäß der Grundrechtsausübung in diesem Bereich nur wenige. Eine ist die Wahrnehmung der Schulpflicht, andere ergeben sich aus den gesetzlichen Bestimmungen des Jugendschutzes.

Die Verpflichtung zur Wahrnehmung der Aufsichtspflicht gegenüber den Minderjährigen ist unter zwei Gesichtspunkten zu betrachten. Zunächst haben Eltern die Pflicht dafür zu sorgen, dass ihre Kinder nicht durch andere Personen oder äußere Einflüsse zu Schaden kommen. Außerdem gehört zur Beaufsichtigung auch die Vermeidung von Schädigungen Dritter durch die Minderjährigen. In Abschnitt 9 werden wir zur Aufsichtspflicht und ihren Kriterien zur Wahrnehmung noch mehr sagen.

§ 1632 BGB benennt weitere Inhalte der Personensorge:

> § „(1) Die Personensorge umfasst das Recht, die Herausgabe des Kindes von jedem zu verlangen, der es den Eltern oder einem Elternteil widerrechtlich vorenthält.
>
> „(2) Die Personensorge umfasst ferner das Recht, den Umgang des Kindes auch mit Wirkung für und gegen Dritte zu bestimmen."

Der Herausgabeanspruch innerhalb der Personensorge ist für Erzieherinnen in der Kindertagesbetreuung von Wichtigkeit.

> *Fallbeispiel* Frau L erscheint aufgeregt in der Kindertagesstätte. Vertrauensvoll wendet sie sich an die Gruppenleiterin ihrer Tochter. Sie fordert diese auf, ab sofort das Kind nur noch ihr als Mutter bei der Abholung zu übergeben. Ihr Mann, der leibliche Vater der Tochter, verließ nach einem Streit die eheliche Wohnung und zog zu Bekannten.

Die Erzieherin würde in dieser Situation gegen den § 1632 Absatz 1 BGB verstoßen, wenn sie gegenüber dem Vater des Kindes die Herausgabe verweigern würde. Ein Elternteil kann durch eine solche Forderung geltendes Recht nicht außer Kraft setzen. Deshalb ist es wichtig, dass in den Betreuungsverträgen zwischen Tageseinrichtungen und Sorgeberechtigten klar festgelegt wird, welchem Personenkreis ein Kind herauszugeben ist.

In Absatz 2 des § 1632 BGB wird die Regelung des Umgangs als Teil der Personensorge gekennzeichnet. Die Sorgeberechtigten können in diesem Teil des elterlichen Sorgerechts bestimmen, mit wem ihre Kinder Umgang haben dürfen und mit wem nicht. Damit ist es möglich, negative erzieherische Einflüsse durch außenstehende Personen zu unterbinden. Das heißt auch, dass Eltern beispielsweise Umgangsverbote gegenüber Dritten aussprechen können. Diese wären auch, wenn sie dem Wohle des Kindes nicht widersprechen, mithilfe der Gerichte durchsetzbar. In solchen Fällen gilt es aber einige Prinzipien zu beachten, die wir in Abschnitt 8.3.2 näher erörtern werden.

Bei der Bestimmung der Inhalte elterlicher Sorge muss noch auf eine Tatsache verwiesen werden, die für die sozialpädagogische Arbeit von nicht unerheblicher Bedeutung ist. Betrachten wir dazu den fünf Jahre alten Joel aus dem Beispiel 3 im Abschnitt 8.1. Der Lebenspartner der Mutter nimmt im Alltag der Familie selbstverständlich auch an der Ausübung der elterlichen Sorge teil. Diese Teilnahme hat jedoch Grenzen. Er könnte z. B. ohne Einwilligung der Mutter den Jungen nicht aus der Tageseinrichtung abholen. Liegt diese vor, dann ist es kein Problem. Ebenso könnte er beispielsweise ohne Einwilligung der Mutter das Kind nicht in einer Tageseinrichtung abmelden und in einer anderen anmelden. Die Ursache dafür ist, dass er nicht die gesetzliche Vertretung wahrnehmen kann. Hier ist nur die Mutter berechtigt zu handeln.

Definition
Nimmt eine natürliche Person an der Ausübung der Personensorge ständig teil, ohne gesetzlicher Vertreter zu sein, dann übt diese die tatsächliche Personensorge aus.

Im Alltag der Kindertageseinrichtungen hat dies zur Folge, dass dieser Personenkreis im Rahmen der Zusammenarbeit mit den Eltern unbedingt zu beachten ist. Sogenannte Stiefväter, Stiefmütter oder die Großeltern nehmen keinen geringen erzieherischen Einfluss. Verantwortungsvoll arbeitende Tageseinrichtungen haben diesbezüglich ganz konkrete pädagogische Standpunkte in ihren Konzeptionen verankert.

8.2.2 Vermögenssorge

In unserer obigen Übersicht zu den Inhalten der elterlichen Sorge wurde der Bereich der Vermögenssorge bereits kurz charakterisiert. Besitzt das Kind eigenes Vermögen, dann müssen die Eltern dieses im Rahmen des elterlichen Sorgerechts verwalten. Das BGB schreibt dazu u. a. das Folgende vor:

§ § 1642 BGB

„Die Eltern haben das ihrer Verwaltung unterliegende Geld des Kindes nach den Grundsätzen einer wirtschaftlichen Vermögensverwaltung anzulegen, soweit es nicht zur Bestreitung von Ausgaben bereitzuhalten ist."

Wirtschaftliche Vermögensverwaltung ist beispielsweise dann nicht gegeben, wenn Bargeld auf einem Girokonto verbleibt. Die Eltern müssen es so günstig wie möglich anlegen, damit es sich entsprechend mehrt und somit zur Zukunftssicherung der Minderjährigen beitragen kann. Betrachten wir wieder zwei Beispiele:

Fallbeispiel 1 *Der vierzehnjährige Christoph wird Alleinerbe seines unverheirateten und kinderlosen Onkels. Das Vermögen besteht aus Bargeld in Höhe von 13 600 € und Wertpapieren in Höhe von 23 000 €.*

Fallbeispiel 2 *Die zehnjährige Maria erbt von ihrer Großmutter eine vermietete Eigentumswohnung in bester Stadtlage.*

In Beispiel 1 müssen die Eltern nach § 1640 BGB ein Vermögensverzeichnis anfertigen. Ein solches Verzeichnis ist immer dann vorgeschrieben, wenn der Vermögenswert 15 000 € und mehr beträgt. Dieses Verzeichnis ist beim zuständigen Familiengericht einzureichen. Hat der Erblasser diesbezüglich eine andere Anordnung getroffen, dann ist das Verzeichnis entbehrlich. Gleiches gilt, wenn der Minderjährige durch eine Schenkung zu Vermögen gekommen ist und der Schenker anderes anordnet.

Im 2. Beispiel müssen die Eltern die Mieteinnahmen zunächst für die erforderliche Instandhaltung der Wohnung bereithalten. Was von den Einnahmen übrig ist, muss dann wieder wirtschaftlich angelegt werden. Eine Veräußerung der Wohnung ist nur mit Genehmigung des Familiengerichts möglich (§ 1643 BGB).

8.3   Ausübung der elterlichen Sorge

8.3.1 Abstammung

Nachdem wir die Inhalte und die Einteilung der elterlichen Sorge gekennzeichnet haben, geht es in diesem Abschnitt jetzt um den Personenkreis derjenigen, die berechtigt sind, das elterliche Sorgerecht auszuüben. Zunächst muss geklärt werden, wer aus rechtlicher Sicht als Mutter bzw. Vater eines Kindes anzusehen ist. Das BGB regelt diese Sachverhalte unter dem Begriff der „Abstammung".

> **§ 1591 BGB**
>
> „Mutter eines Kindes ist die Frau, die es geboren hat."

Die obige Regelung hat weitreichende Bedeutung: Bei der Geburt ist es unerheblich, ob die Eizelle von der Gebärenden stammt oder nicht. Die genetische Abstammung ist somit nicht Grundbedingung für die rechtliche Mutterschaft. Auf diese Art und Weise ist die Leihmutterschaft nicht möglich. Jedes Kind hat aber in diesem Zusammenhang ein Recht darauf, seine genetische Abstammung zu kennen. Es kann von der Mutter die Benennung der Eispenderin verlangen. Dies kann nach § 253 Zivilprozessordnung (ZPO) auch auf dem Wege einer Feststellungsklage geschehen.

Die rechtliche Mutterschaft ist relativ einfach geregelt. Etwas komplizierter ist es mit der Vaterschaft.

Fallbeispiel *Familie V hat einen Sohn im Alter von sechs und eine Tochter im Alter von drei Jahren. Als es im Rahmen einer Ehekrise zu Auseinandersetzungen zwischen den Eheleuten kommt, erklärt Frau V, dass die dreijährige Tochter nicht das leibliche Kind ihres Ehemannes sei, sondern einer außerehelichen Beziehung entstamme. Deshalb, so Frau V, habe ihr Mann bei einer Scheidung von Anfang an keinen Anspruch auf das elterliche Sorgerecht.*

§ 1592 BGB kann uns zunächst helfen festzustellen, wer im obigen Beispiel rechtlich als Vater der Tochter von Frau V anzusehen ist:

> „Vater eines Kindes ist der Mann,
>
> 1. der zum Zeitpunkt der Geburt mit der Mutter des Kindes verheiratet ist,
>
> 2. der die Vaterschaft anerkannt hat oder
>
> 3. dessen Vaterschaft nach § 1600d oder § 182 Abs. 1 des Gesetzes über das Verfahren in Familiensachen und in den Angelegenheiten der freiwilligen Gerichtsbarkeit gerichtlich festgestellt ist."

Unschwer können wir erkennen, dass Herr V nach Nummer 1 rechtlich gesehen der Vater des betroffenen Kindes ist. Die gegenteilige Aussage der Mutter genügt nicht, um die Vaterschaft außer Kraft zu setzen. Jetzt ist nur noch eine gerichtliche Anfechtung der Vaterschaft möglich. Dazu regelt § 1600 BGB:

> „Berechtigt, die Vaterschaft anzufechten, sind:
>
> 1. der Mann, dessen Vaterschaft nach §§ 1592 Nr. 1 und 2, 1593 besteht,
>
> 2. der Mann, der an Eides statt versichert, der Mutter des Kindes während der Empfängniszeit beigewohnt zu haben,
>
> 3. die Mutter
>
> 4. das Kind und
>
> 5. die zuständige Behörde (anfechtungsberechtigte Behörde) in den Fällen des § 1592 Nr. 2."

Herr V hat jetzt eine Frist von zwei Jahren, beginnend mit dem Tag, als er von den Umständen, die gegen seine Vaterschaft sprechen, erfuhr, diese anzufechten. Verzichtet er auf eine Anfechtung, dann bleibt er zunächst rechtlich gesehen der Vater des Mädchens. Dieses hätte dann nach Absatz 3 des § 1600b BGB bei Eintritt der Volljährigkeit die Möglichkeit, die Vaterschaft von Herrn V anzufechten. Die Anfechtungsfrist beginnt für die Tochter erst mit dem Eintritt der Volljährigkeit, auch wenn sie schon früher von den Anfechtungsgründen erfahren haben sollte.

8.3.2 Prinzipien für die Ausübung der elterlichen Sorge

Das elterliche Sorgerecht haben wir in Abschnitt 8.1 als Grundrecht gekennzeichnet. Dabei wurde verdeutlicht, dass der oberste Maßstab für die Ausübung der elterlichen Sorge das Wohl des Kindes ist. Die im BGB verankerten Prinzipien für die Wahrnehmung dieses Grundrechts sollen helfen, dass Wohl des Kindes zu sichern. Es ist aus dieser Sicht unerheblich, welcher Personenkreis für die Ausübung der Sorge verantwortlich ist.
Ein grundlegendes Prinzip ist in § 1626 Absatz 2 BGB geregelt:

§ „Bei der Pflege und Erziehung berücksichtigen die Eltern die wachsende Fähigkeit und das wachsende Bedürfnis des Kindes zu selbständigem verantwortungsbewusstem Handeln. Sie besprechen mit dem Kind, soweit es nach dessen Entwicklungsstand angezeigt ist, Fragen der elterlichen Sorge und streben Einvernehmen an."

Die Regelung erlaubt den Eltern keinen Erziehungsstil, der nur auf Gehorsam und Machtausübung ausgerichtet ist. Es geht dem Gesetzgeber um ein partnerschaftliches Verhältnis zum Kind. Es soll als Persönlichkeit von Anfang an geachtet werden. Eltern müssen deshalb jedoch nicht in jedem Fall den Wünschen des Kindes nachgeben, vielmehr soll es bei notwendigen Entscheidungsfindungen nach den beschriebenen Grundsätzen einbezogen werden. Damit soll dem Bedürfnis des Kindes nach Schutz und Hilfe hinsichtlich der Persönlichkeitsentwicklung Rechnung getragen werden.
§ 1627 BGB formuliert ein grundlegendes Prinzip des elterlichen Sorgerechts.

§ „Die Eltern haben die elterliche Sorge in eigener Verantwortung und gegenseitigem Einvernehmen zum Wohle des Kindes auszuüben. Bei Meinungsverschiedenheiten müssen sie versuchen, sich zu einigen."

Fallbeispiel *Ein Elternpaar, welches geschieden ist aber das gemeinsame Sorgerecht besitzt, kann sich über die Teilnahme seines Kindes am Tagesausflug der Kindergartengruppe nicht einigen. Am Morgen erhielt die Erzieherin die schriftliche Einwilligung des Vaters. Am Nachmittag bei der Abholung des Kindes spricht die Mutter ein Verbot der Teilnahme aus. Sie begründet es damit, dass am Tage des Ausflugs ihre Eltern zu Besuch kommen. Diese hätten ihr Enkelkind seit einem Monat nicht gesehen.*

Diese Meinungsverschiedenheit bringt eine nicht leicht lösbare Aufgabe für die Erzieherin mit sich. Der Vorgang tangiert auch die Bestimmungen des § 1629 Absatz 1 BGB:

> § „Die elterliche Sorge umfasst die Vertretung des Kindes. Die Eltern vertreten das Kind gemeinschaftlich; ist eine Willenserklärung gegenüber dem Kind abzugeben, so genügt die Abgabe gegenüber einem Elternteil. Ein Elternteil vertritt das Kind allein, soweit er die elterliche Sorge allein ausübt oder ihm die Entscheidung nach § 1628 übertragen ist. Bei Gefahr im Verzug ist jeder Elternteil dazu berechtigt, alle Rechtshandlungen vorzunehmen, die zum Wohl des Kindes notwendig sind; der andere Elternteil ist unverzüglich zu unterrichten."

Die erteilte Einwilligung im Rahmen der gesetzlichen Vertretung zur Teilnahme an der Tagesfahrt wäre normalerweise ausreichend. Mit der Regelung in § 1629 BGB will der Gesetzgeber u. a. auch den Erziehungsalltag für Kinder und Eltern vereinfachen. Für die Erzieherin ist wichtig zu wissen, dass die in § 1627 BGB genannte Eigenverantwortlichkeit der Eltern von ihr verlangt, beide Elternmeinungen als gleichrangig zu betrachten. Mutter und Vater sind zwar geschieden, besitzen aber weiterhin das gemeinsame Sorgerecht. Im Interesse des Kindes sollte die Erzieherin auf eine Einigung der Eltern hinwirken.

Diesbezüglich muss an dieser Stelle aber noch auf eine weitere Regelung des BGB verwiesen werden, die in solchen Fällen von nicht unerheblicher Bedeutung ist. § 1687 Absatz 1 BGB regelt die Ausübung der gemeinsamen Sorge bei Getrenntleben der Eltern:

> § „Leben Eltern, denen die elterliche Sorge gemeinsam zusteht, nicht nur vorübergehend getrennt, so ist bei Entscheidungen in Angelegenheiten, deren Regelung für das Kind von erheblicher Bedeutung ist, ihr gegenseitiges Einvernehmen erforderlich. Der Elternteil, bei dem sich das Kind mit Einwilligung des anderen Elternteils oder aufgrund einer gerichtlichen Entscheidung gewöhnlich aufhält, hat die Befugnis zur alleinigen Entscheidung in Angelegenheiten des täglichen Lebens. Entscheidungen in Angelegenheiten des täglichen Lebens sind in der Regel solche, die häufig vorkommen und die keine schwer abzuändernden Auswirkungen auf die Entwicklung des Kindes haben. Solange sich das Kind mit Einwilligung dieses Elternteils oder aufgrund einer gerichtlichen Entscheidung bei dem anderen Elternteil aufhält, hat dieser die Befugnis zur alleinigen Entscheidung in Angelegenheiten der tatsächlichen Betreuung. § 1629 Abs. 1 Satz 4 und § 1684 Abs. 2 Satz 1 gelten entsprechend."

Für unser Beispiel würde dies bedeuten, dass der Elternteil, bei dem das Kind wohnt, über die Teilnahme an dem Ausflug rein rechtlich gesehen bestimmen kann. Das Gesetz beschränkt die Entscheidungsbefugnis jedoch dahingehend, dass die betreffenden Angelegenheiten, in denen entschieden werden muss, keine negativen Auswirkungen auf die Entwicklung des Kindes haben dürfen. In unserem Falle wäre z. B. auch zu bedenken, ob die Mutter schon öfter ähnliche Entscheidungen getroffen hat, die die sozialen Kontakte des Kindes zur Kindergartengruppe erschweren.

Gibt es des Öfteren Meinungsverschiedenheiten dieser Art, dann könnte das Sorgerecht nach § 1628 BGB geändert werden:

> § „Können sich die Eltern in einer einzelnen Angelegenheit oder in einer bestimmten Art von Angelegenheiten der elterlichen Sorge, deren Regelung für das Kind von erheblicher Bedeutung ist, nicht einigen, so kann das Familiengericht auf Antrag eines Elternteils die Entscheidung einem Elternteil übertragen. Die Übertragung kann mit Beschränkungen oder mit Auflagen verbunden werden."

Auf Antrag eines Elternteils könnte zum Beispiel mithilfe des Familiengerichts festgelegt werden, dass beispielsweise Mutter oder Vater für die Aufenthaltsbestimmung im Zusammenhang mit der Betreuung in der Kindertagesstätte allein verantwortlich ist. Ein solches Vorgehen ist aber nur dann sinnvoll, wenn es absolut keine Einigung auf der Grundlage der Elternverantwortung geben kann. Bevor jedoch das Gericht entscheidet, wird es zunächst versuchen, auf eine Einigung der Eltern hinzuwirken.

> *Fallbeispiel* *Frau T lebte bis vor einem Monat mit einem Lebenspartner in nichtehelicher Gemeinschaft. Die Beziehung bestand über gut fünf Jahre. Frau T hat einen zehnjährigen Sohn aus ihrer früheren Ehe. Zwischen ihm und dem Lebenspartner entwickelte sich eine gut soziale Beziehung. Seit der Trennung verhindert Frau T jeden Umgang ihres Sohnes mit dem früheren Lebenspartner.*

Im obigen Beispiel wird eine Situation wiedergegeben, die im Alltag von Kindern immer wieder vorkommt. Augenscheinlich wäre ein Unterbinden des Umgangs von Sohn und gewesenem Partner für das Kind nicht ohne Folgen für die weitere Entwicklung. Kinder in solchen Situationen leiden nicht selten unter dem Nichtvorhandensein eines sozialen Vaters, wenn die Beziehung zum leiblichen Vater nicht mehr gegeben ist. Dem trägt das BGB mit folgenden Bestimmungen Rechnung:

> § § 1685 BGB
>
> „(1) Großeltern und Geschwister haben ein Recht auf Umgang mit dem Kind, wenn dieser dem Wohl des Kindes dient.
>
> (2) Gleiches gilt für den Ehegatten oder früheren Ehegatten sowie den Lebenspartner oder früheren Lebenspartner eines Elternteils, der mit dem Kind längere Zeit in häuslicher Gemeinschaft gelebt hat, und für Personen, bei denen das Kind längere Zeit in Familienpflege war."

Im vorliegenden Fall hat der Lebenspartner von Frau T ein Umgangsrecht gegenüber dem Sohn. Er könnte im Rahmen eines gerichtlichen Verfahrens eine diesbezügliche Regelung herbeiführen. Gleichzeitig besteht aber auch vonseiten des Kindes ein Recht auf Umgang mit dieser Person nach § 1626 Absatz 3 BGB:

> § „Zum Wohle des Kindes gehört in der Regel der Umgang mit beiden Elternteilen. Gleiches gilt für den Umgang mit anderen Personen, zu denen das Kind Bindungen besitzt, wenn ihre Aufrechterhaltung für seine Entwicklung förderlich ist."

Sollte es im Fallbeispiel zu einem gerichtlichen Verfahren kommen, dann muss die Bedeutung des Umgangs mit dem Lebenspartner für den weiteren Entwicklungsweg des Jungen festgestellt werden.

Das Umgangsrecht beider Elternteile mit dem Kind wird durch das BGB eindeutig bestimmt. § 1626 Absatz 3 BGB deklariert dieses Recht in Zusammenhang mit § 1684 Absatz 1 BGB:

§ „Das Kind hat das Recht auf Umgang mit jedem Elternteil; jeder Elternteil ist zum Umgang mit dem Kind verpflichtet und berechtigt."

Daraus ergibt sich besonders für nichteheliche Väter ein subjektives Recht auf Umgang mit ihren Kindern. Dieses Recht ist unabhängig vom Willen der alleinsorgeberechtigten Mutter. Gleiches gilt auch für nichteheliche Mütter, denen das Sorgerecht nicht zusteht. Aus dieser Vorschrift lässt sich jedoch keine gerichtlich durchsetzbare Umgangsverpflichtung für beide Elternteile ableiten. Solche erzwungenen Kontakte wären wenig sinnvoll und dem Kindeswohl abträglich.

Bezogen auf das Umgangsrecht von Eltern regelt das BGB auch die Ausgestaltung dieses Rechts. Mögliche Problemsituationen sollen folgende zwei Beispiele verdeutlichen:

Fallbeispiel 1 *Herr K ist seit einiger Zeit geschieden. Das Sorgerecht für seine zwölfjährige Tochter wurde nach der Scheidung der Mutter zugesprochen. Er selbst darf das Mädchen in regelmäßigen Abständen zu sich nach Hause holen. Während dieser Besuche äußert sich der Vater immer wieder sehr negativ über seine geschiedene Frau. Ständig betont er gegenüber dem Mädchen, dass ihre Mutter eine herzlose Frau sei, die ihm sehr unrecht getan hat. Durch diese Geschehnisse bekam die Mutter des Kindes Probleme in der Erziehung der Tochter.*

Fallbeispiel 2 *Kerstin W ist aufgrund einer psychischen Erkrankung zurzeit nicht in der Lage, für ihren sechsjährigen Sohn zu sorgen. Dieser lebt in einer Pflegefamilie. Die Pflegeeltern haben den Jungen sehr in ihr Herz geschlossen. Sie lesen ihm jeden Wunsch von den Augen ab und überhäufen ihn mit großzügigen Geschenken. Zu Hause bei der Mutter war dies nicht der Fall, da sie u. a. nicht die finanziellen Mittel dazu besitzt.*

In beiden Beispielen trägt das Handeln nicht zu einer dem Wohle des Kindes entsprechenden Entwicklung bei. Die Wahrnehmung des Umgangsrechts bzw. das Handeln der Pflegeeltern im Rahmen der elterlichen Sorge erschweren die Erziehung. Deshalb hält das BGB für solche Situationen ein weiteres Prinzip für die Ausübung des elterlichen Sorgerechts bereit:

§ § 1684 Absatz 2 BGB

„Die Eltern haben alles zu unterlassen, was das Verhältnis des Kindes zum jeweils anderen Elternteil beeinträchtigt oder die Erziehung erschwert. Entsprechendes gilt, wenn sich das Kind in der Obhut einer anderen Person befindet."

Die gesetzliche Bestimmung formuliert eine Loyalitätsverpflichtung zwischen den Eltern. Kein Elternteil soll seine Konflikte, die zum Scheitern der Lebensgemeinschaft führten, auf das Kind projizieren. Dadurch sollen seelische Konflikte, in die das Kind durch nicht pflicht-gemäßes Verhalten eines Elternteils geraten kann, von Anfang an vermieden werden. Viel-mehr soll das Umgangsrecht dazu beitragen, das Kind in regelmäßigen Abständen zu sehen, sich über dessen Entwicklung zu informieren und mit dem Kind zu kommunizieren. Eine Entfremdung soll dadurch vermieden werden.

Die oben genannte Loyalitätsverpflichtung bezieht sich auch u. a. auf Pflegeeltern, Vor-münder, Großeltern. Gleiches gilt auch für Erzieherinnen, die Minderjährige im Rahmen von Formen der Heimerziehung in Obhut haben.

§ 1631 Absatz 2 BGB enthält weitere wichtige Prinzipien zur Wahrnehmung der elterlichen Sorge. Erzieherinnen werden mit diesem dort gekennzeichneten Problemfeld leider noch immer nicht selten konfrontiert. Es geht in dieser Regelung um Grenzen innerhalb der Personensorge.

> **§** §1631 Absatz 2 BGB
>
> „Kinder haben ein Recht auf gewaltfreie Erziehung. Körperliche Bestrafungen, seeli-sche Verletzungen und andere entwürdigende Maßnahmen sind unzulässig."

Die Formulierung „gewaltfreie Erziehung" will ein Umdenken in der Bevölkerung erreichen. Erziehung soll sich nicht vordergründig als Machtausübung von Sorgeberechtigten dar-stellen.

> *Fallbeispiel   Die Gruppenerzieherin einer Kindergartengruppe teilt beim Abholen der Mut-ter eines vierjährigen Jungen mit, dass dieser beim heutigen Spielen auf dem Spielplatz durch Unvorsichtigkeit seine neue Hose zerrissen hat. Kaum hat die Mutter die Mitteilung vernommen, schon schlägt sie auf das Kind ein und beginnt es in übelster Form zu be-schimpfen.*

Eine derartige körperliche Bestrafung des Jungen ist im Sinne des BGB nicht zulässig. Dazu gehört auch die Einschränkung der Bewegungsfreiheit beispielsweise durch Ein-sperren. Seelische Verletzungen können im obigen Beispiel durch das Beschimpfen sei-tens der Mutter gegeben sein. Das Gesetz meint damit sprachliche Äußerungen, die mit Nichtachtung bzw. Verachtung der Person des Kindes verbunden sind. Weitere entwürdi-gende Maßnahmen sind u. a., das Kind dem Gespött von Freunden oder anderen Personen auszusetzen sowie längeres Verweigern von Gesprächskontakten.

In unserem Beispiel muss die Erzieherin auf das Verhalten der Mutter reagieren. Dies ergibt sich u. a. auch aus dem § 8a des SGB VIII (vgl. Abschnitt 3.3).

Eltern dürfen auch nicht Dritte mit der Wahrnehmung von unzulässigen Erziehungsmaß-nahmen beauftragen bzw. sie bei Vorhandensein dulden. Manchmal erhalten Erzieherin-nen von Eltern diesbezüglich „Hinweise". In solchen Fällen dürfen pädagogisch ausgebildete Fachkräfte nicht schweigen. Gerade sie sind aufgerufen, die Durchsetzung einer gewaltfreien Erziehung für die ihnen anvertrauten Kinder und Jugendlichen zu unter-stützen. Dazu gehört auch, dass man in schwierigen Situationen Hilfsangebote macht oder Hilfen organisiert.

Fallbeispiel Familie Schneider hat einen sechzehnjährigen Sohn. Dieser besucht zurzeit die Gesamtschule. Er zeigt gute und sehr gute Leistungen. Ein Übergang in die gymnasiale Oberstufe wäre möglich. Die Eltern wollen diesen weiteren Bildungsweg für ihren Jungen unbedingt durchsetzen. Der Sohn möchte aber eine Lehre als Kfz-Techniker beginnen. Im Rahmen eines Praktikums gewann er in diesem Bereich einen ersten Einblick. Die Werkstatt, in welcher das Praktikum stattfand, würde ihm sofort eine Lehre ermöglichen.

Festlegungen zum Bildungsweg und die Wahl des Berufes sind für Minderjährige nicht leicht zu fällende Entscheidungen. Eltern sind hier entscheidende Partner.

> **§** § 1631a BGB
>
> „In Angelegenheiten der Ausbildung und des Berufs nehmen die Eltern insbesondere auf Eignung und Neigung des Kindes Rücksicht. Bestehen Zweifel, so soll der Rat eines Lehrers oder einer anderen geeigneten Person eingeholt werden."

Die gesetzliche Regelung will verhindern, dass Eltern aus falschem Prestigedenken Fehlentscheidungen treffen, die für den weiteren Lebensweg des Kindes von entscheidender Bedeutung sind. Auch ein Ersatzhandeln für unerfüllte eigene Berufswünsche der Eltern soll vermieden werden. Im obigen Fall sind die Eltern gut beraten, wenn sie mit Lehrern des Sohnes und dem Meister der Autowerkstatt über Zukunftschancen sprechen würden. Eine entsprechende Beteiligung des jungen Mannes an der Entscheidungsfindung ergibt sich aus dem bereits oben erwähnten § 1626 Absatz 2 BGB.

Aufgaben

1. Weisen Sie anhand der im vorhergehenden Abschnitt beschriebenen Prinzipien der elterlichen Sorge nach, dass das Elternrecht im Interesse der Kinder wahrzunehmen ist.

2. Beschreiben Sie den Grundsatz, dass Elternrecht ein Grundrecht ist.

3. Erklären Sie, wie Sie als Erzieher oder Erzieherin im Fallbeispiel auf S. 80 auf das Verhalten der Mutter reagieren würden.

4. Formulieren Sie auf der Grundlage des Abschnittes 8.3.2 fünf grundsätzliche Prinzipien für die Ausübung des elterlichen Sorgerechts.

8.3.3 Personenkreis der Ausübenden

Das elterliche Sorgerecht hat sich in den letzten Jahren stark verändert. Diese Veränderungen beziehen sich im Einzelnen auch auf das Recht zur Ausübung in verschiedenen familiären Konstellationen. Das Familienbild in unserer Gesellschaft hat sich stark gewandelt; die traditionelle Familie mit Vater, Mutter und Kind hat von der Anzahl her an Bedeutung verloren. Viele Mütter und Väter sind Alleinerziehende. Nach Schätzungen des Verbandes alleinerziehender Väter und Mütter durchläuft jedes zweite Kind im Laufe seines Lebens eine Phase, in der es nur mit einem Elternteil lebt. Ursache dafür bildet u. a. die nach wie vor sehr hohe Scheidungsrate in unserem Land. Viele Paare leben in nichtehelichen Gemeinschaften mit gemeinsamen Kindern zusammen. Die Veränderungen hinsichtlich der Familienformen bedingen natürlich auch Änderungen des Familienrechts. War es in früheren Jahren beispielsweise ein Makel, Kinder in nichtehelichen Lebensgemeinschaften zu haben, so wird eine solche Form heute von Paaren ganz bewusst gewählt. Solche Paare sind in vielen Fällen auch am Sorgerecht für ihre Kinder interessiert. Unter diesen Aspekten betrachten wir nun das Recht zur Ausübung der elterlichen Sorge in verschiedenen Familiensituationen.

Zunächst wenden wir uns der Sorgerechtssituation in der traditionellen Form der ehelichen Gemeinschaft mit gemeinsamen Kindern zu. Das BGB bestimmt zunächst in § 1626 Absatz 1 BGB (siehe 8.2) die Eltern eines Kindes zu den Sorgeberechtigten. Es legt damit stillschweigend den sogenannten Regelfall, dass Eltern miteinander verheiratet sind, zugrunde. Des Weiteren ergibt sich aus § 1626 Absatz 1 BGB (siehe unten) im Umkehrschluss, dass beide Elternteile in einer ehelichen Gemeinschaft mit gemeinsamen Kindern auch das Sorgerecht gleichberechtigt und in gemeinsamer Verantwortung wahrnehmen. Diese Tatsache hat für Erzieherinnen weitreichende Konsequenzen. Sie sind angehalten, beide Elternteile gleichberechtigt an Fragen zur Erziehung der Kinder zu beteiligen. Dabei ist stets der Elternwille entscheidend, solange das Wohl des Kindes nicht gefährdet ist (siehe auch Fallbeispiel auf S. 73).

Definition
Eltern von ehelich geborenen Kindern üben gleichberechtigt und in gemeinsamer Verantwortung die elterliche Sorge aus.

Die Sorgerechtsregelungen für gemeinsame Kinder innerhalb einer nichtehelichen Lebensgemeinschaft wollen wir als Nächstes betrachten. Dazu als Ausgangssituation drei Fälle:

Fallbeispiel 1 *Frau Petermann und Herr Schmidt leben in einer nichtehelichen Lebensgemeinschaft zusammen. Sie erwarten in nächster Zeit ein gemeinsames Kind. Beide überlegen, ob es notwendig sei zu heiraten, damit dann beide das Sorgerecht innehaben können.*

Fallbeispiel 2 *Franziska lebt in einem Heim. Sie ist gerade 17 Jahre alt geworden. In drei Monaten erwartet sie ein Kind. Der Vater des Kindes ist 22 Jahre alt. Er ist bereits berufstätig, lebt aber noch bei seinen Eltern. Franziska bittet eine Erzieherin um Rat zu folgenden Fragen: Kann der Vater meines Kindes an der Sorge für das Kind teilhaben? Darf ich nach der Geburt die elterliche Sorge ausüben?*

Fallbeispiel 3 *Frau Weber und Herr Müller sind nicht verheiratet und erwarten in drei Monaten ein gemeinsames Kind. Herr Müller möchte, dass er und Frau Weber das gemeinsame Sorgerecht für das Kind übernehmen. Frau Weber ist dagegen und möchte die alleinige Sorge haben.*

Die grundlegende rechtliche Regelung für diese Beispiele finden wir in § 1626a BGB:

§ „(1) Sind die Eltern bei der Geburt des Kindes nicht miteinander verheiratet, so steht ihnen die elterliche Sorge gemeinsam zu,

1. wenn sie erklären, dass sie die Sorge gemeinsam übernehmen wollen (Sorgeerklärungen),

2. wenn sie einander heiraten oder

3. soweit ihnen das Familiengericht die elterliche Sorge gemeinsam überträgt.

(2) Das Familiengericht überträgt gemäß Absatz 1 Nummer 3 auf Antrag eines Elternteils die elterliche Sorge oder einen Teil der elterlichen Sorge beiden Eltern gemeinsam, wenn die Übertragung dem Kindeswohl nicht widerspricht. Trägt der andere Elternteil keine Gründe vor, die der Übertragung der gemeinsamen elterlichen Sorge entgegenstehen können, und sind solche Gründe auch sonst nicht ersichtlich, wird vermutet, dass die gemeinsame elterliche Sorge dem Kindeswohl nicht widerspricht.

(3) Im Übrigen hat die Mutter die elterliche Sorge."

Frau Petermann und Herr Schmidt in Fallbeispiel 1 müssen keine Ehe eingehen, um das gemeinsame Sorgerecht zu erhalten. Sie können bereits vor der Geburt (§ 1626b Absatz 2 BGB) oder danach eine gemeinsame Sorgeerklärung abgeben. Herr Schmidt muss zuvor jedoch gemäß § 1592 Nr. 2 BGB die Vaterschaft für das Kind anerkannt haben. Aufgrund der gemeinsamen Erklärung besitzen sie dann beide völlig gleichberechtigt die elterliche Sorge. Sorgerechtserklärungen unterliegen einer wichtigen Formvorschrift. Sie müssen nach § 1626d Absatz 1 BGB öffentlich beurkundet werden. Die Beurkundung kann ein Notar vornehmen, aber auch das Jugendamt. In den Sorgerechtserklärungen bringen die nicht verheirateten Eltern ihre Absicht zum Ausdruck, das Sorgerecht gemeinsam wahrnehmen zu wollen. Bei Abgabe dieser erfolgt immer eine umfassende Belehrung über die rechtlichen Konsequenzen für Eltern und Kind. Sorgerechtserklärungen sind einseitige Rechtsgeschäfte. Für ihre Wirksamkeit ist jeweils nur die jeweilige Willenserklärung beider Elternteile erforderlich. Mit den Sorgerechtserklärungen legitimieren sich die Eltern als gemeinsame Sorgerechtsinhaber. Bleiben die Sorgerechtserklärungen aus, dann hat die Mutter das alleinige Sorgerecht. Sie erhält in solchen Fällen vom zuständigen Jugendamt eine Urkunde darüber, dass keine gemeinsamen Sorgerechtserklärungen vorliegen. Bei den zuständigen Jugendämtern wird außerdem ein Register über abgegebene Sorgerechtserklärungen geführt.

Fallbeispiel 2 ist rechtlich gesehen etwas komplizierter. Franziska ist nach § 106 BGB (siehe Abschnitt 7.1.1) beschränkt geschäftsfähig. Daraus ergeben sich für die Ausübung des elterlichen Sorgerechts weitreichende Konsequenzen.

> § 1673 BGB
>
> „(1) Die elterliche Sorge eines Elternteils ruht, wenn er geschäftsunfähig ist.
>
> (2) Das Gleiche gilt, wenn er in der Geschäftsfähigkeit beschränkt ist. Die Personensorge für das Kind steht ihm neben dem gesetzlichen Vertreter des Kindes zu; zur Vertretung des Kindes ist er nicht berechtigt. Bei einer Meinungsverschiedenheit geht die Meinung des minderjährigen Elternteils vor, wenn der gesetzliche Vertreter des Kindes ein Vormund oder Pfleger ist; andernfalls gelten § 1627 Satz 2 und § 1628."

Für Franziska steht damit fest, dass ihre elterliche Sorge nach der Geburt des Kindes ruht, und zwar aus rechtlichem Hindernis (beschränkte Geschäftsfähigkeit). Ruhen bedeutet nach § 1675 BGB, dass der betroffene Elternteil nicht berechtigt ist, die Sorge auszuüben. Franziska kann die Personensorge für ihr Kind wahrnehmen (tatsächliche Personensorge). Sie ist aber nicht gesetzlicher Vertreter des Kindes. Jetzt gibt es für diesen Fall verschiedene Möglichkeiten. Franziskas Kind könnte nach der Geburt einen Vormund bekommen, der dann die gesetzliche Vertretung besitzt (siehe Abschnitt 8.5). Wir wollen hier allerdings das Problem der gemeinsamen Sorgerechtserklärungen weiter im Auge behalten. Es wird unterstellt, dass der Vater des Kindes gewillt und in der Lage ist, die elterliche Verantwortung für sein Kind zu übernehmen. Der 22-jährige junge Mann muss zunächst die Vaterschaft für Franziskas Kind anerkennen. Dies geschieht durch die öffentlich beurkundete Anerkennungserklärung (§ 1597 BGB). Sie kann bereits vor der Geburt des Kindes erfolgen. Franziska muss allerdings der Anerkennung zustimmen (§ 1595 Absatz 1 BGB). Auch diese muss öffentlich beurkundet werden. Allerdings benötigt die siebzehnjährige Mutter für ihre Zustimmungserklärung die Einwilligung ihres gesetzlichen Vertreters.

Nachdem diese ersten Hürden genommen sind, könnten jetzt die gemeinsamen Sorgeerklärungen erfolgen. Für den volljährigen Vater ist dies ohne weitere Vorbedingungen möglich. Für Franziska ist § 1626 c BGB zu beachten:

> „(1) Die Eltern können die Sorgeerklärungen nur selbst abgeben.
>
> (2) Die Sorgeerklärung eines beschränkt geschäftsfähigen Elternteils bedarf der Zustimmung seines gesetzlichen Vertreters. Die Zustimmung kann nur von diesem selbst abgegeben werden; 1626 b Abs. 1 und 2 gilt entsprechend. Das Familiengericht hat die Zustimmung auf Antrag des beschränkt geschäftsfähigen Elternteils zu ersetzen, wenn die Sorgeerklärung dem Wohl dieses Elternteils nicht widerspricht."

Für unseren Fall bedeutet dies, dass Franziskas gesetzlicher Vertreter ihrer Sorgeerklärung zustimmen muss. In solchen Fällen hängt die Zustimmung immer auch davon ab, ob minderjährige Mütter bereit und auch fähig sind, elterliches Sorgerecht wahrzunehmen.

Liegt die erforderliche Zustimmung für Franziska vor, dann kann die Sorgeerklärung erfolgen. Dadurch entsteht für das Kind das gemeinsame Sorgerecht beider Elternteile. Allerdings hat dann nur der Vater als volljähriger Elternteil die gesetzliche Vertretung inne. Die Errichtung einer Vormundschaft ist nicht notwendig.

Der dargestellte Fall macht sicher deutlich, dass in solchen Situationen Erzieherinnen und Erzieher stark gefordert sind. Die rechtlichen Probleme sind die eine Seite. Es sind auch viele Fragen bezüglich der Vorbereitung auf die Geburt, des weiteren Verbleibs der jungen Mutter im Heim, Unterhaltsfragen, Weiterführung der Ausbildung usw. zu klären.

> **Definition**
> *Nicht miteinander verheiratete Eltern können das Sorgerecht gemeinsam ausüben, wenn sie diesbezügliche Sorgeerklärungen vor bzw. nach der Geburt des Kindes abgeben. Ebenso ist dies der Fall, wenn sie einander heiraten. Ansonsten hat die Mutter das alleinige Sorgerecht.* Auch der Vater kann allein das Sorgerecht beantragen

Für unser Fallbeispiel 3 stellt sich die rechtliche Situation wie folgt dar: Sollte es bei der Weigerung zur gemeinsamen Ausübung des elterlichen Sorgerechts von Frau Weber bleiben, dann sind Absatz 1 Nummer 3 und der Absatz 2 des § 1626a zu beachten. Frau Weber müsste jetzt wirkliche Gründe benennen, die erkennen lassen, dass eine gemeinsame Wahrnehmung des Sorgerechts dem Wohl des Kindes entgegenstehen. Sollte dies nicht der Fall sein, dann überträgt das Familiengericht nach Absatz 2 Satz 2 das elterliche Sorgerecht beiden Elternteilen.

Diese Regelung gilt seit dem 19.05.2013. Sie wurde im „Gesetz zur Reform der elterlichen Sorge nicht miteinander verheirateter Eltern" festgeschrieben. Durch diese Bestimmung wird besonders das Recht der Väter von nichtehelich geborenen Kindern gestärkt. Zuvor hatte das Bundesverfassungsgericht entschieden, dass die bis dahin geltende Regelung des § 1626a BGB nicht mit Artikel 6 Absatz 2 des Grundgesetzes vereinbar ist.

Zuvor haben wir festgestellt, dass die elterliche Sorge für minderjährige Mütter aus rechtlichem Hindernis ruht. Die nachfolgende Übersicht zeigt die beiden möglichen Varianten des Ruhens der elterlichen Sorge:

Ruhen der elterlichen Sorge

Rechtliches Hindernis	Tatsächliches Hindernis
• Geschäftsunfähigkeit bzw. beschränkte Geschäftsfähigkeit des Elternteils (§ 1674 BGB) • Elternteil darf gesetzliche Vertretung nicht wahrnehmen • Tatsächliche Personensorge bleibt bestehen	• Familiengericht muss tatsächliches Hindernis feststellen und Ruhen aussprechen (§ 1674 BGB) • Gründe: u. a. Strafhaft, Kriegsgefangenschaft, Vermisstwerden des Elternteils (unbekannter Aufenthalt), Drogenabhängigkeit oder schwere Erkrankungen • Aufhebung des tatsächlichen Hindernisses bedarf der Feststellung des Familiengerichts

Grundlegende Veränderungen bezüglich der Wahrnehmung elterlicher Sorge nach Scheidung der Eltern gelten ebenfalls seit Inkrafttreten des Gesetzes zur Reform der elterlichen Sorge nicht miteinander verheirateter Eltern. Diese gesetzliche Regelung vereinheitlicht den Scheidungsfall mit dem Fall der Trennung von unverheirateten Elternteilen. § 1671 BGB regelt dazu das Folgende:

> § „(1) Leben Eltern nicht nur vorübergehend getrennt und steht ihnen die elterliche Sorge gemeinsam zu, so kann jeder Elternteil beantragen, dass ihm das Familiengericht die elterliche Sorge oder einen Teil der elterlichen Sorge allein überträgt. Dem Antrag ist stattzugeben, soweit
>
> 1. der andere Elternteil zustimmt, es sei denn, das Kind hat das 14. Lebensjahr vollendet und widerspricht der Übertragung, oder
>
> 2. zu erwarten ist, dass die Aufhebung der gemeinsamen Sorge und die Übertragung auf den Antragsteller dem Wohl des Kindes am besten entspricht."
>
> (2) Leben Eltern nicht nur vorübergehend getrennt und steht die elterliche Sorge nach § 1626a Absatz 3 der Mutter zu, so kann der Vater beantragen, dass ihm das Familiengericht die elterliche Sorge oder einen Teil der elterlichen Sorge allein überträgt. Dem Antrag ist stattzugeben, soweit
>
> 1. die Mutter zustimmt, es sei denn, die Übertragung widerspricht dem Wohl des Kindes oder das Kind hat das 14. Lebensjahr vollendet und widerspricht der Übertragung, oder
>
> 2. eine gemeinsame Sorge nicht in Betracht kommt und zu erwarten ist, dass die Übertragung auf den Vater dem Wohl des Kindes am besten entspricht."

Das Gesetz sieht vor, dass nur dann eine gerichtliche Prüfung und Entscheidung über das Sorgerecht im Scheidungsfall ansteht, wenn ein Elternteil einen Antrag auf Zuweisung der Alleinsorge stellt. Diese Regelung bedeutet nicht, dass die gemeinsame elterliche Sorge nach der Scheidung den Eltern aufgezwungen wird. Ein Fortbestehen der gemeinsamen Sorge soll auch nicht als sogenannter „Regelfall" angesehen werden. Vielmehr wird davon ausgegangen, dass die Beibehaltung des gemeinsamen Sorgerechts sich für betroffene Kinder positiv auswirken kann. Die frühere gesetzliche Bestimmung führte oft dazu, dass das Kind dem nicht betreuenden Elternteil, meist dem Vater, entfremdet wurde. Untersuchungen zeigen, dass mehr als die Hälfte der geschiedenen Väter ein Jahr nach der Scheidung keinerlei Kontakt mehr zum Kind hatte. Eine nicht unwesentliche Ursache hierfür könnte u. a. auch der Verlust des Sorgerechts sein.

Wie wird nun im Scheidungsverfahren mit dem Sorgerecht umgegangen? Führt der Verzicht auf eine prinzipielle gerichtliche Prüfung und Entscheidung nicht zur Gefährdung des Kindeswohls? Wie gestaltet sich diesbezüglich der Inhalt eines Scheidungsverfahrens?

> *Fallbeispiel* *Frau und Herr S haben eine zehnjährige Tochter und einen sechsjährigen Sohn. Frau S beantragte jetzt die Scheidung. Als Hauptgrund für diesen Schritt führte sie die offensichtliche Alkoholabhängigkeit ihres Mannes an. Gleichzeitig mit der Scheidungsklage reichte Frau S den Antrag auf alleiniges Sorgerecht nach der Scheidung ein.*

Nach Beantragung der Ehescheidung informiert das zuständige Familiengericht das Jugendamt über diesen Vorgang. Eine solche Information hat ihre rechtliche Grundlage in § 17 Absatz 3 SGB VIII (Kinder- und Jugendhilfe; siehe dazu auch Abschnitt 15.2). Das Jugendamt ist dann verpflichtet, die Eltern über das Angebot der Trennungs- und Scheidungsberatung zu informieren. Ein solches Vorgehen soll dazu beitragen, dass die Eltern im Scheidungsverfahren ihre Kinder nicht aus den Augen verlieren (siehe dazu auch Abschnitt 14.2).

Im vorliegenden Fall wird das Gericht die Eltern zum Problem der elterlichen Sorge anhören. Stimmt Herr S dem Antrag seiner Frau nicht zu, dann muss das Familiengericht entscheiden. Auch hier würde das zuständige Jugendamt tätig werden. Es wird auf Verlangen des Gerichts eine Analyse der familiären Situation erstellen. Darin wird eine Empfehlung zur weiteren Ausgestaltung des Sorgerechts enthalten sein. Dabei ist es gewöhnlich so, dass die Mitarbeiter/innen auch mit den betroffenen Kindern sprechen. Dabei geht es um die vorhandenen Bindungen zu beiden Elternteilen. Die Stellungnahme des Jugendamtes bildet eine wichtige Entscheidungsgrundlage für das Familiengericht, um entsprechend nach § 1671 Absatz 2 BGB entscheiden zu können. Im vorliegenden Fall wird natürlich auch die angesprochene Alkoholabhängigkeit des Vaters für die künftige Sorgerechtsausübung von wesentlicher Bedeutung sein.

In allen Fällen der Sorgerechtsentscheidung wird es immer um die Frage gehen, von welchem Elternteil das Kind für die Entwicklung seiner eigenen Persönlichkeit die meiste Unterstützung erwarten kann. Sogenannte „moralische Anrechte" bzw. Alter und Geschlecht der Kinder begründen keinen alleinigen Anspruch eines Elternteils.

Die Übertragung des Sorgerechts auf einen Elternteil bedeutet nicht, dass damit der andere Teil vom Umgang mit dem Kind völlig abgeschirmt ist. Bei der Übertragung kann das Gericht auch die Ausgestaltung des Umgangsrechts mit dem nicht sorgeberechtigten Elternteil regeln. Solche Festlegungen beziehen sich dann auf die Häufigkeit des Umgangs und dessen Art und Weise (z. B. einmal im Monat tagsüber oder über Nacht zum Wochenende usw.).

Grundlage dafür ist der § 1684 Absatz 3 BGB:

> „Das Familiengericht kann über den Umfang des Umgangsrechts entscheiden und seine Ausübung, auch gegenüber Dritten, näher regeln. Es kann die Beteiligten durch Anordnungen zur Erfüllung der in Absatz 2 geregelten Pflichten anhalten. Wird die Pflicht nach Absatz 2 dauerhaft oder wiederholt erheblich verletzt, kann das Familiengericht auch eine Pflegschaft für die Durchführung des Umgangs anordnen (Umgangspflegschaft). Die Umgangspflegschaft umfasst das Recht, die Herausgabe des Kindes zur Durchführung des Umgangs zu verlangen und für die Dauer des Umgangs dessen Aufenthalt zu bestimmen. Die Anordnung ist zu befristen. Für den Ersatz der Aufwendungen und die Vergütung des Umgangspflegers gilt § 277 des Gesetzes über das Verfahren in Familiensachen und in den Angelegenheiten der freiwilligen Gerichtsbarkeit entsprechend."

Wie verhält es sich nun in solchen Fällen, wo der gerichtlich festgelegte Umgang mit dem nicht sorgeberechtigten Elternteil Probleme bringt?

> *Fallbeispiel* Herr und Frau P wurden vor zwei Jahren geschieden. Das Sorgerecht für den gemeinsamen Sohn, der inzwischen zehn Jahre alt ist, erhielt auf Antrag Frau P. Herr P stimmte diesem damals zu. Er erhielt das Recht, seinen Sohn einmal im Monat über das Wochenende zu sich zu nehmen. Diese Ausgestaltung des Umgangsrechts gestaltete sich zunächst äußerst positiv und auch problemlos. Im Laufe der Zeit geriet Herr P durch den Verlust seines Arbeitsplatzes in eine tiefe persönliche Krise. Zunehmend bestimmte der Alkohol seinen Alltag. Dies führte sogar dazu, dass sein Sohn an den betreffenden Wochenenden nicht mehr ausreichend betreut wurde. Frau P musste aus Gesprächen mit ihrem Sohn erfahren, dass dieser auch schon während des Umgangs mit seinem Vater Gaststätten bis nach Mitternacht aufsuchte und schon mal Bier „kosten" durfte. Frau P sprach bereits diesbezüglich mit ihrem früheren Ehegatten, jedoch ohne Ergebnis. Sie überlegt, was zu tun ist.

Für den zehnjährigen Sohn erscheint der weitere Umgang mit seinem Vater so wie bisher problematisch. Das Familiengericht kann hier nach Absatz 4 des § 1684 BGB tätig werden:

> § „Das Familiengericht kann das Umgangsrecht oder den Vollzug früherer Entscheidungen über das Umgangsrecht einschränken oder ausschließen, soweit dies zum Wohl des Kindes erforderlich ist. Eine Entscheidung, die das Umgangsrecht oder seinen Vollzug für längere Zeit oder auf Dauer einschränkt oder ausschließt, kann nur ergehen, wenn andernfalls das Wohl des Kindes gefährdet wäre. Das Familiengericht kann insbesondere anordnen, dass der Umgang nur stattfinden darf, wenn ein mitwirkungsberechtigter Dritter anwesend ist. Dritter kann auch ein Träger der Jugendhilfe oder ein Verein sein; dieser bestimmt dann jeweils, welche Einzelperson die Aufgabe wahrnimmt."

In unserem Fall gäbe es sicher verschiedene Möglichkeiten. Die sofortige Versagung des weiteren Umgangs wäre sicher nicht ganz sinnvoll. Der Wille des zehnjährigen Sohnes bedarf der Beachtung des Gerichts. Eine Einschränkung des Umgangs z. B. auf einen Tag, verbunden mit entsprechenden Auflagen über den Aufenthalt (Gaststättenverbot) wäre denkbar. Vielleicht hilft dies, dass der Vater sein Verhalten überdenkt und durch die weitere Sicherung des Umgangs seine Probleme lösen lernt. Bei erfolgreicher Ausgestaltung des Vollzugs seines Umgangsrechts kann es dann zu einem späteren Zeitpunkt wieder umfangreicher gestaltet werden. Zeigt sich der Vater nicht einsichtig, dann könnte das Familiengericht eine Umgangspflegschaft nach § 1684 Absatz 3 BGB errichten. Bedingung dafür ist aber die Erfüllung des § 1666 Absatz 1 BGB (vgl. S. 89). Nach dieser Bestimmung muss der jetzige Umgang mit dem Vater eine Gefährdung des Kindeswohls darstellen. Dafür könnte der Alkoholgenuss des Jungen im Beisein des Vaters sprechen.

Eine völlige Versagung des Umgangs mit dem Kind für einen Elternteil ist das letzte und extremste Mittel zur Sicherung des Kindeswohls. Solch einer Entscheidung sind enge Grenzen gesetzt. Der Jugendhilfe erwachsen hier sehr verantwortungsvolle Aufgaben bei der Ausgestaltung des gerichtlich bestimmten Umgangsrechts.

Definition
Nach Trennung oder Scheidung von Eltern kann das elterliche Sorgerecht auf Antrag eines Elternteils auf diesen übertragen werden. Beantragt in solchen Fällen kein Elternteil das Sorgerecht für sich allein, dann bleibt es bei der gemeinsamen Sorge.

8.4 Gefährdung des Kindeswohls und Entzug der elterlichen Sorge

Fallbeispiel In einer Kindertagesstätte wird die achtjährige Laura betreut. An einem Montag erscheint sie mit einigen Blutergüssen und erheblichen Kratzwunden in der Einrichtung. Erzieherin Jenny bemerkt die Verletzungen zuerst und will mit dem Kind sofort zum Arzt gehen, da für sie hier augenscheinlich Kindesmisshandlung durch die Eltern vorliegt. Auf diesbezügliche Fragen antwortet Laura nur mit ängstlichem Blick.

An dieser Stelle müssen wir uns wieder an den Schutzauftrag bei Kindeswohlgefährdung nach § 8a SGB VIII (vgl. Abschnitt 3.3, S. 37 ff.) erinnern. Diese Regelung verlangt eine Reaktion durch die Erzieherin bzw. der Einrichtung. Die sofortige einfühlsame Zuwendung zum Kind und ein vertrauensvolles Gespräch sind im obigen Beispiel sicher die ersten Schritte.

Aufgabe
Erarbeiten Sie in einer Kleingruppe ausgehend von den Bestimmungen des § 8a SGB VIII ein mögliches Handlungsmodell für den obigen Fall.

Betrachten wir jetzt die Regelungen im BGB bei Vorliegen einer Gefährdung des Kindeswohls. § 1666 Absatz 1 BGB bestimmt:

> „Wird das körperliche, geistige oder seelische Wohl des Kindes oder sein Vermögen gefährdet und sind die Eltern nicht gewillt oder nicht in der Lage, die Gefahr abzuwenden, so hat das Familiengericht die Maßnahmen zu treffen, die zur Abwendung der Gefahr erforderlich sind."

Missbräuchliche Ausübung der elterlichen Sorge liegt dann vor, wenn das Kind durch ständige Schläge „bestraft" wird oder wenn übermäßige Ausnutzung der Arbeitskraft des Kindes oder das Abhalten vom Schulbesuch vorliegen. Weiterhin fällt unter diesen Sachverhalt auch die Entziehung des anderen Elternteils durch den alleinsorgenden Elternteil. Auch eine Geringachtung von Eignung und Neigung bezüglich der Ausbildung und Berufswahl stellen eine missbräuchliche Ausübung dar.

Eine besonders verwerfliche Misshandlung ist der sexuelle Missbrauch von Kindern und Jugendlichen. Laut Statistik sind davon vor allem Mädchen betroffen. Der Nachweis fällt oft schwer. Für Erzieherinnen und Erzieher kann es nur die Konsequenz geben, durch genaue

Beobachtung Verhaltensänderungen, die auf sexuellen Missbrauch schließen lassen könnten, schnell zu erkennen.

Vernachlässigung von Kindern und Jugendlichen lässt sich an folgenden Sachverhalten erkennen:

1. mangelhafte Pflege und Ernährung,

2. Unterlassung notwendiger ärztlicher Behandlung,

3. ungenügende Beaufsichtigung.

Leider gibt es auch in unserer Wohlstandsgesellschaft noch immer Kinder, die nicht jeden Tag satt werden, mitunter sogar durch Nahrungsentzug Schaden an der Gesundheit nehmen. Solche Fälle treten oft auf, wenn Eltern drogenabhängig sind. Vernachlässigung durch mangelhafte Pflege und Ernährung fällt in der Tageseinrichtung sehr schnell auf.

Absatz 3 des § 1666 BGB benennt einige mögliche Maßnahmen des Gerichts. Er lautet:

> § „Zu den gerichtlichen Maßnahmen nach Absatz 1 gehören insbesondere
>
> 1. Gebote, öffentliche Hilfen wie zum Beispiel Leistungen der Kinder- und Jugendhilfe und der Gesundheitsfürsorge in Anspruch zu nehmen,
>
> 2. Gebote, für die Einhaltung der Schulpflicht zu sorgen,
>
> 3. Verbote, vorübergehend oder auf unbestimmte Zeit die Familienwohnung oder eine andere Wohnung zu nutzen, sich in einem bestimmten Umkreis der Wohnung aufzuhalten oder zu bestimmende andere Orte aufzusuchen, an denen sich das Kind regelmäßig aufhält,
>
> 4. Verbote, Verbindung zum Kind aufzunehmen oder ein Zusammentreffen mit dem Kind herbeizuführen,
>
> 5. die Ersetzung von Erklärungen des Inhabers der elterlichen Sorge,
>
> 6. die teilweise oder vollständige Entziehung der elterlichen Sorge."

Grundvoraussetzung für das Eingreifen des Familiengerichts in die Ausübung der elterlichen Sorge bleiben Unfähigkeit bzw. Nichtwollen der Eltern. Das Eingreifen des Gerichts kann jedoch nur das letzte wirksame Mittel sein, um die Gefahr abzuwenden. Grundsätzlich muss das Familiengericht bei allen Maßnahmen das zuständige Jugendamt hören. Ist das Kind 14 Jahre oder älter, dann muss es ebenfalls gehört werden. Dies ergibt sich aus dem § 50 des SGB VIII. In diesem wird bestimmt, bei welchen Angelegenheiten nach dem Gesetz über das Verfahren in Familiensachen und in den Angelegenheiten der freiwilligen Gerichtsbarkeit das Jugendamt mitzuwirken hat.

Veranlasst werden kann das Eingreifen vom Jugendamt, von einem Elternteil, vom Kind selbst, aber auch von jedem Dritten.

Für eine gerichtlich veranlasste Trennung von Eltern und Kind sowie für die Entziehung des gesamten Sorgerechts aufgrund einer nachweislichen Kindeswohlgefährdung setzt das BGB enge Grenzen:

§ § 1666a BGB

„(1) Maßnahmen, mit denen eine Trennung des Kindes von der elterlichen Familie verbunden ist, sind nur zulässig, wenn der Gefahr nicht auf andere Weise, auch nicht durch öffentliche Hilfen, begegnet werden kann. Dies gilt auch, wenn einem Elternteil vorübergehend oder auf unbestimmte Zeit die Nutzung der Familienwohnung untersagt werden soll. Wird einem Elternteil oder einem Dritten die Nutzung der vom Kind mitbewohnten oder einer anderen Wohnung untersagt, ist bei der Bemessung der Dauer der Maßnahme auch zu berücksichtigen, ob diesem das Eigentum, das Erbbaurecht oder der Nießbrauch an dem Grundstück zusteht, auf dem sich die Wohnung befindet; Entsprechendes gilt für das Wohnungseigentum, das Dauerwohnrecht, das dingliche Wohnrecht oder wenn der Elternteil oder Dritte Mieter der Wohnung sind.

(2) Die gesamte Personensorge darf nur entzogen werden, wenn andere Maßnahmen erfolglos geblieben sind oder wenn anzunehmen ist, dass sie zur Abwendung der Gefahr nicht ausreichen."

Zwei wesentliche Einschränkungen innerhalb der Wahrnehmung des elterlichen Sorgerechts sind in dieser Bestimmung gekennzeichnet: die Trennung des Kindes von der elterlichen Familie und die Entziehung des gesamten Sorgerechts. Für beide Möglichkeiten gilt das Prinzip der Verhältnismäßigkeit. Die Entziehung des Aufenthaltsbestimmungsrechts oder die zwangsweise Einweisung in ein Heim sind nur dann möglich, wenn andere Maßnahmen nicht ausreichen. Vom Familiengericht zu prüfende andere öffentliche Hilfen sind im SGB VIII definiert (siehe Abschnitt 14).

Zusammenfassend lassen sich noch einmal folgende Voraussetzungen für das Eingreifen des Familiengerichts nach § 1666 Absatz 1 BGB nennen:

1. Das Wohl des Kindes ist gegenwärtig konkret oder nahe bevorstehend gefährdet,

2. die Gefährdung wird durch das Verhalten der Eltern oder Dritter hervorgerufen,

3. die Eltern sind nicht gewillt oder nicht in der Lage, die Gefährdung abzuwenden,

4. das Eingreifen des Familiengerichts ist notwendig und geeignet, die Gefahr abzuwenden.

8.5 Vormundschaft und Pflegschaft

Für Minderjährige kann die Ausübung der elterlichen Sorge durch diese beiden Rechtsinstrumente unter bestimmten Voraussetzungen geregelt werden. Es geht dabei um Situationen, in denen die zuständigen Eltern an der Wahrnehmung ihres Elternrechts verhindert, eingeschränkt sind oder diese verweigern. Die Voraussetzungen für eine Vormundschaft regelt § 1773 BGB:

> § „(1) Ein Minderjähriger erhält einen Vormund, wenn er nicht unter elterlicher Sorge steht oder wenn die Eltern weder in den die Person noch in den das Vermögen betreffenden Angelegenheiten zur Vertretung des Minderjährigen berechtigt sind.
>
> (2) Ein Minderjähriger erhält einen Vormund auch dann, wenn sein Familienstand nicht zu ermitteln ist."

Das Gesetz bestimmt hier drei Fallgruppen für die Anordnung einer Vormundschaft:

1. Der Minderjährige steht nicht unter elterlicher Sorge, z. B.:

   - Mutter und Vater waren sorgeberechtigt und kamen auf tragische Weise gleichzeitig ums Leben (Unfall);

   - ein Elternteil hatte das alleiniges Sorgerecht und verstarb, dem anderen Elternteil wurde das Sorgerecht entzogen.

2. Die Eltern sind weder in der Personensorge noch in der Vermögenssorge vertretungsberechtigt, z. B.:

   - Eltern wurde das gesamte Sorgerecht nach § 1666 BGB entzogen;

   - Eltern sind beide minderjährig, deshalb ruht die elterliche Sorge nach § 1673 BGB

3. Findelkinder

Durch eine Vormundschaft übernimmt der Vormund die Ausübung der gesamten elterlichen Sorge. Das BGB regelt die Befugnisse eines Vormunds auf der Grundlage der Inhalte der für Eltern geltenden Bestimmungen. Dadurch besteht für den Vormund die Pflicht, bei der Wahrnehmung seiner Aufgaben stets die Interessen des Mündels (Minderjähriger, der unter Vormundschaft steht) zu beachten.

> § § 1793 Absätze 1 und 1a BGB
>
> „(1) Der Vormund hat das Recht und die Pflicht, für die Person und das Vermögen des Mündels zu sorgen, insbesondere den Mündel zu vertreten. § 1626 Abs. 2 gilt entsprechend. Ist der Mündel auf längere Dauer in den Haushalt des Vormunds aufgenommen, so gelten auch die §§ 1618a, 1619, 1664 entsprechend.
>
> (1a) Der Vormund hat mit dem Mündel persönlichen Kontakt zu halten. Er soll den Mündel in der Regel einmal im Monat in dessen persönlicher Umgebung aufsuchen, es sei denn, im Einzelfall sind kürzere oder längere Besuchsabstände oder ein anderer Ort geboten."

Es sind nach dem BGB drei Arten der Vormundschaft zu unterscheiden:

1. Einzelvormundschaft

2. Amtsvormundschaft

3. Vereinsvormundschaft

Für den Fall ihres plötzlichen Ablebens haben Eltern grundsätzlich das Recht, einen Vormund auszuwählen und zu benennen.

§ **§ 1776 BGB**

„(1) Als Vormund ist berufen, wer von den Eltern des Mündels als Vormund benannt ist.

(2) Haben der Vater und die Mutter verschiedene Personen benannt, so gilt die Benennung durch den zuletzt verstorbenen Elternteil."

Aufgrund dieser Regelung können Eltern sehr verantwortungsbewusst für solche Situationen, mit denen sich natürlich keiner so recht anfreunden möchte, vorsorgen. Voraussetzung zur Wahrnehmung dieses Benennungsrechts ist natürlich das Innehaben der gesamten elterlichen Sorge zum Zeitpunkt des Todes. Eine Benennung durch die Eltern erfolgt in Form einer letztwilligen Verfügung (Testament). Eltern können die Person des Vormunds bestimmen, jedoch nicht das Jugendamt. Die Benennung eines zugelassenen Vereins ist ebenfalls möglich. Solche vom Landesjugendamt als geeignet befundenen Vereine bestimmen dann ein Vereinsmitglied, das im Auftrag des Vereins handelt.

Der von den Eltern benannte Vormund darf nur unter ganz bestimmten Bedingungen bei der Bestellung durch das Vormundschaftsgericht übergangen werden. Dies ist z. B. der Fall, wenn das Mündel bereits das 14. Lebensjahr vollendet hat und der Bestellung widerspricht (§ 1778 BGB).

Haben Eltern von ihrem Benennungsrecht keinen Gebrauch gemacht, wird ein Vormund durch das Familiengericht ausgewählt. § 1779 BGB legt dabei Auswahlkriterien fest:

§ „(2) Das Familiengericht soll eine Person auswählen, die nach ihren persönlichen Verhältnissen und ihrer Vermögenslage sowie nach den sonstigen Umständen zur Führung der Vormundschaft geeignet ist. Bei der Auswahl unter mehreren geeigneten Personen sind der mutmaßliche Wille der Eltern, die persönlichen Bindungen des Mündels, die Verwandtschaft mit dem Mündel sowie das religiöse Bekenntnis des Mündels zu berücksichtigen.

(3) Das Familiengericht soll bei der Auswahl des Vormunds Verwandte oder Verschwägerte des Mündels hören, wenn dies ohne erhebliche Verzögerung und ohne unverhältnismäßige Kosten geschehen kann. Die Verwandten und Verschwägerten können von dem Mündel Ersatz ihrer Auslagen verlangen; der Betrag der Auslagen wird vom Familiengericht festgesetzt."

Das BGB verpflichtet das Familiengericht, zunächst Verwandte bzw. Verschwägerte des Mündels zu berücksichtigen. Der genannte mutmaßliche Wille der Eltern wird nicht in jedem Falle einfach nachvollziehbar sein. Das Gericht muss in solchen Fällen den gesamten Lebenskreis der betroffenen Familie sorgfältig prüfen. Auch hier kann die Mithilfe von Einrichtungen der Jugendhilfe nützlich sein.

Bestimmte Personen schließt das BGB in § 1781 BGB jedoch aus:

> § „Zum Vormund soll nicht bestellt werden:
>
> 1. wer minderjährig ist,
>
> 2. derjenige, für den ein Betreuer bestellt ist."

Weiterhin darf nicht zum Vormund berufen werden, wer von den Eltern nach § 1782 BGB ausgeschlossen wurde.

Die Übernahme einer Vormundschaft bestimmt das BGB zu einer allgemeinen Staatsbürgerpflicht.

> § § 1785 BGB
>
> „Jeder Deutsche hat die Vormundschaft, für die er von dem Familiengericht ausgewählt wird, zu übernehmen, sofern nicht seiner Bestellung zum Vormund einer der in den §§ 1780 bis 1784 bestimmten Gründe entgegensteht."

Nach § 1786 BGB gibt es auch ein Ablehnungsrecht. Ablehnungsmöglichkeiten sind beispielsweise die Vollendung des 60. Lebensjahres, die Sorge für mehr als drei minderjährige Kinder und eine Verhinderung durch Krankheit. Wer unbegründet eine Vormundschaft ablehnt, kann nach § 1788 BGB mit einem Zwangsgeld belangt werden. Dies kann aber nur zweimal als Beugemittel eingesetzt werden. Tritt danach die Bereitschaft zur Übernahme nicht ein, dann muss ein anderer Vormund gefunden werden. Eine mit allen Mitteln durchgesetzte Zwangsverpflichtung wäre sicher nicht zum Wohle des Mündels.

Nach Abschluss des Auswahlverfahrens durch das Familiengericht wird der Vormund an Eides statt für seine Tätigkeit verpflichtet. Er erhält nach § 1791 BGB eine Bestallungsurkunde. Diese ist gewissermaßen ein Ausweis für die Wahrnehmung seiner Aufgaben.

Das Führen einer Vormundschaft geschieht stets unter staatlicher Aufsicht. Der Vormund ist verpflichtet, dem Familiengericht jederzeit Auskunft über die Führung der Vormundschaft zu erteilen (§ 1839 BGB). Bezüglich der persönlichen Verhältnisse und der Sorge für das Vermögen des Mündels muss der Vormund einmal jährlich gegenüber dem Familiengericht Rechenschaft ablegen (§ 1840 BGB).

Bei der Amtsvormundschaft unterscheiden wir zwei Arten:

1. bestellte Amtsvormundschaft und

2. gesetzliche Amtsvormundschaft.

Von der bestellten Amtsvormundschaft muss das Familiengericht immer dann Gebrauch machen, wenn kein geeigneter Einzelvormund gefunden wurde (§ 1791b BGB). Die gesetzliche Amtsvormundschaft tritt ein z. B. bei der Geburt eines Kindes, das eines Vormunds bedarf (§ 1791c BGB).

Sowohl bei der bestellten als auch bei der gesetzlichen Amtsvormundschaft nimmt das Jugendamt die Vormundschaft wahr. Wird das Jugendamt Vormund, dann entfällt eine

Bestellung mit der Übergabe einer Bestallungsurkunde wie im Falle der Einzelvormundschaft. Es erfolgt lediglich eine Bescheinigung des Gerichts über den Eintritt der Vormundschaft nach § 1791c Absatz 3 BGB.

Die Führung einer Amtsvormundschaft ist gegenüber einer ehrenamtlich geführten Einzelvormundschaft nicht unproblematisch. Jugendämter übertragen die Führung der Vormundschaft zwar auf einen einzelnen Mitarbeiter, Vormund an sich ist das Amt jedoch selbst. Wechselt ein Mitarbeiter seinen Arbeitsbereich oder fällt aus anderen Gründen aus, dann erfolgt ein Wechsel der Person. Um den Charakter des Unpersönlichen bei einer Amtsvormundschaft zu minimieren, gibt es in § 55 Absatz 2 des SGB VIII folgende Festlegungen:

> § „(2) Das Jugendamt überträgt die Ausübung der Aufgaben des Beistands, des Amtspflegers oder des Amtsvormunds einzelnen seiner Beamten oder Angestellten. Vor der Übertragung der Aufgaben des Amtspflegers oder des Amtsvormunds soll das Jugendamt das Kind oder den Jugendlichen zur Auswahl des Beamten oder Angestellten mündlich anhören, soweit dies nach Alter und Entwicklungsstand des Kindes oder Jugendlichen möglich ist. Eine ausnahmsweise vor der Übertragung unterbliebene Anhörung ist unverzüglich nachzuholen. Ein vollzeitbeschäftigter Beamter oder Angestellter, der nur mit der Führung von Vormundschaften oder Pflegschaften betraut ist, soll höchstens 50 und bei gleichzeitiger Wahrnehmung anderer Aufgaben entsprechend weniger Vormundschaften oder Pflegschaften führen."

Die Bestimmung verdeutlicht, dass der gesetzliche Auftrag einer Amtsvormundschaft eine personale Beziehung zur Grundlage haben soll. Eine solche setzt die kontinuierliche Kommunikation zwischen dem verantwortlichen Mitarbeiter und dem Mündel voraus. Die Umsetzung im Alltagsgeschäft stellt an die Arbeitsorganisation in den Jugendämtern hohe Ansprüche.

Kurz gefasst kann man die Vormundschaft wie folgt definieren:

Definition
Die Vormundschaft ist eine unter staatlicher Aufsicht durchgeführte Fürsorgetätigkeit für Minderjährige.

Eine Unterform der Vormundschaft ist die Pflegschaft. Sie bezieht sich nicht auf die elterliche Sorge in ihrer Gesamtheit, sondern nur auf Teilbereiche oder einzelne Angelegenheiten des elterlichen Sorgerechts.

Fallbeispiel *Klaus, 14 Jahre alt, lebt bei seinen leiblichen Eltern, die auch die elterliche Sorge ausüben. Er erwirbt von einem entfernten Verwandten durch Erbschaft ein kleines Vermögen. Dies besteht aus Wertpapieren und Barvermögen. In seinem Testament bestimmte der Erblasser, dass dieses Vermögen von einem Onkel des Jungen verwaltet werden soll.*

§ 1909 Absatz 1 BGB

„Wer unter elterlicher Sorge oder unter Vormundschaft steht, erhält für Angelegenheiten, an deren Besorgung die Eltern oder der Vormund verhindert sind, einen Pfleger. Er erhält insbesondere einen Pfleger zur Verwaltung des Vermögens, das er von Todes wegen erwirbt oder das ihm unter Lebenden unentgeltlich zugewendet wird, wenn der Erblasser durch letztwillige Verfügung, der Zuwendende bei der Zuwendung bestimmt hat, dass die Eltern oder der Vormund das Vermögen nicht verwalten sollen."

In dem geschilderten Fall handelt es sich um ein typisches Beispiel von Ergänzungspflegschaft. Klaus Eltern haben nach wie vor das Sorgerecht inne. Ausgenommen davon ist die Vermögenssorge bezüglich der Erbschaft. Hier hat der Onkel des Jungen alleinige Handlungs- und Vertretungsvollmacht. Das BGB legt für diese Situationen in § 1915 die Anwendung des Vormundschaftsrechts fest. Dies bedeutet, dass der Pfleger u.a. über die Verwaltung des Vermögens gegenüber dem Familiengericht rechenschaftspflichtig ist.

Die Ergänzungspflegschaft nach § 1909 BGB dominiert in der sozialpädagogischen Praxis. Sie kann sich neben dem Vermögen auch auf alle anderen Bereiche bzw. Angelegenheiten der elterlichen Sorge beziehen (z.B. Aufenthaltsbestimmung, Schul- und Berufsbildung). Die Umgangspflegschaft nach § 1684 Absatz 3 BGB (vgl. S. 87) gehört ebenfalls dazu.

Der Wirkungskreis des Pflegers ergibt sich aus den konkreten Festlegungen des Familiengerichts in der Bestallungsurkunde.

Ursachen für die Notwendigkeit einer Pflegschaft können u.a. sein: schwere Erkrankungen, Unfälle, Abwesenheit der Sorgerechtsinhaber.

Neben der Ergänzungspflegschaft gibt es u.a. auch Pflegschaften für eine Leibesfrucht (§ 1912 BGB), Abwesende (§ 1911 BGB), unbekannte Beteiligte (§ 1913 BGB), Sammelvermögen (§ 1914 BGB).

Eine mögliche Definition für den Begriff der Pflegschaft könnte sein:

Definition
Die Pflegschaft ist eine Unterform der Vormundschaft. Sie ist auch eine Fürsorgetätigkeit, die unter staatlicher Aufsicht erfolgt. Eine Pflegschaft bezieht sich auf einzelne Bereiche bzw. Angelegenheiten der elterlichen Sorge. Der Wirkungskreis eines Pflegers wird durch das Familiengericht bestimmt.

8.6 Annahme als Kind (Adoption)

8.6.1 Zulässigkeit der Annahme und Personenkreis der Annehmenden

Die Annahme als Kind ist ein Mittel, um Kindern und Jugendlichen neue und ihrem Wohl dienende familiäre Bindungen zu geben. Es ist immer dann gegeben, wenn Eltern für ihr Kind nicht sorgen können oder wollen. Eine dadurch gefährdete Persönlichkeitsentwicklung kann durch die Annahme verhindert werden. Gleichzeitig ist dadurch auch die

Erfüllung eines Kinderwunsches auf der Seite der Adoptiveltern möglich. Erstrangige Bedeutung hat bei einer Adoption jedoch immer das Wohl der betroffenen Kinder und Jugendlichen.

Erzieherinnen können in ihrer beruflichen Tätigkeit mit der Annahme als Kind konfrontiert werden. So sind beispielsweise Adoptiveltern als Sorgeberechtigte Ansprechpartner im Rahmen der Erziehungspartnerschaft. In der Heimerziehung nach § 34 SGB VIII (siehe Abschnitt 14.8) tätige Erzieherinnen können in den Prozess der Vorbereitung und Durchführung einer Annahme als Kind einbezogen sein. Eine Aufgabe in der Heimerziehung ist z. B. die Vorbereitung der Minderjährigen auf die Erziehung in einer anderen Familie. Diese Aufgabe kann auch durch die Adoption erfüllt werden.

Erzieherinnen können in diesen Fällen sicher oft am besten einschätzen, wie sich die Bindungen zu den leiblichen Eltern im Verlaufe des Heimaufenthaltes entwickelten. Daraus können wichtige Schlussfolgerungen für die Annahme als Kind gezogen werden.

> *Fallbeispiel 1* *Familie G hat zwei leibliche Kinder im Alter von sieben und neun Jahren. Seit knapp einem Jahr haben Herr und Frau G die drei Jahre alte Jana durch die Vermittlung des Jugendamtes in Pflege. Das Kind steht unter der Vormundschaft des Jugendamtes. Sie tragen sich jetzt mit dem Gedanken, das Kind als ihr eigenes anzunehmen.*

> *Fallbeispiel 2* *Das Ehepaar P ist seit vier Jahren verheiratet. Die Ehe blieb bisher kinderlos, weil Frau P große Angst vor einer Schwangerschaft hat. Sie möchte ein Kind adoptieren. Herr P hätte lieber ein leibliches Kind.*

Beide Fälle sind bezüglich der eingangs formulierten Zielstellung einer Annahme als Kind sicher unterschiedlich zu betrachten. Zunächst betrachten wir § 1741 Absatz 1 BGB. Dieser bestimmt Grundsätzliches über die Zulässigkeit einer Annahme als Kind:

> § „Die Annahme als Kind ist zulässig, wenn sie dem Wohl des Kindes dient und zu erwarten ist, dass zwischen dem Annehmenden und dem Kind ein Eltern-Kind-Verhältnis entsteht. Wer an einer gesetzes- oder sittenwidrigen Vermittlung oder Verbringung eines Kindes zum Zwecke der Annahme mitgewirkt oder einen Dritten hiermit beauftragt oder hierfür belohnt hat, soll ein Kind nur dann annehmen, wenn dies zum Wohl des Kindes erforderlich ist."

Im zweiten Fall wären Konflikte durch die Adoption sicher geradezu vorprogrammiert. Der Vater hätte es vermutlich schwer, ein Vater-Kind-Verhältnis im Sinne des Gesetzes entstehen zu lassen. Das Kind würde Mittel zum Zweck. Die eigene charakterliche Unvollkommenheit wäre hier der eigentliche Adoptionsgrund.

Für Fall 1 erscheint die Bedingung des Entstehens eines Eltern-Kind-Verhältnisses für die Annahme gut erfüllbar zu sein. Familie G kennt das Kind bereits gut. Die kleine Jana hat die Familie entsprechend ihres Alters sicher als Bezugspersonen erfasst. Die eventuell noch vorhandenen Bindungen zu den leiblichen Eltern bedürfen natürlich hier einer eingehenden Prüfung (siehe Abschnitt 8.6.3).

Satz zwei des § 1741 Absatz 1 BGB soll dem Kinderhandel und vergleichbaren Praktiken entgegenwirken.

Betrachten wir die rechtliche Situation für unseren ersten Fall genauer. § 1741 Absatz 2 BGB bestimmt diejenigen, die als Annehmende in Frage kommen näher:

> § „Wer nicht verheiratet ist, kann ein Kind nur allein annehmen. Ein Ehepaar kann ein Kind nur gemeinschaftlich annehmen. Ein Ehegatte kann ein Kind seines Ehegatten allein annehmen. Er kann ein Kind auch dann allein annehmen, wenn der andere Ehegatte das Kind nicht annehmen kann, weil er geschäftsunfähig ist oder das 21. Lebensjahr noch nicht vollendet hat."

Herr und Frau G können die kleine Jana nur gemeinschaftlich annehmen. Die Gründe für eine solche Regelung sind einleuchtend. Das angenommene Kind kann eben nur Kind beider Partner sein. Eine Delegierung der Verantwortlichkeit auf nur einen Ehegatten würde sicher nicht dem Wohl des Kindes dienen. Die Annahme eines Kindes des Ehegatten (die sogenannte Stiefkindadoption) kann eine erhebliche Verbesserung für das Wohl des Kindes bedeuten.

Auch Alleinstehende können ein Kind annehmen. Allerdings werden hier besonders gründlich die wirtschaftliche und soziale Situation des Annehmenden sowie die Vereinbarkeit von Beruf und Erziehung geprüft. Auch das Alter des Kindes spielt eine wichtige Rolle.

Vollständige Familien haben in der Adoptionspraxis nach wie vor die besseren Chancen, ein Kind anzunehmen. Diese Feststellung trifft vor allem für die Annahme sehr kleiner Kinder zu.

Aufgabe
Frau K ist alleinstehend. Sie hat eine gesicherte berufliche Existenz. Im Rahmen einer ehrenamtlichen Tätigkeit in der Diakonie lernt sie die zwölfjährige Manuela kennen. Das Mädchen lebt seit dem Tod ihrer Mutter im Heim. Am Wochenende besucht Manuela sehr oft Frau K. Im Sommer möchten beide gemeinsam in den Urlaub fahren. Die Bindung des Mädchens an Frau K wird auch vom Jugendamt, das Vormund ist, gefördert. Frau K möchte Manuela gern adoptieren.

Diskutieren Sie die Möglichkeit einer Annahme unter Beachtung des § 1741 BGB.

8.6.2 Alter der Annehmenden

Für die Annahme als Kind setzt § 1743 BGB Alterserfordernisse fest. Bei der Annahme durch ein Ehepaar muss ein Partner das 25. und der andere mindestens das 21. Lebensjahr vollendet haben. Alleinstehende, die ein Kind annehmen wollen, müssen wenigstens 25 Jahre alt sein.

Bei der sogenannten Stiefkindadoption, § 1741 Absatz 2 Satz 3 BGB, beträgt das Mindestalter 21 Jahre.

Mit der Festlegung des Mindestalters soll eine gewisse soziale und auch wirtschaftliche Reife des Annehmenden gesichert werden.

8.6.3 Notwendige Einwilligungen

Kehren wir zu unserem Fallbeispiel 1 zurück. Um die Annahme als Kind durch Herrn und Frau G durchführen zu können, bedarf es bestimmter Einwilligungen, die vorliegen müssen. Gesetzliche Grundlagen dafür legt das BGB in den §§ 1746 bis 1749 fest.

> **§ 1746 Absatz 1 BGB**
>
> „Zur Annahme ist die Einwilligung des Kindes erforderlich. Für ein Kind, das geschäftsunfähig oder noch nicht 14 Jahre alt ist, kann nur sein gesetzlicher Vertreter die Einwilligung erteilen. Im Übrigen kann das Kind die Einwilligung nur selbst erteilen; es bedarf hierzu der Zustimmung seines gesetzlichen Vertreters. Die Einwilligung bedarf bei unterschiedlicher Staatsangehörigkeit des Annehmenden und des Kindes der Genehmigung des Familiengerichts; dies gilt nicht, wenn die Annahme deutschem Recht unterliegt."

Für Jana aus unserem Fallbeispiel muss das Jugendamt als gesetzlicher Vertreter die Einwilligung des Kindes erteilen. Kinder können die Einwilligung zur Annahme unter bestimmten Umständen jedoch rückgängig machen.

> *Fallbeispiel* *Die Eltern der vierzehnjährigen Felicitas verunglückten tödlich. Das Mädchen soll von einem Ehepaar, mit dem die Eltern eng befreundet waren, adoptiert werden. Sie gibt ihre gesetzlich vorgeschriebene Einwilligung. Während der Adoptionspflege (§ 1744 BGB) merkt das Mädchen, dass sie nicht so recht in die neue Familie „passt".*

> **§ 1746 Absatz 2 BGB**
>
> „Hat das Kind das 14. Lebensjahr vollendet und ist es nicht geschäftsunfähig, so kann es die Einwilligung bis zum Wirksamwerden des Ausspruchs der Annahme gegenüber dem Familiengericht widerrufen. Der Widerruf bedarf der öffentlichen Beurkundung. Eine Zustimmung des gesetzlichen Vertreters ist nicht erforderlich."

Felicitas kann also ihre Einwilligung widerrufen. Dies bedarf aber wie die zuvor erteilte Einwilligung der öffentlichen Beurkundung.

Weil die Annahme als Kind mit weitreichenden rechtlichen Konsequenzen verbunden ist, bedarf es hierzu auch der Einwilligung der Eltern. Diese Einwilligungen sind auch dann erforderlich, wenn die leiblichen Eltern das Sorgerecht nicht innehaben.

> **§ 1747 Absatz 1 BGB**
>
> „Zur Annahme eines Kindes ist die Einwilligung der Eltern erforderlich. Sofern kein anderer Mann nach § 1592 als Vater anzusehen ist, gilt im Sinne des Satzes 1 und des § 1748 Abs. 4 als Vater, wer die Voraussetzung des § 1600d Abs. 2 Satz 1 glaubhaft macht."

Des Weiteren bedarf es auch der Einwilligung beider Elternteile, wenn die Ehe geschieden wurde und das Sorgerecht nur einem Elternteil übertragen ist. In solchen Fällen hat das Jugendamt nach § 51 SGB VIII eine Belehrungspflicht gegenüber dem Elternteil, der nicht die elterliche Sorge ausübt. Gegenstand der Belehrung ist u. a. der § 1748 BGB. Dieser regelt, dass unter bestimmten Bedingungen die Einwilligung des Elternteils in die Annahme durch das Familiengericht ersetzt werden kann. Bedingungen für eine solche Ersetzung können sein:

1. Vernachlässigung der Pflichten gegenüber dem Kind durch den betreffenden Elternteil,

2. das Unterbleiben der Annahme würde dem Kind zu unverhältnismäßigem Nachteil gereichen,

3. Gleichgültigkeit gegenüber dem Kind.

Nach der Belehrung durch das Jugendamt kann die Einwilligung frühestens nach drei Monaten ersetzt werden. Das Jugendamt kann aber auch auf eine Belehrung nach § 51 SGB VIII unter folgenden Bedingungen verzichten:

1. bei Wechsel des Aufenthaltsortes eines Elternteils ohne Hinterlassung seiner neuen Anschrift,

2. wenn der Aufenthaltsort des Elternteils trotz angemessener Nachforschung nicht innerhalb von drei Monaten ermittelt werden kann.

Bei der Einwilligung von Eltern, die nicht miteinander verheiratet sind, ist § 1747 Absatz 3 zu beachten:

> § „(3) Steht nicht miteinander verheirateten Eltern die elterliche Sorge nicht gemeinsam zu, so
>
> 1. kann die Einwilligung des Vaters bereits vor der Geburt erteilt werden;
>
> 2. kann der Vater durch öffentlich beurkundete Erklärung darauf verzichten, die Übertragung der Sorge nach § 1626a Absatz 2 und § 1671 Absatz 2 zu beantragen; § 1750 gilt sinngemäß mit Ausnahme von Absatz 1 Satz 2 und Absatz 4 Satz 1;
>
> 3. darf, wenn der Vater die Übertragung der Sorge nach § 1626a Absatz 2 oder § 1671 Absatz 2 beantragt hat, eine Annahme erst ausgesprochen werden, nachdem über den Antrag des Vaters entschieden worden ist."

Die Einwilligung zur Annahme kann nach § 1747 Absatz 2 Satz 1 BGB erst dann erfolgen, wenn das Kind mindestens acht Wochen alt ist.

Fallbeispiel Die sechzehnjährige Susanne ist schwanger. Sie lebt aufgrund der schwierigen sozialen Verhältnisse innerhalb ihres Elternhauses seit dem fünften Lebensjahr im Heim. Susanne möchte das Kind zur Welt bringen, sieht sich jedoch mit der Erziehung und Pflege überfordert. Für sie steht fest, dass eine Adoption durch Dritte besser ist. In dieser Situation wurde nach § 1912 Absatz 1 BGB auf Antrag des Jugendamtes eine Pflegschaft für das noch ungeborene Kind wirksam. Der Pfleger und Susanne haben mithilfe eines Notars vor der Geburt die entsprechende Einwilligungserklärung vorbereitet. Durch das Erlebnis der Geburt ändert Susanne plötzlich ihre Meinung. Sie möchte nun doch eine „richtige" Mutter werden.

Das Beispiel zeigt eine Situation, in der die Fristsetzung über das Wirksamwerden der Einwilligungserklärung von Bedeutung sein kann. Susannes Einwilligungserklärung wird acht Wochen nach der Geburt ihres Kindes wirksam. Bis dahin kann sie die Einwilligungserklärung jederzeit widerrufen. Der Gesetzgeber räumt eine angemessene Bedenkzeit ein, weil das Erlebnis der Geburt eine große psychologische Wirkung auf die Mutter hat.

Aufgabe
Diskutieren Sie folgendes Problem: Welche Verantwortung tragen Erzieher bzw. Erzieherinnen, die in ihrer beruflichen Tätigkeit auf eine Jugendliche treffen, die sich in einer ähnlichen Situation wie Susanne im obigen Fallbeispiel befindet?

Alle Einwilligungen im Zusammenhang mit der Annahme müssen nach § 1750 Absatz 1 BGB grundsätzlich notariell beurkundet werden. Sie werden wirksam, wenn sie beim Familiengericht eintreffen. Die Erklärung der Einwilligung bedarf nicht der Einwilligung des gesetzlichen Vertreters, wenn die Einwilligende in der Geschäftsfähigkeit beschränkt ist (§ 1750 Absatz 3 BGB).

Einwilligungen treten nach Maßgabe des § 1750 Absatz 4 BGB außer Kraft.

> § „Die Einwilligung verliert ihre Kraft, wenn der Antrag zurückgenommen oder die Annahme versagt wird. Die Einwilligung eines Elternteils verliert ferner ihre Kraft, wenn das Kind nicht innerhalb von drei Jahren seit dem Wirksamwerden der Einwilligung angenommen wird."

8.6.4 Rechtswirkungen der Einwilligung eines Elternteils in die Annahme

§ 1751 BGB regelt die rechtlichen Konsequenzen, die sich aus der notariell erklärten Einwilligung in die Annahme durch einen Elternteil ergeben. Ist die Einwilligungserklärung eines Elternteils wirksam geworden, dann ruht damit sofort dessen elterliche Sorge. Er darf mit dem Kind auch keinen weiteren Umgang haben. Das Jugendamt wird Vormund, nachdem es vom Familiengericht davon in Kenntnis gesetzt wurde. Der Gesetzgeber will damit klare Verhältnisse schaffen, sobald die Einwilligung vorliegt.

Der Unterhalt des Kindes wird mit Eintritt der Wirksamkeit der Einwilligungserklärung und der Inpflegenahme durch den Annehmenden ebenfalls neu geregelt.

> § § 1751 Absatz 4 BGB
>
> „Der Annehmende ist dem Kind vor den Verwandten des Kindes zur Gewährung des Unterhalts verpflichtet, sobald die Eltern des Kindes die erforderliche Einwilligung erteilt haben und das Kind in die Obhut des Annehmenden mit dem Ziel der Annahme aufgenommen ist. Will ein Ehegatte ein Kind seines Ehegatten annehmen, so sind die Ehegatten dem Kind vor den anderen Verwandten des Kindes zur Gewährung des Unterhalts verpflichtet, sobald die erforderliche Einwilligung der Eltern des Kindes erteilt und das Kind in die Obhut der Ehegatten aufgenommen ist."

Mit der Regelung des Unterhalts treten die Annehmenden bereits vor dem Ausspruch der Annahme in einen wesentlichen Bereich der elterlichen Sorge ein.

8.6.5 Rechtsstellung des angenommenen Kindes

Die Annahme als Kind hat für Annehmende und Anzunehmende große familienrechtliche Auswirkungen. Die Annahme als Kind ist mit der Geburt eines Kindes in der Familie durchaus vergleichbar.

Nimmt ein Ehepaar ein Kind an, dann wird dieses Kind durch die Annahme zum gemeinschaftlichen Kind der beiden Ehegatten (§ 1754 Absatz 1 BGB). Damit erlöschen alle Verwandtschaftsverhältnisse des Kindes und seiner Abkömmlinge zu den bisherigen Verwandten. Alle Rechte und Pflichten der Verwandten gegenüber dem Kind erlöschen ebenfalls. Ausgenommen sind vor der Annahme entstandene Ansprüche beispielsweise auf Renten oder Waisengeld.

Nimmt ein Alleinstehender ein Kind an, erlangt das Kind die Rechtsstellung eines Kindes des Annehmenden. Damit ist der Anzunehmende in jedem Fall ohne Benachteiligungen ein vollberechtigtes Familienmitglied.

Das angenommene Kind erhält als Geburtsnamen den Familiennamen des Annehmenden. § 1757 BGB regelt bezüglich des Namens des Kindes weiter, dass das Familiengericht auch eine Änderung des Vornamens vornehmen kann. Dazu bedarf es nach § 1757 Absatz 4 BGB eines Antrags des Annehmenden und der Einwilligung des Kindes.

Das BGB regelt in § 1744 BGB, dass eine Annahme erst dann ausgesprochen werden soll, „... wenn der Annehmende das Kind eine angemessene Zeit in Pflege gehabt hat." Den Zeitraum der sogenannten Adoptionspflege benennt das Gesetz nicht genauer. Hier haben die zuständigen Adoptionsvermittlungsstellen sehr verantwortungsbewusst und der Situation entsprechend zu entscheiden. Die Pflegezeit kann bei Neugeborenen unter Umständen sehr kurz sein. Kritisch wird es immer dann, wenn sich in dieser Zeit herausstellt, dass eine Annahme doch nicht zustande kommen wird. Deshalb bedarf es gründlicher Vorarbeit. Die Adoptionspflege sollte eigentlich immer der erfolgreiche Abschluss des Zusammenführens der Annehmenden mit den Anzunehmenden sein.

8.6.6 Die Adoptionsvermittlung

Das „Gesetz über die Vermittlung der Annahme als Kind und über das Verbot der Vermittlung von Ersatzmüttern (Adoptionsvermittlungsgesetz)" bestimmt den Begriff der Adoptionsvermittlung genauer:

> *Definition*
> *„Adoptionsvermittlung ist das Zusammenführen von Kindern unter achtzehn Jahren und Personen, die ein Kind annehmen wollen (Adoptionsbewerber), mit dem Ziel der Annahme als Kind."*

Die Vermittlung ist ein sehr aufwendiger Vorgang. Folgende Schritte sind erforderlich: Personen, die ein Kind annehmen möchten, müssen sich zunächst an eine autorisierte Vermittlungsstelle wenden. § 2 des benannten Gesetzes bestimmt, dass Jugendämter bzw. Landesjugendämter die Vermittlung nur dann durchführen dürfen, wenn sie über entsprechende Adoptionsvermittlungsstellen verfügen.

Zur Einrichtung solcher Stellen werden Fachkräfte benötigt, die aufgrund ihrer Ausbildung und ihrer beruflichen Erfahrung geeignet sind. Mindestens eine hauptamtliche Fachkraft fordert das Gesetz für eine Vermittlungsstelle. Zum Beispiel könnte diese Fachkraft auch eine Erzieherin sein, die über langjährige Berufserfahrung verfügt und sich durch entsprechende fachliche Weiterbildungen auf diese Tätigkeit vorbereitet hat

Die Verbände der freien Wohlfahrtspflege verfügen ebenfalls über Adoptionsvermittlungsstellen. Sie dürfen aber nur arbeiten, wenn sie von den nach Landesrecht zuständigen Behörden anerkannt worden sind.

Adoptionsbewerber werden durch die Vermittlungsstellen zunächst sehr ausführlich und gründlich beraten. Dabei spielen besonders die Motive zur Annahme eine Rolle. Die Bewerber und deren Familien werden einer eingehenden Prüfung unterzogen. Gegenstand sind dabei u. a. folgende Fragen:

1. Warum soll ein Kind adoptiert werden?

2. Welche Vorstellungen haben die Bewerber bezüglich des anzunehmenden Kindes (Alter, Geschlecht)?

3. Gibt es bereits leibliche Kinder in der Familie?

4. Sind die Bewerber in einer gesicherten wirtschaftlichen Position?

5. Wie stehen Verwandte und Verschwägerte zur beabsichtigten Adoption?

6. Welche Vorstellungen über Kindererziehung haben die Bewerber?

7. Welche Weltanschauung vertreten die künftigen Annehmenden?

Um die nötigen Informationen zu sammeln, werden auch im Haushalt der Bewerber Gespräche durchgeführt. Besuche können angemeldet erfolgen, um ein möglichst objektives Bild von den Adoptionsbewerbern zu erhalten. Die Vermittlungsstellen müssen hier sehr feinfühlig vorgehen, auch der Datenschutz ist zu beachten. Die Bewerber sollten sich in Geduld und Verständnis üben. Schließlich ist die Annahme ein wichtiger Einschnitt in das Leben aller Beteiligten. Das Rückgängigmachen der Annahme ist so gut wie ausgeschlossen.

Die Adoptionsvermittlungsstelle wird den Bewerbern mitteilen, ob sie für geeignet gehalten werden, Adoptiveltern zu sein. Sind die Bewerber geeignet, beginnt der zweite Teil der Vermittlung. Jetzt muss ein geeignetes Kind gefunden werden. Die Adoptionsvermittlungsstellen können auf verschiedene Weise Kenntnis von Kindern erhalten, die für eine Vermittlung in Betracht kommen. So melden sich z. B. Eltern, die ihr Kind (auch das noch nicht geborene Kind) zur Adoption freigeben wollen, direkt bei den vermittelnden Stellen. Diese können auch durch andere Behörden, z. B. durch Sozialämter, Jugendämter,

Gesundheitsämter, Erziehungsberatungsstellen, Heime oder Landesjugendämter, über mögliche Anzunehmende informiert werden. Hat die Adoptionsvermittlungsstelle Kenntnis von einem zur Vermittlung stehenden Kind bekommen, beginnt sie sofort mit den erforderlichen sachdienlichen Ermittlungen. Dazu gehört auch die persönliche Kontaktaufnahme mit dem Kind. Danach beginnt der wichtigste Teil der Vermittlung, die eigentliche Zusammenführung des Kindes mit den möglichen Adoptiveltern. Handelt es sich um ein Kind aus einem Heim, dann haben die dortigen Erzieherinnen einen erheblichen Anteil an der Vorbereitung und Durchführung der Kontaktaufnahme. Sie müssen das Kind auf den ersten Kontakt mit den Adoptiveltern einstellen und nach dem Kontakt die Wirkung auf das Kind sehr sensibel beobachten und einschätzen.

Während der Vermittlungszeit werden die Kontakte zwischen Bewerbern und Anzunehmenden immer häufiger und ausgedehnter. Das kann vom Wochenendaufenthalt bis zum gemeinsamen Urlaub reichen. Die Adoptionsvermittlung schließt mit der Adoptionspflege ab. Diese soll erst dann beginnen, wenn sich die Bewerber als geeignet für die Annahme des Kindes erweisen.

Aufgabe
Das Adoptionsvermittlungsgesetz bestimmt in § 13a das Wesen einer Ersatzmutterschaft:

§ „Ersatzmutter ist eine Frau, die aufgrund einer Vereinbarung bereit ist,
1. sich einer künstlichen oder natürlichen Befruchtung zu unterziehen oder
2. einen nicht von ihr stammenden Embryo auf sich übertragen zu lassen oder sonst auszutragen und das Kind nach der Geburt Dritten zur Annahme als Kind oder sonstigen Aufnahme auf Dauer zu überlassen."

Die Ersatzmutterschaft ist durch das gleiche Gesetz in unserem Land verboten. Diskutieren Sie das Für und Wider dieser Bestimmung in der Seminargruppe.

8.6.7 Das gerichtliche Verfahren

Das Verfahren vor dem Familiengericht kann nur dann beginnen, wenn ein Antrag der Adoptionsbewerber für ein bestimmtes Kind vorliegt. Ein Antrag auf „Annahme eines Kindes allgemein" ist nicht möglich. Die Adoptionsvermittlungsstelle muss zuvor festgestellt haben, dass sich zwischen den Bewerbern und dem Kind ein Eltern-Kind-Verhältnis angebahnt hat.

Im Verfahren hat das Gericht zu prüfen, ob alle rechtlichen Voraussetzungen für eine Annahme gegeben sind. Hierzu gehört auch die Überprüfung der notwendigen Einwilligungen. Weiterhin spielt das Adoptionsgutachten, das die Vermittlungsstelle abgeben muss, eine wichtige Rolle. In dem Gutachten wird das Gesamtergebnis der sachdienlichen Ermittlungen des Vermittlungsverfahrens dargestellt. Es enthält auch eine Empfehlung hinsichtlich der Annahme durch die Adoptionsbewerber.

Das Familiengericht ist laut § 192 des „Gesetzes über das Verfahren in Familienangelegenheiten und in den Angelegenheiten der freiwilligen Gerichtsbarkeit" verpflichtet, auch das betroffene Kind anzuhören. Bei einem zu geringen Alter des Kindes kann davon jedoch Abstand genommen werden.

Das Annahmeverfahren wird durch den Ausspruch der Annahme erfolgreich abgeschlossen.

Die bisherigen Ausführungen lassen erkennen, dass die Weichen für eine erfolgreiche Annahme grundsätzlich im Adoptionsverfahren gestellt werden. Falsche Einschätzungen oder mangelhaft durchgeführte Ermittlungen gefährden den Erfolg für Anzunehmende und Bewerber.

> *Zusammenfassung*
> *Elternrecht ist durch das Grundgesetz verbrieftes Grundrecht. Maßstab für die Aus-übung der elterlichen Sorge ist das Wohl des Kindes. Daraus erwächst den Eltern die Verantwortung, dass Elternrecht gleichzeitig auch Pflicht im Interesse des Kindes ist. Über die Ausübung des Sorgerechts wacht die staatliche Gemeinschaft, z. B. durch die Tätigkeit der Familiengerichte und Jugendämter. Die Erzieherinnen und Erzieher sind durch ihre Tätigkeit im Rahmen der Jugendhilfe in das Wächteramt des Staates einbezogen. Personen- und Vermögenssorge sind Bereiche, auf die sich die Ausübung der elterlichen Sorge bezieht. Für beide haben die Eltern die gesetzliche Vertretung. Von tatsächlicher Sorge spricht man immer dann, wenn tatsächliche Fürsorgeleistun-gen, z. B. Erziehung, Pflege, Betreuung, durch Personen oder Einrichtungen gegen-über dem Kind erfolgen, ohne dass diese die gesetzliche Vertretung besitzen (z. B. Erzieherinnen und Erzieher im Heim).*
> *Prinzipiell haben die Eltern eines Kindes die Pflicht und das Recht, für das Kind zu sorgen. Bei Uneinigkeit besteht die Notwendigkeit der Einigung zwischen beiden Part-nern. Interessen des Kindes haben die Eltern altersgemäß und dem Entwicklungs-stand entsprechend zu berücksichtigen.*
> *Entwürdigende Erziehungsmaßnahmen sind unzulässig.*
> *Eltern, die nicht miteinander verheiratet sind, können durch öffentlich zu beurkun-dende Sorgeerklärungen die gemeinsame elterliche Sorge für ihr Kind erhalten. El-tern sind zum Umgang mit ihrem Kind verpflichtet und berechtigt. Das Kind hat An-spruch auf Umgang mit jedem Elternteil. Bei Ehescheidung können beide Elternteile das gemeinsame Sorgerecht beibehalten. Eine gerichtliche Entscheidung zur Ausge-staltung des weiteren Sorgerechts erfolgt nur, wenn ein Elternteil im Scheidungspro-zess die alleinige Übernahme der elterlichen Sorge beantragt. Das Gericht muss auch dann zum Sorgerecht entscheiden, wenn kein Elternteil zur Fortführung der elterli-chen Sorge berechtigt bzw. fähig ist. Die Ausübung der elterlichen Sorge kann aus rechtlichen oder tatsächlichen Gründen ruhen. Der Elternteil, für den die Ausübung ruht, darf sie nicht ausüben. Eine Trennung des Kindes von der Familie gegen den Willen der Eltern kann nur auf der Grundlage eines richterlichen Entscheids durch das Familiengericht erfolgen. Voraussetzung dafür ist eine akute Gefährdung des Wohls des Kindes durch das Verhalten der Eltern oder Dritter.*
> *Die Vormundschaft ist eine unter staatlicher Kontrolle ausgeübte Fürsorgetätig-keit gegenüber Minderjährigen. Sie wird notwendig, wenn ein Kind oder Jugend-licher nicht unter elterlicher Sorge steht. Ein Vormund übt die gesamte elterliche Sorge aus. Er ist dem Familiengericht rechenschaftspflichtig über die Führung der*

Vormundschaft. Pflegschaft ist eine Unterform der Vormundschaft. Sie bezieht sich nicht auf die gesamte elterliche Sorge, sondern nur auf Teile bzw. einzelne Aufgaben. Die Annahme als Kind (Adoption) ist eine mögliche Maßnahme im Rahmen der Jugendhilfe, um Lebens- und Erziehungsbedingungen für die betroffenen Kinder und Jugendlichen zu verbessern. Voraussetzungen für den Ausspruch der Annahme durch das Vormundschaftsgericht sind die Sicherung des Wohls des Kindes und die Gewissheit, dass zwischen dem Kind und den Annehmenden ein Eltern-Kind-Verhältnis entsteht. Das Kind wird rechtlich voll in die Familie der Annehmenden integriert. Es wird immer das Kind des Annehmenden. Verwandtschaftsverhältnisse gegenüber der Herkunftsfamilie erlöschen. Das Zusammenführen von Annehmenden und Anzunehmendem bezeichnet man als Adoptionsvermittlung, die autorisierten Vermittlungsstellen vorbehalten ist.

Aufgaben

1. Welche rechtlichen Voraussetzungen müssen gegeben sein, wenn ein Kind, dessen Eltern nicht miteinander verheiratet sind, durch ein Ehepaar angenommen werden soll?

2. Beschreiben Sie den Vorgang der Adoptionsvermittlung. Zu welchem Zeitpunkt können Erzieherinnen und Erzieher einbezogen sein?

3. Herr und Frau S sind seit 10 Jahren miteinander verheiratet. Beide Ehegatten sind 36 Jahre alt. Frau S steht genau wie ihr Mann täglich im Beruf. Den Zeitpunkt für ein eigenes leibliches Kind haben sie nach ihrer Meinung „verpasst". Beide möchten ein Kind annehmen, das nicht älter als ein Jahr sein soll. Damit Frau S ihrem Beruf auch weiterhin nachgehen kann, will das Ehepaar nach erfolgter Annahme eine Tagesmutter für das Kind engagieren.

Beurteilen Sie die Chancen des Ehepaares, als Adoptiveltern anerkannt zu werden. Beziehen Sie die entsprechenden Rechtsgrundlagen ein.

 Arbeitsmaterialien zum Download, S. 18–21

9 Aufsichtspflicht und Haftung in der Kindertagesbetreuung

9.1 Aufsichtspflicht und Pädagogik

Fallbeispiel 1 Erzieherin Bärbel betreut eine Kindergartengruppe mit 18 Kindern im Alter von drei bis sechs Jahren. Sie befindet sich in der zum Gruppenraum gehörigen Garderobe. Die Kinder ziehen sich an, um gemeinsam auf den zur Einrichtung gehörenden Spielplatz zu gehen. Mike und Eva sind mit dem Anziehen viel eher fertig als die übrigen Kinder. Die Erzieherin lässt beide schon allein auf das Freigelände vorausgehen. Dort sind zurzeit weder andere Kinder noch Erzieherinnen. Ist ein solches Handeln vertretbar?

Eine solche Situation ist fast täglich in Kindertageseinrichtungen denkbar. Erzieherinnen müssen ständig Entscheidungen treffen, bei denen pädagogisches Ziel und Sicherheitsbedürfnis für die anvertrauten Kinder in einem Spannungsfeld liegen. Im obigen Beispiel kann man das Handeln zunächst unter dem Aspekt der Selbstständigkeit pädagogisch problemlos begründen. Dass dabei auch Risiken eingegangen werden, ist leicht einzusehen. Wer übernimmt die Verantwortung, wenn eines der Kinder bzw. beide zu Schaden kommen? Wo liegen Grenzen für die Risikobereitschaft von Erzieherinnen?

Fallbeispiel 2 Eine Mutter möchte ihren achtjährigen Sohn aus dem Hort abholen. Sie meldet sich bei der zuständigen Erzieherin. Diese ist nicht in der Lage, auf Anhieb Auskunft über den gegenwärtigen Aufenthalt des Kindes zu geben. Die Einrichtung arbeitet nach dem pädagogischen Ansatz der offenen Arbeit. In den Augen der Mutter erscheint die Wahrnehmung der Aufsichtspflicht gegenüber ihrem Sohn nicht gewährleistet. Darüber spricht sie mit der Erzieherin.

Der Ansatz der offenen Hortarbeit ist heute sehr aktuell. Immer mehr Einrichtungen sind davon überzeugt, dass damit den Interessen der Kinder eher entsprochen werden kann, als durch die oft sehr rigide gehandhabte Gruppenstruktur im Hortbereich. Selbst in Kindergärten hat dieser konzeptionelle Ansatz Fuß gefasst und wird erfolgreich angewendet. Steht eine solche pädagogische Handlungsweise der Gewährleistung von Sicherheit für die betroffenen Kinder entgegen?

Erzieherinnen sind gut beraten, wenn sie bei ihrer Tätigkeit als Erstes die pädagogischen Absichten und Ziele in den Mittelpunkt der Überlegungen stellen. Dies soll nicht heißen, dass die Sicherheit der Kinder missachtet werden kann. Sie soll jedoch nicht das pädagogische Handeln „überdecken". Ein Denkansatz, der zuerst nach der Sicherheit fragt, lässt für Kreativität, Spontaneität und Spaß oft nicht genügend oder nur unzureichend Raum. Gängelei und nicht Erziehung zur Gemeinschaftsfähigkeit und Eigenverantwortung sind dann meist das Ergebnis. Die Einschränkung von Eigenverantwortung und Selbstständigkeit stellt genauso eine Verletzung der Aufsichtspflicht dar wie die Nichtgewährleistung von Sicherheitsinteressen der anvertrauten Kinder und Jugendlichen.

Die Mutter in unserem zweiten Fallbeispiel würde die Situation sicher anders bewerten, wenn sie die pädagogischen Möglichkeiten für ihr Kind durch die offene Arbeit besser vermittelt bekommen hätte. Ohne Einbeziehung der Eltern in pädagogische Konzepte sind Konflikte bezüglich der Wahrnehmung von Aufsichtspflicht fast vorprogrammiert. Eltern muss bewusst sein, dass jedes noch so pädagogisch verantwortungsvolle Handeln nicht ohne Restrisiko in Sicherheitsfragen sein kann. Das Spannungsfeld zwischen Pädagogik und Aufsichtspflicht kann nicht beseitigt werden. Es muss daher verantwortungsbewusst ausgestaltet sein. Die Aufsichtspflicht ist ein unbestimmter Rechtsbegriff. Dies bedeutet, es gibt keine bis ins Einzelne definierten Anforderungen. Vielmehr kommt es auf das konkrete Handeln in der jeweiligen pädagogischen Situation an. Der unbestimmte Rechtsbegriff wird durch die pädagogische Fachkompetenz der Erzieherinnen ausgefüllt. Pädagogische Maßstäbe werden somit zur Grundlage für rechtliche Entscheidungen im Konfliktfall. Somit nimmt die Pädagogik Einfluss auf die Rechtsprechung. Das Recht zeigt Grenzen für erzieherische Gestaltungsräume auf. Eine Überschreitung dieser ist mit den Schutzinteressen des Kindes oder auch der Allgemeinheit nicht vereinbar.

Dieser Tatsache muss man sich bewusst sein, wenn es beispielsweise um die Ausgestaltung der Aufsichtspflicht im Rahmen von modernen pädagogischen Handlungsansätzen innerhalb der Kindertagesbetreuung geht. So muss sich auch die Einrichtung aus dem Fallbeispiel 2 von Seite 107 absichern, dass der Aufenthaltsort der Kinder im Rahmen der offenen Arbeit immer nachvollzogen werden kann.

Wir wollen in diesem Abschnitt rechtlich Grundsätzliches zur Aufsichtspflicht klären und besonders die Tagesbetreuung im Auge haben. Die Ausgestaltung dieser Pflicht gegenüber Jugendlichen wird in den zugehörigen nachfolgenden Abschnitten Berücksichtigung finden.

9.2 Inhalt und rechtliche Rahmenbedingungen von Aufsichtspflicht

Versuchen wir zunächst eine allgemein verständliche Erklärung für den Inhalt von Aufsichtspflicht zu formulieren.

Definition
Der Aufsichtsverpflichtete hat dafür Sorge zu tragen, dass der zu Beaufsichtigende sich nicht selbst schädigt, andere schädigt oder durch andere geschädigt wird.

Obige Erklärung ist ein hoher Anspruch an die Durchführung von Aufsichtspflicht. Kann man ihm gerecht werden? Steht sie nicht im Widerspruch zu den bisherigen Ausführungen?

Betrachten wir zunächst den rechtlich vorgegebenen Rahmen innerhalb des BGB.

§ § 832 BGB

„(1) Wer kraft Gesetzes zur Führung der Aufsicht über eine Person verpflichtet ist, die wegen Minderjährigkeit oder wegen ihres geistigen oder körperlichen Zustands der Beaufsichtigung bedarf, ist zum Ersatze des Schadens verpflichtet, den diese Person einem Dritten widerrechtlich zufügt. Die Ersatzpflicht tritt nicht ein, wenn er seiner Aufsichtspflicht genügt oder wenn der Schaden auch bei gehöriger Aufsichtsführung entstanden sein würde.

(2) Die gleiche Verpflichtung trifft denjenigen, welcher die Führung der Aufsicht durch Vertrag übernimmt."

Kraft Gesetzes sind alle Eltern im Rahmen der Ausübung der elterlichen Sorge zur Aufsichtsführung verpflichtet. Dies ergibt sich zwingend aus den §§ 1626 Absatz 1 und 1631 Absatz 1 BGB. Lebt ein Kind bei Pflegeeltern, dann sind diese zur Führung der Aufsicht kraft Gesetzes verpflichtet. Auch ein Vormund unterliegt einer solchen Verpflichtung.

Für Erzieherinnen trifft die Aufsichtsführung kraft Gesetzes nur in einigen Bereichen zu, z. B. im Internat oder im Kinderheim. In diesen Einrichtungen erfolgt die Betreuung der Minderjährigen rund um die Uhr, sodass die Erzieherinnen stellvertretend für die Personensorgeberechtigten handeln und Teile der elterlichen Sorge einflussreich übernehmen.

In der Kindertagesbetreuung liegen die Dinge etwas anders. Hier sind nur Mitarbeiterinnen und Mitarbeiter öffentlicher Einrichtungen (z. B. ein städtischer Kindergarten) per Gesetz aufsichtspflichtig. Gleichzeitig spielen aber auch vertragliche Aspekte eine wichtige Rolle.

Erzieherinnen haben mit dem jeweiligen Träger der Kindertageseinrichtung einen Dienstvertrag abgeschlossen. Nach § 611 Absatz 1 BGB ist derjenige, der Dienste zusagt, auch zur Leistung dieser verpflichtet. Gegenstand des Dienstvertrages können Dienste aller Art sein. In den sozialpädagogischen Einrichtungen gehört dazu auch die Wahrnehmung der Aufsichtspflicht gegenüber den anvertrauten Minderjährigen.

Zur Wahrnehmung der Aufsichtspflicht sind auch die sogenannten „Babysitter" verpflichtet. Auch hier handelt es sich um eine vertraglich übernommene Aufsichtsverpflichtung. Dabei spielt es keine Rolle, ob ein schriftlicher Vertrag vorliegt oder nicht. Es liegen in diesen Fällen eindeutige Willenserklärungen vor, die eine rechtliche Wirkung bezwecken. Ausdruck dafür ist die Zahlung eines Entgelts.

Alle Personensorgeberechtigten, die ihre Kinder z. B. in die Obhut eines Kindergartens oder Hortes übergeben, schließen mit dem Träger dieser Einrichtungen Betreuungsverträge, in denen auch die Übernahme der Aufsichtsführung vereinbart wird. Die Träger delegieren die Aufsichtspflicht mit dem Dienstvertrag an die Erzieherinnen.

Fallbeispiel   *Familie Z hat einen fünfjährigen Sohn. Die Eltern möchten am Abend ein Kino besuchen. Für diese Zeit erhält die Nachbarin den Wohnungsschlüssel mit der Bitte, nach dem Jungen zu sehen.*

Im obigen Beispiel übernimmt die Nachbarin auch eine Aufsichtsverpflichtung. Diese bezeichnet man als sogenannte „Gefälligkeitsaufsicht". Der Begriff hat sich innerhalb der Rechtsprechung herausgebildet. Von Gefälligkeitsaufsicht spricht man immer dann, wenn ein Kind unregelmäßig, unentgeltlich, für kürzere Dauer und ohne weitgehende Einwirkungsmöglichkeit bezüglich der Erziehung betreut wird. Die verantwortungsvolle Auswahl solcher Personen gehört in die Wahrnehmung der Aufsichtspflicht durch die zuständigen Sorgeberechtigten.

9.3   Kriterien zur Wahrnehmung von Aufsichtspflicht

Im Abschnitt 9.1 haben wir festgestellt, dass Aufsichtspflicht ein unbestimmter Rechtsbegriff ist. Betrachten wir jetzt die konkrete Ausgestaltung dieses Begriffs im sozialpädagogischen Alltag. Gehen wir dabei der Frage nach, was „gehörige Aufsichtsführung" gemäß § 832 Absatz 1 BGB ist.

Ein erstes Kriterium ist die **Person des zu Beaufsichtigenden** hinsichtlich des Alters, des körperlichen, geistigen und seelischen Zustandes, der charakterlichen Eigenarten und hinsichtlich möglicher Verhaltensauffälligkeiten. Handelt es sich auf Seite 107 bei Eva und Mike um Kinder, die im bisherigen Verhalten keine besonderen Auffälligkeiten zeigten, dann ist die Handlungsweise der Erzieherin als pädagogisch und auch unter dem Gesichtspunkt der Aufsichtsführung als verantwortungsbewusst einzuschätzen.

Die **Gruppe der zu Beaufsichtigenden** ist ein weiteres wichtiges Kriterium. Sie muss von der Größe her eine notwendige Übersicht gewährleisten. Weiterhin spielt die richtige Einschätzung der sozialen Beziehungen innerhalb der Gruppe eine wichtige Rolle. Würden sich Eva und Mike aus unserem Beispiel ständig streiten, wäre das Handeln der Erzieherin unter Umständen problematisch. Für die richtige Bewertung der sozialen Beziehungen ist auch zu berücksichtigen, wie lange die Gruppe in der gegenwärtigen Zusammensetzung schon besteht. Für eine fachgerechte Einschätzung ist die Kenntnis der theoretischen Aspekte gruppendynamischer Prozesse für die handelnden Fachkräfte unabdingbar.

Weitere Kriterien sind die **Art der Tätigkeit** und die **pädagogischen Ziele bzw. Ansätze**. Aufsichtspflicht muss beim Spaziergang mit einer Kindergartengruppe entlang einer verkehrsreichen Straße anders wahrgenommen werden als beim Spielen auf dem zur Einrichtung gehörenden Spielplatz. Die Durchführung von Gruppenfahrten erfordert wiederum auch ein ganz konkret auf die Situation bezogenes Vorgehen.

In Fallbeispiel 2 auf Seite 107 müssen auch ganz spezielle pädagogische Maßnahmen die offene Arbeit hinsichtlich der Durchführung von Aufsichtspflicht unterstützen. So ist es bei diesem Handlungsansatz besonders wichtig, dass die Kinder genaue Informationen darüber besitzen, wer ihr Ansprechpartner ist und wo sich dieser aufhält. Die Entwicklung von Regularien, wie z. B. das An- und Abmelden innerhalb eines Raumes bzw. bestimmten Aufenthaltsortes, muss pädagogisch sinnvoll erfolgen. Der pädagogische Gedanke der

Partizipation kann hier ein wirksames Mittel sozialpädagogischer Arbeit sein. Sich auf dieser Grundlage entwickelnde Gewohnheiten bei den zu Beaufsichtigenden tragen wesentlich zur sinnvollen Ausübung von Aufsichtspflicht bei.

Das Kriterium der **örtlichen Umgebung** ist eng mit der Art der Tätigkeit verbunden. Eine Hauptverkehrsstraße in der Nähe der Einrichtung verlangt ein anderes Handeln als eine verkehrsberuhigte Umgebung. Bei Wanderfahrten kann ein zwangloser Spaziergang zur „Erkundung des Geländes" mögliche Gefährdungen durch die Umgebung (z. B. Gewässer, Tiere) erkennen lassen und damit sowohl im Interesse der Teilnehmer wie auch der Verantwortlichen liegen.

Der **Umgang mit Materialien und Geräten**, wie z. B. Schere, Messer, Säge beim Basteln, erfordert stets eine dem Alter angemessene Information über Gefährdungen und notwendige Verhaltensweisen. Wippen, Schaukeln und Klettergerüste auf den Spielplätzen müssen überprüft und von den entsprechenden Stellen (Dekra, TÜV) abgenommen sein. Der Platz der Erzieherin sollte immer dort sein, wo die größte Gefahr einer Schädigung besteht.

Zumutbarkeit soll unser zuletzt genanntes Kriterium sein. Die Wahrnehmung der Aufsichtspflicht muss für die Verantwortlichen stets zumutbar sein. Zum Beispiel ist eine zu große Gruppe unzumutbar, auch wenn die Einrichtung nicht genügend Personal hat. Ökonomische Interessen dürfen nicht zu Lasten der Sicherheit von Kindern in den Mittelpunkt gerückt werden. Unzumutbar ist es auch, wenn Erzieherinnen neben ihrer pädagogischen Tätigkeit zu anderen Arbeiten, beispielsweise Reinigung von Räumen, herangezogen werden. Hierdurch kann die Wahrnehmung von Aufsichtspflicht leicht erschwert werden.

Werden Praktikanten zur Wahrnehmung der Aufsichtspflicht herangezogen, wird die Hauptverantwortung des Praxisanleiters nicht aufgehoben. Er muss entscheiden, in welchem Umfang der ihm anvertraute Praktikant bereits Aufsicht ausführen kann. Genauso ist die Wahrnehmung der Aufsichtspflicht durch Eltern, die beispielsweise an einer Wanderfahrt teilnehmen, zu bewerten. Auch hier bleibt die Verantwortung bei den zuständigen Erzieherinnen und Erziehern.

Mögliche Verletzungen von Aufsichtspflicht in der sozialpädagogischen Praxis werden auf der Grundlage der genannten Kriterien u. a. bewertet. Bei aller Bedeutung der Wahrnehmung dieser Verpflichtung sollte aber für alle Verantwortlichen folgender Grundsatz gelten.

> *Merke:*
> *So viel Erziehung wie möglich, so wenig Aufsicht wie nötig.*

9.4 Haftungsfragen

Fallbeispiel   *Eine Erzieherin geht mit ihrer Kindergartengruppe spazieren. Die Kinder sind zwischen drei und sechs Jahre alt. An einem Einkaufsmarkt lässt sie die Kinder vor der Tür warten und erledigt einige Einkäufe. Die Kinder spielen vor dem Markt haschen. Sie beachten dabei eine Radfahrerin nicht. Diese muss wegen der spielenden Kinder stark bremsen und kommt zu Fall. Dabei verletzt sie sich nicht unerheblich, Kleidung und Fahrrad werden beschädigt. Sie verlangt vom Träger des Kindergartens Schadenersatz wegen Verletzung der Aufsichtspflicht.*

Der obige Fall bezieht sich auf die zivilrechtliche Haftung. Zunächst kann nach § 832 BGB festgestellt werden, dass eine bzw. mehrere Personen, die unter der Aufsichtspflicht der Einrichtung standen, eine dritte Person widerrechtlich geschädigt haben. Von einem „Genügen der Wahrnehmung" dieser Pflicht kann sicher nicht ausgegangen werden. Die Beweislast für eine vermutete Aufsichtspflichtverletzung liegt immer beim Aufsichtsverpflichteten. So müsste in unserem Beispiel die Erzieherin nachweisen, dass sie der Aufsichtspflicht genügte. Wie bereits erwähnt, ist dies hier kaum möglich. Kinder dieses Alters dürfen sich an solch einem Ort nicht wegen eines privaten Einkaufs ohne eine unmittelbare Eingriffsmöglichkeit durch die Erzieherin aufhalten.

Die Geschädigte fordert den Ersatz der Schäden vom Träger der Einrichtung. Rechtsgrundlage dafür ist § 832 in Verbindung mit § 831 BGB. Dort heißt es:

§ „(1) Wer einen anderen zu einer Verrichtung bestellt, ist zum Ersatz des Schadens verpflichtet, den der andere in Ausführung der Verrichtung einem Dritten widerrechtlich zufügt. Die Ersatzpflicht tritt nicht ein, wenn der Geschäftsherr bei der Auswahl der bestellten Person und, sofern er Vorrichtungen oder Gerätschaften zu beschaffen oder die Ausführung der Verrichtung zu leiten hat, bei der Beschaffung oder der Leitung die im Verkehr erforderliche Sorgfalt beobachtet oder wenn der Schaden auch bei Anwendung dieser Sorgfalt entstanden sein würde.

(2) Die gleiche Verantwortlichkeit trifft denjenigen, welcher für den Geschäftsherrn die Besorgung eines der im Absatz 1 Satz 2 bezeichneten Geschäfte durch Vertrag übernimmt."

Die Erzieherin ist im obigen Fall Verrichtungsgehilfe für den Träger der Einrichtung. Dieser hat per Dienstvertrag die Aufsichtsverpflichtung auf die Erzieherin übertragen. Es wäre jetzt zu prüfen, ob eine Haftung des Trägers möglich ist. In Absatz 1 Satz 2 wird ausgeführt, dass eine Haftung in solch einem Fall nur dann eintritt, wenn der Geschäftsherr (Träger) bei der Auswahl der betroffenen Mitarbeiterin nicht die erforderliche Sorgfalt an den Tag gelegt hat. In unserem Fall handelte es sich um eine ausgebildete Erzieherin. Sie muss aufgrund ihrer Qualifikation in der Lage sein, in der beschriebenen Situation fachgerecht zu handeln. Ein Spaziergang mit Kindern in der Öffentlichkeit gehört zum normalen Berufsalltag. Der Träger müsste im vorliegenden Fall sicher auch aufzeigen, wie er bisher seiner Anleitungs- und Kontrollpflicht nachgekommen ist. Gibt es diesbezüglich keine Mängel, dann wird die Haftung des Trägers nicht möglich sein.

Wie wäre die Situation zu beurteilen, wenn die Radfahrerin Schadenersatz von der Erzieherin fordern würde? Zunächst ist festzustellen, dass § 832 BGB (siehe S. 105) die Anspruchsgrundlage ist. Wir gehen davon aus, dass eine gehörige Aufsichtsführung nicht vorlag. Es wären die genauen Umstände zu prüfen, ob die Radfahrerin auch bei einer gehörigen Durchführung der Aufsichtspflicht geschädigt worden wäre. Trifft dies nicht zu, dann müsste die Erzieherin den Schaden ersetzen. Für einen solchen Fall können sich Erzieherinnen und Erzieher durch eine Berufshaftpflichtversicherung schützen. Diese würde den entstandenen Schaden ersetzen. Ist ein Schaden durch vorsätzliches Handeln entstanden, dann wird die Haftung durch die Versicherung nicht übernommen.

In unserem Fallbeispiel kam ein Dritter durch Verletzung von Aufsichtspflicht zu Schaden. Wie ist die Sachlage, wenn ein zu Beaufsichtigender zu Schaden kommt?

> *Fallbeispiel* *Zwei Erzieherinnen einer Kindertagesstätte befinden sich mit ihren Gruppen auf dem Spielplatz der Einrichtung. Während die Kinder, alle im Alter zwischen drei und sechs Jahren, ihrem Spiel nachgehen, stehen die Erzieherinnen zusammen und unterhalten sich. Ein vierjähriger Junge stürzt in dieser Situation vom Klettergerüst. Er bricht sich den Arm. Seine Kleidung wird beschädigt. Die Erzieherinnen hielten sich während ihres Gesprächs nicht am Klettergerüst auf.*

Wir wollen für das obige Beispiel unterstellen, dass die Eltern des geschädigten Jungen Schadenersatz verlangen. Dieser Ersatz erstreckt sich zunächst auf die Schäden an der Kleidung. Gleichzeitig verlangen sie im Sinne des § 253 BGB auch Schmerzensgeld. Die Eltern richten ihre Ansprüche gegen den Träger der Einrichtung.

Aufgabe
Beurteilen Sie anhand der Kriterien zur Wahrnehmung von Aufsichtspflicht die Berechtigung der elterlichen Forderungen im Fallbeispiel.

Rechtsgrundlage für die Forderungen der Eltern ist zunächst § 278 BGB:

> § „Der Schuldner hat ein Verschulden seines gesetzlichen Vertreters und der Personen, deren er sich zur Erfüllung seiner Verbindlichkeiten bedient, in gleichem Umfang zu vertreten wie eigenes Verschulden. Die Vorschrift des § 276 Abs. 3 findet keine Anwendung."

Die Erzieherinnen sind die Personen des Trägers, die dieser zur Erfüllung seiner vertraglichen Pflichten gegenüber den Sorgeberechtigten der Kinder angestellt hat. Somit kann er haftbar gemacht werden. Die Beweislast dafür, dass die Aufsichtsführung der Situation angemessen war, liegt beim Träger. Bezüglich des Personenschadens muss noch ein anderer Haftungsaspekt erwähnt werden. Der vierjährige Junge in unserem Beispiel ist, wie alle anderen Kinder der Kindertagesstätte auch, nach § 2 Absatz 1 Nr. 8 SGB VII gesetzlich unfallversichert. Es besteht für ihn ein Schutz bezüglich etwaiger Schäden, die während des Aufenthalts in der Einrichtung entstanden sind. Dies gilt auch für die Teilnahme an Veranstaltungen, für Ausflüge und Spaziergänge. Der Träger der gesetzlichen Unfallversicherung übernimmt alle Aufwendungen die im Zusammenhang mit der notwendig gewordenen Heilbehandlung stehen. Sollte sich herausstellen, dass die Erzieherinnen grob fahrlässig oder gar vorsätzlich ihre Pflichten verletzten, dann kann der Träger der gesetzlichen Unfallversicherung diese in den sogenannten Regress nehmen. Nach § 110 SGB VII müssten dann die Erzieherinnen die Zahlungen der Versicherung ersetzen. Für das eingeforderte Schmerzensgeld besteht keine rechtliche Anspruchsgrundlage. Auch die Erzieherinnen selbst müssen es nicht zahlen. Dies ergibt sich aus § 106 SGB VII. Der entstandene Schaden an der Kleidung ist von den Erzieherinnen jedoch zu ersetzen, wenn die Verletzung der Aufsichtspflicht gegeben ist.

Die nachfolgende Übersicht verdeutlicht mögliche Anspruchgrundlagen und Folgen der zivilrechtlichen Haftung bei einer Verletzung der Aufsichtspflicht:

Zivilrechtliche Haftung

Gesetzliche Anspruchsgrundlage (Haftung aus Delikt)	Vertragliche Anspruchsgrundlage (Haftung aus Vertrag)
§ 823 BGB: Unerlaubte Handlung und	§ 278 BGB: Verschulden des Erfüllungsgehilfen
§ 831 BGB: Haftung für den Verrichtungsgehilfen	1. Setzt vertragliche Beziehung zum Geschädigten (zu Beaufsichtigender) voraus
1. Setzt keine vertragliche Beziehung zum Geschädigten voraus (Schädigung Dritter)	2. Haftung auch für fremdes Verschulden (Erzieher und Erzieherinnen verletzten Aufsichtspflicht)
2. Haftung erfolgt für eigenes Verschulden	3. Kein Entlastungsbeweis möglich
3. Entlastungsbeweis (Exkulpationsbeweis) ist möglich	4. Regressmöglichkeit gegenüber Erzieherinnen und Erziehern
4. Haftung durch Erzieherinnen und Erzieher möglich	

Im Rahmen der Aufsichtspflicht kann ein Fehlverhalten auch strafrechtliche Konsequenzen nach sich ziehen.

> *Fallbeispiel* Frau F arbeitet als Erzieherin in einer Kindertagesstätte. Heute beginnt ihr Dienst erst um 11.30 Uhr. Vor dem Eintreffen an ihrem Arbeitsplatz kauft sie noch ein. In einem Geschäft für Haushaltswaren erwirbt sie ein preisgünstiges Küchenmesser-Set. Dies zeigt sie ihrer Kollegin. Dabei bleiben die Messer auf dem Arbeitstisch der Erzieherin im Gruppenraum liegen. Julius und Karsten, beide fünf Jahre alt, greifen sich in einem unbeobachteten Augenblick einige Messer. Karsten fügt Julius bei ihrem „Spiel" mit den Messern eine tiefe Stichwunde zu, die im Krankenhaus genäht werden muss.

Das vorliegende Beispiel zeigt, wie umsichtig innerhalb der Kindertagesbetreuung gearbeitet werden muss, um Schädigungen der zu Beaufsichtigenden zu vermeiden. § 171 des Strafgesetzbuches (StGB) beschreibt eine Verletzung der Fürsorge- oder Erziehungspflicht.

> § „Wer seine Fürsorge- oder Erziehungspflicht gegenüber einer Person unter sechzehn Jahren gröblich verletzt und dadurch den Schutzbefohlenen in die Gefahr bringt, in seiner körperlichen oder psychischen Entwicklung erheblich geschädigt zu werden, einen kriminellen Lebenswandel zu führen oder der Prostitution nachzugehen, wird mit Freiheitsstrafe bis zu drei Jahren oder mit Geldstrafe bestraft."

Das Verhalten von Frau F kann unter Umständen sicherlich als eine grobe Verletzung der Fürsorgepflicht angesehen werden. Für die beschriebenen Folgen müsste sie dann selbst einstehen. Voraussetzung dafür wäre das Ingangsetzen eines Strafverfahrens (siehe auch Abschnitt 18) gegen die Erzieherin.

Auf arbeitsrechtliche Konsequenzen bei Verletzung der Aufsichtspflicht wird in Abschnitt 23 noch einzugehen sein.

Zusammenfassung

Aufsichtspflicht besteht gegenüber allen minderjährigen Personen. Weiterhin können auch volljährige Personen aufgrund ihres körperlichen und geistigen Zustandes der Aufsicht bedürfen. Wir unterscheiden die Aufsichtspflicht kraft Gesetzes, durch Vertrag und die Gefälligkeitsaufsicht. Ziel der Aufsichtspflicht ist, dass die zu beaufsichtigende Person nicht sich selbst schädigt, durch andere geschädigt wird oder Dritte schädigt. Folgende Kriterien sind bei der Ausübung der Aufsichtspflicht von besonderer Bedeutung:
Die Person des zu Beaufsichtigenden, die Gruppe, die Art der Tätigkeit mit ihren pädagogischen Zielen und Handlungsansätzen, die örtliche Umgebung, der Umgang mit Materialien und Geräten, die Zumutbarkeit für den Aufsichtsverpflichteten. Bei einer Verletzung der Aufsichtspflicht ergeben sich drei mögliche Konsequenzen:

- *1. Schadenersatz im Rahmen der zivilrechtlichen Haftung*

- *2. Strafrechtliche Folgen*

- *3. Arbeitsrechtliche Folgen*

Aufgaben
1. *Klaus, fünf Jahre, lebt bei seinen Eltern. Er besucht in der Woche regelmäßig eine Kindertagesstätte. An manchen Wochenenden, wenn die Eltern Bekannte besuchen, in ein Kino oder Theater gehen, achtet eine Nachbarin auf den Jungen. Welche Arten der Aufsichtsverpflichtung erkennen Sie in den dargestellten Lebenssituationen des Jungen? Begründen Sie Ihre Meinung.*

2. *Erklären Sie ausführlich die Möglichkeiten der zivilrechtlichen Haftung bei einer Verletzung von Aufsichtspflicht. Beziehen Sie diesbezügliche Rechtsgrundlagen ein.*

3. *Sie stellen fest, dass in der Kindertageseinrichtung, in der Sie arbeiten, die Tür, die den Hof der Einrichtung zur Straße hin verschließt, defekt ist. Für die Kinder ist das Öffnen der Tür dadurch jederzeit unbemerkt möglich. Erstellen Sie für sich ein Handlungskonzept aus der Sicht der Wahrnehmung von Aufsichtspflicht. Welche Konsequenzen ergeben sich darüber hinaus für die Leiterin der Einrichtung und den Träger?*

Arbeitsmaterialien zum Download, S. 22–27

Leistungen und andere Aufgaben der Jugendhilfe

10 Jugendarbeit

In Abschnitt 2 wurde über das Grundanliegen des Kinder- und Jugendhilfegesetzes sowie dessen Struktur gesprochen. Die Aufgaben der Jugendhilfe umfassen u. a. einen breit gefächerten Leistungskatalog. Er lässt innerhalb des rechtlichen Rahmens neue Wege zu, fordert diese sogar heraus. Viele Erzieherinnen tragen in vielen Bereichen durch ihre innovative Arbeit zur Weiterentwicklung von Leistungen bei.

Viele Personensorgeberechtigte stehen heute vor komplizierten Aufgaben bei der Erziehung von Minderjährigen. Diese sind häufig nicht ohne Hilfe von außen lösbar. Die Leistungen der Kinder- und Jugendhilfe stellen eine sehr wichtige Hilfe in solchen Situationen dar. Leider gibt es bei Eltern auch immer noch eine gewisse Scheu, Jugendhilfeleistungen so rechtzeitig wie möglich wahrzunehmen. Erzieherinnen haben hier im Rahmen ihrer Tätigkeit auch stets eine wichtige beratende Funktion. Dazu bedarf es natürlich einer möglichst sehr fundierten Kenntnis über das System und die Inhalte dieser Leistungen. Der nachfolgende Abschnitt will hierfür einen praxisrelevanten Beitrag leisten.

10.1 Zielstellungen (Auswahl)

Jugendarbeit ist ein wichtiges Sozialisationsfeld für junge Menschen. Das SGB VIII zielt darauf ab, dass Angebote der Jugendarbeit an den Interessen der Jugendlichen anknüpfen sollen. Dadurch wird es möglich, die Jugendlichen zur Selbstbestimmung zu befähigen und gesellschaftliche Mitverantwortung bei ihnen zu entwickeln. § 11 des Gesetzes bestimmt dazu:

§ „(1) Jungen Menschen sind die zur Förderung ihrer Entwicklung erforderlichen Angebote der Jugendarbeit zur Verfügung zu stellen. Sie sollen an den Interessen junger Menschen anknüpfen und von ihnen mitbestimmt und mitgestaltet werden, sie zur Selbstbestimmung befähigen und zu gesellschaftlicher Mitverantwortung und zu sozialem Engagement anregen und hinführen.

(2) Jugendarbeit wird angeboten von Verbänden, Gruppen und Initiativen der Jugend, von anderen Trägern der Jugendarbeit und den Trägern der öffentlichen Jugendhilfe. Sie umfasst für Mitglieder bestimmte Angebote, die offene Jugendarbeit und gemeinwesenorientierte Angebote.

(3) Zu den Schwerpunkten der Jugendarbeit gehören:

1. außerschulische Jugendbildung mit allgemeiner, politischer, sozialer, gesundheitlicher, kultureller, naturkundlicher und technischer Bildung,

2. Jugendarbeit in Sport, Spiel und Geselligkeit,

3. arbeitswelt-, schul- und familienbezogene Jugendarbeit,

4. internationale Jugendarbeit,

5. Kinder- und Jugenderholung,

6. Jugendberatung.

> **§** (4) Angebote der Jugendarbeit können auch Personen, die das 27. Lebensjahr vollendet haben, in angemessenem Umfang einbeziehen."

Das Gesetz benennt eine Vielzahl von Formen der Jugendarbeit. Es wird damit ein breites gesellschaftliches Spektrum erfasst. Im Rahmen der Jugendhilfeplanung durch die Vertreter der öffentlichen Jugendhilfe können Jugendverbände für ihre zahlreichen Initiativen finanzielle und ideelle Unterstützungen einfordern. Gleiches betrifft beispielsweise Sportvereine, die in vielen Orten aus der Jugendarbeit nicht mehr wegzudenken sind.

Veranstalter von Kinder- und Jugenderholung leisten besonders in Ferienzeiten eine hervorragende Arbeit bei der Durchführung von Kinder- und Jugendreisen.

Viele Jugendliche nutzen die vielfältigen Angebote von Jugendfreizeiteinrichtungen. Diese haben es hinsichtlich ihrer finanziellen Sicherstellung nicht immer leicht. Aber sie sind es häufig, die es Kindern und Jugendlichen ermöglichen, ihre Freizeit mit Gleichaltrigen zu verbringen. In ihnen wird oftmals auch eine sehr gute Beratungsarbeit auf den verschiedensten Gebieten geleistet. Erzieherinnen und Erzieher sind hier sehr oft erste Ansprechpartner bei Problemen und Konflikten. Sie sollten hinsichtlich ihrer Präventivwirkung für junge Menschen ernst genommen werden. Gerade hier kann unter fachkundiger und einfühlsamer Anleitung gesellschaftliches Miteinander gelernt werden.

Die in § 11 Absatz 3 SGB VIII genannten Schwerpunkte der Jugendarbeit stellen keinen abgeschlossenen Katalog dar. Hier sind immer wieder neue Ideen und Initiativen gefragt.

Mit der Festlegung des Absatzes 4 in § 11 trägt das SGB VIII der Entwicklung Rechnung, dass sich die Altersgrenze für die soziale und ökonomische Selbstständigkeit immer weiter nach hinten verschiebt. Weiterhin werden für die eigenverantwortliche Tätigkeit von Jugendverbänden, die nach § 12 SGB VIII förderungswürdig sind, auch Mitglieder und ehrenamtliche Mitarbeiter benötigt, deren Lebenslage und persönliche Entwicklung Stabilität und Kontinuität des Verbandslebens ermöglichen.

In der Jugendarbeit ist es oft nicht einfach, Angebote für die verschiedenen Altersgruppen zu erarbeiten. Deshalb ist es wichtig, Kinder und Jugendliche in die Erarbeitung der Angebote einzubeziehen.

Aufgabe
Erkundigen Sie sich nach den Angeboten der Jugendarbeit in ihrem Heimatort. Befragen Sie dazu auch Mitarbeiter des zuständigen Jugendamtes sowie Kinder und Jugendliche. Entsprechen die Angebote den Forderungen des SGB VIII? Welche Veränderungsvorschläge würden Sie unterbreiten?

10.2 Jugendarbeit und Jugendschutz

Der sozialpädagogische Bereich der Jugendarbeit ist vielgestaltig. Dort tätige Erzieherinnen und Erzieher werden sehr oft mit Problemen des Jugendschutzes konfrontiert. Wir wollen in diesem Abschnitt einige der wichtigsten Regelungen des Jugendschutzgesetzes darstellen, die in der Jugendarbeit relevant sein können.

Fallbeispiel *Jens ist ausgebildeter Erzieher und in einer Jugendfreizeiteinrichtung tätig. Mit einer Gruppe von 20 Jugendlichen unternimmt er eine Wanderfahrt, die von seiner Einrichtung aus organisiert wurde. Manuela, angehende Erzieherin und zurzeit Praktikantin, ist als zweite Betreuungsperson mitgereist. Die Mädchen und Jungen der Gruppe sind zwischen 15 und 17 Jahre alt. In einem der Unterkunft nahe gelegenen Gemeindezentrum tritt am Wochenende eine regional bekannte Rockband auf. Beginn der Veranstaltung mit Tanz ist um 20.00 Uhr. Die beiden Begleiter der Gruppe überlegen, was sie bei einem Besuch des Zentrums mit den ihnen anvertrauten Jugendlichen beachten müssen.*

Zunächst ist § 5 Absatz 1 des Jugendschutzgesetzes (JuSchG) zu beachten:

> „Die Anwesenheit bei öffentlichen Tanzveranstaltungen ohne Begleitung einer personensorgeberechtigten oder erziehungsbeauftragten Person darf Kindern und Jugendlichen unter 16 Jahren nicht und Jugendlichen ab 16 Jahren längsten bis 24 Uhr gestattet werden."

Die Angehörigen der Gruppe im Fallbeispiel sind nach § 1 Absatz 1 Nr. 2 JuSchG Jugendliche. Es muss jetzt geprüft werden, ob Jens und die Praktikantin Erziehungsbeauftragte im Sinne des Gesetzes sind. Dazu sagt § 1 Absatz 1 Nr. 4 des genannten Gesetzes das Folgende:

> „(1) Im Sinne dieses Gesetzes
>
> ...
>
> 4. ist erziehungsbeauftragte Person, jede Person über 18 Jahre, soweit sie auf Dauer oder zeitweise aufgrund einer Vereinbarung mit der personensorgeberechtigten Person Erziehungsaufgaben wahrnimmt oder soweit sie ein Kind oder eine jugendliche Person im Rahmen der Ausbildung oder der Jugendhilfe betreut."

Die Gesetzesformulierung ist für Jens und auch für die Praktikantin eindeutig. Beide sind für die Betreuung auf der Wanderfahrt als erziehungsbeauftragte Personen einzustufen. Sie können die Gruppe somit zur genannten Veranstaltung begleiten und eine Teilnahme der Jugendlichen rechtlich absichern. Der Veranstalter kann von beiden einen Nachweis verlangen, der die Berechtigung, als erziehungsbeauftragte Personen der Jugendlichen tätig zu sein, darlegt (§ 2 Absatz 1 JuSchG). Bereits bei der Vorbereitung solcher Fahrten sollten die Träger von Einrichtungen der Jugendarbeit ihre Mitarbeiter auf solche Situationen entsprechend vorbereiten.

Jens und seine Praktikantin haben beim Besuch der Veranstaltung noch mehr zu bedenken. Es gehört zur verantwortungsvollen Wahrnehmung der Betreuungs- und Aufsichtspflicht auch dazu, dass gemeinsam mit den Jugendlichen Vereinbarungen über den Besuch der Veranstaltung getroffen werden. Dazu gehört z. B. eine Absprache über den Zeitpunkt des Verlassens des Gemeindezentrums.

Ein großes Problem während der gesamten Wanderfahrt wird zudem das Rauchen darstellen. Hier gilt § 10 Absatz 1 JuSchG uneingeschränkt, der seit dem 1. September 2007 Gültigkeit hat:

§ „In Gaststätten, Verkaufsstellen oder sonst in der Öffentlichkeit dürfen Tabakwaren an Kinder oder Jugendliche weder abgegeben noch darf ihnen das Rauchen gestattet werden.“

Die bisherige Altersgrenze von 16 Jahren bezüglich der Abgabe von Tabakwaren und des Rauchens in der Öffentlichkeit gilt somit nicht mehr. Beide Betreuer müssen auf die Einhaltung dieser Regelung unbedingt achten. Darüber sollte ebenfalls bereits bei der Vorbereitung der Wanderfahrt mit den Jugendlichen gesprochen werden.

Ebenso kann der Genuss von Alkohol während der Fahrt und besonders beim Besuch der Tanzveranstaltung ein nicht zu unterschätzendes Problem darstellen. Dem kann vorgebeugt werden, indem bei Vorbereitung der Reise Verhaltensnormen gemeinsam aufgestellt werden. Gleichzeitig sollten auch Konsequenzen überlegt werden, die dann in Kraft treten, wenn sich jemand an die vereinbarten Normen nicht hält. Das JuSchG regelt dazu in § 9 Absatz 1:

§ In Gaststätten, Verkaufsstellen oder sonst in der Öffentlichkeit dürfen

1. Branntwein, branntweinhaltige Getränke oder Lebensmittel, die Branntwein in nicht nur geringfügigen Mengen enthalten, an Kinder und Jugendliche,

2. andere alkoholische Getränke an Kinder und Jugendliche unter 16 Jahren weder abgegeben noch darf ihnen der Verzehr gestattet werden.“

Sozialpädagogische Fachkräfte sind angehalten, durch ihr konsequentes Handeln einen Beitrag zur Prävention hinsichtlich des Drogenmissbrauchs jeglicher Art zu leisten. Auch die Sechzehnjährigen in unserer Beispielgruppe können aus der gesetzlichen Regelung nicht ableiten, dass z. B. der Biergenuss ohne jegliche Einschränkung ihnen gestattet werden muss. Es gehört zur Pflicht von Jugendbetreuern, bei beginnendem Alkoholmissbrauch konsequent einzugreifen.

Die bisherigen Ausführungen machen deutlich, dass Ausflüge und Reisen innerhalb der Jugendarbeit einer sorgfältigen und pädagogisch gut durchdachten Vorbereitung bedürfen. Dies gehört auch zur verantwortungsvollen Wahrnehmung der Aufsichtspflicht. Im Sinne der Partizipation gehört dazu ebenso eine aktive Beteiligung der Jugendlichen an der Vorbereitung und Durchführung der Ferienaktion.

Aufgabe

Erarbeiten Sie für die im Fallbeispiel gekennzeichnete Wanderfahrt eine Planung zur Vorbereitung, Durchführung und Evaluierung der Aktion. Beachten Sie dabei folgende Schwerpunkte:

– *Ziele der Fahrt im Sinne des § 11 SGB VIII,*

– *inhaltliche Vorbereitungen,*

– *organisatorische Vorbereitungen,*

– *Handeln im Rahmen der Aufsichtspflicht.*

Stellen Sie Ihre Überlegungen in der Lerngruppe vor.

Das nachfolgende Fallbeispiel soll auf ein weiteres Problemfeld des Jugendschutzes in der Jugendarbeit hinweisen.

> *Fallbeispiel* In einer Jugendfreizeiteinrichtung gibt es in regelmäßigen Abständen Veranstaltungen, bei denen PlayStation-Spiele von den Jugendlichen mitgebracht werden dürfen. Die Jugendlichen nutzen diese Gelegenheit, um neue Spiele auszutauschen bzw. beliebte Spiele nach Herzenslust mit den anderen Besuchern zu spielen.
> Worauf müssen die verantwortlichen Erzieherinnen bzw. Erzieher in solchen Situationen achten?

Das neugefasste JuSchG vom 23. Juli 2002 enthält hinsichtlich der Nutzung von sogenannten Trägermedien in den § 11 ff. JuSchG wichtige Neuregelungen. Filmen und Spielprogrammen ist eine altersmäßige Kennzeichnungspflicht auferlegt worden. § 14 Absatz 2 JuSchG enthält fünf mögliche Kennzeichnungsstufen:

1. „Freigegeben ohne Altersbeschränkung",

2. „Freigegeben ab 6 Jahren",

3. „Freigegeben ab 12 Jahren",

4. „Freigegeben ab 16 Jahren",

5. „Keine Jugendfreigabe".

Die Erzieherinnen und Erzieher in unserer Beispieleinrichtung müssen bei ihren Veranstaltungen genau darauf achten, dass nur Spiele verwendet werden, die eine vorgeschriebene Kennzeichnung enthalten. Weiterhin dürfen natürlich auch nur jene Kinder und Jugendlichen damit spielen, die das entsprechende Alter haben. Es ist sicher ratsam, hier eine Trennung der Veranstaltung bezüglich der Teilnehmerkreise vorzunehmen. Dies hängt natürlich von den konkreten Gegebenheiten ab. Auf jeden Fall ist auch hier ein großes Fingerspitzengefühl der Sozialpädagogen gefragt.

Der Besuch von Spielhallen und die Teilnahme an Glücksspielen sind im JuSchG ebenfalls geregelt. § 6 JuSchG sagt aus:

§ „(1) Die Anwesenheit in öffentlichen Spielhallen oder ähnlichen vorwiegend dem Spielbetrieb dienenden Räumen darf Kindern und Jugendlichen nicht gestattet werden.

(2) Die Teilnahme an Spielen mit Gewinnmöglichkeit in der Öffentlichkeit darf Kindern und Jugendlichen nur auf Volksfesten, Schützenfesten, Jahrmärkten, Spezialmärkten oder ähnlichen Veranstaltungen und nur unter der Voraussetzung gestattet werden, dass der Gewinn in Waren von geringem Wert besteht."

Aus der Bestimmung ergibt sich, dass der Besuch von Spielhallen und die Teilnahme am öffentlichen Glücksspiel erst mit dem Eintritt der Volljährigkeit möglich ist.

Aufgabe
Kai, 16 Jahre alt, geht in einen Lottoladen, um dort einen von ihm ausgefüllten Tippschein abzugeben.

Bewerten Sie diesen Vorgang aus rechtlicher Sicht. Beziehen Sie dabei neben dem JuSchG auch ihre Kenntnisse über die betreffenden Bestimmungen im BGB ein.

> ### Zusammenfassung
> *Die Jugendarbeit ist ein breit gefächertes Leistungsangebot innerhalb der Jugendhilfe. Es reicht vom traditionellen Freizeittreff über die Arbeit in Jugendverbänden bis hin zur Jugendberatung. Hauptziel dieser Arbeit ist das Anbieten eines Sozialisationsfeldes für Jugendliche. Dieses soll sich an den Interessenlagen der Kinder und Jugendlichen orientieren.*
> *Erzieherinnen und Erzieher müssen im Bereich der Jugendarbeit besonders die Bestimmungen des Jugendschutzgesetzes beachten. Das Gesetz enthält Regelungen zu folgenden Bereichen: Jugendschutz in der Öffentlichkeit (§§ 4 bis 10 JuSchG), Jugendschutz im Bereich der Medien.*

Aufgaben
1. *In einer Heimgruppe soll der 16. Geburtstag eines Jugendlichen gefeiert werden. Zur Gruppe gehören Kinder und Jugendliche im Alter zwischen sechs und siebzehn Jahren. Beschreiben Sie, was Erzieherinnen bei der Vorbereitung und Durchführung der Feier hinsichtlich des Jugendschutzes beachten müssen.*

2. *Die jugendlichen Bewohner eines Kinder- und Jugendheimes besuchen trotz eingehender Belehrungen immer wieder eine öffentliche Spielhalle, die sich in der Nähe des Heims befindet. Ihr Taschengeld ist deshalb oftmals schon kurz nach Monatsbeginn aufgebraucht. In letzter Zeit haben die Gelddiebstähle im Heim zugenommen.*

   Wie können die Erzieherinnen hier eingreifen? Beziehen Sie in Ihre Antwort auch mögliche Sanktionen im Rahmen des JuSchG heran.

 Arbeitsmaterialien zum Download, S. 28–29

11 Jugendsozialarbeit

11.1 Zielstellungen (Auswahl)

§ 13 SGB VIII bestimmt Inhalt und Umfang der Jugendsozialarbeit. Diese ist auf die ganzheitliche Entwicklung junger Menschen ausgerichtet. Deshalb beinhaltet sie Schulsozialarbeit genauso wie arbeitsweltbezogene Arbeit mit Jugendlichen. Soziale Arbeit im Rahmen der Ausbildung ist ebenso einbezogen wie die gesellschaftliche Eingliederung von Jugendlichen. § 13 Absatz 1 SGB VIII formuliert dazu:

> § „Jungen Menschen, die zum Ausgleich sozialer Benachteiligungen oder zur Überwindung individueller Beeinträchtigungen in erhöhtem Maße auf Unterstützung angewiesen sind, sollen im Rahmen der Jugendhilfe sozialpädagogische Hilfen angeboten werden, die ihre schulische und berufliche Ausbildung, Eingliederung in die Arbeitswelt und ihre soziale Integration fördern."

Anspruch auf Leistungen der Jugendsozialarbeit setzt soziale Benachteiligung sowie individuelle Beeinträchtigung voraus. Soziale Benachteiligungen können durch eine defizitäre Sozialisation entstehen. Dies trifft häufig auf Haupt- und Sonderschüler ohne Schulabschluss, Absolventen eines Berufsvorbereitungsjahres, Ausbildungsabbrecher, ausländische junge Menschen mit Sprachproblemen und Langzeitarbeitslose zu.

Individuelle Beeinträchtigungen sind alle psychischen und physischen Mangelerscheinungen. Dazu gehören auch Abhängigkeit und Behinderung.

Die soziale Integration und die Eingliederung in die Arbeitswelt sind die obersten Ziele dieser sozialen Arbeit. Es steht dabei immer die Hilfe zur Selbsthilfe im Mittelpunkt. Hier sei an § 1 SGB VIII erinnert. Er formuliert als übergreifende Zielstellung jeder Jugendhilfemaßnahme die eigenverantwortliche und gemeinschaftsfähige Persönlichkeit.

11.2 Schulsozialarbeit

11.2.1 Zum Begriff

Ganz allgemein kann die Schulsozialarbeit als eine Kooperationsform von Jugendhilfe und Schule bezeichnet werden. In der Bundesrepublik gibt es derzeit sehr unterschiedliche Definitionen und auch Verständnisse. Es existieren neben der Bezeichnung „Schulsozialarbeit" auch noch folgende andere Bezeichnungen:

1. „Schulbezogene Jugendarbeit"

2. „Schulbezogene Jugendsozialarbeit"

3. „Schulbezogene Jugendhilfe"

4. „Soziale Arbeit an Schulen"

5. „Jugendarbeit an Schulen"

Trotz dieser unterschiedlichen Bezeichnungen gibt es gemeinsame Merkmale für diese Form der Jugendsozialarbeit. Ein erstes Merkmal ist, dass Sozialarbeiter/-innen während eines längeren Zeitraums am Lebensort Schule eingesetzt werden. Es soll dadurch die institutionelle Trennung von Jugendhilfe und Schule verringert werden. Sozialpädagogische Kompetenzen sollen im Interesse der Schüler, Eltern und Lehrer eingebracht werden. Es kommt dabei auf die Partnerschaftsfähigkeit der Berufsgruppen Lehrer und Sozialarbeiter an. Gesamtziel ist für beide die Verbesserung der Lebens- und Entwicklungsbedingungen von Kindern und Jugendlichen. Schulsozialarbeit ist eine zusätzliche pädagogische Ressource für die Institution Schule. Sie geht über den Regelauftrag des Lehrens und Lernens dieser öffentlichen Einrichtung hinaus. Aufgrund der gesamtgesellschaftlichen Entwicklung und den daraus resultierenden Problemen an den Schulen wird diese Arbeit immer notwendiger.

Fallbeispiel 1 *In einer Schule für Kinder mit Lernbehinderung kommt es in einer Deutschstunde zu einem Zwischenfall. Ein stark verhaltensgestörter Schüler, der besonders durch eine unkontrollierte Hyperaktivität in Erscheinung tritt, verlässt ständig seinen Arbeitsplatz und verhindert so eine normale Fortsetzung des Unterrichts. Die unterrichtende Lehrerin holt die Schulsozialarbeiterin zu Hilfe. Diese übernimmt den Schüler und versucht zunächst, über ein beruhigendes Gespräch Einfluss zu nehmen. Anschließend geht sie mit ihm in einen separaten Sportraum. Hier kann sich der betroffene Schüler an den vorhandenen Geräten abreagieren.*

Fallbeispiel 2 *Die Schulsozialarbeiterin aus dem obigen Fallbeispiel führt regelmäßig mit einer Klasse wöchentlich einmal eine Gesprächsrunde in Form der sozialen Gruppenarbeit durch. Ziel dabei ist es, die Konfliktlösungsfähigkeit innerhalb des Klassenverbandes positiv zu beeinflussen.*

Fallbeispiel 3 *Ein weiteres Angebot der Schulsozialarbeiterin in den obigen Beispielen ist die Betreuung von Schülerinnen und Schülern im Schulclub. Dieser ist eine Stunde vor Beginn des Unterrichts und nach Unterrichtsschluss bis zur Abfahrt des letzten Schulbusses geöffnet.*

Die beschriebenen Beispiele zeigen einige mögliche Aufgaben und Formen der Schulsozialarbeit. In ihnen werden auch Probleme des heutigen Schulalltags deutlich. Ähnliche Probleme gibt es in allen Schulformen. Schulsozialarbeit hat deshalb überall ihre Berechtigung. Leider reichen auch in diesem Bereich sehr oft die finanziellen Mittel nicht aus, um allen Notwendigkeiten gerecht zu werden. Eine professionelle Nutzung aller Möglichkeiten der Schulsozialarbeit kann zu einer spürbaren Verbesserung des Schulklimas beitragen.

11.2.2 Schulsozialarbeit aus rechtlicher Sicht

Die Schulsozialarbeit bewegt sich zwischen der Gesetzgebungskompetenz von Bund und Ländern. Der Bund hat die Gesetzgebungsbefugnis für den Bereich der Jugendhilfe. Die Länder haben innerhalb ihrer Kulturhoheit die Gesetzgebungskompetenz hinsichtlich des Bildungswesens. Daraus ergibt sich, dass das SGB VIII und die Schulgesetze der Bundesländer den rechtlichen Rahmen für die Schulsozialarbeit bilden.

Wir wollen zunächst die wichtigsten Regelungen des SGB VIII betrachten und dann einen Blick auf die Schulgesetze der Länder werfen.

Erinnern wir uns an den § 1 SGB VIII (siehe S. 28). Er gilt als Generalklausel für das gesamte Gesetz. Deshalb muss das Wirken von Schulsozialarbeit zunächst aus diesem grundlegenden Blickwinkel betrachtet werden. In Absatz 3 der genannten Regelung wird unter 1. davon gesprochen, dass Jugendhilfe die individuelle und soziale Entwicklung junger Menschen fördern soll und gleichzeitig Benachteiligungen abgebaut oder vermieden werden sollen. Dazu leistet die Schulsozialarbeit ihren konkreten Beitrag. Sie versucht, präventiv und durch Intervention wirksam zu werden, genau wie alle anderen Leistungen der Jugendhilfe. So ist der in Fallbeispiel 3 beschriebene Schulclub präventiv wirksam. Die Schülerinnen und Schüler halten sich dort unter einer pädagogischen Beaufsichtigung auf und können sich sinnvoll beschäftigen. Ein unkontrollierter Straßenaufenthalt wird vermieden und damit mögliches Konfliktpotenzial eingeschränkt. Außerdem kann die Schulsozialarbeiterin als Ansprechpartnerin für Sorgen und Nöte der Schülerinnen und Schüler dienen.

Aufgabe
Weisen Sie anhand eines der obigen Fallbeispiele nach, dass die Schulsozialarbeit der Verwirklichung der grundlegenden Bestimmungen des § 1 SGB VIII gerecht wird.

§ 13 SGB VIII ist eine der wichtigsten Rechtsgrundlagen für die Schulsozialarbeit. Wir sind bereits in Punkt 11.1 auf ihn eingegangen. An dieser Stelle sei auf den Absatz 4 verwiesen:

> **§** **§ 13 Absatz 4 SGB VIII**
>
> „Die Angebote sollen mit den Maßnahmen der Schulverwaltung, der Bundesanstalt für Arbeit, der Träger betrieblicher und außerbetrieblicher Ausbildung sowie der Träger von Beschäftigungsangeboten abgestimmt werden."

In dieser Regelung ist erstmals eine Kooperationsverpflichtung der Jugendhilfe mit der Schule vorgeschrieben, auch wenn die Schulsozialarbeit nicht explizit als Leistung der Jugendhilfe benannt wird.

Angesichts der wachsenden Zahl von schulmüden Jugendlichen, der großen Bedeutung von Schulabschlüssen, der Schwierigkeiten von Jugendlichen, in einen Beruf zu gelangen und der Jugendarbeitslosigkeit gewinnt die Jugendsozialarbeit im Rahmen des § 13 SGB VIII an Bedeutung für die Schule und die Jugendhilfe insgesamt. Es muss aber darauf verwiesen werden, dass die Schulsozialarbeit nicht ausschließlich auf den § 13 SGB VIII beschränkt werden darf. Dies würde bedeuten, dass Schulsozialarbeit als eine Art „Feuerwehr" der Schule für „auffällige Schüler" gesehen werden könnte. Aus diesem Grunde sei an dieser Stelle noch einmal auf den § 11 SGB VIII (siehe Seite 117) verwiesen. Jugendarbeit wendet sich an alle jungen Menschen. In § 11 SGB VIII Absatz 3 Nr. 3 SGB VIII wird von arbeitswelt-, schul- und familienbezogener Jugendarbeit gesprochen. Damit sind präventive schulbezogene Angebote (siehe Fall 3 auf Seite 124) möglich.

Als Letztes sei auf den § 81 Nr. 1 SGB VIII verwiesen:

> § „Die Träger der öffentlichen Jugendhilfe haben mit anderen Stellen und öffentlichen Einrichtungen, deren Tätigkeit sich auf die Lebenssituation junger Menschen und ihrer Familien auswirkt, insbesondere mit
>
> 1. Schulen und Stellen der Schulverwaltung, ...
>
> im Rahmen ihrer Aufgaben und Befugnisse zusammenzuarbeiten."

Diese Regelung ist für die Schulsozialarbeit insofern von Bedeutung, als die Jugendhilfe nur in Zusammenarbeit mit Schulen und anderen Sozialisationsinstanzen ihre präventive Interessenvertretung von Kindern und Jugendlichen wahrnehmen kann.

Bleibt noch ein kurzer Blick in die Schulgesetzgebung der Länder. Kooperationsverpflichtungen der Schule mit der Jugendhilfe sind in den Gesetzen nur unzureichend verankert. Solche Verpflichtungen finden sich beispielsweise in den Schulgesetzen von Bayern, Brandenburg, Niedersachsen, Saarland, Baden-Württemberg und Mecklenburg-Vorpommern. Die Ausgestaltung dieser Pflicht ist sehr unterschiedlich geregelt. So bezieht sich die Kooperationsverpflichtung in einigen Ländern nur auf beeinträchtigte bzw. gefährdete Schülerinnen und Schüler sowie auf die Kooperation des Schulleiters mit der Jugendhilfe. Des Weiteren wird die Zusammenarbeit mit der Jugendhilfe oft als „Kann-Regelung" definiert.

Im Land Brandenburg heißt es z. B. in § 9 Absatz 1 des Brandenburgischen Schulgesetzes u. a.:

> § „Die Schulen sollen mit anderen Stellen und öffentlichen Einrichtungen, deren Tätigkeit sich auf die Lebenssituation junger Menschen und ihrer Familien auswirkt, im Rahmen ihrer Aufgaben und Befugnisse zusammenarbeiten. Sie achten dabei die fachlichen Grundsätze und das Selbstverständnis der Kooperationspartner. Sie können nach Zustimmung durch das staatliche Schulamt und den Schulträger Vereinbarungen insbesondere mit einem Träger der Jugendhilfe über die Durchführung von Sozialarbeit oder von Freizeitangeboten an der Schule treffen, soweit der Schulträger nicht selbst solche Vereinbarungen trifft ..."

In diesem Gesetz handelt es sich um eine „Muss-Bestimmung". Schulen im Land Brandenburg sind zur Zusammenarbeit mit der Jugendhilfe verpflichtet. Sie haben dabei lediglich die notwendigen Zustimmungen einzuholen.

11.3 Sozialpädagogisch begleitete Ausbildungs- und Beschäftigungsmaßnahmen

Das Finden eines geeigneten Ausbildungsplatzes ist heute für bestimmte junge Menschen nicht unproblematisch. Haupt- und Sonderschüler, Schüler ohne Schulabschluss und Schüler mit Sozialisationsdefiziten stellen in diesem Zusammenhang eine besondere Problemgruppe dar. Sie finden in der Regel keinen Ausbildungsplatz. § 1 SGB VIII sichert aber im Rahmen der Jugendhilfe die Förderung der Entwicklung zu einer eigenverantwortlichen und gemeinschaftsfähigen Persönlichkeit jedem jungen Menschen zu. Deshalb bestimmt § 13 Absatz 2 SGB VIII innerhalb der Jugendsozialarbeit das Folgende:

> § „Soweit die Ausbildung dieser jungen Menschen nicht durch Maßnahmen und Programme anderer Träger und Organisationen sichergestellt wird, können geeignete sozialpädagogisch begleitete Ausbildungs- und Beschäftigungsmaßnahmen angeboten werden, die den Fähigkeiten und dem Entwicklungsstand dieser jungen Menschen Rechnung tragen."

Entsprechend des Bedarfs können Jugendlichen verschiedene Maßnahmen angeboten werden. Einige sollen hier exemplarisch angeführt werden. Dabei orientieren wir uns an der Situation im Land Brandenburg:

1. Berufsorientierende und berufsvorbereitende Angebote wie Potenzialanalysen, Arbeitstrainingsprogramme, spezielle ausbildungsvorbereitende Maßnahmen in verschiedenen Berufsfeldern

2. Sozialpädagogische Betreuung zur beruflichen Integration in Einzel- und Gruppenbetreuung durch sozialpädagogische Fachkräfte als Maßnahme des Jugendamtes in Projekten zur sozialen und beruflichen Integration an den Übergängen Schule – Ausbildung oder Ausbildung – Beschäftigung, nach Suchttherapie oder Haftentlassung u. a.

3. Berufsausbildung im Rahmen der Jugendhilfe mit anerkanntem Abschluss in verschiedenen Berufsfeldern wie Bau- und Metalltechnik, Hochbau, Landschaftsbau, Bürokommunikation u. a.

Finanziert werden diese Maßnahmen u. a. auch aus dem Europäischen Sozialfonds (ESF). Das Aufgabenspektrum der Sozialarbeit ist hier sehr vielschichtig. An erster Stelle steht die Motivation und die Entwicklung des Durchhaltevermögens der Jugendlichen. Ihre bisherige Sozialisation ist nicht selten von Ablehnung, Gefühlsarmut, Drogenmissbrauch, elterlichem Versagen usw. gekennzeichnet.

In einigen Kooperationsprojekten wird unter Einbeziehung der zuständigen Berufsschulen zunächst versucht, den Hauptschulabschluss bzw. die Berufsbildungsreife zu erreichen.

> *Zusammenfassung*
> *Jugendsozialarbeit wendet sich innerhalb des Leistungsangebots der Jugendhilfe besonders an junge Menschen, die in erhöhtem Maße auf Unterstützung angewiesen sind. Dazu gehören u. a. Haupt- und Sonderschüler, Jugendliche mit Sozialisationsdefiziten, junge Menschen ohne Schulabschluss, Jugendliche ausländischer Nationalität.*
> *Jugendsozialarbeit findet in verschiedenen Formen statt. Schulsozialarbeit ist eine Form der Kooperation von Jugendhilfe und Schule. Sie erfolgt durch Sozialpädagogen im Rahmen des Schulalltags. Sie versteht sich als zusätzliche pädagogische Möglichkeit für die Institution Schule.*
> *Ausbildungs- und Beschäftigungsmaßnahmen mit sozialpädagogischer Begleitung dienen der beruflichen Ausbildung, Eingliederung in die Arbeitswelt und der sozialen Integration.*

12 Erzieherischer Kinder- und Jugendschutz

Der erzieherische Kinder- und Jugendschutz ist eine vielschichtige Aufgabe. Kinder und Jugendliche sind immer vielfältigen Gefährdungen ausgesetzt. Allein die Suchtgefährdung hat viele Seiten. Alkoholmissbrauch ist nur eine davon.

Geregelt ist das dahingehende Leistungsangebot in § 14 SGB VIII:

> § „(1) Jungen Menschen und Erziehungsberechtigten sollen Angebote des erzieherischen Kinder- und Jugendschutzes gemacht werden.
>
> (2) Die Maßnahmen sollen
>
> 1. junge Menschen befähigen, sich vor gefährdenden Einflüssen zu schützen und sie zur Kritikfähigkeit, Entscheidungsfähigkeit und Eigenverantwortlichkeit sowie zur Verantwortung gegenüber ihren Mitmenschen führen,
>
> 2. Eltern und andere Erziehungsberechtigte besser befähigen, Kinder und Jugendliche vor gefährdenden Einflüssen zu schützen."

Die gesetzliche Regelung hat zwei Adressaten für diese Leistung im Auge: die jungen Menschen selbst und deren Erziehungsberechtigte.

Besonders bewährt haben sich solche Veranstaltungen, die immer auf eine bestimmte Gruppe von Kindern und Jugendlichen abzielen. Hier sind z. B. „Jugendschutzwochen" mit einer bestimmten Themenstellung im Rahmen der offenen Jugendarbeit zu nennen. Der Einsatz verschiedenster Mittel und Methoden ist eine Grundvoraussetzung für den Erfolg. Medien können sein: Kinder- und Jugendtheater, Musik- und Tanzprojekte, Film, Video, Puppenbühne. Sehr wichtig für das Gelingen sind qualifizierte Mitarbeiter (Jugendschutzbeauftragte), die ständig auf der Suche nach Ideen sind und für die die Zusammenarbeit mit Polizeibehörden u. a. zum Alltag gehört.

Erzieherinnen sind ständig gefordert, sich mit den Gefährdungen von Kindern und Jugendlichen auseinanderzusetzen. So kann z. B. in der Kindertagesstätte die Form des Elternabends für diese Arbeit genutzt werden. Dort könnten Erzieherinnen bei Bedarf den Auftritt von Experten (z. B. zu Gesundheitsfragen) organisieren. Unterstützung kann hier vom zuständigen Jugendamt angefordert werden.

Auch die Gestaltung von Ausstellungen für junge Menschen und die Erziehungsberechtigten ist eine wirkungsvolle Methode. Themen könnten u. a. der sexuelle Missbrauch oder die Drogenproblematik sein. Auch die Probleme von Kindern nicht deutscher Herkunft und deren Familien sind gegenwärtig aktuell.

Die Notwendigkeit eines aktiven erzieherischen Kinder- und Jugendschutzes ergibt sich auch aus weiteren gesellschaftlichen Notwendigkeiten. Junge Menschen werden heute mit einem gesellschaftlichen Umfeld konfrontiert, in dem das Streben nach raschem, hohem Lebensstandard und sozialer Anerkennung für breite soziale Schichten im Mittelpunkt steht. Damit verbunden ist ein starker Konkurrenzdruck im Arbeits- und Privatleben. Mit diesem müssen junge Menschen umgehen lernen. Die Bild-Medien unterstützen das weitverbreitete Konsum- und Anspruchsdenken, das häufig zu unerfüllbaren Ausbildungs- und Berufswünschen führt. Dadurch vorprogrammierte Misserfolge können immer weniger durch die Familie aufgefangen werden.

Aus allen genannten Gründen ist es deshalb für Erzieherinnen notwendig, durch Beobachtung der ihnen anvertrauten Kinder und Jugendlichen Themen für den erzieherischen Kinder- und Jugendschutz zu erkennen und in geeignete Maßnahmen einzubeziehen.

13 Förderung der Erziehung in der Familie

13.1 Gesellschaftlicher Hintergrund und Zielsetzung

Unsere Gegenwart ist durch tief greifende gesellschaftliche Wandlungsprozesse gekennzeichnet. Diese wirken sich immer stärker auf die familiäre Lebensführung aus. Familiäre Veränderungen laufen heute in einem bisher nicht gekannten Tempo ab. Aus der Sicht von Kindern und Jugendlichen tragen folgende Veränderungen oft zu einer Verschlechterung ihrer Lage bei:

1. Zunahme der Mobilität von Familien aufgrund der Arbeitsmarktsituation,

2. Veränderung der familiären Lebensformen,

3. Abnahme der Stabilität von Erwachsenenbeziehungen und damit verbundene Trennungsprozesse,

4. Berufstätigkeit beider Elternteile,

5. Anwachsen der Anforderungen an Schul- und Berufsausbildung,

6. Ansteigen der Lebenshaltungskosten,

7. Arbeitslosigkeit als Dauerproblem in Verbindung mit Perspektivenlosigkeit und Identitätsverlust.

Diese Auflistung ist natürlich nicht vollständig. Sie macht aber deutlich, dass die genannten Faktoren Familien belasten und sie oft nicht in der Lage sind, den Anforderungen für eine gesellschaftlich notwendige Sozialisation ihrer Kinder allein zu sorgen. In der Zusammenfassung des 14. Kinder- und Jugendberichts der Bundesregierung vom Januar 2013 heißt es u. a.:

„Welche Institutionen übernehmen in Deutschland heute Verantwortung für das Aufwachsen von Kindern und Jugendlichen? (...) Zu beobachten ist dabei, so eine Hauptthese dieses Berichts, eine Zunahme der öffentlichen Verantwortung. (...) Wenn staatliche Institutionen oder Akteure der Zivilgesellschaft Verantwortung für das Aufwachsen von Kindern und Jugendlichen übernehmen, wird die familiale Verantwortungsübernahme ergänzt, erweitert und manchmal sogar erst ermöglicht. Damit sind die Familien nicht aus der Verantwortung entlassen; auch versucht der Staat nicht, in Familien ‚hineinzuregieren' – es ergeben sich aber neue Verschränkungen und Mischungsverhältnisse von öffentlicher und privater Verantwortung."

(Quelle: Deutscher Bundestag, 17. Wahlperiode, Drucksache 17/12200, S. 37)

Die Ausführungen der Sachverständigenkommission für den 14. Kinder- und Jugendbericht basieren u. a. auch auf Artikel 6 Absatz 1 unseres Grundgesetzes. Er lautet:

§ „Ehe und Familie stehen unter dem besonderen Schutze der staatlichen Ordnung."

Der im Grundgesetz angemahnte Schutz von Ehe und Familie kann sich nicht allein auf ein Abwehrrecht der Bürger gegen störende Eingriffe durch den Staat beschränken. Vielmehr besteht für den Staat auch eine Verpflichtung, Ehe und Familie durch geeignete

Maßnahmen zu fördern. Dazu zählen auch solche Jugendhilfeleistungen, die Elternverantwortung fördern und elterliche Erziehungskraft stärken.

Grundsätzliches Anliegen des SGB VIII ist es, Familien bei ihren Erziehungsaufgaben zu unterstützen. Die Leistungen im Rahmen der „Förderung der Erziehung in der Familie" stellen diesbezüglich ein weit gefasstes Spektrum dar. In § 16 Absatz 1 SGB VIII heißt es:

> § „Müttern, Vätern, anderen Erziehungsberechtigten und jungen Menschen sollen Leistungen der allgemeinen Förderung der Erziehung in der Familie angeboten werden. Sie sollen dazu beitragen, dass Mütter, Väter und andere Erziehungsberechtigte ihre Erziehungsverantwortung besser wahrnehmen können. Sie sollen auch Wege aufzeigen, wie Konfliktsituationen in der Familie gewaltfrei gelöst werden können."

Das SGB VIII fasst hier den Familienbegriff sehr weit. Als „Familie" gilt nicht nur das traditionell verheiratete Elternpaar, sondern auch Alleinerziehende, Stiefeltern-Familien, unverheiratete Paare mit Kindern, Pflegeeltern, aber auch Kinder, die von nahen Verwandten erzogen werden, gelten als Familie.

Der vorliegende Leistungskatalog zur „Förderung der Erziehung in der Familie" nach den §§ 16 bis 21 SGB VIII unterscheidet sich bezüglich der „Hilfe zur Erziehung" (§§ 27 bis 35 SGB VIII) auch dadurch, dass hier keine speziellen Voraussetzungen zur Inanspruchnahme vorliegen müssen, wie z. B. in § 27 SGB VIII. Es geht um allgemeine Beratungsangebote und nicht um Einzelfallbezogenheit. Das grundlegende Handlungskonzept kann als Familienarbeit bezeichnet werden. Darin sind u. a. Erwachsenenbildung, Erziehungs- und Jugendberatung, Familiengruppenarbeit und Gemeinwesenarbeit enthalten.

13.2 Familienbildung und andere Formen der allgemeinen Förderung

Das SGB VIII regelt in Absatz 2 des § 16:

> § „Leistungen zur Förderung der Erziehung in der Familie sind insbesondere
> 1. Angebote der Familienbildung, die auf Bedürfnisse und Interessen sowie auf Erfahrungen von Familien in unterschiedlichen Lebenslagen und Erziehungssituationen eingehen, die Familie zur Mitarbeit in Erziehungseinrichtungen und in Formen der Selbst- und Nachbarschaftshilfe besser befähigen sowie junge Menschen auf Ehe, Partnerschaft und das Zusammenleben mit Kindern vorbereiten,
> 2. Angebote der Beratung in allgemeinen Fragen der Erziehung und Entwicklung junger Menschen,
> 3. Angebote der Familienfreizeit und der Familienerholung, insbesondere in belastenden Familiensituationen, die bei Bedarf die erzieherische Betreuung der Kinder einschließen."

Die Familienbildung versucht, Angebote für eine sinnvolle Gestaltung des Familienlebens zu unterbreiten. Das Gesetz orientiert sich dabei anhand der Bedürfnisse und Interessen von

Familien. Dies kann in Form von Einzelveranstaltungen bzw. Wochenendseminaren geschehen. Aktuelle Themen gegenwärtig sind u. a. gewaltfreie Erziehung, Umgang von Kindern und Jugendlichen mit Medien, Probleme Alleinerziehender. Angeboten wird die Familienbildung hauptsächlich von freien Trägern. Das Leistungsangebot selbst ist eine Pflichtaufgabe für die öffentlichen Träger der Jugendhilfe. Entsprechend dem Subsidiaritätsprinzip kommt diesen in erster Linie die Finanzierungspflicht gegenüber den freien Trägern zu.

Seit etwa dreißig Jahren gibt es eine „Bundesarbeitsgemeinschaft Familienbildung & Beratung e. V." (www.familienbildung.de). Sie vertritt 265 Familienbildungseinrichtungen und -träger. Zu den Trägern gehören z. B. die Arbeiterwohlfahrt, das Deutsche Rote Kreuz und der Paritätische Wohlfahrtsverband. Die Arbeitsgemeinschaft gibt auch zahlreiche Publikationen heraus (z. B. „Gesund leben – eine Illusion?", „Gewaltfreie Erziehung"). Weiterhin werden Seminare angeboten, die auch mit einem Zertifikatsabschluss enden können (z. B. „Berater/-in für Familienarbeit").

Angebote der Familienberatung können auch die Tätigkeit von Erzieherinnen unterstützen. Häufig klagen Eltern über Erziehungsschwierigkeiten. Die Konfliktlösung zwischen Eltern und den jungen Menschen ist nicht immer unproblematisch. Hier können Beratungsstellen mithilfe der entsprechenden Fachleute (z. B. Psychologen) helfen. Solche Beratungen können beispielsweise auch im Rahmen von Elternabenden in Kindertagesstätten stattfinden.

Familienfreizeiten und Familienerholung sollen Familien die Möglichkeit zur gemeinsamen Erholung und Entspannung bieten, andererseits sollen die Beteiligten auch Zeit für sich selbst haben. Deshalb erwähnt § 16 Absatz 2 Nr. 3 SGB VIII die Möglichkeit der erzieherischen Betreuung der Kinder. In der Praxis gibt es auch die Kombination von Familienfreizeit und Familienbildung.

Der Leistungskatalog des § 16 SGB VIII ist nicht abgeschlossen. Die Formulierung „insbesondere" in Absatz 2 ermöglicht eine ständige Neu- bzw. Weiterentwicklung von Angeboten der allgemeinen Förderung in der Familie.

13.3 Beratung in familiären Krisensituationen

Fallbeispiel *Herr O hat sich im Jugendamt zu einem Gespräch angemeldet. Völlig verzweifelt schildert er seine gegenwärtige familiäre Situation. Er ist verheiratet und hat mit seiner Frau zwei Kinder (sechs und neun Jahre alt). Seine Ehefrau zog kürzlich mit den Kindern aus der gemeinsamen Wohnung aus. Grund für den Auszug ist das gegenwärtige gestörte partnerschaftliche Verhältnis zwischen den Ehegatten. Herr O ist sehr häufig aufgrund seiner beruflichen Tätigkeit über Tage hinweg unterwegs. Dies führte u. a. zur gegenwärtigen Situation in der Familie. Herr O berichtet, dass die Kinder sehr unter der Trennung litten. Beide seien zunehmend aggressiv und der neunjährige Sohn habe plötzlich große schulische Schwierigkeiten. Herr O möchte unbedingt die Familie erhalten.*

Situationen wie diese sind heute nicht selten. Kinder leiden unter solchen Partnerschaftsproblemen besonders dann, wenn damit eine vorübergehende oder endgültige Trennung der Partner verbunden ist. Der drohende oder tatsächliche Verlust einer engen Bezugsperson kann zu Entwicklungs- und Persönlichkeitsstörungen führen. Diese wiederum können negative Folgen für die eigenen künftigen Partnerbeziehungen haben. Aus den genannten Gründen bietet die Jugendhilfe neben den allgemeinen Beratungsangeboten auch Beratung in speziellen Fragen von Partnerschaft, Trennung und Scheidung an. Betrachten wir zunächst den zugehörigen rechtlichen Rahmen des § 17 Absatz 1 SGB VIII:

> § „Mütter und Väter haben im Rahmen der Jugendhilfe Anspruch auf Beratung in Fragen der Partnerschaft, wenn sie für ein Kind oder einen Jugendlichen zu sorgen haben oder tatsächlich sorgen. Die Beratung soll helfen,
>
> 1. ein partnerschaftliches Zusammenleben in der Familie aufzubauen,
>
> 2. Konflikte und Krisen in der Familie zu bewältigen,
>
> 3. im Falle von Trennung oder Scheidung die Bedingungen für eine dem Wohl des Kindes oder des Jugendlichen förderlichen Wahrnehmung der Elternverantwortung zu schaffen."

Aufgabe
Prüfen Sie, ob Herr O einen Anspruch auf Beratung hat. Formulieren Sie dazu eine ausführliche schriftliche Begründung unter Einbeziehung des geltenden Rechts.

Die vorliegende rechtliche Regelung formuliert einen (einklagbaren) Rechtsanspruch auf Beratung. Diese muss Müttern und Vätern unabhängig von ihrer Sorgeberechtigung gewährt werden. In Nr. 1 bis 3 des Absatz 1 § 17 SGB VIII wird die Zielrichtung des Beratungsangebots vorgegeben. Zunächst wird es im Fall von Herrn O darum gehen, die gegenwärtige Krisensituation zu bewältigen und nach Möglichkeit wieder ein gesundes Familienklima herzustellen. Ist dies nicht möglich, muss versucht werden, ein einvernehmliches Konzept für die weitere Ausübung der Elternverantwortung zu entwickeln. Dies kann dann im möglichen Scheidungsfall als Entscheidungsgrundlage für das Familiengericht dienen. § 17 Absatz 2 und 3 SGB VIII bestimmt dazu:

> § „(2) Im Falle der Trennung und Scheidung sind Eltern unter angemessener Beteiligung des betroffenen Kindes oder Jugendlichen bei der Entwicklung eines einvernehmlichen Konzepts für die Wahrnehmung der elterlichen Sorge und der elterlichen Verantwortung zu unterstützen; dieses Konzept kann auch als Grundlage für einen Vergleich oder eine gerichtliche Entscheidung im familiengerichtlichen Verfahren dienen.
>
> (3) Die Gerichte teilen die Rechtsanhängigkeit von Scheidungssachen, wenn gemeinschaftliche minderjährige Kinder vorhanden sind, sowie Namen und Anschriften der beteiligten Eheleute und Kinder dem Jugendamt mit, damit dieses die Eltern über das Leistungsangebot nach Absatz 2 unterrichtet.

Seit dem 1. Juli 1998 ist die Entscheidung über die weitere Wahrnehmung der elterlichen Sorge nach einer Scheidung nicht mehr automatisch Gegenstand des Scheidungsurteils.

Das Familiengericht trifft nur noch auf Antrag eines der beiden Elternteile eine diesbezügliche Entscheidung. Grundanliegen dieser Neuregelung ist die Stärkung der Elternautonomie und der Abbau von staatlicher Reglementierung. Durch die Scheidung endet zwar die Partnerschaft, aber nicht die Elternschaft.

Um Eltern in solchen Situationen nicht allein zu lassen, gibt es die obige Regelung im SGB VIII. Es ist jetzt sehr frühzeitig möglich, durch Beratung für das Wohl der betroffenen Kinder und Jugendlichen nach erfolgter Scheidung zu sorgen.

Die neue Rechtslage hat aber auch eine nicht zu unterschätzende Problematik. Eltern, die in solchen Situationen häufig überlastet sind, werden dem Beratungsangebot nicht immer Folge leisten. Sind sie sehr in ihre Auseinandersetzungen verstrickt, werden sie den Gang zum Jugendamt scheuen. Dadurch besteht die Gefahr, dass das Familiengericht nicht immer von bestehenden Problemen Kenntnis erhält und trotz Bedarf keine Hilfe erfolgt.

Im Falle von Herrn O wurde sehr verantwortungsbewusst gehandelt. Hier sind jetzt alle Wege zur Beratung im Sinne des Kindeswohls offen. Im Falle der möglichen Scheidung kann jetzt bewusst an einem gemeinsamen Konzept der weiteren Ausübung der elterlichen Sorge gearbeitet werden.

> *Fallbeispiel*   *Eine verzweifelte Mutter sucht eine Erziehungs- und Familienberatungsstelle auf. Dort berichtet sie der zuständigen Mitarbeiterin: „Ich bin das zweite Mal verheiratet. Mein jetzt neunjähriger Sohn aus erster Ehe kam ein Jahr lang gut mit meinem neuen Mann aus, aber zurzeit läuft nichts mehr. Ich halte es nicht mehr aus. In der Schule ist er nur noch aggressiv, jeden Tag neue Eintragungen der Lehrer, dazu werde ich oft hinbestellt, ich will ja auch wissen, was so läuft. Aber jetzt geht er auch nicht mehr regelmäßig in die Schule. Ich habe Angst, dass er bald gar nicht mehr hingehen wird."*

Für solche Situationen bietet die Jugendhilfe zunächst auf der Grundlage des § 18 Absatz 1 SGB VIII Hilfe an:

> **§** „(1) Mütter und Väter, die allein für ein Kind oder einen Jugendlichen zu sorgen haben oder tatsächlich sorgen, haben Anspruch auf Beratung und Unterstützung
>
> 1. bei der Ausübung der Personensorge einschließlich der Geltendmachung von Unterhalts- oder Unterhaltsersatzansprüchen des Kindes oder Jugendlichen,
>
> 2. bei der Geltendmachung ihrer Unterhaltsansprüche nach § 1615 l des Bürgerlichen Gesetzbuches."

Die Mutter im obigen Fallbeispiel sorgt nach der Scheidung ihrer ersten Ehe augenscheinlich allein für ihren Sohn. Es ist nicht ersichtlich, ob sie das alleinige Sorgerecht ausübt oder nicht. Dies ist aber für den Beratungsanspruch unerheblich, da nach dem Gesetz die tatsächliche Sorge bereits für die Inanspruchnahme dieser Leistung ausreicht. Die Mutter muss beraten werden. Das Angebot ist zudem kostenlos, genau wie die Leistungen nach § 17 SGB VIII.

Einen wichtigen Schwerpunkt zur Beratung zum Umgangsrecht setzt Absatz 3 des § 18 SGB VIII. Er lautet:

§ „Kinder und Jugendliche haben Anspruch auf Beratung und Unterstützung bei der Ausübung des Umgangsrechts nach § 1684 Abs. 1 des Bürgerlichen Gesetzbuchs. Sie sollen darin unterstützt werden, dass die Personen, die nach Maßgabe der §§ 1684 und 1685 des Bürgerlichen Gesetzbuchs zum Umgang mit ihnen berechtigt sind, von diesem Recht zu ihrem Wohl Gebrauch machen. Eltern, andere Umgangsberechtigte sowie Personen, in deren Obhut sich das Kind befindet, haben Anspruch auf Beratung und Unterstützung bei der Ausübung des Umgangsrechts. Bei der Befugnis, Auskunft über die persönlichen Lebensverhältnisse des Kindes zu verlangen, bei der Herstellung von Umgangskontakten und bei der Ausführung gerichtlicher oder vereinbarter Umgangsregelungen soll vermittelt und in geeigneten Fällen Hilfestellung geleistet werden."

Bei der Scheidung von Frau und Herrn Schröder wurden konkrete Umgangsregelungen bezüglich der beiden Kinder Marcel und Susanne getroffen. Wegen der Reduzierung der Besuchskontakte durch die Mutter kann Herr Schröder die Hilfe des Jugendamtes in Anspruch nehmen. Das Jugendamt hätte dann die Umstände, die zur einseitigen Änderung der Umgangsregelungen führten, zu prüfen, um zwischen den Elternteilen vermitteln zu können. Im Mittelpunkt muss nach wie vor das Wohl der Kinder stehen. Sollte sich erweisen, dass Frau Schröder ohne Grund gegen die getroffenen Vereinbarungen verstoßen hat, dann könnte Herr Schröder als letzte Möglichkeit vor dem Familiengericht klagen (nach § 1632 Absätze 1 und 3 BGB).

13.4 Gemeinsame Wohnformen für Mütter/Väter und Kinder

Minderjährige Mütter sind nicht selten. In solchen Fällen sind betroffene Eltern oftmals überfordert, um den werdenden Müttern bzw. Vätern Halt und Unterstützung zu geben. Im vorliegenden Beispiel kann das weitere Zusammenleben für alle Beteiligten unter Umständen nicht mehr zumutbar sein. In anderen Fällen ist die soziale Situation im Elternhaus besonders für die werdenden Mütter nicht mehr tragbar, um eine positive Entwicklung für Mutter und Kind zu gewährleisten. Das SGB VIII hält für solch komplizierte Situationen folgende Leistung bereit:

§ **§ 19 SGB VIII**

„(1) Mütter oder Väter, die allein für ein Kind unter sechs Jahren zu sorgen haben oder tatsächlich sorgen, sollen gemeinsam mit dem Kind in einer geeigneten Wohnform betreut werden, wenn und solange sie aufgrund ihrer Persönlichkeitsentwicklung dieser Form der Unterstützung bei der Pflege und Erziehung des Kindes bedürfen. Die Betreuung schließt auch ältere Geschwister ein, sofern die Mutter oder der Vater für sie allein zu sorgen hat. Eine schwangere Frau kann auch vor der Geburt des Kindes in der Wohnform betreut werden.

(2) Während dieser Zeit soll darauf hingewirkt werden, dass die Mutter oder der Vater eine schulische oder berufliche Ausbildung beginnt oder fortführt oder eine Berufstätigkeit aufnimmt."

Durch die betreute Unterbringung zusammen mit anderen Müttern soll Alleinstehenden geholfen werden, die durch die Geburt eines Kindes für sie entstehenden Schwierigkeiten zu meistern. Dies ist besonders dann notwendig, wenn sie sich in einer Schul- oder Berufsausbildung befinden. Weiterhin trifft dies auch auf Mütter zu, die wegen körperlicher, geistiger oder seelischer Behinderung die Betreuung des Kindes nicht ohne Hilfe ausführen können. Hierbei haben sich die traditionellen Mutter-Kind-Heime durchaus bewährt. In der Gegenwart sind aber auch Außenwohngruppen entstanden, die noch realitätsnäher arbeiten können. Beide Formen haben ihre Berechtigung. Sie können beide zur erfolgreichen Verselbstständigung der Betroffenen beitragen.

Einen Schwerpunkt in diesen Einrichtungen stellt die Entwicklung von beruflichen Perspektiven für die Mütter bzw. Väter dar. Diese sind oft sehr jung und haben noch keinen schulischen bzw. beruflichen Abschluss. Um ihr Leben dann außerhalb der Einrichtung meistern zu können, sind sie auf eine Berufsperspektive angewiesen. Deshalb wird im Gesetz das Hinwirken auf dieses Ziel verbindlich geregelt. Eine angemessene Betreuung der betroffenen Kinder muss dann natürlich auch abgesichert sein.

Wichtig für die Unterbringung in einer Einrichtung gemäß § 19 SGB VIII ist das Alter des Kindes und nicht das der Mutter bzw. des Vaters. Weiterhin spielt die Persönlichkeitsentwicklung des Kindes eine Rolle. Die Zeitdauer der Unterbringung hängt von den Fortschritten in der Persönlichkeitsentwicklung ab.

Die beschriebenen Wohnformen müssen gegenüber anderen Sozialleistungen abgegrenzt werden. Frauenhäuser beispielsweise werden hierdurch nicht abgedeckt. Diese dienen vornehmlich als Schutzraum vor Gewalt für die betroffenen Frauen und deren Kinder. Die Leistung nach dem SGB VIII leistet Jugendhilfe in Form der Unterstützung von Persönlichkeitsentwicklung. Außerdem bietet sie auch eine Hilfe zur Erziehung an.

Die Kosten für die Unterbringung in diesen Wohnformen regelt das SGB VIII in § 91. Für die Gewährung dieser Leistung dürfen Kostenüberlegungen keine Rolle spielen. Die Jugendämter sind hier zunächst in einer Vorleistungspflicht. Erst danach kann geprüft werden, inwieweit die Verpflichteten zu den Kosten heranzuziehen sind (§ 92 Absätze 1 und 3 SGB VIII).

13.5 Hilfe in familiären Notsituationen

Fallbeispiel *Familie Fröhlich hat zwei Kinder im Alter von drei und fünf Jahren. Beide besuchen gemeinsam den Kindergarten. Herr Fröhlich ist aus beruflichen Gründen täglich von 8.00 Uhr bis ca. 20.00 Uhr unterwegs. Frau Fröhlich muss wegen einer Erkrankung für längere Zeit in ein Krankenhaus und anschließend zur Rehabilitation in eine Klinik. Die Familie hat am Wohnort weder Verwandte noch Bekannte, die helfen könnten.*

Solche Fälle bringen Familien oft in auswegslos erscheinende Situationen. Kinder und Jugendliche sind dann meist verunsichert, weil beispielsweise eine Unterbringung außerhalb des Elternhauses als einzige Alternative zu existieren scheint. Eine solche Trennung vom Elternhaus könnte der weiteren Entwicklung der Kinder schaden. Vernachlässigen Eltern jedoch in solchen Krisensituationen ihr berufliches Engagement, kann dies den Arbeitsplatz und damit die bisherige wirtschaftliche Existenz gefährden.

§ 20 Absatz 1 SGB VIII regelt deshalb das Folgende:

§ „(1) Fällt der Elternteil, der die überwiegende Betreuung des Kindes übernommen hat, für die Wahrnehmung dieser Aufgabe aus gesundheitlichen oder anderen zwingenden Gründen aus, so soll der andere Elternteil bei der Betreuung und Versorgung des im Haushalt lebenden Kindes unterstützt werden, wenn

1. er wegen berufsbedingter Abwesenheit nicht in der Lage ist, die Aufgabe wahrzunehmen,

2. die Hilfe erforderlich ist, um das Wohl des Kindes zu gewährleisten,

3. Angebote der Förderung des Kindes in Tageseinrichtungen oder in Tagespflege nicht ausreichen."

Aufgabe
Prüfen Sie, ob Familie Fröhlich einen Anspruch auf die im Gesetz geregelte Leistung hat. Begründen Sie Ihre Meinung umfassend und genau.

Die Form einer solchen Hilfe kann als Familienpflege im umfassendsten Sinne verstanden werden. Eine sozialpädagogisch vorgebildete Person kann innerhalb der Familie tätig werden und das Betreuungsdefizit in enger Zusammenarbeit mit dem anderen Elternteil wahrnehmen. Die Gewährleistung einer solchen Hilfe erfordert die Zusammenarbeit öffentlicher Träger der Jugendhilfe mit freien Trägern, die entsprechende Dienste anbieten. Zu den entstehenden Kosten werden die betroffenen Familien gemäß § 91 Absatz 2 Nr. 1 SGB VIII herangezogen.

Diese Leistung muss von § 70 SGB XII abgegrenzt werden. Dort sind in ähnlichen Situationen ebenfalls Hilfen möglich, die sich jedoch auf die Weiterführung des Haushalts beziehen. Das SGB VIII dagegen ist ausschließlich auf die Betreuung von Kindern gerichtet.

Die in § 20 Absatz 1 SGB VIII genannten „anderen zwingenden Gründe" können z. B. Kuraufenthalt, Strafhaft oder Auslandsaufenthalt des bezeichneten Elternteils sein. Nach Absatz 2 ist die Betreuung der Kinder im eigenen Haushalt auch dann möglich, wenn beide Elternteile ausfallen. Voraussetzung nach Absatz 1 Nr. 3 ist, dass die Betreuung der Kinder in einer Tageseinrichtung oder Tagespflege nicht ausreicht.

Die oberste Zielsetzung für diese Jugendhilfeleistung ist einmal mehr das Wohl der betroffenen Kinder. Das Jugendamt muss nach pflichtgemäßem Ermessen die notwendige Hilfe festlegen. Eine Fremdunterbringung sollte – soweit möglich – jedoch vermieden werden.

Zusammenfassung
Den Leistungen zur Förderung der Erziehung in der Familie liegt ein weit gefasster Familienbegriff zugrunde. Damit will das SGB VIII den aktuellen Entwicklungen der sich verändernden Familienstrukturen gerecht werden. Die Leistungen reichen von allgemeinen Förderangeboten zur Stärkung der Erziehungsverantwortung von Eltern im Rahmen der Familienbildung und Familienberatung bis hin zur individuellen Betreuung und Beratung in Krisensituationen (Trennung, Scheidung, Umgangsrecht). Erzieherinnen und Erzieher können in diesem Bereich der Jugendhilfe besonders in den gemeinsamen Wohnformen für Mütter/ Väter und Kinder arbeiten. Eine Tätigkeit im Rahmen des Leistungsangebots nach § 20 SGB VIII ist auch denkbar.

14 Hilfe zur Erziehung

14.1 Allgemeiner rechtlicher Rahmen

Der vierte Abschnitt der „Leistungen" der Jugendhilfe regelt die „Hilfen zur Erziehung" (§§ 27 bis 35 SGB VIII). Diese Leistungsangebote sind als konkrete Hilfen im Einzelfall gedacht. Sie bedürfen, anders als die Leistungen nach den §§ 11 bis 26 SGB VIII, der grundlegenden Voraussetzung, dass eine dem Wohl entsprechende Erziehung für den Minderjährigen im Moment nicht gewährleistet ist. § 27 Absatz 1 SGB VIII sagt dazu aus:

> §   „Ein Personensorgeberechtigter hat bei der Erziehung eines Kindes oder eines Jugendlichen Anspruch auf Hilfe (Hilfe zur Erziehung), wenn eine dem Wohl des Kindes oder des Jugendlichen entsprechende Erziehung nicht gewährleistet ist und Hilfe für seine Entwicklung geeignet und notwendig ist."

Das Gesetz macht mit dieser Regelung das Vorliegen eines Erziehungsdefizits zur Grundlage der Leistungsgewährung. Betroffene könnten diese Formulierung als ein Eingeständnis eigener Unzulänglichkeit bei der bisherigen Ausgestaltung der Erziehung auffassen. Im Einzelfall kann dies eine Hemmschwelle sein, um Hilfe beim Jugendamt einzufordern. Überhaupt ist es sehr problematisch, dass sich der in § 27 SGB VIII formulierte Rechtsanspruch nur an die Inhaber des Sorgerechts wendet. Damit wird dem Kind das Recht auf Erziehung nicht gewährleistet. Die betroffenen Minderjährigen erscheinen somit als Erziehungsobjekte. Allerdings muss auch festgestellt werden, dass durch § 8 SGB VIII (siehe Abschnitt 2.5) Kindern und Jugendlichen entsprechend ihrem Entwicklungsstand ein Beteiligungsrecht an allen sie betreffenden Entscheidungen der öffentlichen Jugendhilfe zusteht.

In Absatz 2 des § 27 SGB VIII werden Aussagen bezüglich der prinzipiellen Ausgestaltung der Hilfe getroffen:

> §   „Hilfe zur Erziehung wird insbesondere nach Maßgabe der §§ 28 bis 35 gewährt. Art und Umfang der Hilfe richten sich nach dem erzieherischen Bedarf im Einzelfall; dabei soll das engere soziale Umfeld des Kindes oder des Jugendlichen einbezogen werden. ..."

Art und Umfang aller Hilfearten richtet sich nach dem Erziehungsbedarf im Einzelfall. Die Bestimmung verweist nur beispielhaft auf die §§ 28 bis 35 SGB VIII. Damit gibt der Gesetzgeber Raum für die Entwicklung von Lösungen, die dem Einzelfall konkret Rechnung tragen können. Gleichzeitig wird damit keine Hierarchie in der Abfolge der dargestellten Hilfearten aufgestellt. Ambulante und teilstationäre Hilfen stehen hier gleichberechtigt neben den klassischen Formen der Fremdunterbringung. Die Auswahl der Hilfen hat grundsätzlich nach pädagogischen Gesichtspunkten zu erfolgen.

§ 27 Absatz 3 SGB VIII beschreibt den grundsätzlichen Charakter der Hilfen zur Erziehung:

> § „Hilfe zur Erziehung umfasst insbesondere die Gewährleistung pädagogischer und damit verbundener therapeutischer Leistungen. Sie soll bei Bedarf Ausbildungs- und Beschäftigungsmaßnahmen im Sinne des § 13 Abs. 2 einschließen."

Fallbeispiel Herr und Frau Wegener erscheinen völlig verzweifelt im Jugendamt. Ihr zwölfjähriger Sohn bereitet ihnen in der Erziehung erhebliche Probleme. In der Schule wird er durch wiederholtes Schwänzen und durch Leistungsversagen auffällig. Die Lehrer meinen, es fehle ihm nur an Ausdauer und Fleiß. Vor einigen Tagen wurde er nun beim Diebstahl einer Markenjeans in einem Kaufhaus gestellt. Die Eltern sind dadurch zu der Auffassung gekommen, dass jetzt eine vorübergehende Trennung (Heimaufenthalt) nötig wäre. Die Schwierigkeiten der Eltern mit dem Jungen begannen etwa vor einem Jahr. Bis dahin verlief die Entwicklung normal.

Aufgabe
Prüfen Sie anhand des § 27 SGB VIII, ob es im obigen Fall einen Rechtsanspruch auf Hilfe zur Erziehung geben könnte.

Das Jugendamt hat eine grundsätzliche Beratungspflicht. Familie Wegener aus unserem Beispiel muss zunächst einmal Informationen über mögliche Hilfsangebote bekommen. Vorher muss jedoch das Jugendamt prüfen, ob die Voraussetzungen nach § 27 Absatz 1 SGB VIII grundsätzlich erfüllt sind (zu den verwaltungstechnischen Fragen siehe Abschnitt 15). Mit ihnen ist dann zu besprechen, ob sie Jugendhilfe in Anspruch nehmen möchten und welche Hilfeart in Betracht kommen könnte. Weiterhin müssen die Eltern auch auf mögliche Folgen der Inanspruchnahme einer Hilfe hingewiesen werden. Dabei geht es um Folgen, die sich auf die künftigen Bindungen zwischen Eltern und Kind erstrecken, aber auch schul- und entwicklungsmäßige Folgen müssen bedacht werden. Schließlich müssen auch mögliche finanzielle Belastungen geprüft werden.

Die Beratung der Eltern soll dazu beitragen, dass sich die Betroffenen nicht als Opfer von Maßnahmen sehen, sondern Entscheidungsbeteiligte sind. § 36 Absatz 1 SGB VIII regelt dazu das Folgende:

> § „Der Personensorgeberechtigte und das Kind oder der Jugendliche sind vor der Entscheidung über die Inanspruchnahme einer Hilfe und vor einer notwendigen Änderung von Art und Umfang der Hilfe zu beraten und auf die möglichen Folgen für die Entwicklung des Kindes oder des Jugendlichen hinzuweisen. ..."

Sämtliche Hilfen zur Erziehung tragen Angebotscharakter. Sie basieren auf der Freiwilligkeit der Sorgerechtsinhaber. Beantragen sie eine Aufhebung der festgelegten Maßnahme, so muss diese aufgehoben werden. Das Jugendamt kann in solchen Fällen prüfen, ob nach § 1666 BGB (siehe S. 89) das Familiengericht anzurufen ist. Ansonsten enden die Hilfen nach Erreichen der vorgegebenen Zielsetzung.

Die einzelnen Hilfearten haben auf die Entwicklung der betroffenen Minderjährigen sehr große Auswirkungen. Deshalb müssen die in Gang gesetzten Hilfe- und Entscheidungsprozesse begleitet und ständig qualifiziert werden. Aus den genannten Gründen sieht das SGB VIII in § 36 Absatz 2 die Aufstellung eines Hilfeplanes vor, wenn die festgelegten Hilfen auf eine längere Zeit angelegt wurden.

> „Die Entscheidung über die im Einzelfall angezeigte Hilfeart soll, wenn Hilfe voraussichtlich für längere Zeit zu leisten ist, im Zusammenwirken mehrerer Fachkräfte getroffen werden. Als Grundlage für die Ausgestaltung der Hilfe sollen sie zusammen mit dem Personensorgeberechtigten und dem Kind oder dem Jugendlichen einen Hilfeplan aufstellen, der Feststellungen über den Bedarf, die zu gewährende Art der Hilfe sowie die notwendigen Leistungen enthält; sie sollen regelmäßig prüfen, ob die gewählte Hilfeart weiterhin geeignet und notwendig ist. Werden bei der Durchführung der Hilfe andere Personen, Dienste oder Einrichtungen tätig, so sind sie oder deren Mitarbeiter an der Aufstellung des Hilfeplans und seiner Überprüfung zu beteiligen. Erscheinen Maßnahmen der beruflichen Eingliederung erforderlich, so sollen auch die für die Eingliederung zuständigen Stellen beteiligt werden. "

Eine wichtige Aufgabe des Hilfeplans ist es, für den betroffenen Minderjährigen mögliche Perspektiven der Entwicklung aufzuzeigen. Gleichzeitig kann mit seiner Hilfe auch die Erfüllung der formulierten Ziele für die beschlossene Maßnahme überprüft werden.

Nachfolgend soll ein mögliches Schema für einen Hilfeplan dargestellt werden.

Beispiel für ein Hilfeplanschema des Jugendamtes

1. Auf welche Hilfeart haben sich die Beteiligten geeinigt?

2. Warum wurde diese Hilfe ausgewählt? – aus Sicht der Eltern/Personensorgeberechtigten – aus Sicht des Jugendlichen – aus Sicht der Einrichtung – aus Sicht des Jugendamtes und anderen Institutionen

3. Welche Ziele sollen mit der ausgewählten Hilfe erreicht werden?

4. Ist eine Rückkehr des Kindes/Jugendlichen in die eigene Familie vorgesehen (bei Fremdunterbringung)?

5. Welcher zeitliche Rahmen ist für die Hilfe ausgewählt worden?

6. Wie sollen während einer Fremdunterbringung die Kontakte zwischen dem Kind/Jugendlichen und seinen Eltern oder anderen Bezugspersonen sein?

7. Welche Absprachen haben die Beteiligten zur Zusammenarbeit getroffen?

8. Welche besonderen sozialpädagogischen, schulischen oder therapeutischen Leistungen sind im Rahmen dieser Hilfe notwendig?

9. Zu welchem Zeitpunkt soll dieser Hilfeplan überprüft und fortgeschrieben werden?

Dieses Beispiel ist eine von vielen Möglichkeiten, den Hilfeplan mit Inhalt und damit mit Leben zu erfüllen. Erzieherinnen, die in Einrichtungen der Hilfen zur Erziehung arbeiten, sind ständig mit Hilfeplangesprächen und dem Schreiben von Entwicklungsberichten beschäftigt, die wichtige Arbeitsgrundlagen darstellen. Wichtig ist, dass im Hilfeplan formulierte Zielstellungen realistisch und damit auch erreichbar sind. Dies setzt natürlich das Einvernehmen aller Beteiligten voraus.

Nachfolgend wollen wir jetzt die einzelnen Hilfearten näher betrachten.

14.2 Erziehungsberatung

Beratung wird an verschiedenen Stellen des SGB VIII benannt (§§ 1 Absatz 3 Nr. 2, 8 Absatz 3, 11 Absatz 3 Nr. 6, 16 Absatz 2 Nr. 2, 17, 18 Absatz 1 u. 3, 21 S. 2, 25, 28, 36 Absatz 1 S. 1, 25, 28, 36 Absatz 1 S. 1, 37 Absatz 1 u. 2, 51, 53 SGB VIII).

§ 28 SGB VIII ordnet die Erziehungsberatung in den Kontext der Hilfen zur Erziehung ein. Damit müssen für deren Inanspruchnahme die in § 27 Absatz 1 SGB VIII festgeschriebenen Bedingungen erfüllt sein. Erziehungsberatung kann auch als sogenanntes niederschwelliges Angebot direkt, d.h. ohne Einschaltung des Jugendamtes, kostenlos in Anspruch genommen werden. Die Aufgabe der Krisenintervention tritt hier in den Vordergrund. Daraus ergibt sich eine Vielzahl von Beratungsanforderungen, die aufgrund der vielen verschiedenen Problemsituationen entstehen. § 28 SGB VIII lautet:

> § „Erziehungsberatungsstellen und andere Beratungsdienste und -einrichtungen sollen Kinder, Jugendliche, Eltern und andere Erziehungsberechtigte bei der Klärung und Bewältigung individueller und familienbezogener Probleme und der zugrunde liegenden Faktoren, bei der Lösung von Erziehungsfragen sowie bei Trennung und Scheidung unterstützen. Dabei sollen Fachkräfte verschiedener Fachrichtungen zusammenwirken, die mit unterschiedlichen methodischen Ansätzen vertraut sind."

Hauptaufgaben der Erziehungsberatung sind unter anderem, Verhaltensauffälligkeiten, Erziehungs- und Lernschwierigkeiten sowie Entwicklungsstörungen vorzubeugen, diese zu diagnostizieren und zu behandeln. Dabei kann es um eine beratende Intervention gehen. In einem solchen Falle wird den Betroffenen Hilfe zum gegenseitigen Verständnis der jeweiligen Probleme und deren Bewältigung gewährt.

Genauso kann die Beratung auch therapeutische Intervention sein. Sie ist dann auf einen bestimmten Zeitraum angelegt und methodisch strukturiert. Verhaltensänderungen sollen durch ein solches Vorgehen bewirkt werden.

Die Bestimmungen des § 28 SGB VIII legen fest, dass Fachkräfte verschiedener Fachrichtungen bei der Beratung zusammenwirken sollen. Es geht dabei besonders um die Berufsgruppen Psychologe/Psychologin, Sozialarbeiter/in, Diplom-Pädagoginnen/-pädagogen.

Einrichtungen, die Erziehungsberatung leisten, unterliegen verschiedenen Bezeichnungen: „Erziehungsberatungsstelle", „Familienberatung", „Erziehungs- und Jugendberatung". Ihre Leistungen können nach den §§ 90, 91 SGB VIII kostenlos in Anspruch genommen werden.

Das Team einer solchen Einrichtung muss mindestens aus drei Fachkräften verschiedener Disziplinen bestehen. Sie werden sowohl in öffentlicher als auch in freier Trägerschaft betrieben.

Aufgabe
Prüfen Sie, ob für unsere Familie im Fallbeispiel auf S. 140 Erziehungsberatung eine mögliche Hilfe wäre. Skizzieren Sie notwendige Voraussetzungen für eine solche Hilfe und beschreiben Sie mögliche Zielstellungen. Begründen Sie Ihre Aussagen.

Es ergeben sich beim Leistungsangebot nach § 28 SGB VIII mögliche Überschneidungen zur Beratung in § 17 SGB VIII. In diesem sind die Erwachsenen der Anlass zur Beratung. § 28 SGB VIII ist nur dann zu leisten, wenn erzieherische Defizite vorliegen. Diese theoretisch vorgegebene Zuordnung kann in der Praxis zu Problemen führen. Werden beide Leistungen von verschiedenen Einrichtungen erbracht, dann würde sich ein Wechsel der Beratungsstelle sicher nicht immer günstig auf die Klienten auswirken. Deshalb sollte die zuerst konsultierte Beratungsstelle die Leistung vom Anfang bis zum Ende erbringen.

Grundvoraussetzung für den Erfolg der Erziehungsberatung ist die freiwillige Zusammenarbeit der Beteiligten (Kinder, Jugendliche, Eltern) mit den Fachkräften. Die vorliegenden Probleme müssen im Rahmen der gegebenen sozialen Situation auch lösbar erscheinen. In manchen Fällen kann diese Beratung auch eine Vorstufe zu einer weiterführenden Therapie sein.

14.3 Soziale Gruppenarbeit

Fallbeispiel Herr L ist verwitwet. Seit dem Ableben seiner Frau vor drei Jahren lebt er mit seinem dreizehnjährigen Sohn Erik allein. Vor einem halben Jahr lernte Herr L eine neue Lebenspartnerin kennen. Beide planen die Gründung eines gemeinsamen Hausstandes. Dazu soll eine neue Wohnung bezogen werden. Seit der Sohn von Herrn L über die neue Partnerschaft seines Vaters informiert ist, gibt es erhebliche Erziehungsprobleme. Erik begann zum Teil die Schule zu schwänzen. Seine Versetzung in die nächste Klasse ist gefährdet. Neulich blieb er sogar über Nacht weg. Die Polizei griff ihn auf und übergab den Jungen dem Vater. Erik droht, dass er bei einem Umzug in eine gemeinsame Wohnung mit der Partnerin des Vaters das Elternhaus verlassen würde. Herr L sucht Rat beim zuständigen Jugendamt.

Situationen, in denen Kinder und Jugendliche mit neuen Lebenspartnerschaften ihrer Sorgeberechtigten konfrontiert werden, finden wir heute sehr oft. Sie führen nicht selten zu Erziehungsproblemen, die oft nur mithilfe von außen zu lösen sind. Ein solches Hilfsangebot ist u. a. auch die soziale Gruppenarbeit nach § 29 SGB VIII:

> § „Die Teilnahme an sozialer Gruppenarbeit soll älteren Kindern und Jugendlichen bei der Überwindung von Entwicklungsschwierigkeiten und Verhaltensproblemen helfen. Soziale Gruppenarbeit soll auf der Grundlage eines gruppenpädagogischen Konzepts die Entwicklung älterer Kinder und Jugendlicher durch soziales Lernen in der Gruppe fördern."

Die soziale Gruppenarbeit soll durch die Organisation eines sozialen Lernprozesses in der Gruppe soziale Kompetenzen entwickeln bzw. stärken. Ein solches Leistungsangebot erfolgt meist in Kursform, kann aber auch als fortlaufende Gruppenarbeit gestaltet werden. Die Aufnahme in einen Kurs erfolgt für alle Teilnehmer/-innen zur gleichen Zeit, ebenso wird er auch gemeinsam beendet. Bei fortlaufender Gruppenarbeit können Aufnahme und Beendigung individuell auf den/die Teilnehmer/-in bezogen gestaltet werden.

Neben Jugendlichen ist eine solche Maßnahme auch für Kinder ab dem zwölften Lebensjahr geeignet. Die Gruppengröße liegt zwischen acht bis zehn Teilnehmern bzw. Teilnehmerinnen.

Zwei methodische Ansätze haben sich herausgebildet: der handlungs- und erlebnisoriente Ansatz sowie der themenorientierte Ansatz. Beim ersten Ansatz dominieren freizeitpädagogische Maßnahmen. Im zweiten Fall geht es um verbale Methoden. Diese können beispielsweise als sozialtherapeutische Rollenspiele oder als soziales Kompetenztraining organisiert werden.

Kehren wir an dieser Stelle zu unserem Fall von Seite 143 zurück.

Aufgabe
Begründen Sie, dass in vorliegendem Fallbeispiel die Voraussetzungen zur Inanspruchnahme von Hilfen zur Erziehung erfüllt sind. Beziehen Sie dabei Ihre theoretischen Kenntnisse aus der Pädagogik und Psychologie ein.

Was könnte jetzt die soziale Gruppenarbeit für Erik leisten? Möglich wäre folgendes Szenario:

Erik und sein Vater sind mit dieser Maßnahme einverstanden. Gehen wir davon aus, dass beim zuständigen Jugendamt im Moment mehrere ähnlich gelagerte Fälle bekannt sind. Unter der Leitung von zwei qualifizierten Diplom- bzw. Sozialpädagogen soll es jetzt zur Bildung einer solchen Gruppe kommen. Es wird ein Kurs geplant, der zunächst auf sechs Monate begrenzt ist. Erik könnte jetzt durch das Zusammentreffen mit den anderen Gruppenmitgliedern unter Anleitung der pädagogischen Fachkräfte seine Probleme bearbeiten. Ziel könnte dabei sein, dass er zunächst einmal seine Situation mit der der übrigen Gruppenmitglieder vergleicht. Dadurch wäre es möglich, andere Sichten auf seine

Situation zu gewinnen. Des Weiteren sollte es ein Ziel sein, dass Erik Verständnis für das Verhalten seines Vaters entwickelt. Außerdem ist es für das weitere Leben des Jungen wichtig, dass er versucht, eine Beziehung zur Lebenspartnerin des Vaters aufzubauen.

Die genannten Zielstellungen sind natürlich nur oberflächlich formuliert. Sie sollen helfen, Grundprinzipien bzw. Möglichkeiten dieser Hilfeart aufzuzeigen. Weiterhin sei darauf verwiesen, dass durchaus auch eine andere Hilfeart für Erik in Frage kommen könnte. Dies ist immer abhängig von der ganz konkreten Situation.

Aufgabe
Prüfen Sie, ob im Fall Erik Erziehungsberatung auch eine mögliche Hilfeart wäre. Diskutieren Sie das Problem in Ihrer Seminargruppe.

Treffen innerhalb der sozialen Gruppenarbeit finden in der Regel zweimal pro Woche für jeweils etwa zwei bis drei Stunden statt. Erlebnispädagogische Kurse von einer Dauer zwischen vier bis sieben Monaten sind ebenfalls möglich.

Im Betreuungsfeld dieses Hilfeangebots befinden sich zumeist Kinder und Jugendliche aus sozial benachteiligten Familien. Für sie wäre oft auch eine Fremdunterbringung möglich. Sie kann mithilfe u. a. der sozialen Gruppenarbeit unterbleiben, wenn das noch vorhandene familiäre Beziehungsnetz ausreichend tragfähig erscheint. Problemlagen der Betroffenen sind u. a. geringe soziale Kontakte, konfliktreiches Lebensumfeld, delinquente Verhaltensweisen, Orientierung an Suchtmitteln.

Grundlegendes Ziel bei der Arbeit mit den Adressaten ist das Erreichen von positiven Verhaltensänderungen. Damit soll ein Verbleib in der eigenen Familie ermöglicht werden.

Für die soziale Gruppenarbeit bedarf es einer Abgrenzung gegenüber den „sozialen Trainingskursen" nach dem Jugendgerichtsgesetz (JGG; siehe Abschnitt 19.3.3). Solche Kurse werden richterlich oder staatsanwaltlich angewiesen und beruhen daher nicht auf dem Prinzip der Freiwilligkeit. Ihre Finanzierung obliegt auch nicht der öffentlichen Jugendhilfe, sondern der Justiz.

14.4 Erziehungsbeistand und Betreuungshelfer

Die Erziehungsbeistandschaft ist eine Form ambulanter erzieherischer Hilfe mit einer langen Tradition. Sie entwickelte sich aus der älteren „Schutzaufsicht" nach dem früher geltenden Jugendwohlfahrtsgesetz. Die entsprechende Bestimmung in § 30 SGB VIII lautet:

> § „Der Erziehungsbeistand und der Betreuungshelfer sollen das Kind oder den Jugendlichen bei der Bewältigung von Entwicklungsproblemen möglichst unter Einbeziehung des sozialen Umfelds unterstützen und unter Erhaltung des Lebensbezugs zur Familie seine Verselbstständigung fördern."

Folgende Problemlagen kann die Betreuung innerhalb der Erziehungsbeistandschaft haben: Beziehungen zwischen Sorgeberechtigten und Kind/Jugendlichen, schulische

Probleme von Kindern und Jugendlichen, andere soziale Bezüge des Kindes/Jugendlichen (z. B. Freundeskreis), soziale Schwierigkeiten bis hin zu Straftaten.

Das Hilfeangebot ist vor allen Dingen auf die Unterstützung des Minderjährigen ausgerichtet. Dies schließt jedoch die Zusammenarbeit mit den Sorgeberechtigten nicht aus. Vielmehr wird hier der Wunsch des Minderjährigen nach Unterstützung in den Mittelpunkt der Arbeit gerückt. Die Altersspanne der Adressaten liegt etwa zwischen neun und siebzehn Jahren.

Ziele dieser möglichen Hilfeart sind u. a. die Bewältigung von Entwicklungsproblemen durch regelmäßige Beratung und Unterstützung mithilfe einer festen Bezugsperson, Förderung der Verselbstständigung unter Aufrechterhaltung des Familienbezugs.

Erbracht wird die Hilfe von hauptamtlichen Fachkräften, die unter freier und öffentlicher Trägerschaft arbeiten können. Sie ist auf längere Dauer angelegt (ein bis drei Jahre). Die Arbeit der Erziehungsbeistände erfolgt prinzipiell auf der strikten Freiwilligkeit der Adressaten. Rechtliche Befugnisse haben Erziehungsbeistände nicht.

> *Fallbeispiel*   *Robert ist ein vierzehnjähriger Junge, der in der Vergangenheit durch extrem aggressives Verhalten auffiel. Deshalb besucht er auch eine Förderschule für Erziehungshilfe. Robert wächst bei seiner Mutter auf, die nach der Scheidung das Sorgerecht erhielt. Sie ist selbst psychisch labil und belastet Robert mit ihren Problemen. Der Junge ist oft allein zu Hause, wenn sich seine Mutter bei Bekannten aufhält. Die Mutter möchte Robert am liebsten in ein Heim geben, damit der „Ärger" ein Ende hat. Diese Drohung schwebt ständig über Robert. Er kommt seinen Verpflichtungen in der Schule nach und zeigt mittelmäßige Leistungen. In der Freizeit treibt er sich viel auf der Straße herum. Nicht selten zettelt er Prügeleien an. Gespräche mit Sozialarbeitern zeigten, dass der Junge trotz aller Probleme sehr an seinem familiären Umfeld hängt. Nach einer Heimeinweisung würde er sofort „das Weite" suchen.*

Aufgaben
1. *Weisen Sie nach, dass im obigen Fall ein Anspruch auf Hilfe zur Erziehung gegeben ist.*

2. *Prüfen Sie, ob ein Erziehungsbeistand für Robert eine mögliche Hilfeart wäre. Welche Ziele müsste dieser verfolgen?*

Das SGB VIII benennt in § 30 neben dem Erziehungsbeistand auch noch den Betreuungshelfer als Leistungserbringer im Rahmen dieser Hilfeart. Ein solcher wird auf der Grundlage von § 10 Absatz 1 Nr. 5 JGG tätig. Dabei handelt es sich um eine richterliche Weisung im Rahmen der Erziehungsmaßregeln (siehe Abschnitt 19.3.3). Wird eine solche jugendrichterliche Weisung ausgesprochen, dann ist der Adressat verpflichtet, einen Betreuungshelfer aufzusuchen. Das grundsätzliche Prinzip der Freiwilligkeit innerhalb der Hilfen zur Erziehung entfällt hier.

Die Zusammenfassung von Erziehungsbeistand und Betreuungshelfer innerhalb der Erziehungshilfe steht in der Kritik. Jugendhilfe und Jugendstrafrecht verfolgen zwar die gemeinsame Zielstellung der Erziehung, müssen aber bezüglich der Intentionen und

Methoden unterschieden werden. Im Jugendstrafrecht dominieren die Verbindlichkeit und der Sanktionsdruck. Innerhalb der Jugendhilfe stehen eine möglichst vertrauensvolle Beziehung, Akzeptanz und der pädagogische Aushandlungsprozess im Mittelpunkt.

14.5 Sozialpädagogische Familienhilfe

Sozialpädagogische Familienhilfe ist die intensivste Form der ambulanten Erziehungshilfen. Adressat ist hier die gesamte Familie. Diese Hilfeart kommt bei besonderen Krisensituationen von Familien mit Kindern in Betracht. Solche Situationen können sein: Überforderung der Sorgeberechtigten bei der Betreuung und Erziehung der Kinder, Alltagsbewältigung, Beziehungsstörungen innerhalb der Familie, Partnerverlust, Geburt oder Rückkehr eines Kindes in die Familie (z.B. aus einer Pflegefamilie), häufiges Schulversagen, Arbeitslosigkeit, Verschuldung, Armut usw.

Sozialpädagogische Familienhilfe ist in § 31 SGB VIII geregelt:

> § „Sozialpädagogische Familienhilfe soll durch intensive Betreuung und Begleitung Familien in ihren Erziehungsaufgaben, bei der Bewältigung von Alltagsproblemen, der Lösung von Konflikten und Krisen sowie im Kontakt mit Ämtern und Institutionen unterstützen und Hilfe zur Selbsthilfe geben. Sie ist in der Regel auf längere Dauer angelegt und erfordert die Mitarbeit der Familie."

Oberste Zielsetzung dieser Hilfeart ist die Befähigung der Familie zu einer besseren Wahrnehmung ihrer Erziehungsaufgaben. Die Fremdunterbringung von Kindern und Jugendlichen soll vermieden werden. Für das Gelingen einer solchen Maßnahme ist die Bereitschaft aller Familienmitglieder zur kooperativen Zusammenarbeit mit dem Familienhelfer Grundvoraussetzung. Die Familie muss bereit sein, die Hilfe auch anzunehmen. Vieles hängt dabei von der Entwicklung der Beziehungen zwischen Familie und Helfer ab. Wenn beide Seiten „nicht miteinander können", sollten sie sich besser trennen.

Sozialpädagogische Familienhelfer sind direkt im Wohnbereich der Familie tätig. Sie helfen beispielsweise bei der Gestaltung eines solchen Tagesablaufs, der den Erziehungsbedürfnissen der Kinder und Jugendlichen entspricht. Häufig ist auch Hilfe gefragt, um die Inanspruchnahme von Sozialleistungen zu organisieren bzw. Unterhaltsprobleme zu lösen. Sozialpädagogische Familienhelfer müssen oft auch Schuldnerberatung leisten. Kontakte mit Schulen und anderen Ausbildungseinrichtungen gehören ebenfalls zum Alltag dieses Leistungsangebots.

Die Organisation einer Hilfe zur Selbsthilfe ist eine sehr schwierige Aufgabe. Sie verlangt vom Helfer ein hohes Maß an Einfühlungsvermögen und Selbstbewusstsein. Betroffene Familien verhalten sich oft sehr passiv und verstehen das Grundanliegen der angebotenen Hilfe manchmal erst nach längerer Zeit.

Wenig Erfolg hat die sozialpädagogische Familienhilfe dann, wenn beispielsweise massive Drogenprobleme auftauchen und die Eltern nicht bereit sind, sich einer Therapie zu stellen. In solchen Fällen wird die Fremdunterbringung oftmals die einzige Hilfsmöglichkeit bleiben.

Die Zeit, die der Familienhelfer in einer Familie arbeitet, kann ein bis zwei Jahre betragen. Die Anzahl der Betreuungsstunden pro Tag bzw. Woche ist von Fall zu Fall unterschiedlich und ändert sich auch im Verlauf der Betreuung. Es werden drei grundsätzliche Arbeitsphasen unterschieden. In einer Klärungsphase zu Beginn geht es um die Analyse der Familiensituation und die Überprüfung, ob dieses Hilfeangebot tatsächlich den anstehenden Problemen entsprechen kann. Dazu wurde vor Beginn der Leistung gemeinsam zwischen dem Jugendamt, der Familie und dem Familienhelfer ein Hilfeplan erstellt, der Arbeitsgrundlage ist. Er wird während der weiteren Phasen der Arbeit fortgeschrieben. Die nächste Phase ist die Arbeitsphase, in der an den vereinbarten Zielen gearbeitet wird. Als Drittes ist die Ablösungsphase bzw. die Beendigung des Leistungsangebots zu nennen. Die Familie muss rechtzeitig genug davon in Kenntnis gesetzt werden, wann der Einsatz des Familienhelfers enden soll. Sie soll ja anschließend wieder eigenständig erzieherisch handeln können und dabei die während des Hilfeprozesses vermittelten Einsichten und Fähigkeiten anwenden. Eine Nachbetreuung ist unter gegebenen Umständen auch möglich.

Der Bedarf für diese Hilfeart ist in den letzten Jahren stetig gestiegen. Laut Statistischem Bundesamt stieg die Zahl der Familien, die diese Hilfeart in Anspruch nahmen, bundesweit von ca. 43 390 im Jahre 2011 auf 47 099 im Jahr 2014. Die dominierenden Problemlagen sind dabei das weite Feld der Erziehungsschwierigkeiten, Entwicklungsauffälligkeiten, Beziehungsprobleme, Überschuldung. Leider gewinnt auch der sexuelle Missbrauch in diesem Hilfebereich an Bedeutung.

Sozialpädagogische Familienhelfer sind zumeist Diplom-Pädagoginnen/-pädagogen oder Sozialarbeiter/-innen. Sie arbeiten in den meisten Fällen unter dem Dach eines freien Trägers. Viele Jugendämter beschäftigen auch Pauschalkräfte, die nicht selten aus den Reihen von Erzieherinnen und Erziehern kommen.

Aufgabe
Laden Sie sich einen sozialpädagogischen Familienhelfer in Ihre Seminargruppe ein. Lassen Sie sich über seine Tätigkeit und die damit verbundenen aktuellen Probleme dieser Hilfeart informieren.

14.6 Erziehung in einer Tagesgruppe

Dieses Hilfeangebot bewegt sich an der Schnittstelle zwischen ambulanten und stationären Hilfen. Es ist in § 32 SGB VIII bestimmt:

> § „Hilfe zur Erziehung in einer Tagesgruppe soll die Entwicklung des Kindes oder des Jugendlichen durch soziales Lernen in der Gruppe, Begleitung der schulischen Förderung und Elternarbeit unterstützen und dadurch den Verbleib des Kindes oder des Jugendlichen in seiner Familie sichern. Die Hilfe kann auch in geeigneten Formen der Familienpflege geleistet werden."

Bei der Erziehung in einer Tagesgruppe geht es um die Arbeit mit Kindern und Jugendlichen, die erhebliche Verhaltensprobleme aufweisen und deren familiäre Situation keine hinreichende Förderung ihrer Entwicklung gewährleisten kann. Vorteil dieser Hilfeart ist es, dass die betroffenen Minderjährigen nicht aus ihrer Familie und dem übrigen sozialen Umfeld herausgerissen werden.

Drei Bedingungen, die das Gesetz auch benennt, sind für ein erfolgreiches Arbeiten unerlässlich: Organisation des sozialen Lernens in der Gruppe, Begleitung der schulischen Förderung und die Zusammenarbeit mit den Eltern. Keines dieser Elemente darf fehlen, weil es sonst keine Hilfe im Sinne des § 32 SGB VIII ist. Eine Abgrenzung muss gegenüber der Tagesbetreuung im Hort und der Tagespflege nach den §§ 22 und 23 SGB VIII erfolgen.

Hauptsächliche Ziele dieser Hilfeart sind: Förderung der emotionalen Entwicklung und Stabilisierung dieses Persönlichkeitsbereiches, Förderung der schulischen Integration und Verbesserung der Beziehungen zwischen Eltern und Kindern. Dabei geht es vor allen Dingen um Hilfe für die Minderjährigen bei der Strukturierung des Alltags und zur Entwicklung ihrer Fähigkeiten und Kompetenzen. In der Tagesgruppe wird sehr individuell gearbeitet. So gehören zu einer Gruppe acht bis zwölf Kinder bzw. Jugendliche, wobei eine sozialpädagogische Fachkraft drei bis fünf Minderjährige betreut. Dieses Hilfeangebot kann organisatorisch als eigene Einrichtung arbeiten. Oft sind Tagesgruppen auch einer Heimeinrichtung angegliedert. Die Gruppenmitglieder treffen sich nach dem Schulbesuch in den jeweiligen Räumlichkeiten, die in Heimen unabhängig von den Heimgruppen vorhanden sind. Hier werden Hausaufgaben erledigt und die Freizeitgestaltung organisiert. Diese wird entsprechend der vorgegebenen Zielstellung des sozialen Lernens in der Gruppe durch die jeweiligen Fachkräfte gestaltet.

Außerhalb der Öffnungszeiten für die Kinder und Jugendlichen findet u. a. die Zusammenarbeit mit den Eltern statt. Sie kann verschiedene Formen haben. Eltern werden einzeln z. B. zu den jeweiligen Erziehungsnotwendigkeiten beraten. Die Organisierung von Elterngesprächsrunden ist bei Bedarf auch möglich.

Die Mitarbeiter/-innen in einer Tagesgruppe halten auch engen Kontakt zur jeweiligen Schule, um diesbezügliche Hilfen zu organisieren. Nicht selten kann es sich dabei um die Beeinflussung von Schulverweigerung mit den daraus resultierenden Problemen handeln.

Die Erziehung in einer Tagesgruppe beinhaltet jedoch auch die Gefahr einer Stigmatisierung besonders der betroffenen Kinder im Grundschulalter. Im „Kinder- und Jugendbericht des Landes Brandenburg" aus dem Jahr 1998 heißt es u. a.:

„So ist z. B. nicht einsehbar, dass ein Kind, das einen Hort besucht, aber besondere individuelle oder familiäre Schwierigkeiten hat, aus dem Hort herausgenommen und in einer Tagesgruppe betreut wird. Es wäre sinnvoller, den Hort auch durch zusätzliche Kapazitäten in die Lage zu versetzen, diesem Kind eine adäquate Hilfe zu bieten. Dies gilt besonders für den ländlichen Raum, da es kaum möglich ist, Kinder aus dünn besiedelten Regionen ohne lange Fahrwege in einem Tagesgruppenangebot zu betreuen."

(Quelle: Kinder- und Jugendbericht des Landes Brandenburg, 1998)

Die obigen Ausführungen sind nicht unproblematisch. Es wird immer wieder auch Situationen geben, in denen die Betreuung eines Kindes in der Tagesgruppe die bessere Alternative ist. Dies resultiert häufig daraus, dass neben Erziehern auch Heilpädagogen bzw. Heilerziehungspfleger in Tagesgruppen eingesetzt werden und damit eine qualitativ bessere fachliche Betreuung gesichert ist. Trotzdem bleibt festzustellen, dass nicht jede Verhaltensauffälligkeit bei Hortkindern zu einer Unterbringung in einer Tagesgruppe führt. Grundlage für die Inanspruchnahme dieser Hilfeart bleibt gemäß § 27 SGB VIII, das Vorliegen eines erheblichen Erziehungsdefizits.

Aufgabe
Tagesgruppen sind ein Arbeitsfeld für Erzieherinnen und Erzieher. Diskutieren Sie in Ihrer Seminargruppe, welche Kompetenzen der in diesem Bereich Tätigen besonders gefordert sind.

14.7 Vollzeitpflege

Vollzeitpflege ist eine Form der Fremdunterbringung von Kindern und Jugendlichen. Sie steht gleichberechtigt neben der Heimerziehung. Im Einzelnen regelt § 33 SGB VIII das Folgende:

> § „Hilfe zur Erziehung in Vollzeitpflege soll entsprechend dem Alter und Entwicklungsstand des Kindes oder des Jugendlichen und seinen persönlichen Bindungen sowie den Möglichkeiten der Verbesserung der Erziehungsbedingungen in der Herkunftsfamilie, Kindern und Jugendlichen in einer anderen Familie eine zeitlich befristete Erziehungshilfe oder eine auf Dauer angelegte Lebensform bieten. Für besonders entwicklungsbeeinträchtigte Kinder und Jugendliche sind geeignete Formen der Familienpflege zu schaffen und auszubauen."

Die Erziehung durch die Eltern wird bei der Vollzeitpflege durch eine Fremdfamilie ersetzt. In der Herkunftsfamilie darf der Aufenthalt und die Erziehung nicht länger möglich sein. Auch hier ist vor der Anordnung durch das Jugendamt nach § 27 Absatz 1 SGB VIII zu prüfen. Die Hauptursachen für die Inanspruchnahme von Vollzeitpflege sind, dass Eltern zentrale Versorgungs- und Erziehungsfunktionen nicht mehr wahrnehmen können. Auch der Entzug des elterlichen Sorgerechts kann zur Unterbringung in einer Pflegefamilie führen.

In § 33 SGB VIII wird auf eine entscheidende Differenzierung hingewiesen. Einmal kann Vollzeitpflege eine „zeitlich befristete Erziehungshilfe" sein, zum Anderen ist sie „eine auf Dauer angelegte" Lebensform. Es lassen sich drei grundlegende Formen unterscheiden: Kurzzeitpflege, Übergangspflege, Dauerpflege. Bei der Kurzzeitpflege handelt es sich um Pflegeverhältnisse, bei denen ein kurzer, befristeter Ausfall der Herkunftsfamilie Ursache für die Unterbringung in der Fremdfamilie ist. Darunter fällt auch die Aufnahme von Kindern und Jugendlichen in Krisen- bzw. Notsituationen nach § 42 SGB VIII (siehe Abschnitt 16). Diese Pflegeform ist jedoch eine vorläufige Schutzmaßnahme und deshalb keine Hilfe zur Erziehung im Sinne des § 33 SGB VIII. Übergangspflege ist auch befristet auf kürzere oder längere Dauer angelegt. Die Herkunftsfamilie kann aus Gründen z. B. von Krankheit oder Strafverbüßung ausfallen. Sie ist jedoch gewillt und in der Lage, auch weiterhin die Verantwortung für das Kind wahrzunehmen. Sie wird so weit wie möglich an der Erziehungssituation in der Pflegefamilie beteiligt. Die betroffenen Minderjährigen sollen sich nicht von der Herkunftsfamilie ablösen. Bei der Dauerpflege werden Kinder bzw. Jugendliche für längere Zeit, meist bis zur Volljährigkeit, mit oder ohne Beteiligung der Herkunftsfamilie in der **Pflegefamilie** untergebracht. Sie wird auch als „Ersatzfamilie" bezeichnet.

Pflegefamilien nehmen gegenüber den ihnen anvertrauten Minderjährigen bei der Ausübung der Personensorge eine besondere Stellung ein. Nach § 1688 Absatz 1 BGB können Pflegeeltern in Angelegenheiten des täglichen Lebens entscheiden und die Sorgerechtsinhaber in diesen auch vertreten. Dazu gehören u. a. die Organisation des täglichen Lebens, Teilnahme an freiwilligen Schulveranstaltungen, Planung von Ausflügen und Urlaubsreisen, Arztbesuche (ausgenommen Operationen). Die Pflegeeltern sind auch berechtigt, Unterhalts-, Versicherungs-, Versorgungs- und Sozialleistungen für die Betroffenen geltend zu machen. Nicht entscheiden dürfen Pflegeeltern aber z. B. über eine generelle Veränderung des Aufenthaltes, Kindergartenbesuch, Einschulung und Schulwechsel, Beitritt in Vereine, Berufswahl und die religiöse Erziehung. Eine generelle gesetzliche Vertretungsmacht besitzen Pflegeeltern somit nicht.

Grundlage für die Vollzeitpflege ist der abzuschließende Pflegevertrag. Er wird zwischen Herkunftsfamilie, Pflegefamilie und dem zuständigen Jugendamt abgeschlossen. Darin wird auch vereinbart, in welcher Höhe die Pflegeeltern Anspruch auf Erstattung der Erziehungskosten haben (siehe § 39 Abs. 1 SGB VIII). Des Weiteren werden auch die konkreten Rechte und Pflichten der Vertragspartner festgeschrieben.

Bei der Anordnung dieser Hilfeart muss das Jugendamt eine sehr sorgfältige Beratung gegenüber der Herkunftsfamilie und der Pflegefamilie vornehmen. So besteht beispielsweise bei Vollzeitpflege für längere Dauer die Gefahr einer Entfremdung zwischen Herkunftsfamilie und Kind bzw. Jugendlichem.

> *Fallbeispiel* Janine ist 18 Jahre alt und lebt mit ihrer einjährigen Tochter allein. Sie möchte jetzt ihre abgebrochene Berufsausbildung fortsetzen. Dazu muss sie von Montag bis Freitag in ein Wohnheim ziehen. Dort kann sie ihre Tochter nicht betreuen. Das Jugendamt vermittelt der jungen Mutter eine Pflegefamilie, die ihr Kind während ihrer Abwesenheit betreuen will.

Aufgaben

1. Stellen Sie fest, welche Form der Vollzeitpflege im obigen Fall zutrifft. Begründen Sie Ihre Meinung.

2. Beschreiben Sie mögliche Gefahren bezüglich der Entwicklung der Beziehung zwischen Mutter und Kind im obigen Beispiel. Wie kann diesen entgegengewirkt werden?

14.8 Heimerziehung

Die Erziehung von Kindern und Jugendlichen in Heimen stellt eine traditionelle Jugendhilfeleistung dar. Sie war und ist auch heute nicht unumstritten. Heute wird beispielsweise bei Kindern bis zum Alter von etwa zehn Jahren der Pflegefamilie gegenüber der Heimerziehung nach Möglichkeit ein Vorrang eingeräumt. Dies ist der Tatsache geschuldet, dass in der Familie bessere Bindungswirkungen für diesen Personenkreis gesehen werden. Ältere Kinder und Jugendliche lösen sich mitunter schon altersbedingt eher von der eigenen Familie. Von daher kann die Heimerziehung mit ihren vielfältigen Organisationsstrukturen für dieses Klientel eher eine Verselbstständigung herbeiführen. Tatsache ist aber auch, dass das Angebot von Heimplätzen größer ist als in der Vollzeitpflege. Besonders für ältere Kinder und Jugendliche sind Pflegefamilien nicht leicht zu beschaffen.

Das SBG VIII bestimmt in § 34 die Zielsetzungen der Heimerziehung näher:

> § „Hilfe zur Erziehung in einer Einrichtung über Tag und Nacht (Heimerziehung) oder in einer sonstigen betreuten Wohnform soll Kindern und Jugendlichen durch eine Verbindung von Alltagserleben mit pädagogischen und therapeutischen Angeboten in ihrer Entwicklung fördern. Sie soll entsprechend dem Alter und Entwicklungsstand des Kindes oder des Jugendlichen sowie den Möglichkeiten der Verbesserung der Erziehungsbedingungen in der Herkunftsfamilie
>
> 1. eine Rückkehr in die Familie zu erreichen versuchen oder
>
> 2. die Erziehung in einer anderen Familie vorbereiten oder
>
> 3. eine auf längere Zeit angelegte Lebensform bieten und auf ein selbstständiges Leben vorbereiten.
>
> Jugendliche sollen in Fragen der Ausbildung und Beschäftigung sowie der allgemeinen Lebensführung beraten und unterstützt werden."

Im Vergleich zur Tagesgruppe ist die Heimerziehung eine Unterbringung, Betreuung und Erziehung von Kindern und Jugendlichen über Tag und Nacht in einer Einrichtung. Erste Zielsetzung ist dabei die Rückkehr in die Herkunftsfamilie. Gelingen wird dies aber nur, wenn während des Heimaufenthaltes an der Verbesserung der Erziehungsbedingungen in der Familie gearbeitet wird.

Die Vorbereitung auf die Erziehung in einer anderen Familie ist die zweite grundsätzliche Zielsetzung der Heimerziehung. Gemeint ist damit entweder die Aufnahme in eine Pflegefamilie oder die Adoption.

Ist für ein Kind oder einen Jugendlichen weder die Rückkehr in die eigene Familie noch die Erziehung in einer anderen Familie möglich, dann soll das Heim Familienersatz auf Dauer bieten und die Betroffenen auf ein selbstständiges Leben vorbereiten.

Blickt man auf die Entwicklungen in der Heimerziehung, dann lassen sich hier besonders in den letzten zehn Jahren große Veränderungen feststellen. Sie betreffen besonders die Strukturen von Heimeinrichtungen. Sie reichen heute von der traditionellen Heimgruppe bis zum betreuten Einzelwohnen. Die nachfolgende Tabelle charakterisiert mögliche Gliederungen in der Heimerziehung:

Gliederung der Angebotsstruktur in der Heimerziehung nach § 34 SGB VIII

Heimgruppe (Binnenwohngruppe)	Etwa neun bis zehn Kinder und Jugendliche leben in einer Gruppe zusammen. Sie besitzt einen eigenen Wohnbereich, der auch eine gemeinsame Küche, die Sanitäreinrichtungen sowie individuelle und gemeinsame Wohnräume umfasst. Es erfolgt eine Rund-um-die-Uhr-Betreuung.
Außenwohngruppe	Bis zu zehn Kinder und Jugendliche leben außerhalb des Heimgebäudes zusammen. Räumliche Gestaltung und Betreuung sind wie in der Heimgruppe gestaltet.
Gruppen mit innewohnendem/r Erzieher/in	Im Normalfall leben drei bis sechs Kinder und Jugendliche mit dem/r Erzieher/in und ggf. mit seiner/ihrer Familie zusammen. Meist werden zur Unterstützung auch noch andere Kräfte eingesetzt.
Betreutes Wohnen/Wohngemeinschaft	In einer Wohngemeinschaft leben mindestens drei und in der Regel nicht mehr als sechs Jugendliche und junge Erwachsene zusammen. Die Betreuung erfolgt nach Bedarf stundenweise.
Betreutes Wohnen/Betreutes Einzelwohnen	Ein bis zwei Jugendliche oder junge Erwachsene leben gemeinsam in einer Wohnung. Auch hier erfolgt die Betreuung stundenweise nach Bedarf.
Mutter-Kind-Betreuung	Junge Mütter werden gemeinsam mit ihren Kindern in Einrichtungen bzw. Teilen davon betreut.

Die obige Aufstellung macht deutlich, dass in der Heimerziehung eine starke Dezentralisierung und damit verbundene Individualisierung stattgefunden hat. Sie ermöglicht den Trägern von Heimeinrichtungen, ausgehend von der traditionellen Heimgruppe, für die Betroffenen Entwicklungsperspektiven zu entwickeln und damit zielgerichtet beabsichtigte Verhaltensänderungen positiv zu beeinflussen. Dies bringt für Erzieherinnen neue berufliche Anforderungen mit sich. Dabei nimmt die pädagogische Begleitung des im Gesetz geforderten Alltagserlebens einen wichtigen Platz ein. Dazu gehört auch die Fähigkeit, Jugendlichen in Fragen der schulischen und beruflichen Ausbildung beratend zur Seite zu stehen.

Heimentlassenen jungen Volljährigen wird durch die Träger von Heimeinrichtungen oft auch noch eine Nachbetreuung angeboten. Sie trägt der Tatsache Rechnung, dass auch nach Eintritt der Volljährigkeit Hilfesituationen bestehen. Diese können mithilfe der sozialpädagogischen Jugendhilfe oft am besten bearbeitet werden. Rechtsgrundlage dafür ist der § 41 SGB VIII (siehe Abschnitt 14.10).

An dieser Stelle müssen auch noch die traditionellen Kinder- und Jugenddörfer erwähnt werden. Sie zeichnen sich durch die Besonderheit aus, dass hier zwischen den Kinderdorfmüttern und -vätern eine meist lebenslange Bindung aufgebaut wird. Es wird ein hoher Grad von Individualität bei der Betreuung der betroffenen Kinder und Jugendlichen erreicht. Erzieherinnen in solchen Einrichtungen sind natürlich vor besondere Anforderungen gestellt. Sie müssen ihr persönliches Leben an den Arbeitsort Kinderdorf anpassen. Hier wird der Beruf zur echten Berufung.

In der Hilfeart Heimerziehung hat der bereits erwähnte Hilfeplan nach § 36 SGB VIII eine wichtige Bedeutung. Er wird vor der Aufnahme erstellt und ist damit Zielorientierung und Kontrollinstrument zugleich. In regelmäßig stattfindenden Hilfeplangesprächen (ca. alle sechs Monate) zwischen Jugendamt, Sorgeberechtigten und Heimeinrichtung werden Ergebnisse analysiert und die nächsten Entwicklungsperspektiven bzw. Erziehungsziele festgeschrieben. Dies erfordert von Erzieherinnen die Beherrschung verschiedenster Beobachtungsmethoden und die Fähigkeit der Dokumentation in Form von Entwicklungsberichten. Von ihren dort getroffenen Aussagen wird die weitere Entwicklung der betroffenen Kinder und Jugendlichen maßgeblich beeinflusst.

Bei der Auswahl einer geeigneten Heimeinrichtung haben Sorgeberechtigte und betroffene Kinder und Jugendliche nach § 5 SGB VIII (siehe Abschnitt 2.5) ein Mitspracherecht. Heimträger ermöglichen betroffenen Minderjährigen auch den besuchsweisen Aufenthalt, um die Entscheidung zu erleichtern. Der Erfolg der Heimerziehung hängt einmal mehr von der Freiwilligkeit und dem Wollen der Klienten ab. Die Diskussion über eine geschlossene Unterbringung im Rahmen der Jugendhilfe ist nach wie vor kontrovers. Sie reicht von der Befürwortung unter bestimmten Bedingungen bis hin zur Ersetzung einer solchen Maßnahme durch besonders personalintensive pädagogische Betreuungsangebote.

Die Finanzierung der Heimerziehung muss von den Jugendämtern sichergestellt werden. Zwar sind auch die Personensorgeberechtigten bzw. das Kind oder der Jugendliche nach § 91 Absatz 1 Nr. 4c SGB VIII an den Kosten zu beteiligen; ihr Zahlungsvermögen ist jedoch in den meisten Fällen eher gering. Interessenkonflikte zwischen dem tatsächlichen erzieherischen Bedarf und den Finanzierungsmöglichkeiten von Trägern der öffentlichen Jugendhilfe sind nicht auszuschließen.

14.9 Intensive sozialpädagogische Einzelbetreuung

§ 35 SGB VIII kennzeichnet diese Hilfeart:

> § „Intensive sozialpädagogische Einzelbetreuung soll Jugendlichen gewährt werden, die einer intensiven Unterstützung zur sozialen Integration und zu einer eigenverantwortlichen Lebensführung bedürfen. Die Hilfe ist in der Regel auf längere Zeit angelegt und soll den individuellen Bedürfnissen des Jugendlichen Rechnung tragen."

In der Bundestags-Drucksache 11/5948, S. 72 wird die Leistung wie folgt beschrieben:

„Die Betreuung ist sehr stark auf die individuelle Lebenssituation des jungen Menschen abzustellen und erfordert mitunter eine Präsenz bzw. Ansprechbereitschaft des Pädagogen rund um die Uhr. Seine Tätigkeit umfasst neben der intensiven Hilfestellung bei persönlichen Problemen und Notlagen auch Hilfestellung bei der Beschaffung und dem Erhalt einer geeigneten Wohnmöglichkeit, bei der Vermittlung einer geeigneten schulischen oder beruflichen Ausbildung bzw. der Arbeitsaufnahme, bei der Verwaltung der Ausbildungs- und Arbeitsvergütung und anderen finanziellen Hilfen sowie bei der Gestaltung der Freizeit."

(Quelle: Bundestags-Drucksache, 11/5948, S. 72)

Der Gesetzgeber zielt mit diesem Hilfsangebot auf Jugendliche ab, die sich allen anderen Hilfsangeboten entziehen sowie auf solche, die aufgrund ihrer aktuellen Lebenssituation besonders gefährdet sind. Hierzu zählen Jugendliche aus dem Punker-, Drogen-, Prostituierten- und Nichtsesshaftenmilieu. Sie widersetzen sich meist den üblichen Sozialisationsinstanzen wie Familie, Schule und Arbeitswelt. Die Gesellschaft versucht zwar durch intensive Einzelbetreuung zu helfen, eine Hilfe ist aber nur dann möglich, wenn das Einverständnis des Sorgeberechtigten bzw. des Jugendlichen selbst vorliegt. Die Unterstützung erfolgt außerhalb der Familie, z. B. durch Jugendberater und Streetworker. Hauptziel ist dabei, eine geschlossene Unterbringung in Heimen, Psychiatrie oder Strafanstalten zu verhindern bzw. durch die Betreuung zu überwinden. Dabei müssen die hier arbeitenden Sozialpädagogen sich auf das Milieu der Jugendlichen einlassen mit allen Schattenseiten, die möglich sind. Eine Realisierung von bürgerlichen Perspektiven ist hier kaum möglich. Erlebnispädagogische Methoden kommen hierbei oft zur Anwendung, auch wenn sie nicht unumstritten sind.

Überschneidungen zu § 34 SGB VIII sind möglich, da der Aufbau eines selbstständigen Wohnens zu einem Teilziel dieser Hilfeart werden kann.

Von § 30 SGB VIII grenzt sich die intensive Einzelbetreuung unter zwei Gesichtspunkten ab. Einmal erfolgt die Hilfe hier außerhalb der Familie und zum Zweiten ist die Intensität und damit das aufzuwendende Zeitvolumen größer.

Bei aller Abgrenzung zu anderen Hilfen muss darauf hingewiesen werden, dass Verknüpfungen zu anderen Hilfeformen der ambulanten Hilfe nutzbringend sein können. Es wäre beispielsweise eine Vernetzung mit dem Angebot der sozialen Gruppenarbeit denkbar. Weiterhin ist diese Hilfeart auch eine Möglichkeit, die Ablösung von der Heimerziehung zu gestalten.

14.10 Hilfe für junge Volljährige

Mit Eintritt der Volljährigkeit enden die Hilfen zur Erziehung. Jugendhilfe erstreckt sich jedoch bis zur Vollendung des 27. Lebensjahres. Dies ergibt sich aus der Zielsetzung des § 1 SGB VIII. Sie räumt allen jungen Menschen ein Recht auf Erziehung ein (siehe Abschnitt 2.3). § 7 Absatz 1 Nr. 4 SGB VIII definiert als junge Menschen alle Personen, die noch nicht das 27. Lebensjahr vollendet haben. § 41 SGB VIII beschreibt für diese eine besondere Hilfeform:

> § „(1) Einem jungen Volljährigen soll Hilfe für die Persönlichkeitsentwicklung und zu einer eigenständigen verantwortlichen Lebensführung gewährt werden, wenn und solange die Hilfe aufgrund der individuellen Situation des jungen Menschen notwendig ist. Die Hilfe wird in der Regel nur bis zur Vollendung des 21. Lebensjahres gewährt; in begründeten Einzelfällen soll sie für einen begrenzten Zeitraum darüber hinaus fortgesetzt werden.
>
> (2) Für die Ausgestaltung der Hilfe gelten § 27 Abs. 3 und 4 sowie die §§ 28 bis 30, 33 bis 36, 39 und 40 entsprechend mit der Maßgabe, dass an die Stelle des Personensorgeberechtigten oder des Kindes oder des Jugendlichen der junge Volljährige tritt."

Ein Ausgangspunkt für diese Hilfe soll es sein, dass eine abrupte Beendigung von Hilfen für das weitere Leben der jungen Volljährigen nicht vorteilhaft ist. So kann beispielsweise durch eine Nachbetreuung im Anschluss von einer Maßnahme der Heimerziehung dem jungen Volljährigen bei der weiteren Verselbstständigung geholfen werden (siehe Abschnitt 14.8).

Ein weiterer denkbarer Personenkreis sind junge Menschen, die aus der Strafhaft entlassen wurden oder längere Zeit in Einrichtungen lebten (z. B. zur Überwindung von Drogensucht oder psychischen Störungen). Auch nicht hinreichende schulische oder berufliche Ausbildung kann die gesellschaftliche Integration junger Volljähriger erschweren. Dies trifft auch auf solche Personen zu, die von Obdachlosigkeit betroffen waren oder sich auf Trebe (nicht sesshafte Jugendliche) befanden.

Im Vordergrund der Hilfe für junge Volljährige steht die Unterstützung bei der Bewältigung der von den jungen Menschen selbst gewählten Wege der Persönlichkeitsentwicklung. Es ist eine eigenständige Hilfeform. Bei Vorliegen der Voraussetzungen besteht für die betroffene Person ein Rechtsanspruch auf diese Hilfe. Bis zur Vollendung des 21. Lebensjahres spricht man vom sogenannten Regelfall. Es ist dabei nicht notwendig, dass bereits vor dem Erreichen des 21. Lebensjahres Jugendhilfeleistungen erbracht wurden. Um eine solche Fortsetzungshilfe muss es sich jedoch ab dem 21. Lebensjahr handeln. Der in § 41 Absatz 1 Satz 2 SGB VIII genannte begründete Einzelfall liegt immer dann vor, wenn es aufgrund der persönlichen Situation des Betroffenen inhaltlich nicht sinnvoll wäre, die Hilfe mit der Vollendung des 21. Lebensjahres zu beenden.

§ 41 SGB VIII ordnet in Absatz 2 außer der „sozialpädagogischen Familienhilfe" und der „Erziehung in einer Tagesgruppe" alle übrigen Hilfearten auch den jungen Volljährigen zu. Daraus wird ersichtlich, dass es sich um Hilfesituationen handeln muss, die mithilfe der sozialpädagogischen Leistungen der Jugendhilfe zu bewältigen sind. Hierzu können auch therapeutische Leistungen gehören.

Wurde das 27. Lebensjahr erreicht, dann müssen alle Jugendhilfeleistungen eingestellt werden. § 41 Absatz 3 SGB VIII definiert jedoch eine sogenannte Nachbetreuung:

> § „Der junge Volljährige soll auch nach Beendigung der Hilfe bei der Verselbstständigung im notwendigen Umfang beraten und unterstützt werden."

Schwerpunkt der Nachbetreuung ist die Beratung der betreffenden Person. Weiterhin ist Unterstützung bei der Beschaffung von Wohnraum denkbar.

Zusammenfassung

Die Hilfen zur Erziehung gehören zu den Leistungen der Jugendhilfe. Sie sind in den §§ 27 bis 35 SGB VIII geregelt. In § 27 SGB VIII werden die grundlegenden Voraussetzungen zur Inanspruchnahme der Hilfen benannt. Die wichtigste Voraussetzung dabei ist, dass eine dem Wohl des Kindes bzw. Jugendlichen gemäße Erziehung gegenwärtig nicht gewährleistet ist. Als Leistungsberechtigte werden die Personensorgeberechtigten benannt. Im Einzelnen handelt es sich um folgende Hilfearten:

1. Erziehungsberatung (§ 28 SGB VIII)
2. Soziale Gruppenarbeit (§ 29 SGB VIII)
3. Erziehungsbeistand, Betreuungshelfer (§ 30 SGB VIII)
4. Sozialpädagogische Familienhilfe (§ 31 SGB VIII)
5. Erziehung in einer Tagesgruppe (§ 32 SGB VIII)
6. Vollzeitpflege (§ 33 SGB VIII)
7. Heimerziehung, sonstige betreute Wohnform (§ 34 SGB VIII)
8. Intensive sozialpädagogische Einzelbetreuung (§ 35 SGB VIII)

Grundlage für die Ausgestaltung einer Hilfe zur Erziehung auf längere Dauer ist ein Hilfeplan, der nach § 36 SGB VIII zu erstellen ist.
Hilfen für junge Volljährige sind nach den Bestimmungen des § 41 SGB VIII möglich. Dabei handelt es sich im Regelfall um Personen im Alter zwischen 18 und 21 Jahren. Darüber hinaus sind Hilfen unter bestimmten Voraussetzungen in begründeten Einzelfällen möglich. Oberste Altersgrenze ist das 27. Lebensjahr. Ab dieser Altersstufe gibt es in Ausnahmefällen noch die Möglichkeit einer Nachbetreuung.

Fallbeispiel Durch Hinweise von Nachbarn wurde das Jugendamt auf Frau Walter aufmerksam. Sie lebt mit ihren drei nichtehelichen Kindern allein in einer engen 3-Raumwohnung. Die Kinder befinden sich in folgenden Altersstufen: Melanie, zwölf Jahre, Mike, zehn Jahre, Silke, drei Jahre.

Den Nachbarn fällt auf, dass Frau Walter oft am Wochenende nicht zu Hause ist. Melanie erledigt ständig alle Einkäufe für die Familie. Wenn kein Geld im Haus ist, dann kam es auch schon vor, dass Melanie bei Abwesenheit der Mutter bei den Nachbarn im Haus um Nahrungsmittel bat. Mike wurde auch schon oft am späten Abend auf der Straße mit älteren Kindern und Jugendlichen gesehen. Diese Gruppe fiel in der näheren Umgebung durch aggressives Verhalten gegenüber anderen Kindern auf. So versuchten sie beispielsweise, die Herausgabe von Geld zu erzwingen. Mike besucht nach der Schule einen Hort, dies jedoch nicht immer regelmäßig. Dort bereitet seine Betreuung wegen des aggressiven Verhaltens große Probleme. Kontakte mit der Mutter brachten keine Besserung der Situation.

Die kleine Silke hat einen Platz im Kindergarten. Dort fiel auf, dass sie besonders nach Wochenenden sehr hungrig und ohne Frühstück erscheint. Ihre Kleidung ist häufig unsauber und in einem schlechten Zustand. Auf Hinweise der Erzieherinnen reagierte Frau Walter oft gegenüber Melanie sehr aggressiv, da sie dieser die volle Verantwortung für die kleine Schwester überlässt. Frau Walter ist schon seit längerer Zeit ohne Arbeit. Sie hat häufig wechselnde Männerbekanntschaften und einen hohen Zigaretten- und Alkoholverbrauch.

Melanies Leistungen in der Schule sind entsprechend ihrem Leistungsvermögen normal. Sie kommt allen Verpflichtungen nach. Mike fällt hingegen durch Schuleschwänzen und sehr schlechte Leistungen auf. Die Mutter versucht mit Prügeln eine Verhaltensänderung zu erreichen. Melanie stellt sich in solchen Situationen oft schützend vor ihren Bruder. Wenn die Mutter mit dem Abschieben in ein Heim droht, ist Melanie verzweifelt und bricht in Tränen aus. Anschließend bemüht sie sich dann ganz besonders um die Betreuung und Versorgung ihrer Geschwister. Im Gespräch mit der Sozialarbeiterin des Jugendamtes stellte sich heraus, dass Frau Walter auch nicht unbeträchtliche Schulden hat (u. a. Miete). Sie schien gegenüber ihrer Situation zu resignieren, da sie jetzt auch wieder im 2. Monat schwanger ist.

Aufgaben

1. *Nehmen wir an, dass die Mutter im obigen Fall Hilfe zur Erziehung beantragt. Analysieren Sie die Situation aus der Sicht des § 27 SGB VIII. Formulieren Sie dazu eine schriftliche Einschätzung zur Beurteilung eines Anspruchs auf Hilfe zur Erziehung für Frau Walter.*

2. *Schlagen Sie mögliche Hilfearten für den obigen Fall vor. Beachten Sie, dass es verschiedene Möglichkeiten geben kann. Begründen Sie Ihre Vorschläge.*

3. *Formulieren Sie für eine von Ihnen gewählte Hilfeart einen Hilfeplan nach den Vorgaben auf S. 141.*

 Arbeitsmaterialien zum Download, S. 29–34

15 Verwaltungsrechtliche Aspekte der Hilfen zur Erziehung

15.1 Wesen und Arten der öffentlichen Verwaltung

Fallbeispiel 1 Die Kindertagesstätte „Kunterbunt" wurde vor sechs Jahren neu gebaut. Seit dieser Zeit hat sich ihr Umfeld sehr verändert. Der Straßenverkehr hat in den letzten zwei Jahren an Intensität stark zugenommen. Das Überqueren der Fahrbahn unmittelbar an der Tagesstätte ist sehr gefährlich geworden. Der Träger der Einrichtung stellt bei der Stadtverwaltung den Antrag auf Errichtung eines Fußgängerüberwegs vor der Kindertagesstätte.

Fallbeispiel 2 Die Stadtwerke der Stadt X verschicken an die Einwohner Gebührenbescheide zur Abrechnung des gelieferten Trinkwassers im Zeitraum des vergangenen Jahres.

Fallbeispiel 3 Familie A erscheint zu einem beratenden Gespräch im zuständigen Jugendamt. Die Erziehung ihres dreizehnjährigen Sohnes ist immer schwieriger geworden. Am Ende des Gesprächs füllen Frau und Herr A mithilfe des Jugendamtmitarbeiters einen „Antrag auf Hilfe zur Erziehung gemäß § 27 SGB VIII" aus.

Fallbeispiel 4 Eine Politesse der Stadt X ordnet für einen Autofahrer ein Ordnungsgeld in Höhe von 10,00 € wegen Falschparkens an.

Alle oben formulierten Situationen kennen wir aus dem Alltag. Auf den ersten Blick erscheinen sie uns sicher sehr verschieden. In welcher Beziehung steht beispielsweise der Vorgang aus Fallbeispiel 3 zu dem in Fallbeispiel 4? Welche Gemeinsamkeit besteht zwischen dem Handeln einer Politesse und dem eines Jugendamtes?

Die vier Situationen kennzeichnen Vorgänge innerhalb des staatlichen Handelns. Dieses Handeln tritt dem einzelnen Bürger in sehr unterschiedlicher Gestalt entgegen. In allen vier Situationen wird das Wirken von öffentlicher Verwaltung deutlich. Der Begriff „öffentliche Verwaltung" kann wie folgt definiert werden:

Definition
Jede Tätigkeit des Staates, die weder der gesetzgebenden noch der rechtsprechenden Gewalt zuzurechnen ist, bezeichnen wir als öffentliche Verwaltung.

Im Prinzip geht es bei der öffentlichen Verwaltung um den eigentlichen Gesetzesvollzug im alltäglichen Leben. Das SGB VIII allein auf dem Papier erbringt für die Gesellschaft nicht die beabsichtigte Wirkung. Ebenso die Straßenverkehrsordnung oder die Gebührensatzung der Stadt X für Wasser und Abwasser.

Innerhalb des Begriffs „öffentliche Verwaltung" kann zwischen **Eingriffsverwaltung** und **Leistungsverwaltung** unterschieden werden. In den Beispielen 1 und 4 handelt es sich um Vorgänge im Rahmen der Eingriffsverwaltung. Die Stadtverwaltung greift in Situation 1 in den öffentlichen Straßenverkehr ein, wenn sie die Errichtung eines Fußgängerüberwegs beschließt. Durch Anordnung eines Ordnungsgeldes wegen Falschparkens greift das Ordnungsamt der Stadt X in die Ausgestaltung des ruhenden Straßenverkehrs ihres Territoriums ein. Die Situationen 2 und 3 sind der Leistungsverwaltung zuzuordnen. Mithilfe der Stadtwerke erbringt die Stadt X die Lieferung von Trinkwasser für die Bewohner der Stadt. Dies ist eine öffentliche Aufgabe, die eine Stadt bzw. Gemeinde wahrnehmen muss. Das zuständige Jugendamt aus der Situation 3 ist u. a. auch für die Organisation und Ausgestaltung der Hilfen zur Erziehung als soziale Leistung verantwortlich. Auf der einen Seite geht es dabei um Entscheidungen über die Gewährung von Jugendhilfeleistungen im Einzelfall, auf der anderen Seite muss das Jugendamt aber auch in seinem Verantwortungsbereich die notwendigen Einrichtungen zur Durchführung der Leistungen vorhalten. Darin kommt eine weitere Art von Verwaltung zum Ausdruck, die planende und gestaltende Verwaltung. Das SGB VIII bestimmt dazu in § 80 Absatz 1 die Aufgaben der Jugendhilfeplanung:

§ „Die Träger der öffentlichen Jugendhilfe haben im Rahmen ihrer Planungsverantwortung

1. den Bestand an Einrichtungen und Diensten festzustellen,

2. den Bedarf unter Berücksichtigung der Wünsche, Bedürfnisse und Interessen der jungen Menschen und der Personensorgeberechtigten für einen mittelfristigen Zeitraum zu ermitteln und

3. die zur Befriedigung des Bedarfs notwendigen Vorhaben rechtzeitig und ausreichend zu planen; dabei ist Vorsorge zu treffen, dass auch ein unvorhergesehener Bedarf befriedigt werden kann."

Träger der öffentlichen Verwaltung sind juristische Personen des öffentlichen Rechts (siehe Abschnitt 5.2). Bei den meisten täglichen Verwaltungsaufgaben hat es der Bürger mit **Gebietskörperschaften** zu tun. In der Bundesrepublik Deutschland gliedern sich diese in die Körperschaften Bund, Länder und Gemeinden bzw. Städte. Sie haben hoheitliche Befugnisse gegenüber allen Personen, die sich in einem bestimmten Gebiet aufhalten. Die Stadt X ist beispielsweise berechtigt, von allen Bürgern ihres Territoriums die Bezahlung des Trinkwassers zu verlangen. Das Jugendamt kann über die Gewährung von Leistungen nach dem SGB VIII für die betroffenen Personen entscheiden, die im zugehörigen Einzugsgebiet (Landkreis, kreisfreie Stadt) wohnen.

Neben den Gebietskörperschaften muss noch auf die **Personalkörperschaften** verwiesen werden. Sie nehmen Verwaltungsaufgaben gegenüber ihren jeweiligen Mitgliedern wahr. So verwalten beispielsweise die Universitäten bzw. Fachhochschulen die Ausgestaltung der Ausbildung ihrer zugehörigen Studenten. Weitere Beispiele für Personalkörperschaften sind u. a. die Industrie- und Handelskammern, Handwerkskammern und Ärztekammern.

Die juristischen Personen des öffentlichen Rechts bedienen sich zur Wahrnehmung ihrer Verwaltungsaufgaben bestimmter **Organe**. Solche Organe sind z. B. der Bürgermeister einer Gemeinde, der Gemeinderat, der Landrat, der Kreistag. Als Bürgerinnen und Bürger kommen wir am meisten mit den **Behörden** als wichtige Organe in Berührung. Auf der Bundesebene ist das Bundeskriminalamt eine solche Behörde. Im Rahmen der Verantwortlichkeit eines Landkreises gehören dazu u. a. das Sozialamt, Schulamt, Gesundheitsamt, Jugendamt. Die Politesse aus der obigen vierten Situation handelt im Auftrag des Ordnungsamtes der Stadt X.

Erzieherinnen haben es in allen Arbeitsfeldern häufig mit Behörden zu tun. Es handelt sich dabei nicht nur allein um das Jugendamt. Befindet sich eine Kindertagesstätte beispielsweise in Trägerschaft einer Gemeinde, dann wird es hier oft zu Berührungen mit den Mitarbeitern der zuständigen Sozialbehörde kommen können. Man denke dabei nur an notwendige Anschaffungen bzw. Investitionen. Sozialämter und Arbeitsämter sind Anlaufstellen, die für die Arbeit besonders mit Jugendlichen von nicht unerheblicher Bedeutung sein können.

Aufgaben
1. *Ordnen Sie folgende Vorgänge in die Bereiche Eingriffs- und Leistungsverwaltung ein:*

    a) *Bearbeitung eines Antrags auf Ausbildungsförderung (BAföG),*

    b) *Genehmigung einer Straßenabsperrung*

    c) *Anweisung des Ordnungsamtes gegenüber einem Grundstückseigentümer zwecks Beseitigung von Sperrmüll*

    d) *Antrag auf Arbeitslosenhilfe*

2. *Erstellen Sie eine Übersicht der Ämter Ihrer zuständigen Kreisverwaltung.*

15.2 Die Stellung des Jugendamtes in der öffentlichen Verwaltung

Jugendämter werden nach den Vorschriften des § 69 Absatz 3 SGB VIII auf örtlicher und überörtlicher Ebene gebildet. Örtliche Träger sind die Landkreise und die kreisfreien Städte. Wer überörtlicher Träger ist, regelt das jeweilige Landesrecht. Landkreise und kreisfreie Städte verfügen folglich über Jugendämter. Sie sind Bestandteile der Kreis- bzw. der Stadtverwaltungen. Die Bundesländer errichten die jeweiligen Landesjugendämter als nachgeordnete Einrichtungen der jeweiligen Ministerien auf Landesebene. Erzieherinnen werden in ihrer Tätigkeit hauptsächlich mit den Jugendämtern der Kreise bzw. kreisfreien Städte konfrontiert.

Die Jugendämter verfügen über einen sogenannten dualistischen Aufbau. Den Aufbau soll die nachfolgende Übersicht verdeutlichen:

Aufbau des Jugendamtes

Jugendhilfeausschuss	Verwaltung des Jugendamtes
Stimmberechtigte Mitglieder • Mitglieder der politischen Vertretungskörperschaft (Abgeordnete des Kreistages) oder von ihr gewählte geeignete Männer und Frauen (3/5) • von der Vertretungskörperschaft auf Vorschlag der freien Jugendhilfe gewählte Männer und Frauen (2/5) **Beschlussrechte** • Geschäftsordnung • alle Angelegenheiten der Jugendhilfe • Verwendung der Mittel, die auf Beschluss der politischen Vertretungskörperschaft zur Verfügung stehen **Anhörungs- und Antragsrecht** nach § 71 Absatz 3 SGB VIII, z. B: • Anträge bezüglich der Fragen von Jugendhilfe an die Vertretungskörperschaft (z. B. Kreistag) • Anhörung vor Berufung eines Leiters des Jugendamtes • Vor Beschlussfassung der Vertretungskörperschaft zu Fragen der Jugendhilfe	• Jugendamtsleiter (im Auftrag des Landrats bzw. Bürgermeisters oder Oberbürgermeisters bei kreisfreien Städten) • Sozialpädagogen • Sozialarbeiter • Verwaltungskräfte • Ausführung der Beschlüsse der Vertretungskörperschaft und des Jugendhilfeausschusses • Organisation der gesamten Finanz- und Jugendhilfeplanung • Wahrnehmung der laufenden Verwaltungsgeschäfte (z. B. Führung von Amtsvormundschaften, wirtschaftliche Jugendhilfe, Entscheidungen über die Gewährung von Leistungen und deren Kontrolle)

Aus der Übersicht geht hervor, dass der Jugendamtsleiter mit seinen Mitarbeitern in erster Linie die von der jeweiligen Vertretungskörperschaft bzw. dem Jugendhilfeausschuss gefassten Beschlüsse umzusetzen hat. So werden beispielsweise innerhalb eines Haushaltsjahres durch die Vertretungskörperschaften die finanziellen Mittel für den gesamten Bereich der Jugendhilfe zur Verfügung gestellt. Im Jugendhilfeausschuss fallen dann die Entscheidungen darüber, wie diese Mittel innerhalb der Jugendhilfe verteilt werden (z. B. wie viel Geld in die Bereiche der Heimerziehung, Jugendarbeit, Schulsozialarbeit usw. geht). Dies geschieht natürlich immer auf der Grundlage eines Beschlussvorschlags der Verwaltung. Dies ist auch Ausdruck der durchzuführenden Jugendhilfeplanung.

Je fachgerechter der Jugendhilfeausschuss zusammengesetzt ist, desto besser können die Belange der Jugendhilfe auch gegenüber der Vertretungskörperschaft artikuliert werden. Gerade in Zeiten von knappen öffentlichen Kassen ist diese Tatsache nicht zu unterschätzen. LeiterInnen von Kindertagesstätten, HeimleiterInnen, aber auch engagierte Erzieherinnen haben im Ausschuss ein breites Betätigungsfeld. Dazu ist die Mitgliedschaft in einer politischen Partei oder der Abgeordnetenstatus der jeweiligen Vertretungskörperschaft nicht unbedingt erforderlich. In der obigen Übersicht ist dargestellt, dass beispielsweise ein

Kreistag geeignete Bürgerinnen und Bürger in den Jugendhilfeausschuss wählen kann, die nicht Abgeordnete sind. Damit soll eine möglichst große fachliche Kompetenz des Jugendhilfeausschusses erreicht werden. Nicht jeder Abgeordnete einer politischen Partei ist für jeden Ausschuss fachlich genügend vorgebildet. Dies gilt auch für die weiteren Ausschüsse, die für eine Legislaturperiode gewählt werden. In ihnen werden alle wichtigen politischen Entscheidungen der Vertretungskörperschaften vorbereitet und fachlich untersetzt.

Zusammenkünfte des Jugendhilfeausschusses finden immer in einem öffentlichen Rahmen statt. Das bedeutet, dass jeder Bürger die Möglichkeit hat, an diesen teilzunehmen. Termine werden regelmäßig in der Lokalpresse veröffentlicht.

Aufgaben
1. *Recherchieren Sie bei Ihrem zuständigen Jugendamt unter folgenden Gesichtspunkten:*

   - *Organisationsstruktur des Amtes*

   - *Zusammensetzung des Jugendhilfeausschusses*

   - *Wesentliche Bestandteile des Finanzplans und Höhe des Haushaltsvolumens*

2. *Nehmen Sie an einer Zusammenkunft des Jugendhilfeausschusses im Einzugsbereich Ihrer Fachschule teil. Tragen Sie die dort behandelten Probleme zusammen. Diskutieren Sie diese aus der Sicht des Grundanliegens des SGB VIII.*

15.3 Der Verwaltungsakt als Form des Verwaltungshandelns

Aufgaben und Tätigkeiten der Verwaltung sind sehr vielfältig. Nicht alle Handlungen der öffentlichen Verwaltung sind auf eine rechtliche Wirkung ausgerichtet. So kann es bei einem Besuch des Jugendamtes durch Personensorgeberechtigte um eine ganz allgemeine Beratung beispielsweise zu Fragen der Kindertagesbetreuung im Territorium gehen. Mitarbeiter des Jugendamtes beraten beispielsweise auch Kindertagesstätten in allen Fragen der pädagogischen Arbeit. Freie Träger der Jugendhilfe werden im Jugendamt angehört, wenn es um mögliche Unterstützungen für geplante Projekte geht.

Hoheitliches Handeln der öffentlichen Verwaltung erfolgt durch die zentrale Handlungsform **„Verwaltungsakt"**. Beim hoheitlichen Handeln liegt immer ein Über- bzw. Unterordnungsverhältnis vor. Der jeweilige Träger der öffentlichen Verwaltung trifft eine Anordnung, die für den Bürger bindend ist. Was ist unter einem Verwaltungsakt zu verstehen? Das Verwaltungsverfahrensgesetz definiert ihn in § 35 wie folgt:

Definition
Verwaltungsakt ist jede Verfügung, Entscheidung oder andere hoheitliche Maßnahme, die eine Behörde zur Regelung eines Einzelfalles auf dem Gebiet des öffentlichen Rechts trifft und die auf unmittelbare Rechtswirkung nach außen gerichtet ist. Allgemeinverfügung ist ein Verwaltungsakt, der sich an einen nach allgemeinen Merkmalen bestimmten oder bestimmbaren Personenkreis richtet oder die öffentlich-rechtliche Eigenschaft einer Sache oder ihre Benutzung durch die Allgemeinheit betrifft.

Erinnern wir uns an die Situation 3 auf Seite 159. Nehmen wir an, dass das Jugendamt für den dreizehnjährigen Sohn Hilfe zur Erziehung in Form sozialer Gruppenarbeit nach § 29 SGB VIII vorgesehen hat. Familie A wird darüber in schriftlicher Form in Kenntnis gesetzt. Dieser Vorgang ist im Sinne des Gesetzes eine Entscheidung der zuständigen Behörde Jugendamt. Es wird ein Einzelfall geregelt, nämlich die konkrete erzieherische Hilfe für den Sohn der Familie A. Die Entscheidung betrifft das öffentliche Recht, denn das SGB VIII gehört zu diesem Rechtsgebiet. Eine Rechtswirkung nach außen liegt auch vor. Die Entscheidung des Jugendamtes betrifft Familie A, die außerhalb des Jugendamtes steht. Sie hat jetzt das Recht, die genehmigte Hilfeart in Anspruch zu nehmen. Eine solche Außenwirkung ist beispielsweise nicht gegeben, wenn es sich um eine behördeninterne Anweisung handeln würde. Beispielsweise wäre dies der Fall, wenn innerhalb des Jugendamtes festgelegt wird, welcher Mitarbeiter den Antrag von Familie A zu bearbeiten hat. Dies wäre dann kein Verwaltungsakt. Es fehlt die Rechtswirkung nach außen.

In Satz 2 beschreibt das Gesetz einen besonderen Verwaltungsakt, die Allgemeinverfügung. Eine solche ist dann gegeben, wenn z. B. die Polizei Bürger auffordert, einen bestimmten Ort (Saal, Platz) zu räumen.

Aus den bisherigen Ausführungen könnte jetzt der Eindruck entstehen, dass Behörden mithilfe von Verwaltungsakten einseitige Anordnungen treffen können, denen sich der Bürger stets zu beugen hat. Wäre dies der Fall, dann wäre das Rechtsstaatsprinzip sicher nicht mehr gewährleistet. Innerhalb des Verwaltungsrechts gibt es deshalb für die Bürgerinnen und Bürger die Möglichkeiten des Rechtsschutzes in der Verwaltung. Bleiben wir bei unserer Familie A. Wie wäre die Situation, wenn ihr Antrag auf Hilfe zur Erziehung abschlägig beschieden worden wäre? Herr und Frau A könnten in diesem Fall von einem **Rechtsbehelf** Gebrauch machen. Es ist zwischen **formlosen** und **förmlichen** Rechtsbehelfen zu unterscheiden. Familie A könnte nochmals beim Jugendamt vorsprechen und ihre Sicht auf die erfolgte Ablehnung darstellen und um Überprüfung bitten. Dies wäre eine sogenannte **Gegenvorstellung**. Familie A würde deutlich machen, dass sie die Entscheidung für fehlerhaft hält. Ein weiterer formloser Rechtsbehelf wäre die **Aufsichtsbeschwerde**. Hier könnten sich Frau und Herr A an das Büro des Landrats wenden und um Überprüfung des Vorgangs bitten. Formlose Rechtsbehelfe sind an keine Frist gebunden und haben einen entscheidenden Nachteil: Es ist keine bestimmte Erledigung vorgeschrieben. Die Behörde müsste unserer betroffenen Familie lediglich mitteilen, dass eine Überprüfung stattgefunden hat und zu welchem Ergebnis man gekommen ist.

Der **Widerspruch** ist ein förmlicher Rechtsbehelf. Er ist gegenüber den vorher beschriebenen Möglichkeiten wirkungsvoller. Innerhalb einer Frist von einem Monat könnte Familie A gegen die Ablehnung Widerspruch einlegen. Das Jugendamt müsste dann die Recht- und Zweckmäßigkeit seiner Entscheidung kontrollieren. Hier kann die Behörde gewissermaßen eine Selbstkontrolle vornehmen.

Ein Widerspruch öffnet auch den Weg zu einem Verwaltungsverfahren vor dem Verwaltungsgericht. Nur nach vorhergehendem Widerspruch ist der Gang zum Gericht möglich. Damit kommen wir zum **gerichtlichen Rechtsschutz**, als nächster Möglichkeit. Gerichtliche Möglichkeiten des Rechtsschutzes sind u. a. die **Anfechtungs-** und **Verpflichtungsklage**. Würde das Jugendamt gegenüber Familie A den Widerspruch abweisen, dann hätte sie mit einer weiteren Frist von einem Monat die Möglichkeit, Klage zu erheben. Es würde sich um eine Verpflichtungsklage handeln. Ziel wäre dabei, das Jugendamt per Gerichtsentscheid zur Gewährung von Hilfe zur Erziehung zu verpflichten. Bei einer Anfechtungsklage geht es um die Aufhebung eines den Bürger belastenden Verwaltungsaktes (z. B. ein Gebührenbescheid).

Hingewiesen werden soll noch auf die **Rechtsbehelfsbelehrung**, die in jedem Verwaltungsakt enthalten sein muss. Fehlt diese oder ist sie unvollständig, dann kann der Verwaltungsakt wegen eines Formfehlers von Anfang an ungültig sein.

> *Zusammenfassung*
>
> *Die Gewährung von Hilfen zur Erziehung ist Bestandteil der öffentlichen Verwaltung. Als öffentliche Verwaltung bezeichnen wir jede Tätigkeit des Staates, die weder der gesetzgebenden noch der rechtsprechenden Gewalt zuzurechnen ist. Es ist zwischen Eingriffs- und Leistungsverwaltung zu unterscheiden. Träger der öffentlichen Verwaltung sind juristische Personen des öffentlichen Rechts, die in Gebiets- und Personalkörperschaften einzuteilen sind.*
>
> *Zur Wahrnehmung ihrer Aufgaben bedient sich die öffentliche Verwaltung ihrer Organe. Zu ihnen gehören als wichtiger Bestandteil die Behörden.*
>
> *Das Jugendamt ist eine solche Behörde. Jugendämter bestehen aus dem Jugendhilfeausschuss und der Verwaltung des Jugendamtes. Man spricht hier von einem dualistischen Aufbau.*
>
> *Der Verwaltungsakt ist die zentrale Handlungsform der öffentlichen Verwaltung. Er ist durch folgende Merkmale gekennzeichnet: hoheitliches Handeln einer Behörde im Rahmen des öffentlichen Rechts, Einzelfallbezogenheit, Rechtswirkung nach außen.*
>
> *Von Verwaltungsakten betroffene Personen können im Rahmen des Rechtsschutzes in der Verwaltung von formlosen und förmlichen Rechtsbehelfen Gebrauch machen. Gegendarstellung und Aufsichtsbeschwerde sind formlose Rechtsbehelfe, die an keine Frist gebunden sind. Der Widerspruch hingegen ist an eine einmonatige Frist gebunden und ein förmlicher Rechtsbehelf.*
>
> *Anfechtungs- und Verpflichtungsklage sind Beispiele für den gerichtlichen Rechtsschutz im Bereich der öffentlichen Verwaltung.*

Aufgabe

Prüfen Sie, ob in den nachfolgenden Beispielen Verwaltungsakte vorliegen. Begründen Sie ihre Feststellungen mithilfe der geltenden rechtlichen Bestimmung:

a) *Aufforderung der Polizei an eine Gruppe von Menschen, den Saal zu verlassen*

b) *Anweisung des Jugendamtsleiters an seine Mitarbeiter über die Ausgestaltung der gleitenden Arbeitszeit*

c) *Genehmigung eines Antrags auf Sozialhilfe*

d) *Ablehnung eines Bauantrags*

e) *Erteilung eines Steuerbescheids durch das Finanzamt*

16 Andere Aufgaben der Jugendhilfe

Dieser Bereich der Jugendhilfe beruht nicht auf dem Prinzip der Freiwilligkeit. Das Wunsch- und Wahlrecht gilt für diesen Aufgabenbereich ebenfalls nicht. Er ist hoheitlich ausgerichtet und wird deshalb von den öffentlichen Trägern wahrgenommen. Diese können die freien Jugendhilfeträger an den hier wahrzunehmenden Aufgaben beteiligen, die letzte Verantwortung bleibt jedoch bei den öffentlichen Trägern.

Die „anderen Aufgaben" der Jugendhilfe beinhalten u.a. Schutzmaßnahmen, Mitwirkungsverpflichtungen der Jugendhilfe innerhalb gerichtlicher Verfahren, Beistandschafts-, Pflegschafts- und Vormundschaftsangelegenheiten.

16.1 Inobhutnahme von Kindern und Jugendlichen

Fallbeispiel *Axel, vierzehn Jahre alt, lebt bei seiner Mutter. Sie war zum Zeitpunkt seiner Geburt nicht verheiratet. Seinen Vater hat Axel noch nie gesehen. Die Mutter ist seit über zwei Jahren ohne Arbeit. Sie hat häufig wechselnde Männerbekanntschaften und ist immer mehr dem Alkohol verfallen. Axel hat sehr oft mit ihr Konflikte, weil sie dem Jungen alle häuslichen Arbeiten überträgt. Dadurch kann Axel den schulischen Anforderungen nur sehr sporadisch gerecht werden. Schlechte Noten in Klassenarbeiten sind vor allen Dingen auf diese Umstände zurückzuführen. Während eines nächtlichen Trinkgelages der Mutter mit ihrem jetzigen Partner und weiteren Besuchern in der Wohnung kam es zu tätlichen Auseinandersetzungen gegenüber Axel. Er wandte sich daraufhin in der Nacht an einen Kinder- und Jugendnotdienst, der ihn aufnahm. Axel will unter keinen Umständen wieder zurück zu seiner Mutter.*

Solche Situationen gibt es in unserem Alltag immer noch viel zu viele. Gerade in wirtschaftlich schwierigen Zeiten geraten Kinder und Jugendliche nicht selten in solche Problemlagen wie oben beschrieben. Hier ist die Jugendhilfe gefordert. Ihr kommt dabei die Aufgabe zu Krisenintervention zu leisten. Hier sei nochmals auch an den § 8a SGB VIII erinnert (vgl. Abschnitt 3.3). Axel befindet sich in einer akuten Krisensituation, in der augenscheinlich sein Wohl erheblich gefährdet ist. Er brach aus dem bisherigen Lebenszusammenhang aus und wurde von einem Kinder- und Jugendnotdienst aufgenommen. Dieser handelte gegenüber dem Jungen auf der Grundlage des § 42 Absatz 1 SGB VIII:

§ „Das Jugendamt ist berechtigt und verpflichtet, ein Kind oder einen Jugendlichen in seine Obhut zu nehmen, wenn

1. das Kind oder der Jugendliche um Obhut bittet oder

2. eine dringende Gefahr für das Wohl des Kindes oder des Jugendlichen die Inobhutnahme erfordert und

a) die Personensorgeberechtigten nicht widersprechen oder

b) eine familiengerichtliche Entscheidung nicht rechtzeitig eingeholt werden kann oder

3. ein ausländisches Kind oder ein ausländischer Jugendlicher unbegleitet nach Deutschland kommt und sich weder Personensorge- oder Erziehungsberechtigte im Inland aufhalten.

Die Inobhutnahme umfasst die Befugnis, ein Kind oder einen Jugendlichen bei einer geeigneten Person, in einer geeigneten Einrichtung oder in einer sonstigen Wohnform vorläufig unterzubringen; im Fall von Satz 1 Nr. 2 auch ein Kind oder einen Jugendlichen von einer anderen Person wegzunehmen."

Die obige rechtliche Regelung definiert den Inhalt einer Inobhutnahme hier zunächst als **vorläufige Unterbringung.** Diese kann bei einer geeigneten Person (Bereitschaftspflege), in einer Einrichtung (z.B. Kinder- und Jugendnotdienste) oder in einer sonstigen Wohnform (z.B. betreutes Wohnen) erfolgen. Dem Jugendamt wird durch den § 42 SGB VIII die Möglichkeit und auch die Verpflichtung auferlegt, Minderjährige vorläufig unterzubringen. Der Gesetzgeber definiert drei mögliche Fallgruppen für die Inobhutnahme:

- Das Kind oder der Jugendliche bittet um eine vorläufige Unterbringung.

- Eine dringende Gefahr für das Wohl des Kindes oder Jugendlichen macht eine Inobhutnahme erforderlich (auch gegen deren Willen).

- Ein ausländisches Kind oder Jugendlicher reist ohne Begleitung ein.

In der gesetzlichen Regelung des § 42 SGB VIII wird das zuständige Jugendamt also verpflichtet, unter den in Absatz 1 definierten Voraussetzungen ein Kind oder einen Jugendlichen Inobhut zu nehmen. Zuständig ist nach § 87 SGB VIII stets das Jugendamt, in dessen Einzugsbereich sich das Kind oder der Jugendliche vor der Inobhutnahme tatsächlich aufhielt. Diese Verpflichtung kann das Amt mithilfe von entsprechenden Einrichtungen freier Träger erfüllen. Kinder- und Jugendnotdienste sind eine mögliche Form der Wahrnehmung dieser Verpflichtung. Es gibt aber auch Heimeinrichtungen, die von den verantwortlichen Jugendämtern beauftragt worden sind. Dies ist nicht unproblematisch. Kinder und Jugendliche, die in Obhut genommen werden, bedürfen einer besonderen intensiven Zuwendung. Diese können Erzieherinnen und Erzieher im Heim nur leisten, wenn die Inobhutnahme nicht innerhalb einer ganz normalen Heimgruppe geschieht.

Ein weiterer Aspekt dabei betrifft die Situation der im Heim lebenden Kinder und Jugendlichen. Inobhutgenommene kommen häufig aus äußerst schwierigen Lebenssituationen. Kontakte mit den im Heim untergebrachten Kindern und Jugendlichen können die Erziehungsarbeit in der Gruppe unnötig komplizieren. Denken wir nur daran, dass häufig auch jugendliche Trebegänger um Inobhutnahme bitten.

In unserem Fallbeispiel sucht Axel einen Kinder- und Jugendnotdienst auf. Bei ihm handelt es sich um die erste Fallgruppe, dem sogenannten **Selbstmelder** nach § 42 Absatz 1 Nr. 1 SGB VIII. In solchen Fällen haben die betroffenen Kinder oder Jugendlichen einen Rechtsanspruch auf die Inobhutnahme. Eine sofort überzeugende Begründung durch die Betroffenen ist dafür nicht erforderlich. Neben der Weigerung des Kindes oder Jugendlichen, nach Hause zurückzukehren, ist eine solche Unterbringung auch durch die Weigerung der Eltern, die Betroffenen wieder bei sich aufzunehmen, für das Jugendamt eine ausreichende Begründung, um die vorläufige Unterbringung durchzuführen.

Eine zweite Fallgruppe ist die so bezeichnete **Zuführung**. Ausgangssituation ist hierbei eine dringende Gefahr für das Wohl des Kindes oder Jugendlichen. Davon ist immer auszugehen, wenn eine Sachlage oder ein Verhalten bei ungehindertem Verlauf mit hoher Wahrscheinlichkeit zu einer objektiv gegebenen Kindeswohlgefährdung führen würde. Die Zuführung erfolgt durch Dritte. Dies können u.a. Polizei, Lehrer, Verwandte, Nachbarn sein. Die betroffenen Kinder oder Jugendlichen befinden sich in einer Situation der Schutzlosigkeit für ihre Person. Dies ist beispielsweise der Fall, wenn Kinder unbeaufsichtigt und nicht ausreichend versorgt in einer Wohnung angetroffen werden. Weiterhin sind Fälle denkbar, in denen Eltern aufgrund ihrer Drogenabhängigkeit nicht mehr in der Lage sind, ihr Sorgerecht in erforderlichem Umfang wahrzunehmen.

Das Aufgreifen von Kindern oder Jugendlichen an jugendgefährdenden Orten (Nachtbars, Spielhallen, Rotlichtmilieu) kann ebenfalls zu einer Inobhutnahme führen. Eine weitere wesentliche Rechtsgrundlage für eine solche Situation bietet der § 8 des Jugendschutzgesetzes. Er lautet:

> § „Hält sich ein Kind oder eine jugendliche Person an einem Ort auf, an dem ihm oder ihr eine unmittelbare Gefahr für das körperliche, geistige oder seelische Wohl droht, so hat die zuständige Behörde oder Stelle die zur Abwendung der Gefahr erforderlichen Maßnahmen zu treffen. Wenn nötig, hat sie das Kind oder die jugendliche Person
>
> 1. zum Verlassen des Ortes anzuhalten,
>
> 2. der erziehungsberechtigten Person im Sinne des § 7 Abs. 1 Nr. 6 des Achten Buches Sozialgesetzbuch zuzuführen oder, wenn keine erziehungsberechtigte Person erreichbar ist, in die Obhut des Jugendamtes zu bringen.
>
> In schwierigen Fällen hat die zuständige Behörde oder Stelle das Jugendamt über den jugendgefährdenden Ort zu unterrichten."

Handelnde staatliche Stellen sind in diesen Fällen vor allen Dingen die Polizei und Angehörige der zuständigen Ordnungsämter.

Eine dritte Fallgruppe für die Durchführung einer Inobhutnahme stellt die unbegleitete Einreise eines ausländischen Kindes oder Jugendlichen dar. Wichtig ist dabei die Tatsache, dass die betroffene Person in Deutschland weder mit einem Personensorgeberechtigten noch mit einem Erziehungsberechtigten zusammentrifft. Solche Fälle sind sehr speziell. Hier müssen auch die Bestimmungen des Asylverfahrensgesetzes beachtet werden. Weitere Ausführungen dazu würden den Rahmen dieses Lehrbuches sprengen.

In § 42 Absatz 1 Satz 2 zweiter Halbsatz SGB VIII wird dem Jugendamt die Möglichkeit eingeräumt, das Kind oder den Jugendlichen zum Zweck der Inobhutnahme auch von einer anderen Person wegzunehmen. Dies kann auch ein Personensorgeberechtigter sein. Somit kann eine Maßnahme nach § 42 SGB VIII auch gegen den Willen der Eltern erfolgen. Voraussetzung dafür ist natürlich immer eine dringende Gefahr für das Wohl der betroffenen Kinder bzw. Jugendlichen.

Kommen wir auf unseren Ausgangsfall zurück. Wie geht es mit Axel nach der Aufnahme in die gekennzeichnete Einrichtung weiter? Zunächst muss die Mutter als sorgeberechtigte Person unverzüglich von der Inobhutnahme informiert werden. Dazu sagt § 42 Absatz 3 SGB VIII das Folgende:

> „Das Jugendamt hat im Fall des Absatz 1 Satz 1 Nr. 1 und 2 die Personensorge- oder Erziehungsberechtigten unverzüglich von der Inobhutnahme zu unterrichten und mit ihnen das Gefährdungsrisiko abzuschätzen. Widersprechen die Personensorge- oder Erziehungsberechtigten der Inobhutnahme, so hat das Jugendamt unverzüglich
>
> 1. das Kind oder den Jugendlichen den Personensorge- oder Erziehungsberechtigten zu übergeben, sofern nach der Einschätzung des Jugendamts eine Gefährdung des Kindeswohls nicht besteht oder die Personensorge- oder Erziehungsberechtigten bereit und in der Lage sind, die Gefährdung abzuwenden oder
>
> 2. eine Entscheidung des Familiengerichts über die erforderlichen Maßnahmen zum Wohl des Kindes oder des Jugendlichen herbeizuführen.
>
> Sind die Personensorge- oder Erziehungsberechtigten nicht erreichbar, so gilt Satz 2 Nr. 2 entsprechend. Im Fall des Absatzes 1 Satz 1 Nr. 3 ist unverzüglich die Bestellung eines Vormunds oder Pflegers zu veranlassen. Widersprechen die Personensorgeberechtigten der Inobhutnahme nicht, so ist unverzüglich ein Hilfeplanverfahren zur Gewährung einer Hilfe einzuleiten."

Die obigen Bestimmungen reflektieren sehr deutlich die Bedeutung des elterlichen Sorgerechts. Eltern haben ein Recht zur Aufenthaltsbestimmung ihrer minderjährigen Kinder (vgl. Abschnitte 8.1 und 8.2). Deshalb darf eine Verweigerung der von ihnen verlangten Herausgabe bei der Inobhutnahme nur erfolgen, wenn sie nicht in der Lage sind, die Gefährdungen, die zur Maßnahme führten, zu beseitigen. Dazu muss dann unverzüglich eine entsprechende Entscheidung des Familiengerichts herbeigeführt werden. Dies wäre bei Axel sicher der Fall, wenn die Mutter der Inobhutnahme widersprechen würde.

Mit der vorläufigen Unterbringung allein ist den Kindern und Jugendlichen in solchen Situationen natürlich nicht geholfen. Das SGB VIII gestaltet die Inobhutnahme deshalb weiter als intensive pädagogische Hilfestellung aus. In § 42 Absatz 2 SGB VIII heißt es dazu:

> „Das Jugendamt hat während der Inobhutnahme die Situation, die zur Inobhutnahme geführt hat, zusammen mit dem Kind oder Jugendlichen zu klären und Möglichkeiten der Hilfe und Unterstützung aufzuzeigen. Dem Kind oder dem Jugendlichen ist unverzüglich Gelegenheit zu geben, eine Person seines Vertrauens zu benachrichtigen. Das Jugendamt hat während der Inobhutnahme für das Wohl des Kindes oder des Jugendlichen zu sorgen und dabei den notwendigen Unterhalt und die Krankenhilfe sicherzustellen. Das Jugendamt ist während der Inobhutnahme berechtigt, alle Rechtshandlungen vorzunehmen, die zum Wohl des Kindes oder Jugendlichen notwendig sind; der mutmaßliche Wille der Personensorge- oder Erziehungsberechtigten ist dabei angemessen zu berücksichtigen."

In Satz 1 des obigen Absatzes beschreibt der Gesetzgeber zunächst eine notwendige Klärung der Situation die zur Inobhutnahme geführt hat. Diese erfolgt unter Einbeziehung des betroffenen Kindes bzw. Jugendlichen. Damit verbunden ist eine Beratung hinsichtlich möglicher Hilfsangebote für die Betroffenen. Dabei kann es sich um Angebote im Rahmen der Hilfe zur Erziehung (vgl. Abschnitt 14), aber auch um die Vermittlung anderer Hilfen handeln (z. B. psychologische Beratung, kinder- und jugendpsychiatrische Behandlung). Sind in solchen Fällen die Personensorgeberechtigten mit der Inobhutnahme einverstanden, dann muss nach § 42 Absatz 2 Satz 5 SGB VIII ein Hilfeplanverfahren (vgl. Abschnitt 14.1) eingeleitet werden.

Unmittelbar nach der Inobhutnahme muss dem Kind oder Jugendlichen die Möglichkeit eingeräumt werden, eine Vertrauensperson von der aktuellen Situation zu unterrichten (siehe § 42 Satz 2 Absatz 2 SGB VIII). Mit der Möglichkeit, eine Person ihres Vertrauens von der Inobhutnahme zu benachrichtigen, können betroffene Kinder oder Jugendliche notwendige Hilfen auch aus ihrem unmittelbaren sozialen Umfeld erhalten. Sie müssen sich in solchen Situationen dadurch nicht ausschließlich Menschen anvertrauen, die ihnen persönlich völlig fremd sind. Konfliktsituationen können damit für die Betroffenen etwas entschärft werden. Diese Personen können auch für die in Obhut nehmende Einrichtung eine nicht zu unterschätzende Hilfe darstellen (z. B. zur Klärung des weiteren Vorgehens).

Die Bestimmungen in den Sätzen 3 und 4 des Absatzes 2 des § 42 SGB VIII statten das Jugendamt mit Kompetenzen aus, die weit in das elterliche Sorgerecht hineinreichen. Die Inobhutnahme ist jedoch nicht automatisch mit dem Verlust des Sorgerechts verbunden. Dem gegenüber steht die Hinderung der Sorgeberechtigten (räumliche Entfernung, gegebene Krisensituation), dieses Recht dem Wohl des Kindes bzw. Jugendlichen gemäß wahrzunehmen. Deshalb bestimmt der Gesetzgeber, dass das Jugendamt alle notwendigen Maßnahmen treffen muss, um das Wohl der Betroffenen zu sichern. Dabei spielen die Sicherung des Unterhalts, Krankenhilfe und damit verbundene Rechtshandlungen eine wichtige Rolle.

Eine Inobhutnahme kann auf zwei verschiedene Art und Weisen beendet werden:

- Übergabe des Kindes oder Jugendlichen an die Personensorge- oder Erziehungsberechtigten
- Entscheidung über die Gewährung von Hilfen nach dem Sozialgesetzbuch

Rechtlicher Rahmen dafür ist der Absatz 4 des § 42 SGB VIII.

Freiheitsentziehende Maßnahmen im Rahmen einer Inobhutnahme sind in engen Grenzen nach Absatz 5 des oben gekennzeichneten § 42 SGB VIII möglich. Dies bedarf jedoch immer eines gerichtlichen Entscheids.

Nach Absatz 6 des § 42 SGB VIII sind die Mitarbeiter des Jugendamtes nicht berechtigt, unmittelbaren Zwang bei der Inobhutnahme auszuüben. Dazu bedarf es der Mitarbeit der dazu befugten Stellen (z. B. Polizei).

Aufgaben

1. *Beschreiben Sie in Form eines kurzen Statements einen möglichen Verlauf der Inobhutnahme für unseren Jugendlichen im Ausgangsfall von Seite 166.*

2. *Lesen Sie noch einmal den Artikel 6 Absatz 2 des Grundgesetzes (siehe Abschnitt 8.1). Diskutieren Sie dann in einer Kleingruppe die nachfolgende These und stellen Sie die Ergebnisse Ihrer Diskussion der gesamten Studiengruppe vor.*

   These:
   „Die Bestimmungen des § 42 SGB VIII tragen dazu bei, das Wächteramt des Staates im Rahmen des elterlichen Sorgerechts auszugestalten."

16.2 Schutz von Kindern und Jugendlichen in Familienpflege und in Einrichtungen

Zu den hoheitlichen Aufgaben der Jugendhilfe gehört auch der Schutz von Minderjährigen in Familienpflege und in Einrichtungen. Er ist in den §§ 43 bis 49 SGB VIII geregelt.

Der § 43 SGB VIII wurde im Zuge des Kinder- und Jugendhilfeweiterentwicklungsgesetzes neu gefasst. Er stellt das Angebot der Kindertagespflege prinzipiell unter einen Erlaubnisvorbehalt durch das örtliche Jugendamt. Wer Tagespflege anbieten möchte, benötigt bereits ab dem ersten Tagespflegekind eine Erlaubnis. Diese ist auch dann erforderlich, wenn die Kinderbetreuung privat finanziert wird. Der Gesetzgeber will hier Risiken mindern, die mit der nicht erforderlichen fachspezifischen Ausbildung von Tagespflegepersonen durchaus existieren. Dies ist umso notwendiger, weil gegenwärtig die Vereinbarkeit von Familie und Beruf durch Tagespflegeangebote positiv beeinflusst werden kann. Dieses Angebot hilft besonders Familien mit Kleinkindern, weil hier bundesweit noch immer gravierende Versorgungslücken hinsichtlich entsprechender Einrichtungen bestehen.

Absatz 1 des § 43 SGB VIII sagt hinsichtlich der Erlaubnis folgendes aus:

> § „Wer Kinder außerhalb ihrer Wohnung in anderen Räumen während des Tages mehr als 15 Stunden wöchentlich gegen Entgelt länger als drei Monate betreuen will (Tagespflegeperson), bedarf der Erlaubnis."

Die Bestimmung formuliert auch eindeutig, wann eine Betreuung nicht der Erlaubnispflicht durch das Jugendamt unterliegt. Diese „Geringfügigkeitsschwelle" soll beispielsweise Nachbarschaftshilfen erleichtern. Außerdem soll damit die Eigenverantwortlichkeit der Eltern nicht unverhältnismäßig eingeschränkt werden.

In Absatz 2 des § 43 SGB VIII werden notwendige Kompetenzen definiert, über die Tagespflegepersonen verfügen müssen.

> § „Die Erlaubnis ist zu erteilen, wenn die Person für die Kindertagespflege geeignet ist. Geeignet im Sinne des Satzes 1 sind Personen, die
>
> 1. sich durch ihre Persönlichkeit, Sachkompetenz und Kooperationsbereitschaft mit Erziehungsberechtigten und anderen Tagespflegepersonen auszeichnen und
>
> 2. über kindgerechte Räumlichkeiten verfügen.
>
> Sie sollen über vertiefte Kenntnisse hinsichtlich der Anforderungen der Kindertagespflege verfügen, die sie sich in qualifizierenden Lehrgängen erworben oder in anderer Weise nachgewiesen haben. ...“

Das Gesetz bestimmt keine sozialpädagogische Fachausbildung als Bedingung für die Erteilung der Erlaubnis zur Kindertagespflege. Es legt lediglich einige Kompetenzen zugrunde. Hinsichtlich der Eignung als Persönlichkeit dürfte es für die Jugendämter darauf ankommen, sich ein genaueres Bild über den Antragsteller zu machen (vgl. auch Abschnitt 4.3). Dabei dürften die Motivation zur Tagespflege, Erfahrungen mit eigenen Kindern, Verlässlichkeit, Zuverlässigkeit, Autorität u. a. wichtige Aspekte sein. Bezüglich der genannten Sachkompetenz dürfte das praktische Verhalten hinsichtlich solcher Fragestellungen wie: „Was würden Sie tun, wenn ...?“ eine Rolle spielen.

Die im Gesetz benannten kindgerechten Räumlichkeiten sollten u. a. eine ausreichende Größe entsprechend der Altersgruppe und ausreichendes altersgemäßes Spielzeug aufweisen.

Bezüglich der im Gesetz gekennzeichneten „vertieften Kenntnisse hinsichtlich der Anforderungen der Kindertagespflege“ haben wir uns schon in Abschnitt 4.3 näher geäußert.

Absatz 3 des § 43 SGB VIII legt fest:

> § „Die Erlaubnis befugt zur Betreuung von bis zu fünf gleichzeitig anwesenden, fremden Kindern. ... Landesrecht kann bestimmen, dass die Erlaubnis zur Betreuung von mehr als fünf gleichzeitig anwesenden, fremden Kindern erteilt werden kann, wenn die Person über eine pädagogische Ausbildung verfügt; in der Pflegestelle dürfen nicht mehr Kinder betreut werden als in einer vergleichbaren Gruppe einer Tageseinrichtung. Die Erlaubnis ist auf fünf Jahre befristet. ... Die Tagespflegeperson hat den Träger der öffentlichen Jugendhilfe über wichtige Ereignisse zu unterrichten, die für die Betreuung des oder der Kinder bedeutsam sind.“

Der Begriff „wichtige Ereignisse“ ist nicht näher bestimmt. Zu ihnen könnten u. a. Veränderungen der Räumlichkeiten für die Tagespflege oder deren Wechsel, Änderungen der familiären Verhältnisse, Strafverfahren gegen die Pflegeperson gehören.

§ 44 SGB VIII bestimmt, dass eine Pflegeperson, die ein Kind oder einen Jugendlichen in ihrer Familie betreut oder ihm Unterkunft gewährt, einer Erlaubnis des Jugendamtes bedarf. Die Notwendigkeit einer solchen Erlaubnis wird in Absatz 1 des § 44 SGB VIII eingeschränkt. So benötigen beispielsweise Verwandte oder Verschwägerte bis zum dritten Grad keine Erlaubnis. Auch bei Vermittlung durch das Jugendamt ist die Erlaubnis nicht notwendig. Pflege für die Dauer von bis zu acht Wochen unterliegt ebenfalls keiner Erlaubnispflicht. Maßstab für die Erteilung einer Erlaubnis ist auch hier wieder die Gewährleistung des Wohls der betroffenen Minderjährigen.

§ 45 SGB VIII regelt die Betriebserlaubnis für Tageseinrichtungen sowie für Einrichtungen im Sinne von Heimerziehung und sonstigen betreuten Wohnformen. Kriterien für die Erteilung einer Betriebserlaubnis sind u. a.:

1. genügend Fachkräfte für die Betreuung der Kinder und Jugendlichen,

2. Einhaltung aller Sicherheitsbestimmungen,

3. Vorhandensein pädagogischer Konzepte,

4. finanzielle Sicherstellung,

5. Sicherung einer Betreuung zum Wohl der Minderjährigen.

Unter die Erlaubnispflicht im Sinne des SGB VIII fallen keine Einrichtungen, die beispielsweise der Schulaufsicht unterliegen.

§ 46 Absatz 1 SGB VIII regelt die „örtliche Überprüfung":

> „Die zuständige Behörde soll nach den Erfordernissen des Einzelfalls an Ort und Stelle überprüfen, ob die Voraussetzungen für die Erteilung der Erlaubnis weiter bestehen. Der Träger der Einrichtung soll bei der örtlichen Überprüfung mitwirken. Sie soll das Jugendamt und einen zentralen Träger der freien Jugendhilfe, wenn diesem der Träger der Einrichtung angehört, an der Überprüfung beteiligen."

Zuständige Behörde für die örtliche Überprüfung ist nach § 87a Absatz 2 SGB VIII der überörtliche Träger der Jugendhilfe (das Landesjugendamt) oder die nach Landesrecht bestimmte Behörde. Die Formulierung „... nach den Erfordernissen des Einzelfalls ..." verdeutlicht, dass eine Überprüfung an Ort und Stelle in regelmäßigen Abständen nicht verlangt ist. Damit entfällt die routinemäßige Überprüfung. Überprüfungen müssen jedoch stattfinden, wenn der zuständigen Behörde Tatsachen bekannt werden, die eine Überprüfung erfordern. Die für die Überprüfung zuständige Behörde muss die Frage klären, ob in der Einrichtung das Wohl der dort untergebrachten Minderjährigen auch weiterhin gewährleistet ist. Dabei spielt die Betreuung durch geeignete Kräfte eine entscheidende Rolle.

Im Ergebnis der örtlichen Überprüfung kann es auch zu einer Tätigkeitsuntersagung nach § 48 SGB VIII kommen. Er regelt:

> „Die zuständige Behörde kann dem Träger einer erlaubnispflichtigen Einrichtung die weitere Beschäftigung des Leiters, eines Beschäftigten oder sonstigen Mitarbeiters ganz oder für bestimmte Funktionen oder Tätigkeiten untersagen, wenn Tatsachen die Annahme rechtfertigen, dass er die für seine Tätigkeit erforderliche Eignung nicht besitzt."

Im Ausnahmefall kann auch der Widerruf der erteilten Betriebserlaubnis Ergebnis der Überprüfung sein.

Folgende Situationen können im Einzelfall die örtliche Überprüfung rechtfertigen:

1 größere Personalveränderungen in der Einrichtung,

2 Leitungswechsel,

3 Veränderungen im Kreis der in der Einrichtung untergebrachten Minderjährigen,

4 Änderungen des sozialpädagogischen Konzepts.

Wichtig ist, dass die Überprüfungen weniger als Kontrolle, sondern vielmehr als Beratung und Unterstützung in fachlicher Hinsicht gestaltet werden. Ob dies gelingt, hängt von den Erfordernissen im Einzelfall ab.

Träger einer erlaubnispflichtigen Einrichtung müssen die zuständige Behörde über die Aufnahme des Betriebs oder dessen bevorstehende Schließung informieren.

16.3 Mitwirkung in gerichtlichen Verfahren

§ 50 Absatz 1 SGB VIII regelt, dass das Jugendamt das Familiengericht bei allen Maßnahmen, die die Sorge für Kinder und Jugendliche betreffen, zu unterstützen hat. Eine solche Unterstützung ist deshalb notwendig, weil die genannten Gerichte Entscheidungen treffen müssen, die für das weitere Leben von Minderjährigen prägend sein können. Es handelt sich dabei u. a. um Sorgerechtsentzüge, Vormundbestellungen, Adoptionen, Verbleib in einer Pflegestelle.

In § 50 Absatz 1 SGB VIII werden u. a. die Verfahren konkret benannt, in denen das Jugendamt mitzuwirken hat:

§ „Das Jugendamt unterstützt das Familiengericht bei allen Maßnahmen, die die Sorge für die Person von Kindern und Jugendlichen betreffen. Es hat in folgenden Verfahren nach dem Gesetz über das Verfahren in Familiensachen und in den Angelegenheiten der freiwilligen Gerichtsbarkeit mitzuwirken:

1. Kindschaftssachen (§ 162 des Gesetzes über das Verfahren in Familiensachen und in den Angelegenheiten der freiwilligen Gerichtsbarkeit),

2. Abstammungssachen (§ 176 des Gesetzes über das Verfahren in Familiensachen und in den Angelegenheiten der freiwilligen Gerichtsbarkeit),

3. Adoptionssachen (§§ 188 Abs. 2, 189, 194, 195 des Gesetzes über das Verfahren in Familiensachen und in den Angelegenheiten der freiwilligen Gerichtsbarkeit),

4. Wohnungszuweisungssachen (§§ 204 Abs. 2, 205 des Gesetzes über das Verfahren in Familiensachen und in den Angelegenheiten der freiwilligen Gerichtsbarkeit),

5. Gewaltschutzsachen (§§ 212, 213 des Gesetzes über das Verfahren in Familiensachen und in den Angelegenheiten der freiwilligen Gerichtsbarkeit)."

An dieser Stelle sei darauf verwiesen, dass das Jugendamt kein verlängerter Arm der Gerichte ist. Es darf nicht als Ermittlungsbehörde missverstanden werden. Es ist Bestandteil der öffentlichen Verwaltung. Seine Aufgaben ergeben sich unmittelbar aus dem Gesetz. Das Jugendamt agiert gegenüber den Gerichten in völliger Selbstständigkeit. Absatz 2 des § 50 SGB VIII bestimmt die Inhalte der Mitwirkung des Jugendamtes in gerichtlichen Verfahren:

> § „Das Jugendamt unterrichtet insbesondere über angebotene und erbrachte Leistungen, bringt erzieherische und soziale Gesichtspunkte zur Entwicklung des Kindes oder des Jugendlichen ein und weist auf weitere Möglichkeiten der Hilfe hin. …"

Die obigen Regelungen machen deutlich, dass die Jugendämter die fachlichen Gesichtspunkte im jeweiligen Verfahren zum Ausdruck bringen, die für die weitere Entwicklung der Minderjährigen von Bedeutung sind. Das Wohl der Minderjährigen ist auch hier oberster Maßstab.

Aufgabe
Lesen sie den § 1632 Absatz 4 BGB sorgfältig durch. Formulieren Sie mögliche Inhalte für die Anhörung des Jugendamtes vor dem Familiengericht hinsichtlich der im BGB getroffenen gesetzlichen Regelungen.

16.4 Jugendgerichtshilfe

§ 52 SGB VIII muss vor allem in Verbindung mit § 38 Jugendgerichtsgesetz (JGG) gesehen werden (vgl. Abschnitt 19). Findet ein Verfahren nach dem JGG statt, hat das Jugendamt mitzuwirken (Absatz 1). Ein Mitarbeiter des Amtes betreut den Jugendlichen oder den jungen Erwachsenen während des gesamten Verfahrens (Absatz 3).

Absatz 2 enthält folgende Aufgaben des Jugendamtes:

> § **§ 52 Absatz 2 SGB VIII**
>
> „Das Jugendamt hat frühzeitig zu prüfen, ob für den Jugendlichen oder den jungen Volljährigen Leistungen der Jugendhilfe in Betracht kommen. Ist dies der Fall oder ist eine geeignete Leistung bereits eingeleitet oder gewährt worden, so hat das Jugendamt den Staatsanwalt oder den Richter umgehend davon zu unterrichten, damit geprüft werden kann, ob diese Leistung ein Absehen von der Verfolgung (§ 45 JGG) oder eine Einstellung des Verfahrens (§ 47 JGG) ermöglicht."

Genau wie im Bereich des § 50 SGB VIII ist auch hier das Jugendamt als unabhängige Fachbehörde tätig. Das Jugendamt ist also nicht an Weisungen des Staatsanwalts oder des Gerichts gebunden. Mit „frühzeitig zu prüfen" ist der Zeitpunkt gemeint, zu dem das Jugendamt Kenntnis von der Straffälligkeit des Jugendlichen oder jungen Volljährigen erhält. Die in Absatz 2 Satz 2 genannten Leistungen beziehen sich vor allem auf die §§ 27 ff. SGB VIII. Diese Regelung hat für die Vermeidung freiheitsentziehender Maßnahmen große Bedeutung.

Die Jugendgerichtshilfe ist in den einzelnen Jugendämtern sehr unterschiedlich organisiert. In einigen Fällen wird sie den Aufgaben des Allgemeinen Sozialen Dienstes (ASD) zugeordnet, in anderen Fällen gibt es einen speziell auf die Jugendgerichtshilfe ausgerichteten Dienst.

Nach § 76 Absatz 1 SGB VIII können die Jugendämter anerkannte freie Träger der Jugendhilfe mit der Wahrnehmung von Jugendgerichtshilfe beauftragen. Dies geschieht vor allem dann, wenn freie Träger Hilfeprogramme für straffällig gewordene Jugendliche anbieten. Auch wenn die Jugendgerichtshilfe von freien Trägern übernommen wird, bleibt das Jugendamt für die Beratung und Unterstützung der Jugendlichen und für die Koordinierung der mit der Jugendgerichtshilfe verbundenen Tätigkeiten verantwortlich.

> ### Zusammenfassung
>
> *Zu den „anderen Aufgaben" der Jugendhilfe gehören:*
>
> - *Inobhutnahme von Kindern und Jugendlichen*
>
> - *Schutz von Kindern und Jugendlichen in Familienpflege und in Einrichtungen*
>
> - *Mitwirkung in gerichtlichen Verfahren*
>
> - *Pflegschaft und Vormundschaft für Kinder und Jugendliche*
>
> - *Beurkundung und Beglaubigung, vollstreckbare Urkunden*
>
> *Es handelt sich dabei um hoheitliche Aufgaben, die den öffentlichen Trägern der Jugendhilfe obliegen. Mit einzelnen Aufgabenbereichen können dabei auch freie Träger beauftragt werden. Die Verantwortlichkeit für die Bereitstellung dieser Leistungen bleibt bei den öffentlichen Trägern.*

17 Datenschutz in der Jugendhilfe

Alle in der Jugendhilfe beruflich Tätigen erhalten durch ihre Arbeit sehr persönliche Informationen und Daten über ihre Klienten. Dieses Wissen erstreckt sich auf viele Persönlichkeitsbereiche. Dazu gehören Einkommensverhältnisse, Gesundheit, Partnerbeziehungen, psychologische Probleme, Beruf usw. Die Informationen sind notwendig, um eine wirkungsvolle und qualifizierte Arbeit leisten zu können. Eine Gewährung von Hilfen ist ohne gründliche Information über verschiedene persönliche Verhältnisse nicht möglich.

Aufgabe
Weisen Sie nach, dass die Gewährung von Hilfe zur Erziehung nach § 27 SGB VIII gründliche Informationen über den persönlichen Lebensbereich der Antragsteller voraussetzt.

Aus den genannten Tatsachen ergibt sich, dass Leistungsberechtigte im Rahmen der Jugendhilfe Anspruch auf einen sorgfältigen Umgang mit ihren höchstpersönlichen Informationen haben müssen. Eine wirkungsvolle Arbeit auch von Erzieherinnen ist nur möglich, wenn zwischen ihnen und den jeweiligen Klienten ein vertrauensvolles Verhältnis besteht. Dies schließt auch ein, dass bekannt gewordene Sachverhalte nicht an andere Stellen oder Gerichte weitergegeben werden. Hier gibt es im sozialpädagogischen Alltag oft Situationen, die bezüglich der Weitergabe von Informationen Unsicherheiten aufkommen lassen. Muss beispielsweise ein Erzieher bzw. eine Erzieherin die Polizei verständigen, wenn bei einem Klienten in der Heimerziehung Betäubungsmittel gefunden werden?

Betrachten wir jetzt zunächst die für den Datenschutz in der Jugendhilfe geltenden wichtigsten gesetzlichen Bestimmungen.

Das Jugendhilferecht ist ein Teilbereich des Sozialleistungsrechts. Daraus ergeben sich wichtige Konsequenzen für den Datenschutz. § 35 Absatz 1 Satz 1 SGB I definiert den Begriff „Sozialgeheimnis":

> „Jeder hat Anspruch darauf, dass die ihn betreffenden Sozialdaten (§ 67 Abs. 1 Zehntes Buch) von den Leistungsträgern nicht unbefugt erhoben, verarbeitet oder genutzt werden (Sozialgeheimnis). ..."

Leistungsträger im Sinne der obigen Bestimmung sind z. B. Kranken- und Rentenkassen, Träger der Sozialhilfe und natürlich auch die Jugendhilfe. Was unter Sozialdaten zu verstehen ist, regelt § 67 Absatz 1 SGB X:

> „Sozialdaten sind Einzelangaben über persönliche oder sachliche Verhältnisse einer bestimmten oder bestimmbaren natürlichen Person (Betroffener), die von einer in § 35 des Ersten Buches genannten Stelle im Hinblick auf ihre Aufgaben nach diesem Gesetzbuch erhoben, verarbeitet oder genutzt werden. ..."

Nachfolgende Übersicht verdeutlicht, welche persönlichen Angaben von Leistungsberechtigten im Rahmen des Sozialrechts erfasst werden:

Einzelangaben	Persönliche Verhältnisse	Sachliche Verhältnisse
• Name • Alter • Ausweisnummer	• Beruf • Krankheiten • Charaktereigenschaften • Familienstand • Erscheinungsbild	• Einkommen • Vermögen • Verträge

Den Umgang mit personenbezogenen Daten innerhalb der Jugendhilfe regelt § 61 Absatz 1 SGB VIII:

§ „Für den Schutz von Sozialdaten bei ihrer Erhebung und Verwendung in der Jugendhilfe gelten § 35 des Ersten Buches, §§ 67 bis 85a des Zehnten Buches sowie die nachfolgenden Vorschriften. Sie gelten für alle Stellen des Trägers der öffentlichen Jugendhilfe, soweit sie Aufgaben nach diesem Buch wahrnehmen. Für die Wahrnehmung von Aufgaben nach diesem Buch durch kreisangehörige Gemeinden und Gemeindeverbände, die nicht örtliche Träger sind, gelten die Sätze 1 und 2 entsprechend."

Satz 1 bezieht sich auf den Schutz von Daten auf deren Erhebung, Verarbeitung und Verwendung. Im Einzelnen werden darunter folgende Tätigkeiten verstanden:

Datenerhebung	Datenverarbeitung	Datenverwendung
• durch Befragung • durch Beobachtung	• Daten speichern • Daten verändern • Daten übermitteln • Daten sperren • Daten löschen	• jegliche Nutzung von Daten

Für die Mitarbeiter der in § 61 Absatz 1 Satz 2 SGB VIII benannten Stellen, also auch für Erzieherinnen, ergeben sich aus der Beachtung des Datenschutzes wichtige Konsequenzen. Erzieherinnen sind nicht berechtigt, ihr dienstlich erworbenes Wissen über einzelne Personen zu offenbaren, das heißt an unbefugte Dritte weiterzugeben.

Für die Tätigkeit der Erzieherinnen hat § 65 SGB VIII wesentliche Bedeutung. Er regelt in Absatz 1:

§ „(1) Sozialdaten, die dem Mitarbeiter eines Trägers der öffentlichen Jugendhilfe zum Zweck persönlicher und erzieherischer Hilfe anvertraut worden sind, dürfen von diesem nur weitergegeben werden

1. mit der Einwilligung dessen, der die Daten anvertraut hat, oder

2. dem Familiengericht zur Erfüllung der Aufgaben nach § 8a Abs. 3, wenn angesichts einer Gefährdung des Wohls eines Kindes oder eines Jugendlichen ohne diese Mitteilung eine für die Gewährung von Leistungen notwendige gerichtliche Entscheidung nicht ermöglicht werden könnte, oder

3. dem Mitarbeiter, der aufgrund eines Wechsels der Fallzuständigkeit im Jugendamt oder eines Wechsels der örtlichen Zuständigkeit für die Gewährung oder Erbringung der Leistung verantwortlich ist, wenn Anhaltspunkte für eine Gefährdung des Kindeswohls gegeben sind und die Daten für eine Abschätzung des Gefährdungsrisikos notwendig sind, oder

4. an die Fachkräfte, die zum Zwecke der Abschätzung des Gefährdungsrisikos nach § 8a hinzugezogen werden; § 64 Abs. 2a bleibt unberührt, oder

5. unter den Voraussetzungen, unter denen eine der in § 203 Abs. 1 oder 3 des Strafgesetzbuches genannten Personen dazu befugt wäre.

Gibt der Mitarbeiter anvertraute Sozialdaten weiter, so dürfen sie vom Empfänger nur zu dem Zweck weitergegeben werden, zu dem er diese befugt erhalten hat."

Mögliche Konsequenzen können anhand eines Fallbeispiels verdeutlicht werden:

Fallbeispiel In der Stadt M klagt ein Vater auf Umgang mit seinem Kind, weil die Mutter nach der Trennung den Umgang bisher verweigerte. Das zuständige Jugendamt soll für das Familiengericht einen Bericht erstellen, der die Entscheidungsfindung unterstützt. Der verantwortliche Mitarbeiter bittet in diesem Zusammenhang auch um ein Gespräch mit der Leiterin des Kindergartens, den das Kind besucht. Was muss die Leiterin hinsichtlich des Datenschutzes beachten?

Die Leiterin muss zwischen anvertrauten Daten und Informationen, die sich aus dem täglichen Umgang mit dem Kind in der Einrichtung ergeben haben, unterscheiden. Anvertraute Daten sind solche, die die Leiterin im Vertrauen auf ihre Verschwiegenheit, z. B. von der Mutter des Kindes, erhalten hat. Diese Daten darf die Leiterin nicht ohne Zustimmung der Mutter weitergeben. Tritt jedoch nach § 34 StGB ein „rechtfertigender Notstand" ein, können die Informationen auch ohne die Einwilligung der Mutter weitergegeben werden. Dies könnte z. B. bei entwürdigenden Erziehungsmaßnahmen der Fall sein oder wenn meldepflichtige übertragbare Krankheiten aufgetreten sind.

Informationen, die sich aus dem täglichen Umgang mit dem Kind ergeben, kann die Leiterin an den Mitarbeiter weitergeben.

Bei freien Trägern der Jugendhilfe sind die Datenschutzregelungen des SGB VIII nicht anwendbar. Wenn Einrichtungen oder Dienste freier Träger von öffentlichen Trägern in Anspruch genommen werden, dann müssen die Jugendämter nach § 61 Absatz 3 SGB VIII den Schutz der Daten sicherstellen. Die freien Träger sind jedoch an die Achtung der informationellen Selbstbestimmung gebunden.

Die strafrechtliche Schweigepflicht wird in § 203 StGB geregelt. Absatz 1 Nr. 5 bestimmt für anerkannte Sozialarbeiter und Sozialpädagogen eine ähnliche Geheimhaltungspflicht wie z. B. für Ärzte oder Rechtsanwälte. Hier geht es vor allem um Informationen über den persönlichen Lebensbereich. Ziel dieser Regelung ist der Schutz des Vertrauens in die Berufsgruppe der Sozialarbeiter und Sozialpädagogen.

Die gleiche Geheimhaltungspflicht obliegt nach § 203 Absatz 2 Nr. 2 StGB allen für den öffentlichen Dienst besonders verpflichteten Personen. Dazu gehören auch Erzieherinnen und Erzieher in gemeindlichen Einrichtungen.

Strafbar ist die Offenbarung von Geheimnissen immer dann, wenn sie unbefugt erfolgt. Ausnahmen sind die Anzeige geplanter Straftaten und „rechtfertigender Notstand" nach § 34 StGB.

Aufgabe
Eine Mutter vertraut der Sozialpädagogin an, dass ihr Mann das gemeinsame Kind sexuell missbraucht. Darf diese Information offenbart werden?

Das Strafgesetzbuch sieht für die Verletzung von Privatgeheimnissen Freiheitsstrafe bis zu einem Jahr oder Geldstrafe vor. Dabei liegt bei Mitarbeitern öffentlicher oder freier Träger der Jugendhilfe auch immer eine Verletzung ihrer Geheimhaltungspflicht vor. Abmahnung oder Kündigung wären hier mögliche Folgen.

> ### Zusammenfassung
>
> *Datenschutz bezieht sich auf die Erhebung von Daten, deren Verarbeitung und Verwendung. Erzieherinnen und Erzieher unterliegen in diesem Rahmen der Schweige- und Verschwiegenheitspflicht. Die Verletzung dieser Pflichten kann zivilrechtliche, strafrechtliche und dienst- bzw. arbeitsrechtliche Konsequenzen nach sich ziehen.*

D

Jugendstrafrecht

18 Wesen des Strafrechts

18.1 Funktionen der Strafe

In jeder menschlichen Gesellschaft werden bestimmte Taten mit Strafe belegt. Das friedliche Zusammenleben von Menschen in einer Gesellschaft soll damit gefördert werden. Es geht hierbei besonders um den Schutz von elementaren Rechtsgütern. Dazu zählen u. a.:

1. das Leben,

2. die körperliche Unversehrtheit,

3. das Eigentum,

4. das Vermögen.

Die Auffassung darüber, welche Taten durch die Gesellschaft bestraft werden, unterliegt einem gesellschaftlichen Wandlungsprozess. Denken wir dabei beispielsweise an die veränderten Auffassungen zum Schwangerschaftsabbruch und zur Homosexualität. Gesellschaftliche Veränderungen bringen für das Strafrecht auch immer wieder neue Herausforderungen mit sich. Sichtbar wurde dies in der jüngsten Vergangenheit u. a. durch die Entwicklungen innerhalb der modernen Medienwelt oder auf dem Gebiet der Genforschung. Änderungen innerhalb des Strafrechts finden immer dann statt, wenn die demokratische Mehrheit von deren Notwendigkeit überzeugt ist.

Betrachten wir jetzt die Zwecke des Strafrechts genauer. Sie dienen in erster Linie dazu, die Rechtsordnung des Staates anzuerkennen und zu erhalten. Es sind dies im Einzelnen:

Abschreckung der Allgemeinheit
Es werden ganz allgemein bei Verletzungen von Rechtsvorschriften Strafen angedroht. Damit sollen die Bürgerinnen und Bürger von der Begehung strafbarer Handlungen abgeschreckt werden.

Abschreckung des Täters
Dem Straftäter soll in jedem Einzelfall gezeigt werden, dass sein Handeln von der Gesellschaft verfolgt und geahndet wird. Es soll versucht werden, ihn davon abzuhalten, weitere Straftaten zu begehen.

Sühne
Der Begriff „Sühne" beinhaltet den Gedanken der Versöhnung. Durch die Bestrafung eines Straftäters „versöhnt" sich die Gesellschaft mit diesem. Sie betrachtet die Strafe als gerechtfertigte Reaktion auf die erfolgte Verletzung von Rechtsgütern.

Schutz der Gesellschaft

Die größere Zahl der Bürgerinnen und Bürger in unserer Gesellschaft beachtet die geltenden Gesetzesvorschriften. Sie sollen vor den einzelnen Straftätern geschützt werden. Dadurch soll das Funktionieren des gesellschaftlichen Lebens gewährleistet werden.

Resozialisierung

Der Grundgedanke der Resozialisierung beinhaltet die soziale Wiedereingliederung von Personen in die Gesellschaft, die bestimmte Normen durch ihr abweichendes Verhalten verletzt haben. Diese Menschen sollen ihr Fehlverhalten erkennen lernen und unter Mithilfe und Kontrolle der Gesellschaft die Chance eines Neuanfangs erhalten. Am Prozess der Resozialisierung sind u. a. Polizei, Gerichte, Vollzugsanstalten, Jugendämter, Sozialarbeiter und Sozialpädagogen beteiligt.

Vom Strafrecht abzugrenzen ist das **Ordnungswidrigkeitsrecht**. Es geht dabei um die Tatsache, dass nicht jeder Verstoß gegen ein rechtliches Verbot Sanktionen nach sich ziehen muss, die in Freiheit, Ansehen und Vermögen der betroffenen Person eingreifen. Solche Sanktionierungen sind immer mit Einflüssen auf den gesamten Lebenslauf von Menschen verbunden. Des Weiteren soll nicht jeder Rechtsverstoß kriminalisiert werden. Man stelle sich nur vor, ein jedes Falschparken wäre eine kriminelle Handlung, die strafrechtlich verfolgt wird. Ein solches Vorgehen würde keinen Sinn machen. Allerdings sollen mit Geldbußen versehene Ordnungswidrigkeiten auch eine erzieherische Wirkung haben.

Beispiele für Ordnungswidrigkeiten

Falschparken
Ungenügende Sicherung von Baumaßnahmen
Verunstalten von geschütztem Kulturgut
Nichteinhaltung von öffentlichen Ruhezeiten (z. B. durch Rasenmähen am sonntäglichen Nachmittag)

Beispiele für strafbare Handlungen

Diebstahl, einschließlich des Versuchs
Körperverletzung
Betrug
Verletzung von Privatgeheimnissen

Die nachfolgende Übersicht zeigt die wichtigsten Unterschiede zwischen einer strafbaren Handlung und einer Ordnungswidrigkeit auf.

Ordnungswidrigkeit	Strafbare Handlung
• Rechtswidrige und vorwerfbare Handlungen, die nicht als Kriminalunrecht eingestuft werden • Werden mit einer Geldbuße versehen	• Handlungen, die massiv auf die Verletzung von Grundwerten der Gesellschaft gerichtet sind • Werden mit Geld- oder Freiheitsstrafe geahndet

18.2 Inhalte des Strafrechts

Das Strafrecht wird dem öffentlichen Recht zugeordnet (vgl. Abschnitt 1.3). Es ist zwischen dem **materiellen Strafrecht** und dem **formellen Strafrecht** zu unterscheiden. Zum materiellen Strafrecht gehören alle Gesetze, die für eine Tat im Sinne des Gesetzes eine Bestrafung verlangen. Es geht dabei um die Fragestellungen: Welche Art von Handlung ist zu bestrafen? Welche Strafe hat die Tat zur Folge? Das formelle Strafrecht regelt den Gang eines Strafverfahrens und die Strafvollstreckung.

Wichtige Rechtsgrundlagen des materiellen Strafrechts	Wichtige Rechtsgrundlagen des formellen Strafrechts
• Strafgesetzbuch (StGB) • Straßenverkehrsgesetz (StVG) • Waffengesetz (WaffG) • Betäubungsmittelgesetz (BtMG)	• Strafprozessordnung (StPO) • Gerichtsverfassungsgesetz (GVG) • Jugendgerichtsgesetz (JGG) • Gerichtskostengesetz (GKG)

Beide Hauptgebiete des Strafrechts bilden eine Einheit. So beschreibt das StGB die Tatbestände, die der Strafbarkeit unterliegen und die möglichen Strafen dazu. In der Strafprozessordnung wird der Ablauf des Strafverfahrens von der Anzeige bis zur Strafvollstreckung geregelt.

Das StGB ist die wichtigste Rechtsgrundlage des materiellen Strafrechts. Es unterteilt sich in den Allgemeinen Teil (§§ 1 bis 79b StGB) und den Besonderen Teil (§§ 80 bis 358 StGB).

Der Allgemeine Teil des StGB kennzeichnet Grundsätzliches zu den strafwürdigen Handlungen. Dazu gehören z. B. die Unterscheidung von Verbrechen und Vergehen (§ 12 StGB), Täterschaft, Anstiftung, Beihilfe (§§ 25 bis 27 StGB), Wesen von Notwehr (§ 32 StGB). Im Besonderen Teil erfolgen Tatbestandsbeschreibungen für strafbare Handlungen und die damit verbundenen Rechtsfolgen. Dazu gehören u. a. Landesverrat (§ 94 StGB), Hausfriedensbruch (§ 123 StGB), Mord (§ 211 StGB), Betrug (§ 263 StGB).

18.3 Die Straftat

Unter Strafe verstehen wir im Strafrecht eine **durch Strafgesetz angedrohte Rechtsfolge**. Voraussetzung für Strafe ist eine tatbestandsmäßige, rechtswidrige und schuldhafte Handlung. Der Begriff „Handlung" steht hier für ein menschliches Verhalten, welches in einem Tun oder Unterlassen bestehen kann. Wichtig dabei ist, dass es sich um ein gewolltes menschliches Verhalten handelt, welches in der Absicht erfolgt, einen bestimmten Erfolg zu erzielen.

Tatbestand
Eine oben gekennzeichnete strafbare Handlung muss die im StGB gekennzeichneten Tatbestandsmerkmale erfüllen. Beispiele für Tatbestände im StGB sind: Beleidigung (§ 185 StGB), Totschlag (§ 212 StGB), Sachbeschädigung (§ 303 StGB).

Rechtswidrigkeit

Das Vorliegen der Rechtswidrigkeit ist eine weitere Voraussetzung für die Strafbarkeit einer Handlung. Jedes Handeln, welches der Rechtsordnung widerspricht, ist rechtswidrig. Die Erfüllung des Tatbestands stellt immer auch eine Rechtswidrigkeit dar. Sie fehlt, wenn es für die vorliegende Handlung einen Rechtfertigungsgrund gibt (z. B. § 32 StGB Notwehr, § 34 StGB rechtfertigender Notstand, § 218a StGB Indikation zum Schwangerschaftsabbruch).

Schuld

Eine strafbare Handlung muss schuldhaft erfolgt sein. Schuld kann durch **Vorsatz** oder **Fahrlässigkeit** gegeben sein. Sie werden als **Schuldformen** bezeichnet.

Vorsatz heißt, dass die gegebene Handlung mit Wissen und Wollen der handelnden Person erfolgte, um einen bestimmten Erfolg zu erzielen. Dabei sind folgende vier Stufen von Bedeutung: Entschluss zur Handlung, Vorbereitung der Handlung, Ausführung und Erfolg.

Fahrlässigkeit liegt dann vor, wenn eine objektiv gegebene Sorgfaltspflicht nicht beachtet wurde. Weiterhin fällt unter Fahrlässigkeit auch eine rechtswidrige Erfüllung des Tatbestands, wenn der eingetretene Erfolg so nicht erkennbar oder gewollt war.

Alle drei oben beschriebenen Merkmale müssen gegeben sein, um eine Handlung als strafbar einzustufen. Das Fehlen nur eines Merkmals schließt die Strafbarkeit aus.

Aufgaben

Karsten L und Werner W brechen in das Einfamilienhaus der Familie K ein. Sie entwenden einen Computer, die Musikanlage und Schmuck. Die Familie befindet sich zur Tatzeit im Urlaub. Über diesen Sachverhalt wurden L und W von Herrmann H informiert. Dieser wohnt in der unmittelbaren Nachbarschaft von Familie K.

1. *Stellen Sie anhand der Bestimmungen des StGB fest, ob L und W eine strafbare Handlung begehen.*

2. *Prüfen Sie, welche Formen der Täterschaft bzw. der Teilnahme bei den obigen Personen vorliegen.*

Lösungshilfen: §§ 242, 244, 25 bis 27 StGB

Das StGB unterteilt die Straftaten ein in **Vergehen** und **Verbrechen**. § 12 StGB sagt dazu aus:

> §
> „(1) Verbrechen sind rechtswidrige Taten, die im Mindestmaß mit Freiheitsstrafe von einem Jahr oder darüber bedroht sind.
>
> (2) Vergehen sind rechtswidrige Taten, die im Mindestmaß mit einer geringeren Freiheitsstrafe oder mit Geldstrafe bedroht sind."

Bei einem Verbrechen muss die Tat mit mindestens einem Jahr Freiheitsstrafe bedroht sein. Alle übrigen Straftaten werden als Vergehen eingestuft. Es kommt dabei nicht auf die im Einzelfall verhängte Strafhöhe an, sondern auf die im Gesetz angedrohte Strafe.

Der Versuch eines Vergehens ist nur dann strafbar, wenn das Gesetz dies ausdrücklich vorschreibt. Bei den Verbrechen ist auch der Versuch strafbar (§§ 22 und 23 StGB).

Aufgabe
Stellen Sie fest, ob die im Beispiel vorliegende strafbare Handlung ein Vergehen oder ein Verbrechen ist. Begründen Sie Ihre Aussage.

19 Grundgedanken des Jugendstrafrechts

Fallbeispiel 1   Markus ist 14 Jahre alt. Gemeinsam bummelt er mit seinem gleichaltrigen Freund Toralf durch ein Kaufhaus. Toralf erzählt Markus, dass er schon mehrfach in Supermärkten etwas „mitgehen" ließ. Er meint, das seien Mutproben, die schließlich jeder einmal machen muss. Außerdem gebe es so viele Waren, dass es auf eine mitgenommene „Kleinigkeit" überhaupt nicht ankomme. Markus will nicht als feige gelten und versucht, eine CD seiner Lieblingsgruppe an der Kasse vorbei zu schleusen. Dabei wird er gestellt.

Fallbeispiel 2   Frank und Christoph sind 17 Jahre alt. Beide wurden zweimal auf der Grundlage des Jugendgerichtsgesetzes zur Verantwortung gezogen, einmal wegen Körperverletzung und ein zweites Mal wegen Raubes. Vor einigen Tagen schlugen sie einen älteren Bürger nieder und verletzten ihn erheblich (Armbruch und Gehirnerschütterung). Der Mann ist Besitzer eines Kiosks. Die Jugendlichen hatten „Schutzgeld" von ihm erpresst, dessen Zahlung er verweigerte.

19.1 Wesen und Aufgaben des Jugendstrafrechts

Rechtsgrundlage des Jugendstrafrechts ist das Jugendgerichtsgesetz (JGG). Es gilt zur Zeit in der Fassung der Bekanntmachung vom 11.12.1974, zuletzt geändert durch Artikel 2 des Gesetzes zur bundesrechtlichen Umsetzung des Abstandsgebotes im Recht der Sicherungsverwahrung vom 05.12.2012.

Das Jugendstrafrecht ist ein **Sonderstrafrecht für junge Täter**. Es bezieht sich auf jene Straftäter, die zum Zeitpunkt ihrer Tat sich im Übergangsstadium zwischen Kindheit und Erwachsenenalter befinden. Dieser Lebensabschnitt beinhaltet Besonderheiten, die das JGG berücksichtigt. Trotzdem ist das Jugendstrafrecht echtes Strafrecht. Seine Rechtsfolgen haben die Begehung einer Straftat im Sinne des StGB zur Voraussetzung. Es ergeben sich jedoch gegenüber dem Erwachsenenstrafrecht einige Besonderheiten. Diese kann man mit den Begriffen „**Täterstrafrecht**" und „**Erziehungsstrafrecht**" kennzeichnen.

Täterstrafrecht
Die strafrechtliche Reaktion (mögliche Folgen für eine Straftat nach dem Jugendgerichtsgesetz) wird nicht in erster Linie durch die Tat, sondern durch die Persönlichkeit des Täters bestimmt.

Aufgabe
Beurteilen Sie die obigen beiden Fallbeispiele unter der Sicht des Begriffs „Täterstrafrecht".

Erziehungsstrafrecht
Die Strafe im Sinne des Strafrechts steht im JGG nicht im Mittelpunkt. Sie wird durch Erziehungsmaßregeln und Zuchtmittel ersetzt. Wird in einem Jugendstrafverfahren als Ergebnis eine Strafe verhängt, dann ist sie auf eine erzieherische Resozialisierung ausgerichtet.

Strafe und Erziehung stehen im Jugendstrafrecht in einem ständigen Spannungsverhältnis. Es kann weder durch den Gesetzgeber noch durch den Richter vollkommen aufgehoben werden. Diese Tatsache spiegelt sich auch in der vielfach geübten Kritik am JGG wider.

Bei aller Kritik darf man die Entwicklungssituation von Kindern und Jugendlichen auf der einen und die gesellschaftlichen Verhältnisse auf der anderen Seite nicht außer Acht lassen. Der junge Mensch befindet sich in einer Phase der allmählichen Entwicklung seiner Verstandes- und Willenskräfte. Biologisch wird dieser Vorgang durch die Pubertät (Geschlechtsreifung) ausgelöst. Soziologisch gesehen, besteht in dieser Übergangsphase die Notwendigkeit, sich an die neue Rolle des Erwachsenen anzupassen (vgl. Helmut Schelsky, „Die skeptische Generation", Diederichs Verlag, Köln 1957, S. 30).

Die Pubertät kann nicht nur als ein körperlicher Reifungsvorgang angesehen werden. Während dieser Zeit kommen häufig noch Krisensituationen hinsichtlich der seelischen Entwicklung hinzu. Kennzeichnend für diese Zeit sind u.a.: ein Erlebnishunger, der in keinem Verhältnis zu den Möglichkeiten einer legalen Befriedigung steht; Überschuss an körperlichen Kräften, der zur Betätigung drängt; übersteigerte Ichbetonung; Trotzeinstellung und „Revoltestimmung" gegenüber jeglicher Autorität, aber auch Unsicherheit und leichte Verführbarkeit; Übermut und Unüberlegtheit gegenüber den Folgen des eigenen Tuns. Hinzu kommt, dass das gesellschaftliche Umfeld durch seine Konsumorientiertheit den jungen Menschen oft eine Scheinwelt vorgaukelt. Durch aggressive Werbemethoden scheint es nahezu keine Grenzen für die Befriedigung der materiellen Bedürfnisse zu geben. Schon längst sind die Jugendlichen ein nicht zu unterschätzendes Marktsegment für die Produktangebote der Unternehmen.

Die oben beschriebene Situation spiegelt sich in den Motivationen der jugendlichen Straftäter in unterschiedlicher Art und Weise wider. Es ergeben sich daraus für die strafrechtliche Behandlung dieser Jugendlichen und Heranwachsenden einige wichtige Konsequenzen. Ihre Schuldfähigkeit kann durch pubertätsbedingte Störungen des seelischen Gleichgewichts gemindert oder ausgeschlossen sein. Deshalb ist die Frage zu stellen, ob eine reine Bestrafung im Sinne des allgemeingültigen Strafrechts sinnvoll und gerechtfertigt erscheint. Erwähnt werden muss auch noch die Tatsache, dass es der Gesellschaft nach wie vor nicht gelingt, ausreichende berufliche Perspektiven für alle jungen Menschen zu entwickeln. Reines Abstrafen würde die Situation sicher nicht bessern, sondern eher noch verschärfen.

Beachtet werden muss auch noch der Fakt, dass der Mensch im jugendlichen Alter eine größere Formbarkeit besitzt als in späteren Lebensjahren. Erst im Alter zwischen 25 und 30 Jahren gelangt die charakterliche Entwicklung zu einer gewissen Reife.

Jugendkriminalität ist besonders umweltabhängig. Zerrüttete Familienstrukturen, Erziehungsmängel, schlechtes Beispiel von Eltern, Einflüsse der Medienlandschaft, politischer Radikalismus in jeder Form, Konsum von legalen und illegalen Drogen sind u. a. nicht zu unterschätzende Einflussgrößen im Rahmen der Kriminalität von Jugendlichen.

Alle genannten Gesichtspunkte müssen bei jeder kritischen Sicht auf die Situation des Alltags im Jugendstrafrecht unbedingt stärker beachtet werden. Natürlich ist nicht jede Jugendstraftat durch ungünstige Umwelteinflüsse bedingt oder als pubertäre Entgleisung anzusehen. Bei Jugendlichen können Straftaten auch Frühsymptom einer tieferen Persönlichkeitsstörung sein. Dies trifft häufig auf Wiederholungstäter zu und auf besonders schwere von Jugendlichen verübte Straftaten (z. B. schwerer Raub, Erpressung, Tötungsdelikte). Aber auch in solchen Fällen bedarf es der Bereitstellung von verschiedenen

Reaktionsmitteln, die sich nicht allein auf die tatvergeltenden Strafen beschränken dürfen. Zu diesen Reaktionsmitteln gehören auch sich ständig weiterentwickelnde sozialpädagogische Angebote, die ein hohes Maß an Flexibilität benötigen.

Abschließend bleibt noch festzustellen, dass sich die Jugendstraftaten überwiegend noch immer im Rahmen der sogenannten Kleinkriminalität bewegen.

Aufgaben

1. *Erläutern Sie Wesen und Aufgaben des Jugendstrafrechts.*

2. *Verdeutlichen Sie die Notwendigkeit einer differenzierten Sichtweise auf den jugendlichen Straftäter anhand der genannten Fallbeispiele. Gehen Sie dabei auf das Spannungsverhältnis von Strafe und Erziehung im Jugendstrafrecht ein.*

19.2 Die Schuldunfähigkeit von Kindern

§ 19 StGB regelt:

> § „Schuldunfähig ist, wer bei Begehung der Tat noch nicht vierzehn Jahre alt ist."

Aufgrund dieser Regelung können Kinder unter 14 Jahren strafrechtlich nicht zur Verantwortung gezogen werden. Diese Regelung wurde in jüngster Zeit im Zusammenhang mit spektakulären Straftaten von Kindern sehr kontrovers diskutiert. Es ging dabei um eine Herabsetzung des Schuldunfähigkeitsalters auf 12 Jahre. Bislang fand sich dazu jedoch noch keine politische Mehrheit.

Welche Eingriffsmöglichkeiten bei Straftaten von Kindern gibt es? Über strafbare Handlungen von Kindern informieren die Staatsanwaltschaft bzw. die Polizei das Jugendamt. Dieses setzt sich mit den Personensorgeberechtigten in Verbindung. Es erfolgt ein Aktenvermerk. Das Jugendamt bietet in solchen Situationen auch Hilfen für die Betroffenen an. Dabei geht es zunächst um die Klärung der gesamten möglichen Ursachen für das unrechtmäßige Handeln der Kinder. Es werden die Situation der Familie, die Schulsituation und der Freundeskreis näher analysiert. Im Ergebnis dessen können dann Hilfen zur Erziehung auf der Grundlage des SGB VIII angeboten werden. Dies kann auch eine Unterbringung in einer geschlossenen Heimeinrichtung sein. Eine solche Maßnahme betrifft Intensivtäter im Kindes- bzw. auch im Jugendalter.

Droht in solchen Fällen eine weitere kriminelle Entwicklung von Kindern bzw. eine Verwahrlosung, kann ein Eingreifen des Familiengerichts auf der Grundlage der §§ 1666 und 1666a BGB erfolgen.

Aufgabe
Arbeiten Sie die §§ 1666 und 1666a des BGB sorgfältig durch. Informieren Sie sich über die genauen Voraussetzungen für das Einschreiten des Familiengerichts im Zusammenhang mit Straftaten von Kindern. Erläutern Sie diese Voraussetzungen.

19.3 Wichtige Regelungen des Jugendgerichtsgesetzes (JGG)

19.3.1 Strafrechtliche Verantwortlichkeit von Jugendlichen

Das Jugendgerichtsgesetz (JGG) regelt in § 1 den persönlichen und sachlichen Anwendungsbereich des Gesetzes:

> § „(1) Dieses Gesetz gilt, wenn ein Jugendlicher oder ein Heranwachsender eine Verfehlung begeht, die nach den allgemeinen Vorschriften mit Strafe bedroht ist.
>
> (2) Jugendlicher ist, wer zur Zeit der Tat vierzehn, aber noch nicht achtzehn, Heranwachsender, wer zurzeit der Tat achtzehn, aber noch nicht einundzwanzig Jahre alt ist."

Absatz 1 des JGG stellt somit klar, dass unter „Verfehlung" eine Straftat im Sinne des allgemeinen Strafrechts verstanden wird. Der zweite Absatz definiert, für welchen Personenkreis das Gesetz anwendbar ist.

Die Verantwortlichkeit von Jugendlichen ist in jedem strafrechtlich relevanten Fall zu prüfen. Die entsprechenden Kriterien sind in § 3 JGG festgeschrieben:

> § „Ein Jugendlicher ist strafrechtlich verantwortlich, wenn er zur Zeit der Tat nach seiner sittlichen und geistigen Entwicklung reif genug ist, das Unrecht der Tat einzusehen und nach dieser Einsicht zu handeln. Zur Erziehung eines Jugendlichen, der mangels Reife strafrechtlich nicht verantwortlich ist, kann der Richter dieselben Maßnahmen anordnen wie der Familien- oder Vormundschaftsrichter."

Die Verantwortlichkeit Jugendlicher für eine strafbare Handlung wird im JGG von ihrer jeweiligen **Einsichtsfähigkeit** und **Handlungsfähigkeit** zurzeit der Tat abhängig gemacht.

Innerhalb der Einsichtsfähigkeit muss der Jugendliche erkennen können, dass sein Handeln mit dem friedlichen Zusammenleben der Menschen nicht vereinbar und deshalb Ahndung nötig ist.

Bei der Handlungsfähigkeit geht es darum, dass der Jugendliche charakterlich so reif ist, dass er seinen Erkenntnissen auch konkrete Handlungen folgen lassen kann.

Im ersten Fallbeispiel (siehe S. 187) müssten einige Fragen hinsichtlich der Verantwortlichkeit des vierzehnjährigen Markus geklärt werden: In welchem Verhältnis steht Markus zu seinem gleichaltrigen Freund? Welchen Einfluss übt der Freund auf Markus aus? Konnte Markus aufgrund der Anonymität zwischen Täter und Opfer (Kaufhaus als Einrichtung) das begangene Unrecht überhaupt erkennen? Wie wurde Markus durch die Konsumanreize im Kaufhaus beeinflusst?

Die genannten Fragen zeigen, dass die Feststellung der Verantwortlichkeit des Jugendlichen zum Tatzeitpunkt ein sehr komplexer Vorgang ist. Das JGG fordert, in jedem Einzelfall die strafrechtliche Verantwortlichkeit Jugendlicher zu prüfen und positiv festzustellen. In Zweifelsfällen wird man stets auf Gutachten von Sachverständigen zurückgreifen müssen. Um ein solches Gutachten zu erstellen, kann nach § 73 Absatz 1 JGG auch die

Untersuchung in einer geeigneten Anstalt angeordnet werden. Vorher müssen dazu aber der Verteidiger und ein Sachverständiger gehört werden.

Kommt man während des Jugendstrafverfahrens zu der Überzeugung, dass der Jugendliche im Sinne des § 3 JGG weder einsichts- noch handlungsfähig war, dann hat er die Straftat mangels Schuld nicht begangen. Damit wäre für den Betroffenen Straflosigkeit die Folge.

Aufgaben
1. *Prüfen Sie unter Einbeziehung der oben gestellten Fragen, welche Argumente für bzw. gegen die Verantwortlichkeit von Markus im ersten Fallbeispiel sprechen.*

2. *Wie beurteilen Sie die Verantwortlichkeit der beiden Jugendlichen im Sinne des § 3 JGG im zweiten Fallbeispiel? Begründen Sie Ihre Auffassung.*

19.3.2 Die strafrechtliche Verantwortlichkeit von Heranwachsenden

Das JGG dehnt in § 1 Absatz 1 den persönlichen Anwendungsbereich des Gesetzes auf die „Heranwachsenden" (von der Vollendung des 18. bis zur Vollendung des 21. Lebensjahres) aus. Dies bedeutet, dass bei Tätern im Alter zwischen 18 und 21 Jahren grundsätzlich der Jugendrichter zuständig ist.

Wie kommt der Gesetzgeber zu dieser Regelung? Im vorhergehenden Abschnitt haben wir uns sehr ausführlich mit den Auswirkungen der Pubertät auf ein mögliches strafbares Handeln bei Jugendlichen beschäftigt. Dieser biologische und seelische Reifungsprozess beginnt nicht ganz unvermittelt zu einem fest bestimmbaren Lebenszeitpunkt. Ebensowenig wird dieser Prozess in einem bestimmten Lebensalter abgeschlossen. Die Entwicklung verläuft bei jedem Menschen unterschiedlich. Pubertätsbedingtes Verhalten kann deshalb in unterschiedlicher Intensität auch noch bis etwa zum 21. Lebensjahr und auch darüber hinaus auftreten. Aus diesen genannten Gründen hat das JGG im Jahr 1953 diesen Personenkreis in seinen Anwendungsbereich aufgenommen. In den nachfolgenden Ausführungen wollen wir diese Regelung genauer darstellen.

Hinsichtlich seiner Strafmündigkeit ist der Heranwachsende stets als voll strafmündig zu betrachten. Schuldunfähigkeit kann nur auf der Grundlage des allgemeinen Strafrechts (§ 20 StGB) festgestellt werden. Bezüglich der Rechtsfolgen für eine Straftat Heranwachsender regelt § 105 JGG das Folgende:

> § „(1) Begeht ein Heranwachsender eine Verfehlung, die nach den allgemeinen Vorschriften mit Strafe bedroht ist, so wendet der Richter die für einen Jugendlichen geltenden Vorschriften der §§ 4 bis 8, 9 Nr. 1, 10, 11 und 13 bis 32 entsprechend an, wenn
>
> 1. die Gesamtwürdigung der Persönlichkeit des Täters bei Berücksichtigung auch der Umweltbedingungen ergibt, dass er zurzeit der Tat nach seiner sittlichen und geistigen Entwicklung noch einem Jugendlichen gleichstand, oder

2. es sich nach der Art, den Umständen oder den Beweggründen der Tat um eine Jugendverfehlung handelt.

(2) § 31 Abs. 2 Satz 1, Abs. 3 ist auch dann anzuwenden, wenn der Heranwachsende wegen eines Teils der Straftaten bereits rechtskräftig nach allgemeinem Strafrecht verurteilt worden ist.

(3) Das Höchstmaß der Jugendstrafe für Heranwachsende beträgt zehn Jahre. Handelt es sich bei der Tat um Mord und reicht das Höchstmaß nach Satz 1 wegen der besonderen Schwere der Schuld nicht aus, so ist das Höchstmaß 15 Jahre."

Die Regelungen des § 105 JGG sind in der Gerichtspraxis nicht unumstritten. Dies hat dazu geführt, dass auf Heranwachsende viel häufiger Jugendstrafrecht als Erwachsenenstrafrecht angewendet wird.

Schon die Formulierung in § 105 Absatz 1 Nr. 1 JGG ist recht unklar. Man kann im Alltag nicht von „den" Jugendlichen oder „den" Heranwachsenden sprechen. Beide existieren nicht als ein feststehender Persönlichkeitstyp. Vergleichsmaßstäbe können deshalb nicht eindeutig gefunden werden.

Die „Deutsche Vereinigung für Jugendpsychiatrie" hat auf einer Arbeitstagung am 24. und 25. April 1954 versucht, einige Kriterien für die Anwendung des § 105 JGG zu entwickeln. Sie sind als „Marburger Richtlinien" in die juristische Literatur eingegangen. Jugendtypische Züge nach diesen Richtlinien lassen sich inhaltlich u. a. wie folgt darstellen:

- spielerische Einstellung zur Arbeit,

- ungenügende Ausformung der Persönlichkeit,

- abenteuerliches Handeln,

- Stimmungslabilität,

- Leben im Augenblick,

- Vorherrschen des Gefühls- und Trieblebens.

Die „Marburger Richtlinien" werden in der Praxis in den meisten Fällen als Entscheidungsgrundlage herangezogen, wenn es darum geht, ob der Täter zum Tatzeitpunkt eher einem Erwachsenen oder einem Jugendlichen gleichstand. Dabei ist natürlich die entsprechende Gesamtentwicklung zu berücksichtigen.

§ 105 Absatz 1 Nr. 2 JGG spricht von Jugendverfehlung. Auch dieser Begriff ist nicht eindeutig definierbar. In der Praxis geht man hier allein vom „Erscheinungsbild" der Tat aus. Die Tatschwere spielt dabei keine Rolle. Was wird als „typische Jugendverfehlung" angesehen? Dazu gehören beispielsweise:

- Kaufhausdiebstähle,

- Entwendung von Kfz zum vorübergehenden Gebrauch,

- Beschädigungen von privatem und öffentlichem Eigentum (Fensterscheiben, Warte-häuschen, Straßenlaternen, Autospiegel usw.),

- „Schwarzfahren",

- Knacken von Automaten.

Fallbeispiel 1   Manuela ist 19 Jahre alt und in der Ausbildung. Ihr großer Traum ist ein ei-genes Auto. Die Eltern sind jedoch der Ansicht, dass Manuela ein Auto und den Führerschein erst nach Abschluss ihrer Ausbildung finanzieren kann. Als Manuela mit dem Auto ihrer Freundin auf einer öffentlichen Straße das Fahren „übt", wird sie von der Polizei gestellt.

Fallbeispiel 2   Horst ist 20 Jahre alt. Seiner alleinerziehenden Mutter und seinen Lehrern bereitete er stets erhebliche Schwierigkeiten. Mehrere Jahre verbrachte er in einem Heim. Auch dort fiel er immer wieder durch Diebstähle und aggressives Verhalten auf. Manchmal verließ er das Heim und schloss sich der „Treberszene" an. Mehrere Straftaten führten schließlich zur Verbüßung einer Jugendstrafe wegen Diebstahls und Körperverletzung. Jetzt hat sich Horst sogar an einem Überfall auf eine Sparkasse beteiligt. Er handelte im Rahmen einer kriminellen Vereinigung, als deren Anführer er gilt.

Fallbeispiel 3   Der neunzehnjährige Ronny begeht mit seinem fünfundzwanzigjährigen Bruder Florian einen nächtlichen Einbruch in ein Bistro. Dort entwenden sie u. a. eine Musik-anlage und Bargeld. Dabei werden sie von einer Polizeistreife überrascht. Florian wurde früher schon strafrechtlich zur Verantwortung gezogen. Er kommt auch immer wieder mit Drogen in Kontakt. Ronny begeht erstmals eine strafbare Handlung. Er hat zum Tatzeit-punkt 200,00 € Schulden bei seinem Stiefvater, mit dem es immer wieder Differenzen gibt.

Aufgabe
Bewerten Sie die obigen Fallbeispiele unter Berücksichtigung des § 105 JGG. Begründen Sie Ihre Meinung.

Der Gesetzgeber verpflichtet mit den Bestimmungen des § 105 JGG die Gerichte dazu, bei Tätern im Alter von Heranwachsenden in jedem einzelnen Fall zu prüfen, ob Erwachsenen- oder Jugendstrafrecht anzuwenden ist. Es geht dabei um eine Überprüfung, ob die Anwen-dung von Jugendstrafrecht noch sinnvoll ist oder nicht. Ursprünglich war die Intention des Gesetzgebers dabei, dass die Anwendung des Jugendstrafrechts eher die Ausnahme bil-den soll. In der Praxis sieht es so aus, dass nur auf ungefähr 20 % des genannten Perso-nenkreises das Erwachsenenstrafrecht angewendet wird.

Wird auf Heranwachsende Erwachsenenstrafrecht angewendet, dann bleiben die Jugend-gerichte trotzdem zuständig. Bezüglich der zu erwartenden Folgen müssen einige Beson-derheiten beachtet werden. Dazu sagt § 106 Absatz 1 JGG:

> §   „Ist wegen der Straftat eines Heranwachsenden das allgemeine Strafrecht anzu-wenden, so kann der Richter anstelle von lebenslanger Freiheitsstrafe auf eine Freiheitsstrafe von zehn bis fünfzehn Jahren erkennen."

Absatz 1 stellt eine Möglichkeit dar, bei Kapitalverbrechen dem Heranwachsenden eine Strafmilderung zu ermöglichen, die nach dem Erwachsenenstrafrecht nicht gegeben wäre. Es geht dabei um eine Ermessensentscheidung des Richters. Er muss dabei die vorhandene Entwicklungsfähigkeit des Täters beachten. Vergeltungsabsichten der Allgemeinheit dürfen bei der Entscheidung keine Rolle spielen.

Der § 106 JGG enthält weiterhin Regelungen, die die Sicherungsverwahrung von Heranwachsenden betreffen. Auf diese Sonderfälle muss im Zusammenhang mit dem Grundanliegen des Lehrbuches an dieser Stelle nicht eingegangen werden.

19.3.3 Folgen einer Jugendstraftat

Wie bereits in Abschnitt 19.1 dargestellt, spielt der Erziehungsgedanke im Jugendstrafrecht eine entscheidende Rolle. Im Erwachsenenstrafrecht steht der Sühnegedanke in Verbindung mit der Bestrafung im Vordergrund. Ein Absehen von Strafe ist hier in einem ganz begrenzten Rahmen möglich (siehe § 60 StGB).

Im JGG soll Strafe nur bei schwerer Schuld bzw. bei nachweislich schädlichen Neigungen des Täters herangezogen werden.

§ 5 JGG gibt einen Überblick über mögliche Sanktionen im Jugendstrafrecht:

> § „(1) Aus Anlass der Straftat eines Jugendlichen können Erziehungsmaßregeln angeordnet werden.
>
> (2) Die Straftat eines Jugendlichen wird mit Zuchtmitteln oder mit Jugendstrafe geahndet, wenn Erziehungsmaßregeln nicht ausreichen.
>
> (3) Von Zuchtmitteln und Jugendstrafe wird abgesehen, wenn die Unterbringung in einem psychiatrischen Krankenhaus oder einer Entziehungsanstalt die Ahndung durch den Richter entbehrlich macht."

In dieser Regelung wird den Erziehungsmaßregeln gegenüber den Zuchtmitteln und der Jugendstrafe Vorrang eingeräumt.

Erziehungsmaßregeln

Diese Sanktionsart des JGG ist in den §§ 9 bis 12 geregelt. In § 9 JGG heißt es dazu:

> § „Erziehungsmaßregeln sind
>
> 1. die Erteilung von Weisungen,
>
> 2. die Anordnung, Hilfe zur Erziehung im Sinne des § 12 in Anspruch zu nehmen."

Erziehungsmaßregeln haben nicht die Aufgabe, die Straftat eines Jugendlichen zu ahnden. Vielmehr sollen durch die Tat erkennbar gewordene Erziehungsmängel beseitigt werden. Erziehungsmaßregeln dürfen nur dann angeordnet werden, wenn eine Straftat vorliegt.

Widersetzt sich der Jugendliche der erzieherischen Einflussnahme, liegt also keine **Erziehungswilligkeit** vor, so darf eine solche Maßregelung nicht angeordnet werden.

Neben der Erziehungswilligkeit muss auch die **Erziehungsfähigkeit** vorliegen. Das heißt, dass die bisherige Entwicklung des Jugendlichen eine erzieherische Einflussnahme als möglich erscheinen lässt.

Bei Markus im ersten Fallbeispiel auf Seite 187 hätte Erziehung Sinn, da er erstmalig auffgefallen ist und seine Motive im Zusammenhang mit der Entwicklung, in der er sich befindet, gesehen werden müssen.

Im Falle von Frank und Christoph im zweiten Fallbeispiel wären Erziehungsmaßregeln auszuschließen. Bei ihnen dürfte zumindest die Erziehungsfähigkeit schon erheblich infrage gestellt werden.

Der § 10 JGG bestimmt Weisungen im Sinne des § 9 Nr. 1 JGG näher:

> § „(1) Weisungen sind Gebote und Verbote, welche die Lebensführung des Jugendlichen regeln und dadurch seine Erziehung fördern und sichern sollen. Dabei dürfen an die Lebensführung des Jugendlichen keine unzumutbaren Anforderungen gestellt werden. Der Richter kann dem Jugendlichen insbesondere auferlegen,
>
> 1. Weisungen zu befolgen, die sich auf den Aufenthaltsort beziehen,
>
> 2. bei einer Familie oder in einem Heim zu wohnen,
>
> 3. eine Ausbildungs- oder Arbeitsstelle anzunehmen,
>
> 4. Arbeitsleistungen zu erbringen,
>
> 5. sich der Betreuung und Aufsicht einer bestimmten Person (Betreuungshelfer) zu unterstellen,
>
> 6. an einem sozialen Trainingskurs teilzunehmen,
>
> 7. sich zu bemühen, einen Ausgleich mit dem Verletzten zu erreichen (Täter-Opfer-Ausgleich),
>
> 8. den Verkehr mit bestimmten Personen oder den Besuch von Gast- oder Vergnügungsstätten zu unterlassen oder
>
> 9. an einem Verkehrsunterricht teilzunehmen.
>
> (2) Der Richter kann dem Jugendlichen auch mit Zustimmung des Erziehungsberechtigten und des gesetzlichen Vertreters auferlegen, sich einer heilerzieherischen Behandlung durch einen Sachverständigen oder einer Entziehungskur zu unterziehen. Hat der Jugendliche das sechzehnte Lebensjahr vollendet, so soll dies nur mit seinem Einverständnis geschehen."

Aus § 10 Absatz 1 Satz 1 JGG ergibt sich, dass der Weisungskatalog nicht abgeschlossen ist. Weisungen sollen immer auf die Täterpersönlichkeit abgestimmt sein, d. h., der Täter muss genau wissen, was er zu tun oder zu unterlassen hat. Wird die Weisung durch das Verschulden des Täters nicht befolgt, droht nach § 11 Absatz 3 JGG Jugendarrest.

Bei Weisungen gegenüber Jugendlichen muss in einigen Fällen auch das Elternrecht beachtet werden, zum Beispiel bei Weisungen bezüglich des Aufenthaltsortes. Die Trennung von der Familie ist nur dann zulässig, wenn die Voraussetzungen nach dem Grundgesetz Artikel 6 Absatz 3 vorliegen (vgl. Abschnitt 8.1). Dies gilt auch für die Weisung, in einer anderen Familie oder in einem Heim zu wohnen.

Bei der Weisung, eine Ausbildungsstelle oder eine Arbeitsstelle anzunehmen, ist § 1631a BGB zu beachten. Der Ausbildungs- oder Arbeitsvertrag muss durch die Personensorgeberechtigten genehmigt werden.

Aufgabe
Lesen Sie den § 1631a BGB. Beschreiben Sie rechtliche Handlungsmöglichkeiten für den Fall, dass Sorgeberechtigte sich weigern, einem Arbeits- bzw. Ausbildungsvertrag zuzustimmen, der auf Weisung des Jugendgerichts zustande kommen soll.

Die Weisung, sich der Betreuung und Aufsicht einer bestimmten Person (Betreuungshelfer) zu unterstellen, wird meist von den Vertretern der Jugendgerichtshilfe im Verantwortungsbereich der zuständigen Jugendämter erteilt.

§ 29 SGB VIII (Soziale Gruppenarbeit) spiegelt sich in der Weisung zur Teilnahme an einem sozialen Trainingskurs wider. Durch die Teilnahme an einem solchen Kurs kann unter Umständen auf Jugendarrest oder andere repressive Maßnahmen verzichtet werden.

Die Weisung, einen Ausgleich zum Verletzten bzw. Geschädigten herzustellen (Täter-Opfer-Ausgleich) hat eine wichtige erzieherische Wirkung, weil dem jugendlichen Täter dadurch sein begangenes Unrecht besonders stark verdeutlicht wird. Er ist nicht bei allen Straftaten anwendbar. Lediglich bei kleiner und mittlerer Kriminalität, z. B. Beleidigung, Körperverletzung, ist er denkbar. Auch muss das Opfer bereit sein, mit dem Täter persönlich in Verbindung zu treten. Die Begleitung und Organisierung des Täter-Opfer-Ausgleichs kann auch unter Einbeziehung der Jugendgerichtshilfe erfolgen.

> *Fallbeispiel* Der vierzehnjährige Marcel stiehlt in einer belebten Fußgängerzone einer betagten Rentnerin die Geldbörse mit dem knapp bemessenen monatlichen Wirtschaftsgeld. Der Richter erteilt Marcel die Weisung, der alten Dame dreimal wöchentlich zu je zwei Stunden bei der Bewältigung ihrer täglichen Aufgaben zu helfen.

Durch diese Hilfeleistung soll Marcel lernen, wie schwierig es für einen alten Menschen sein kann, Alltagsaufgaben zu erledigen. Dabei wird er vielleicht auch feststellen, wie sparsam die Rentnerin mit ihrem Geld umgehen muss, um ihren Lebensunterhalt zu bestreiten. Die Weisung könnte dazu beitragen, dass Marcel das Verwerfliche seiner Tat besser begreift. Außerdem wäre ein angemessener Ausgleich für das Opfer möglich.

Häufig werden Weisungen erteilt, die das Erbringen von Arbeitsleistungen fordern. Die Arbeit wird von den Jugendlichen in der Freizeit geleistet. Ausbildung und berufliche Tätigkeit sollten dadurch nicht beeinträchtigt werden. Oft werden Arbeitsleistungen zugunsten gemeinnütziger Einrichtungen (Krankenhaus, Altersheim, öffentliche Sport- und Parkanlagen usw.) erbracht.

Arbeitsleistungen sind auch immer dann erzieherisch wirkungsvoll, wenn sie im Zusammenhang mit dem vom Täter verursachten Schaden stehen und so Wiedergutmachungscharakter tragen.

§ 10 Absatz 2 JGG regelt die Anordnung von heilerzieherischen Maßnahmen und die Entziehungskur als Weisung. Für Weisungen dieser Art ist stets das Einverständnis der gesetzlichen Vertreter erforderlich. Auch das Einverständnis des Jugendlichen hat besondere Bedeutung. Ohne das Einverständnis des betroffenen Jugendlichen (auch unter 16 Jahren) sind Erfolge kaum zu erwarten. Bei der Erteilung von Weisungen kann die Zusammenarbeit mit Selbsthilfegruppen sehr nützlich sein.

§ 11 JGG regelt die „Laufzeit und nachträgliche Änderung von Weisungen; Folgen der Zuwiderhandlung". Wie lange eine Weisung läuft, bestimmt der Richter. Die maximale Laufzeit beträgt zwei Jahre. Die Teilnahme an einem sozialen Trainingskurs ist auf maximal sechs Monate beschränkt.

Weisungen dürfen laut § 11 Absatz 2 JGG auf drei Jahre verlängert werden. Voraussetzung für eine Verlängerung ist, dass sie vor Ablauf der ursprünglich festgelegten Zeitdauer ausgesprochen wird und aus erzieherischen Gründen notwendig erscheint.

§ 11 Absatz 3 JGG bestimmt die Folgen einer Zuwiderhandlung:

> § „Kommt der Jugendliche Weisungen schuldhaft nicht nach, so kann Jugendarrest verhängt werden, wenn eine Belehrung über die Folgen schuldhafter Zuwiderhandlung erfolgt war. Hiernach verhängter Jugendarrest darf bei einer Verurteilung insgesamt die Dauer von vier Wochen nicht überschreiten. Der Richter sieht von der Vollstreckung des Jugendarrestes ab, wenn der Jugendliche nach Verhängung des Arrestes der Weisung nachkommt."

Jugendarrest ist das schärfste Mittel bei Zuwiderhandlungen gegen Weisungen. Er ist nur dann anzuordnen, wenn auch eine wirkliche Schuld beim Betroffenen liegt. Dazu muss der Jugendliche vom Richter gehört werden.

In § 12 JGG wird die Maßregel, Hilfe zur Erziehung in Anspruch nehmen zu müssen, geregelt:

> § „Der Richter kann dem Jugendlichen nach Anhörung des Jugendamts auch auferlegen unter den im Achten Buch Sozialgesetzbuch genannten Voraussetzungen Hilfe zur Erziehung
>
> 1. in Form der Erziehungsbeistandschaft im Sinne des § 30 des achten Buches Sozialgesetzbuch oder
>
> 2. in einer Einrichtung über Tag und Nacht oder in einer sonstigen betreuten Wohnform im Sinne des § 34 des Achten Buches Sozialgesetzbuch
>
> in Anspruch zu nehmen."

Das SGB VIII regelt in § 8 Absatz 1 die prinzipielle Beteiligung der Jugendlichen an allen Maßnahmen, die sie betreffen. Lediglich die Hilfe zur Erziehung kann auch zwangsweise, d. h. ohne Zustimmung des Jugendlichen, ausgesprochen werden. Die Anhörung des Jugendamtes soll in solchen Fällen dazu beitragen, den erzieherischen Erfolg einer solchen Maßregel sicherzustellen.

Aufgabe
Weisen Sie nach, dass sich in den Erziehungsmaßregeln des JGG die Prinzipien eines „Täter-bzw. Erziehungsstrafrechts" widerspiegeln. Welche Probleme sehen Sie in diesem Zusammenhang bei der Umsetzung von Erziehungsmaßregeln?

Zuchtmittel

Zuchtmittel in Folge einer Jugendstraftat stehen zwischen den Erziehungsmaßnahmen und der echten Kriminalstrafe. Sie werden in den §§ 13 bis 16 JGG geregelt. § 13 JGG nennt die Arten der Zuchtmittel und bestimmt Prinzipien für deren Anwendung:

> § „(1) Der Richter ahndet die Straftat mit Zuchtmitteln, wenn Jugendstrafe nicht geboten ist, dem Jugendlichen aber eindringlich zum Bewusstsein gebracht werden muss, dass er für das von ihm begangene Unrecht einzustehen hat.
>
> (2) Zuchtmittel sind
>
> 1. die Verwarnung,
>
> 2. die Erteilung von Auflagen,
>
> 3. der Jugendarrest.
>
> (3) Zuchtmittel haben nicht die Rechtswirkungen einer Strafe.

Zuchtmittel kommen zur Anwendung, wenn Erziehungsmaßregeln zur Ahndung einer Straftat nicht ausreichen. Wichtig ist, dass der Jugendliche mithilfe des Zuchtmittels zur Einsicht gelangt, dass sein Handeln Unrecht war und deshalb Sanktionen notwendig sind. Bei besonders schweren Straftaten Jugendlicher sind Zuchtmittel nicht ausreichend.

Nach § 14 JGG soll dem Jugendlichen durch die Verwarnung „ ... das Unrecht der Tat eindringlich vorgehalten werden". Die Verwarnung erfolgt stets per Urteil. Sie ist eine förmliche Zurechtweisung. Ihr erzieherischer Zweck liegt darin, dass auf die Schwere der Schuld hingewiesen wird und im Wiederholungsfall Sanktionen angedroht werden. Die Verwarnung soll „unter die Haut gehen".

Als einziges Ergebnis eines aufwendigen Strafverfahrens erscheint sie wenig wirkungsvoll. Zumal Erziehungsmaßregeln und die übrigen Zuchtmittel sicherlich auch den Charakter einer Warnung in sich tragen.

Der § 15 JGG bestimmt Auflagen als eine weitere Form der Zuchtmittel. Absatz 1 nennt die Arten:

„Der Richter kann dem Jugendlichen auferlegen,

1. nach Kräften den durch die Tat verursachten Schaden wiedergutzumachen,

2. sich persönlich bei dem Verletzten zu entschuldigen,

3. Arbeitsleistungen zu erbringen oder

4. einen Geldbetrag zugunsten einer gemeinnützigen Einrichtung zu zahlen.

Dabei dürfen an den Jugendlichen keine unzumutbaren Anforderungen gestellt werden.“

Der Katalog der Auflagen ist als abschließend zu betrachten. Weitere Auflagemöglichkeiten bestehen nicht.

Besonderen erzieherischen Wert hat die Schadenswiedergutmachung, weil der Täter durch Arbeitsleistungen, die er zum Beispiel für den Geschädigten erbringt, den von ihm angerichteten Schaden besser begreifen kann.

Die Entschuldigung beim Verletzten soll nach Möglichkeit in Anwesenheit des Richters nach der Hauptverhandlung erfolgen. Sie hat sicher nur dann erzieherische Wirkung, wenn der Täter zur Entschuldigung bereit und fähig ist. Auch das Opfer muss die Entschuldigung als ernst zu nehmende Handlung im Sinne von Aussöhnung betrachten.

Das Auferlegen von Geldbußen ist nicht unproblematisch. Sie darf nicht dazu führen, dass die im Jugendstrafrecht vorgesehene Unzulässigkeit der Geldstrafe nicht umgangen wird. Die Zahlung eines Geldbetrages als Sanktion bedarf deshalb einer genauen Prüfung. Das JGG bestimmt daher in § 15 Absatz 2 die genauen Voraussetzungen für die Anwendung dieses Zuchtmittels:

„Der Richter soll die Zahlung eines Geldbetrages nur anordnen, wenn

1. der Jugendliche eine leichte Verfehlung begangen hat und anzunehmen ist, dass er den Geldbetrag aus Mitteln zahlt, über die er selbstständig verfügen darf, oder

2. dem Jugendlichen der Gewinn, den er aus der Tat erlangt, oder das Entgelt, das er für sie erhalten hat, entzogen werden soll.“

Würden zum Beispiel die Eltern des Täters die Geldbuße zahlen, wäre das aus Sicht der rechtlich gewollten Wirkung für den Täter oftmals keine angemessene Ahndung der Tat. Er soll den finanziellen Verlust spüren, indem er die Geldbuße aus seinen persönlichen Mitteln (Taschengeld, Ausbildungsvergütung, BAföG usw.) zahlt. Hat der Jugendliche aus der Tat einen Gewinn erlangt oder ein Entgelt erhalten, soll dieses Geld zur Wiedergutmachung des Schadens verwendet werden.

Bei Verhängung einer Geldbuße werden die Höhe, die Zahlungsmodalitäten und auch die gemeinnützige Einrichtung, zu deren Gunsten die Zahlung erfolgen soll, bestimmt.

In § 16 JGG wird der Jugendarrest als weiteres Zuchtmittel definiert:

> § „(1) Der Jugendarrest ist Freizeitarrest, Kurzzeitarrest oder Dauerarrest.
>
> (2) Der Freizeitarrest wird für die wöchentliche Freizeit des Jugendlichen verhängt und auf eine oder zwei Freizeiten bemessen.
>
> (3) Der Kurzarrest wird statt des Freizeitarrests verhängt, wenn der zusammenhängende Vollzug aus Gründen der Erziehung zweckmäßig erscheint und weder die Ausbildung noch die Arbeit des Jugendlichen beeinträchtigt werden. Dabei stehen zwei Tage Kurzarrest einer Freizeit gleich.
>
> (4) Der Dauerarrest beträgt mindestens eine Woche und höchstens vier Wochen. Er wird nach vollen Tagen oder Wochen bemessen."

Der Jugendarrest hat den Charakter von Freiheitsentzug und dient der Sühne. Deshalb darf er nach § 87 Absatz 1 JGG auch nicht zur Bewährung ausgesetzt werden. Seine Verhängung ist nicht unproblematisch. Es wird damit eher eine Schockwirkung als eine erzieherische Wirkung erreicht.

Bevor jedoch der Jugendarrest als Zuchtmittel angewendet wird, sind zwei Fragen zu beantworten: Ist der Arrest zur Ahndung der Tat und als Erziehungsmittel für den Täter notwendig? Reicht der Arrest aus, oder wäre Jugendstrafe angebrachter? Jugendarrest wird nur zur Ahndung leichter Verfehlungen angewendet. Allerdings besteht aber auch die Gefahr, dass Jugendliche zu Arrest verurteilt werden, die im Jugendstrafvollzug besser aufgehoben wären.

Die Durchführung von **Freizeitarrest** ist in der Praxis schwer durchführbar. Als wöchentliche Freizeit wird dabei die Zeit nach Beendigung der Arbeit am Ende der Woche bis zum Beginn der Arbeit in der nächsten Woche verstanden. Innerhalb der Woche käme es ansonsten aufgrund von längeren Anfahrtswegen zu sehr kurzen Aufenthalten im Arrest. Diese jedoch hätten nicht die gewünschte Wirkung auf den Jugendlichen. Eine „Umrechnung" von Freizeitarrest in Kurzarrest ist möglich (1 Freizeitarrest = 2 Tage Kurzarrest).

Kurzarrest soll durch den zusammenhängenden Vollzug eine erzieherische Wirkung haben und im Zusammenhang mit dem Freizeitarrest angewendet werden.

Dauerarrest ist das härteste Zuchtmittel. Hierbei muss immer bedacht werden, dass mit der längeren Dauer des Arrests nicht automatisch eine höhere Wirksamkeit verbunden sein muss. Wenn der Täter gegenüber dem Arrest abstumpft, wird auch die Wirksamkeit abgeschwächt. Die Wirksamkeit des Jugendarrests hängt daher nicht allein von der Dauer, sondern vor allem von seiner Ausgestaltung ab.

Vollzogen wird der Jugendarrest in Jugendarrestanstalten der Landesjustizverwaltungen bzw. in Freizeitarresträumen. Verantwortlich als Vollzugsleiter ist der Jugendrichter am Vollzugsort (§ 90 Absatz 2 Satz 2 JGG). In Einrichtungen des regulären Strafvollzugs (Jugend- oder Erwachsenenstrafanstalten) dürfen Arrestmaßnahmen nicht vollzogen werden.

Gemäß Jugendarrestvollzugsordnung gehören zum Dauerarrest soziale Einzelfallhilfe, Gruppenarbeit und Unterricht. Bei Freizeit- und Kurzarrest bis zu zwei Tagen soll nach Möglichkeit eine Aussprache mit dem Vollzugsleiter erfolgen. Die Unterbringung erfolgt tagsüber in der Gruppe, nachts einzeln.

Alle Maßnahmen im Rahmen des Vollzugs sollen dazu beitragen, dass ein „Abbrummen" der Zeit vermieden wird.

Für den erzieherischen Erfolg des Jugendarrests ist es wichtig, dass er schnell vollzogen wird. Dazu regelt § 87 JGG das Folgende:

> „(3) ... Sind seit Eintritt der Rechtskraft sechs Monate verstrichen, sieht er [Anmerkung: der Vollstreckungsleiter] von der Vollstreckung ganz ab, wenn dies aus Gründen der Erziehung geboten ist. ...
>
> (4) Die Vollstreckung des Jugendarrests ist unzulässig, wenn seit Eintritt der Rechtskraft ein Jahr verstrichen ist."

Aufgabe
Wiederholte Verhängung von Jugendarrest wird vom Gesetz nicht ausgeschlossen, jedoch nur in Ausnahmefällen angewandt. Ist die Wiederholung von Jugendarrest überhaupt sinnvoll? Begründen Sie Ihre Meinung.

Jugendstrafe
Bei Frank und Christoph aus dem zweiten Fallbeispiel auf Seite 187 sind Erziehungsmaßregeln bzw. Zuchtmittel sicher nicht mehr ausreichend. Sie haben bereits Erfahrungen mit dem Jugendstrafrecht gesammelt, trotzdem aber wieder strafbare Handlungen begangen. Das Einfordern von Schutzgeld ist im Sinne des § 253 StGB Erpressung. Es wäre in diesem Fall auch noch zu prüfen, ob räuberische Erpressung vorliegt. Die Verhängung von Jugendstrafe wäre nach § 17 JGG sicher nicht unmöglich.

> „(1) Die Jugendstrafe ist Freiheitsentzug in einer Jugendstrafanstalt.
>
> (2) Der Richter verhängt Jugendstrafe, wenn wegen der schädlichen Neigungen des Jugendlichen, die in der Tat hervorgetreten sind, Erziehungsmaßregeln oder Zuchtmittel zur Erziehung nicht ausreichen oder wenn wegen der Schwere der Schuld Strafe erforderlich ist."

Jugendstrafe wird in einer Jugendstrafanstalt vollzogen. Sie ist vor allem Erziehungsstrafe und kann deshalb in einer Strafanstalt für Erwachsene nicht vollzogen werden.

Unter **schädlichen Neigungen** gemäß § 17 JGG sind schwerwiegende Anlage- bzw. Erziehungsmängel zu verstehen. Der Abbau solcher Mängel erfordert immer längeren Strafvollzug.

Bei Frank und Christoph aus unserem Beispiel müsste das Vorliegen solcher Mängel sicher sehr ernsthaft geprüft werden. Bei Kapitalverbrechen kann es ohne Jugendstrafe nicht abgehen.

In § 18 JGG ist die Dauer von Jugendstrafe bestimmt:

§ „(1) Das Mindestmaß der Jugendstrafe beträgt sechs Monate, das Höchstmaß fünf Jahre. Handelt es sich bei der Tat um ein Verbrechen, für das nach dem allgemeinen Strafrecht eine Höchststrafe von mehr als zehn Jahren Freiheitsstrafe angedroht ist, so ist das Höchstmaß zehn Jahre. Die Strafrahmen des allgemeinen Strafrechts gelten nicht.

(2) Die Jugendstrafe ist so zu bemessen, dass die erforderliche erzieherische Einwirkung möglich ist.“

Die Mindestdauer von sechs Monaten zeigt, dass der Gesetzgeber davon ausgeht, dass eine wirksame erzieherische Einflussnahme in einem kürzeren Zeitraum nicht gegeben scheint. Die tatsächliche Dauer der Jugendstrafe hängt demnach davon ab, wie lange auf den Jugendlichen voraussichtlich erzieherisch Einfluss genommen werden muss.

In der Regel wird die Untersuchungshaft auf die Dauer der Jugendstrafe angerechnet. Nach § 52a JGG kann der Richter von der Anrechnung der Untersuchungshaft absehen, wenn dies aus erzieherischen Gründen gerechtfertigt ist. Von der Anrechnung der Untersuchungshaft ist zum Beispiel abzusehen, wenn die so verkürzte Jugendstrafe die erzieherische Einflussnahme nicht mehr gewährleisten kann.

Im Vergleich zum Erwachsenenstrafrecht darf Jugendstrafrecht nicht härter ausfallen. Alle Kriterien der Strafzumessung aus dem Erwachsenenstrafrecht, wie beispielsweise Versuch, Beihilfe, verminderte Schuldfähigkeit, werden im Jugendstrafrecht angewendet.

Strafaussetzung auf Bewährung, Funktion der Bewährungshilfe
Strafaussetzung auf Bewährung und die damit verbundene Bewährungshilfe sind in den §§ 21 bis 26 a JGG geregelt. § 21 Absatz 1 JGG lautet:

§ „(1) Bei einer Verurteilung zu einer Jugendstrafe von nicht mehr als einem Jahr setzt der Richter die Vollstreckung der Strafe zur Bewährung aus, wenn zu erwarten ist, dass der Jugendliche sich schon die Verurteilung zur Warnung dienen lassen und auch ohne die Einwirkung des Strafvollzugs unter der erzieherischen Einwirkung in der Bewährungszeit künftig einen rechtschaffenen Lebenswandel führen wird. Dabei sind namentlich die Persönlichkeit des Jugendlichen, sein Vorleben, die Umstände seiner Tat, sein Verhalten nach der Tat, seine Lebensverhältnisse und die Wirkungen zu berücksichtigen, die von der Aussetzung für ihn zu erwarten sind.“

Das Gesetz ermöglicht es dem Richter, nach sorgfältiger Erforschung der Persönlichkeit des jugendlichen Straftäters und seiner Lebensverhältnisse eine Jugendstrafe auf Bewährung auszusetzen. Von der Fähigkeit und dem Willen des Täters hängt es weitgehend ab, ob die Strafe ausgesetzt wird. Auch sein Verhalten nach der Tat (z. B. Wiedergutmachung durch Schadenersatz, Entschuldigung beim Geschädigten) kann die Strafaussetzung beeinflussen. Die grundsätzliche Strafaussetzung bei Erstbestrafung würde jedoch nicht dem Gesetz entsprechen.

Unter bestimmten Bedingungen kann auch eine Jugendstrafe von mehr als einem Jahr zur Bewährung ausgesetzt werden. § 21 Absatz 2 JGG regelt dazu:

„Das Gericht setzt unter der Voraussetzung des Absatzes 1 auch die Vollstreckung einer höheren Jugendstrafe, die zwei Jahre nicht übersteigt, zur Bewährung aus, wenn nicht die Vollstreckung im Hinblick auf die Entwicklung des Jugendlichen geboten ist."

Die Prognose für die weitere Entwicklung des Straftäters ist von grundsätzlicher Bedeutung für die Strafaussetzung. Der Bericht der Jugendgerichtshilfe (vgl. Abschnitt 16.4) hat hier eine wichtige Aufgabe zu erfüllen. Er muss auf der Grundlage einer umfassenden Analyse der Täterpersönlichkeit und dessen sozialen Umfelds eine Entscheidung des Richters unterstützen.

Die Dauer der Bewährungszeit bestimmt der Richter auf der Grundlage des JGG. Sie darf drei Jahre nicht überschreiten bzw. nicht kürzer als zwei Jahre sein (§ 22 Absatz 1 JGG). Möglich ist die nachträgliche Verkürzung auf ein Jahr, genauso wie die nachträgliche Verlängerung auf vier Jahre (§ 22 Absatz 2 JGG). Bei einer höheren Jugendstrafe, die zwei Jahre nicht übersteigt, darf die Bewährungszeit nachträglich nur bis auf zwei Jahre verkürzt werden (§ 22 Absatz 2 Satz 3 JGG).

Im JGG gibt es für die Ausgestaltung der Strafaussetzung auf Bewährung in § 60 Absatz 1 einige weitere wichtige Bestimmungen:

„(1) Der Vorsitzende stellt die erteilten Weisungen und Auflagen in einem Bewährungsplan zusammen. Er händigt ihn dem Jugendlichen aus und belehrt ihn zugleich über die Bedeutung der Aussetzung, die Bewährungs- und Unterstellungszeit, die Weisungen und Auflagen sowie über die Möglichkeit des Widerrufs der Aussetzung. Zugleich ist ihm aufgegeben, jeden Wechsel seines Aufenthalts, Ausbildungs- oder Arbeitsplatzes während der Bewährungszeit anzuzeigen. Auch bei nachträglichen Änderungen des Bewährungsplans ist der Jugendliche über den wesentlichen Inhalt zu belehren."

Setzt der Richter eine Strafe auf Bewährung aus, dann ist die Erstellung eines Bewährungsplanes nach dem JGG vorgeschrieben. In diesem erteilt der Richter u. a. Weisungen und Auflagen für die Bewährungszeit. Solche Auflagen bzw. Weisungen beziehen sich u. a. auf den Aufenthaltsort, den Umgang, die Ausgestaltung der Ausbildung bzw. der Berufstätigkeit, die Wahrnehmung einer medizinischen bzw. psychologischen Betreuung usw. In den Bewährungsplan können auch gemachte Zusagen des jugendlichen Straftäters aufgenommen werden.

Die Absätze 2 und 3 des § 60 JGG legen weiterhin fest:

„(2) Der Name des Bewährungshelfers wird im Bewährungsplan eingetragen.

(3) Der Jugendliche soll durch seine Unterschrift bestätigen, dass er den Bewährungsplan gelesen hat, und versprechen, dass er den Weisungen und Auflagen nachkommen will. Auch Erziehungsberechtigte und der gesetzliche Vertreter sollen den Bewährungsplan unterzeichnen."

Der in Absatz 2 genannte Bewährungshelfer ist nach § 24 JGG zwingend vorgeschrieben. Die Unterstellung des jugendlichen Straftäters unter Aufsicht und Leitung eines Bewährungshelfers darf nach der genannten Regelung nicht länger als zwei Jahre andauern. In der Bewährungszeit soll der Jugendliche oder Heranwachsende nicht auf sich allein gestellt bleiben. Ein fester Halt und damit verbundene erzieherische Beeinflussung sind für die weitere Entwicklung sehr wichtig. Die Erfüllung der im Bewährungsplan erteilten Weisungen und Auflagen ist durch den Bewährungshelfer zu kontrollieren. § 24 Absatz 3 JGG sagt zu den Aufgaben eines Bewährungshelfers das Folgende:

> § „Der Bewährungshelfer steht dem Jugendlichen helfend und betreuend zur Seite. Er überwacht im Einvernehmen mit dem Richter die Erfüllung der Weisungen, Auflagen, Zusagen und Anerbieten. Der Bewährungshelfer soll die Erziehung des Jugendlichen fördern und möglichst mit dem Erziehungsberechtigten und dem gesetzlichen Vertreter vertrauensvoll zusammenwirken. Er hat bei der Ausübung des Amtes das Recht auf Zutritt zu dem Jugendlichen. Er kann von dem Erziehungsberechtigten, dem gesetzlichen Vertreter, der Schule oder dem Ausbildenden Auskunft über die Lebensführung des Jugendlichen verlangen."

Aufsicht und **Hilfe** sind die wichtigsten Aufgaben des Bewährungshelfers. Zu den in den rechtlichen Bestimmungen genannten Erziehungsberechtigten können auch Erzieherinnen und Erzieher gehören, die innerhalb von Einrichtungen der Heimerziehung tätig sind.

Im Rahmen der Aufsicht handelt der Bewährungshelfer gewissermaßen als verlängerter Arm des Richters, da dieser aufgrund seiner Tätigkeit und den damit verbundenen Aufgaben nicht selbst die Erfüllung seiner Auflagen bzw. Weisungen kontrollieren kann. Daraus ergibt sich, dass der Richter den Bewährungshelfer bestellt und dass er berechtigt ist, dem Bewährungshelfer Anweisungen für seine Tätigkeit zu erteilen (§ 25 Satz 1 und 2 JGG). Der Bewährungshelfer hat gegenüber dem Richter die Pflicht der Berichterstattung (§ 25 Satz 2 bis 4 JGG).

Hilfe kann der Bewährungshelfer dem jugendlichen Straftäter vor allem auf der Grundlage regelmäßiger Gespräche geben. So ist der Jugendliche verpflichtet, sich während der Bewährungszeit zu bestimmten Terminen bei seinem Helfer einzufinden.

Weitere Aufgaben des Bewährungshelfers sind zum Beispiel: Vermittlung einer Arbeits- bzw. Lehrstelle, Zusammenarbeit mit den Sorgeberechtigten, Anregungen und Hilfen für eine sinnvolle Freizeitgestaltung, um sich von negativen Einflüssen zu befreien, Unterstützung bei der Überwindung wirtschaftlicher Schwierigkeiten.

All diese Aufgaben kann der Bewährungshelfer nur dann erfüllen, wenn er auch über weitgehende Rechte verfügt. So kann er sich u. a. auch mit polizeilicher Gewalt Zugang zum Jugendlichen verschaffen. Sorgeberechtigte, Schule und auch Ausbilder sind ihm gegenüber zur Auskunft verpflichtet. Dadurch unterscheidet er sich wesentlich vom Erziehungsbeistand nach § 30 SGB VIII (vgl. Abschnitt 14.4). Hinter dem Bewährungshelfer steht immer die Autorität des Richters. Er kann bei Notwendigkeit die Strafaussetzung widerrufen.

Bewährungshelfer sind meist hauptamtlich im Wirkungsbereich der jeweiligen Amtsgerichte tätig. In Ausnahmefällen werden auch ehrenamtliche Bewährungshelfer eingesetzt.

Bevor die Bewährungszeit beendet ist, erstellt der Bewährungshelfer einen Schlussbericht über den Verlauf der Bewährungszeit. Auf der Grundlage dieses Berichtes entscheidet der Richter über den Erlass der Jugendstrafe bzw. über die Widerrufung der Strafaussetzung.

Die Widerrufung der Strafaussetzung ist an die Bestimmungen des § 26 JGG gebunden. Die wichtigsten Gründe für einen Widerruf der Strafaussetzung sind: Begehung einer neuen Straftat in der Bewährungszeit, grobe Verstöße gegen Weisungen des Richters, Nichteinhaltung von Auflagen.

Aufgabe
Erläutern Sie, wie sich in den Regelungen des JGG zur Strafaussetzung das Wesen des Jugendstrafrechts als Täter- bzw. Erziehungsstrafrecht widerspiegelt. Gehen Sie dabei auch auf das Spannungsverhältnis von Erziehung und Strafe ein.

Eintragungen im Erziehungs- und Strafregister

Im Erwachsenenstrafrecht werden alle Verurteilungen in das Zentrale Strafregister eingetragen. Die Rechtsgrundlage dafür bildet das Bundeszentralregistergesetz. Das Zentrale Strafregister untersteht dem Generalbundesanwalt beim Bundesgerichtshof und wird in Berlin geführt. Auskünfte über Eintragungen in diesem Register werden in Form von Führungszeugnissen erteilt. Ein Führungszeugnis kann jeder für sich selbst beantragen. Ansonsten können nur Behörden Führungszeugnisse beantragen.

Nach dem Ablauf bestimmter Fristen werden Eintragungen im Strafregister getilgt. So werden beispielsweise im Erwachsenenstrafrecht Freiheitsstrafen bis zu drei Monaten nach fünf Jahren getilgt.

Die Tilgung einer Eintragung kann allerdings nur dann erfolgen, wenn zwischendurch keine neue Eintragung erfolgt ist. Bei erneuten Eintragungen erhöht sich die Tilgungsfrist auf zehn Jahre. Bei schweren Strafen beträgt die Tilgungsfrist zehn Jahre.

Lebenslange Freiheitsstrafe oder die Entziehung der Fahrerlaubnis für immer werden nicht getilgt. Nach Ablauf der Fristen erscheinen Strafen nicht mehr im Führungszeugnis; der Betroffene gilt als nicht vorbestraft.

Aus der Sicht des Jugendstrafrechts haben Registereintragungen vor allem folgende Konsequenzen:

1. Durch die Registrierung von Straftaten können Täter im Wiederholungsfall besser beurteilt und das Strafmaß besser festgelegt werden.

2. Durch die Vorlage von Führungszeugnissen bei der Bewerbung können sich Arbeitgeber vor straffällig gewordenen Personen schützen.

3. Eintragungen im Strafregister behindern die berufliche Entwicklung der Betroffenen erheblich.

Erziehungsmaßregeln und Zuchtmittel erscheinen daher nicht im Strafregister, sondern im Erziehungsregister. Das Erziehungsregister wird ebenfalls zentral in Berlin geführt. Auskünfte über Eintragungen im Erziehungsregister erhalten nur bestimmte Behörden, zum Beispiel Staatsanwaltschaften, Familiengerichte und Jugendämter. Eintragungen im Erziehungsregister müssen vom jugendlichen Straftäter nicht preisgegeben werden.

Eintragungen im Erziehungsregister werden gelöscht, wenn über den Betroffenen bis zu seinem 24. Geburtstag keine Eintragungen im Strafregister erfolgt sind.

Jugendstrafen werden zwar in das Strafregister eingetragen, unterliegen jedoch besonderen Tilgungsfristen. In Abhängigkeit von der Dauer der Freiheitsstrafe und einer eventuellen Strafaussetzung liegen die Fristen zwischen fünf und zehn Jahren.

Aufgabe
Stellen Sie Argumente zusammen, die für die Eintragung von Jugendstraftaten in das Strafregister sprechen und welche eher dagegen.

19.4 Das Jugendgerichtsverfahren

19.4.1 Verfahrensgrundsätze

Wie bereits mehrfach zum Ausdruck gebracht, stellt das Jugendstrafrecht die erzieherische Sozialisierung in den Mittelpunkt seines Wirkens. Damit verbunden sind auch Konsequenzen für den Ablauf eines Jugendstrafverfahrens. Er weist gegenüber dem Erwachsenenstrafrecht einige Besonderheiten auf. Sie sind in den § 33 bis 81 JGG geregelt.

Einen wichtigen Verfahrensgrundsatz legt § 48 Absatz 1 JGG fest:

> § „Die Verhandlung vor dem erkennenden Gericht einschließlich der Verkündung der Entscheidung ist nicht öffentlich."

Jugendliche können durch die Anwesenheit mehrerer unbekannter Personen den Eindruck bekommen, dass sie durch ihre Tat im Mittelpunkt des allgemeinen Interesses stehen. Andere Jugendliche würden durch die Teilnahme einer großen Öffentlichkeit eingeschüchtert, sodass wichtige Einzelheiten nicht zur Sprache kämen.

Absatz 2 des § 48 JGG bestimmt den Personenkreis näher, der an der Verhandlung teilnehmen darf.

> § „Neben den am Verfahren Beteiligten ist dem Verletzten und, falls der Angeklagte der Aufsicht und Leitung eines Bewährungshelfers oder der Betreuung und Aufsicht eines Betreuungshelfers untersteht oder für ihn ein Erziehungsbeistand bestellt ist, dem Helfer und dem Erziehungsbeistand die Anwesenheit gestattet. Das gleiche gilt in den Fällen, in denen dem Jugendlichen Hilfe zur Erziehung in einem Heim oder einer vergleichbaren Einrichtung gewährt wird, für den Leiter der Einrichtung. Andere Personen kann der Vorsitzende aus besonderen Gründen, namentlich zu Ausbildungszwecken, zulassen."

Personen, die zu Ausbildungszwecken teilnehmen dürfen, sind hauptsächlich Auszubildende in den Bereichen Justiz, Polizei und Sozialarbeit. Die Teilnahme von Schulklassen würde dem Prinzip der Nichtöffentlichkeit aus erzieherischen Gründen widersprechen.

Lässt der Vorsitzende zur Hauptverhandlung die Presse zu, dann muss er auch dafür Sorge tragen, dass Name und eventuelles Bildmaterial nicht veröffentlicht werden.

§ 48 Absatz 2 JGG ermöglicht Erziehern die Teilnahme an der Hauptverhandlung. Leiter von Einrichtungen werden direkt benannt. Auch die Teilnahme des verantwortlichen Erziehers ist möglich, weil seine Anwesenheit eine wichtige moralische Unterstützung darstellen kann. Außerdem können sich aus der Verhandlung wichtige Erkenntnisse für die weitere erzieherische Arbeit ergeben.

Absatz 3 des § 48 JGG regelt Ausnahmen vom Ausschluss der Öffentlichkeit:

> § „Sind in dem Verfahren auch Heranwachsende oder Erwachsene angeklagt, so ist die Verhandlung öffentlich. Die Öffentlichkeit kann ausgeschlossen werden, wenn dies im Interesse der Erziehung jugendlicher Angeklagter geboten ist."

Der vorsitzende Richter muss das Für und Wider eines möglichen Ausschlusses der Öffentlichkeit aus erzieherischen Gründen genau abwägen. Dies erfordert psychologisches Einfühlungsvermögen.

Aufgabe
Beurteilen Sie das Prinzip der Nichtöffentlichkeit von Hauptverhandlungen in Jugendstrafverfahren unter erzieherischen Gesichtspunkten.

Einen weiteren wichtigen Verfahrensgrundsatz bei Jugendstrafverfahren stellt die Instanz der Jugendgerichtshilfe dar. In § 38 Absatz 1 JGG heißt es:

> § „Die Jugendgerichtshilfe wird von den Jugendämtern im Zusammenwirken mit den Vereinigungen für Jugendhilfe ausgeübt."

An dieser Stelle sei nochmals auf den Zusammenhang mit § 52 Absatz 1 SGB VIII hingewiesen:

> § „Das Jugendamt hat nach Maßgabe der §§ 38 und 50 Abs. 3 Satz 2 des Jugendgerichtsgesetzes im Verfahren nach dem Jugendgerichtsgesetz mitzuwirken."

Die Jugendgerichtshilfe wird sowohl im Vorverfahren (vgl. Abschnitt 19.4.2) wie auch im Hauptverfahren (vgl. Abschnitt 19.4.3) tätig. Die Aufgaben der Jugendgerichtshilfe sind im Absatz 2 des § 38 JGG festgelegt:

§ „Die Vertreter der Jugendgerichtshilfe bringen die erzieherischen, sozialen und fürsorgerischen Gesichtspunkte im Verfahren vor den Jugendgerichten zur Geltung. Sie unterstützen zu diesem Zweck die beteiligten Behörden durch Erforschung der Persönlichkeit, der Entwicklung und der Umwelt des Beschuldigten und äußern sich zu den Maßnahmen, die zu ergreifen sind. In Haftsachen berichten sie beschleunigt über das Ergebnis ihrer Nachforschungen. In die Hauptverhandlung soll der Vertreter der Jugendgerichtshilfe entsandt werden, der die Nachforschungen angestellt hat. Soweit nicht ein Bewährungshelfer dazu berufen ist, wachen sie darüber, dass der Jugendliche Weisungen und Auflagen nachkommt. Erhebliche Zuwiderhandlungen teilen sie dem Richter mit. Im Falle der Unterstellung nach § 10 Abs. 1 Satz 3 Nr. 5 üben sie die Betreuung und Aufsicht aus, wenn der Richter nicht eine andere Person damit betraut. Während der Bewährungszeit arbeiten sie eng mit dem Bewährungshelfer zusammen. Während des Vollzugs bleiben sie mit dem Jugendlichen in Verbindung und nehmen sich seiner Wiedereingliederung in die Gemeinschaft an."

Die Jugendgerichtshilfe ist kein Organ der Strafverfolgung. Damit befindet sie sich ständig im Spannungsfeld zwischen Unterstützung der Behörden und Betreuung des Betroffenen. Ihr Tätigwerden ist besonders zur Feststellung des Reifegrades des Täters zur Beurteilung der strafrechtlichen Verantwortlichkeit nach § 3 JGG von ungeheurer Wichtigkeit. In Verfahren gegen Heranwachsende kann die Stellungnahme der Jugendgerichtshilfe wesentlich zur Entscheidungsfindung bezüglich der Anwendung von Erwachsenen- bzw. Jugendstrafrecht beitragen.

Die Jugendgerichtshilfe ist berechtigt, an der Hauptverhandlung teilzunehmen. Nach § 50 Absatz 2 Satz 3 JGG ist dem Vertreter der Jugendgerichtshilfe auf Verlangen auch das Wort zu erteilen. Schon vor der Verhandlung muss die Jugendgerichtshilfe einen Bericht zu erzieherischen, sozialen und fürsorgerischen Gesichtspunkten vorlegen. Auch ein Sanktionsvorschlag sollte enthalten sein. Straftaten aus der Kindheit dürfen nicht mitgeteilt werden.

Schwerpunkt der Tätigkeit des Jugendgerichtshelfers ist die unmittelbare Betreuung der Betroffenen, wie sie in den Sätzen 5 bis 8 Absatz 2 des § 38 JGG beschrieben wird.

Zuständig für die Jugendgerichtshilfe sind die Jugendämter in Verbindung mit den Trägern der freien Jugendhilfe. Die in diesem Bereich tätigen hauptamtlichen Kräfte sind in der Praxis nicht selten völlig überlastet. Schon die Umsetzung der Bestimmung in § 38 Absatz 2 Satz 4 JGG (Teilnahme an der Hauptverhandlung) stellt im sozialpädagogischen Alltag ein Problem dar.

Der Jugendgerichtshelfer hat mit verhafteten Beschuldigten das gleiche Kontaktrecht wie ein Verteidiger (vgl. § 93 Absatz 3 JGG). Er hat jedoch kein Recht auf Akteneinsicht und auch kein Zeugnisverweigerungsrecht.

Häufig werden Jugendgerichtshelfer erst sehr kurzfristig vor dem Gerichtstermin in die Lage versetzt, ihre Tätigkeit aufzunehmen. In solchen Fällen gerät die Hilfe zur eiligen Routinehandlung im Jugendstrafverfahren und die eigentliche Zielstellung im sozialpädagogischen Sinne geht verloren.

19.4.2 Vorverfahren

Die Ermittlungen im Vorverfahren leitet der Jugendstaatsanwalt. Er hat die Aufgabe, die Tat aufzuklären und Ermittlungen zur Persönlichkeit des Täters anzustellen. Die Ermittlungen sollen unverzüglich nach Eröffnung des Verfahrens beginnen und werden in erster Linie von der Jugendgerichtshilfe durchgeführt. Aus diesem Grund muss das Jugendamt umgehend vom Staatsanwalt über die Einleitung eines Verfahrens gegen einen Jugendlichen oder Heranwachsenden informiert werden, wenn das Jugendamt nicht schon zuvor von der Polizei informiert worden ist.

Im Vorverfahren ermittelt die Jugendgerichtshilfe durch die Befragung von Erziehungsberechtigten, gesetzlichen Vertretern, Lehrern, Ausbildern oder Erziehern.

Erzieherinnen, die vom Jugendgerichtshelfer befragt werden, sollten sich gründlich auf das Gespräch vorbereiten. Um eine weitestgehende Objektivität zu sichern, sollten möglichst alle Erzieher, die mit dem Jugendlichen zu tun haben, ihre Meinung einbringen (z. B. in Jugendfreizeiteinrichtungen, Heimen usw.).

§ 43 JGG bestimmt den Umfang der Ermittlungen des Vorverfahrens wie folgt:

> „(1) Nach Einleitung des Verfahrens sollen so bald wie möglich die Lebens- und Familienverhältnisse, der Werdegang, das bisherige Verhalten des Beschuldigten und alle übrigen Umstände ermittelt werden, die zur Beurteilung seiner seelischen, geistigen und charakterlichen Eigenart dienen können. Der Erziehungsberechtigte und der gesetzliche Vertreter, die Schule und der Ausbildende sollen, soweit wie möglich, gehört werden. Die Anhörung der Schule oder des Ausbildenden unterbleibt, wenn der Jugendliche davon unerwünschte Nachteile, namentlich den Verlust seines Ausbildungs- oder Arbeitsplatzes, zu besorgen hätte. § 38 Abs. 3 ist zu beachten.
>
> (2) Soweit erforderlich, ist eine Untersuchung des Beschuldigten, namentlich zur Feststellung seines Entwicklungsstandes oder anderer für das Verfahren wesentlicher Eigenschaften, herbeizuführen. Nach Möglichkeit soll ein zur Untersuchung von Jugendlichen befähigter Sachverständiger mit der Durchführung der Anordnung betraut werden."

Sachverständige werden zur Untersuchung immer dann hinzugezogen, wenn die Vermutung besteht, dass der Täter geistes- oder gemütskrank ist. Auch Auffälligkeiten seelischer, geistiger oder körperlicher Art können Anlass zur Untersuchung sein. Untersuchungen durch Sachverständige sollen immer zur richtigen Beurteilung des geistigen und sittlichen Reifegrades des Täters beitragen.

Zur Durchführung einer Untersuchung kann Anstaltsunterbringung bis zu sechs Wochen, zum Beispiel in der jugendpsychiatrischen Abteilung einer neurologischen Klinik, angeordnet werden. Näheres dazu ist in § 73 JGG geregelt.

Das Vorverfahren wird durch den Jugendstaatsanwalt mit Anklageerhebung oder Einstellung des Verfahrens beendet.

Das Verfahren kann zum Beispiel eingestellt werden, wenn der jugendliche Täter nicht die erforderliche Reife besitzt. Auch wenn der Jugendstaatsanwalt zu der Auffassung kommt, dass es sich bei der Tat um ein Vergehen handelt, die Schuld des Täters gering ist und kein öffentliches Interesse an der Verfolgung besteht, kann das Verfahren ohne Einbeziehung des Richters eingestellt werden.

Die Entscheidung des Jugendstaatsanwalts zur Beendigung des Vorverfahrens basiert auf den Arbeitsergebnissen der Jugendgerichtshilfe. An dieser Stelle ist auch § 52 Absatz 2 SGB VIII zu beachten (vgl. Abschnitt 16.4, Gesetzeszitat).

Die Jugendgerichtshilfe kann gemeinsam mit dem jugendlichen Straftäter erzieherische Maßnahmen ergreifen. Möglich sind alle Hilfen zur Erziehung gemäß SGB VIII. § 45 Absatz 2 JGG räumt den Täter-Opfer-Ausgleich (vgl. Abschnitt 19.3.3) als weitere erzieherische Maßnahme ein, die zur Einstellung des Verfahrens führen kann.

> § „Der Staatsanwalt sieht von der Verfolgung ab, wenn eine erzieherische Maßnahme bereits durchgeführt oder eingeleitet ist und er weder eine Beteiligung des Richters nach Abs. 3 noch die Erhebung der Anklage für erforderlich hält. Einer erzieherischen Maßnahme steht das Bemühen gleich, einen Ausgleich mit dem Verletzten zu erreichen."

Das Absehen von der Strafverfolgung im Vorfeld einer förmlichen jugendrichterlichen Verurteilung wird als **Diversion** (Umlenkung, Ablenkung) bezeichnet. Sinn dieses Vorgangs ist es, dass gerichtliche Sanktionen durch andere soziale Kontrollmechanismen ersetzt werden können (Hilfe zur Erziehung).

Aufgabe
Beurteilen Sie für das Fallbeispiel 1 auf Seite 187 die Möglichkeiten zur eventuellen Einstellung des Verfahrens durch den Jugendstaatsanwalt. Beachten Sie die diesbezüglichen Bestimmungen des JGG.

Wird das Verfahren nicht eingestellt, dann erhebt der Staatsanwalt Anklage. Dazu fasst er die wesentlichen Ermittlungsergebnisse in der Anklageschrift zusammen. Gemäß § 46 JGG soll die Anklageschrift keine Hinweise auf Mängel in der Erziehung des Jugendlichen, zum Beispiel durch die Eltern, enthalten. Bei Straftaten gegen die sexuelle Selbstbestimmung gehören keine Einzelheiten in die Anklageschrift.

19.4.3 Hauptverfahren

Grundlage für die Eröffnung des Hauptverfahrens bildet die Anklageschrift des Jugendstaatsanwalts. Sie wird vom zuständigen Richter einer eingehenden Prüfung unterzogen. Kommt er zu der Überzeugung, dass der Angeklagte der Tat hinreichend verdächtig und im Sinne des § 3 JGG strafrechtlich verantwortlich ist, eröffnet der Richter das Hauptverfahren. Dieses ist rechtlich in den §§ 47 bis 54 JGG geregelt.

§ 47 JGG enthält eine Regelung, die die Einstellung des Verfahrens auch noch nach der Anklageerhebung durch den zuständigen Richter ermöglicht. Dies ist eine Besonderheit des Jugendstrafrechts. Die Einstellung des Verfahrens kann zum Beispiel erfolgen, wenn eine erzieherische Maßnahme im Sinne § 45 Absatz 2 JGG eingeleitet wurde. Die Jugendgerichtshilfe kann unter Mitarbeit des jugendlichen Täters auf die Einstellung des Verfahrens hinwirken.

Der Richter kann das Verfahren nach Anklageerhebung auch dann einstellen, wenn er die Entscheidung durch ein Urteil für entbehrlich hält. Der Einstellung des Verfahrens durch den zuständigen Richter muss der Staatsanwalt immer zustimmen. Der Einstellungsbeschluss ist unanfechtbar.

Für die Tätigkeit von Erzieherinnen kann § 50 Abs. 2 Satz 1 JGG wichtig sein:

 „Der Vorsitzende soll auch die Ladung des Erziehungsberechtigten und des gesetzlichen Vertreters anordnen."

Durch sachdienliche Darstellungen zur Person des Jugendlichen, zu seiner bisherigen Entwicklung oder zu seinem Verhalten nach der Straftat können Erzieherinnen wesentlich zur Entscheidungsfindung während der Hauptverhandlung beitragen. Auch pädagogisch-psychologische Aspekte zur Entstehung der Straftat können von Erzieherinnen eingebracht werden.

Aufgabe
Sie arbeiten als Erzieher oder Erzieherin in einer Heimeinrichtung. Sie sind im Rahmen eines Strafverfahrens gegen einen Jugendlichen Ihrer Einrichtung zur Hauptverhandlung geladen. Sie sollen dort zur Täterpersönlichkeit Stellung nehmen. Beschreiben Sie, welche beruflichen Anforderungen in einer solchen Situation gefragt sind.

Wird der Angeklagte in der Hauptverhandlung für schuldig befunden, spricht der Richter das Urteil. Der Urteilsverkündung liegt § 54 JGG zugrunde:

„(1) Wird der Angeklagte schuldig gesprochen, so wird in den Urteilsgründen auch ausgeführt, welche Umstände für seine Bestrafung, für die angeordneten Maßnahmen, für die Überlassung ihrer Auswahl und Anordnung an den Familien- oder Vormundschaftsrichter oder für das Absehen von Zuchtmitteln und Strafe bestimmend waren. Dabei soll namentlich die seelische, geistige und körperliche Eigenart des Angeklagten berücksichtigt werden.

(2) Die Urteilsgründe werden dem Angeklagten nicht mitgeteilt, soweit davon Nachteile für die Erziehung zu befürchten sind."

Entscheidungen im Jugendstrafverfahren erfolgen immer unter der Berücksichtigung der Persönlichkeit des Jugendlichen. Das muss sich auch in der Urteilsbegründung widerspiegeln. Außerdem ist das Urteil eine wichtige Grundlage für die Erziehungsarbeit im Vollzug.

Die Urteilsverkündung besitzt in einigen Fällen erzieherische Bedeutung. Deshalb sollte das Urteil so begründet werden, dass der jugendliche Täter es auch versteht.

Die Urteilsverkündung schließt eine Rechtsmittelbelehrung ein.

Zusammenfassung

Eine Straftat liegt vor, wenn eine Handlung als Tatbestand im Sinne des StGB eingeordnet werden kann, wenn sie rechtswidrig ist, schuldhaft begangen wurde und Strafe als Folge gegeben ist. Die Strafbarkeit einer Tat muss vor der Begehung gesetzlich vorgesehen sein („Keine Strafe ohne Gesetz.").

Strafe dient in der Gesellschaft in erster Linie zur Wahrung ihrer Rechtsordnung. Das Jugendstrafrecht ist ein besonderes Strafrecht für Jugendliche und Heranwachsende. Es ist Täter- und Erziehungsstrafrecht. Das Jugendstrafrecht wird durch das Jugendgerichtsgesetz (JGG) geregelt. Ein Jugendlicher ist mit Vollendung des 14. Lebensjahres strafmündig. Strafmündigkeit bedeutet, dass Rechtsfolgen im Sinne des Strafrechts möglich sind. Die Verantwortlichkeit im Sinne des Strafrechts ist für Jugendliche dann gegeben, wenn sie bei der Begehung der Tat die notwendige Einsichts- und Handlungsfähigkeit besaßen. Diese Verantwortlichkeit muss in jedem Einzelfall sorgfältig geprüft werden.

Auf Heranwachsende können die Bestimmungen des JGG unter gewissen Voraussetzungen angewendet werden. Diese sind: Vorliegen eines jugendtümlichen Verhaltens der Täterpersönlichkeit, Einordnung der Tat in die Kategorie Jugendverfehlung.

Folgen einer Jugendstraftat können sein: Erziehungsmaßregeln in Form von Weisungen und der Anordnung von Hilfe zur Erziehung, Zuchtmittel (Verwarnung, Erteilung von Auflagen, Jugendarrest), Jugendstrafe.

Jugendstrafe kommt nur in Betracht, wenn durch die Tat eindeutig schädliche Neigungen der Täterpersönlichkeit hervortreten. Jugendstrafe dauert mindestens sechs Monate, höchstens zehn Jahre. Sie kann vom Richter zur Bewährung ausgesetzt werden. Für die Bewährungszeit erhält der Täter einen Bewährungshelfer.

Erziehungsmaßregeln und Zuchtmittel werden nicht in das Strafregister eingetragen. Sie werden im Erziehungsregister vermerkt, das beim zentralen Strafregister geführt wird.

Die Jugendgerichtshilfe soll im Strafverfahren gegen einen jugendlichen Täter besonders die erzieherischen, sozialen und fürsorgerischen Aspekte zur Geltung bringen.

Das Jugendstrafverfahren gliedert sich in das Vorverfahren und das Hauptverfahren. Nach umfangreichen Ermittlungen durch den Jugendstaatsanwalt kann das Vorverfahren mit der Anklageerhebung oder der Einstellung des Verfahrens abgeschlossen werden. Eine Verfahrenseinstellung nach Anklageerhebung ist durch den Richter mit Zustimmung der Staatsanwaltschaft noch möglich. Ergebnis des Hauptverfahrens ist die Verkündung des Urteils durch den Richter (wenn keine Einstellung des Verfahrens erfolgt ist).

Aufgaben

1. *Erläutern Sie das Jugendstrafrecht als Täterstrafrecht und Erziehungsstrafrecht.*

2. *Beschreiben Sie, wie sich der Erziehungsgedanke in den möglichen Folgen einer Jugend-straftat widerspiegelt.*

3. *Verdeutlichen Sie an einem Beispiel aus dem Berufsalltag von Erzieherinnen und Erziehern mögliche Berührungspunkte mit einem Jugendstrafverfahren.*

4. *Wählen Sie ein Fallbeispiel des Abschnitts aus und verdeutlichen Sie an diesem die Tätigkeit der Jugendgerichtshilfe im Jugendstrafverfahren.*

5. *Erklären Sie die Aufgaben des Jugendstaatsanwalts während des gesamten Verlaufs eines Jugendstrafverfahrens.*

Arbeitsmaterialien zum Download, S. 35–36

Arbeit mit Kindern und Jugendlichen außerhalb der Kinder- und Jugendhilfe

20 Einrichtungen der Behindertenhilfe

20.1 Das SGB IX – wichtiger rechtlicher Rahmen

Im Bereich des Behindertenrechts gab es in der zurückliegenden Zeit durch das Inkrafttreten des SGB IX am 1. Juli 2001 einen grundlegenden Wandel. Der Titel des Gesetzes „Rehabilitation und Teilhabe behinderter Menschen" ist programmatisch zu verstehen. Das Leitmotiv des Gesetzes kann mit den Begriffen „Teilhabe" und „Selbstbestimmung" umrissen werden. Dieser jetzt gültige rechtliche Rahmen will anstelle der Fürsorge den Gedanken der Teilhabe setzen. Dies bedeutet, dass Menschen mit Behinderung durch notwendige Sozialleistungen die Hilfen erhalten sollen, die zur Teilnahme am Leben in der

Gesellschaft wichtig sind. Hierbei nimmt die mögliche Teilnahme am Arbeitsleben einen besonderen Platz ein.

Das SGB IX enthält wichtige strukturelle Veränderungen im Behindertenrecht. Nachfolgend sollen einige dieser Änderungen genannt werden:

- Es erfolgte durch die Zusammenfassung von Rechtsvorschriften eine größere Transparenz des Behindertenrechts. Dieses ist durch seine Vielschichtigkeit für den Betroffenen nicht immer leicht durchschaubar.

- Das Schwerbehindertenrecht wurde als Teil 2 in das SGB IX integriert und dadurch das bisherige Schwerbehindertengesetz ersetzt.

- Die Sozial- und Jugendhilfe wurden als neue Träger von Rehabilitationsleistungen in das Behindertenrecht aufgenommen.

- Dem Wunsch- und Wahlrecht der Leistungsberechtigten wurde eine noch größere Bedeutung beigemessen als bisher.

- Durch eine schnelle Zuständigkeitsklärung will das Gesetz eine Verfahrensbeschleunigung für die Leistungsberechtigten erreichen.

- Den Behindertenverbänden wird ein besonderes Klagerecht eingeräumt. Werden Menschen mit Behinderung in ihren Rechten nach dem SGB IX eingeschränkt, dann können mit ihrem Einverständnis und an ihrer Stelle die Verbände klagen.

Für sozialpädagogische Fachkräfte hat der Behindertenbereich in den letzten Jahren an Bedeutung gewonnen. Viele Erzieherinnen und Erzieher leisten in Einrichtungen der Behindertenhilfe eine verantwortungsvolle und qualitativ gute Arbeit. Für diesen Personenkreis ist die Kenntnis des neuen rechtlichen Rahmens von großer Wichtigkeit. Deshalb sollen in diesem Abschnitt einige wichtige Regelungen des SGB IX erläutert werden. Es geht dabei um einen Überblick und das Erleichtern der Orientierung im Behindertenrecht insgesamt.

20.1.1 Allgemeine Regelungen

§ 1 des SGB IX bestimmt die Zielsetzung des Gesetzes:

> § „Behinderte oder von Behinderung bedrohte Menschen erhalten Leistungen nach diesem Buch und den für die Rehabilitationsträger geltenden Leistungsgesetzen, um ihre Selbstbestimmung und gleichberechtigte Teilhabe am Leben in der Gesellschaft zu fördern, Benachteiligungen zu vermeiden oder ihnen entgegenzuwirken. Dabei wird den besonderen Bedürfnissen behinderter und von Behinderung bedrohter Frauen und Kinder Rechnung getragen."

Der § 1 SGB IX macht den Zusammenhang des Gesetzes mit anderen geltenden rechtlichen Bestimmungen deutlich. Durch den Verweis auf die „für die Rehabilitationsträger geltenden Leistungsgesetze" ist erkennbar, dass beispielsweise das SGB V (Krankenversicherung), SGB VI (Rentenversicherung), SGB VII (Unfallversicherung) in ihrem Geltungsbereich durch das neue Gesetz nicht eingeschränkt wurden.

In § 2 Absatz 1 SGB IX wird der Begriff der „Behinderung" im Sinne des SGB IX definiert:

> § „Menschen sind behindert, wenn ihre körperliche Funktion, geistige Fähigkeit oder seelische Gesundheit mit hoher Wahrscheinlichkeit länger als sechs Monate von dem für das Lebensalter typischen Zustand abweichen und daher ihre Teilhabe am Leben in der Gesellschaft beeinträchtigt ist. Sie sind von Behinderung bedroht, wenn die Beeinträchtigung zu erwarten ist."

Ob eine Behinderung oder drohende Behinderung vorliegt, muss in jedem Einzelfall individuell geprüft werden. Das Gleiche gilt für andere Anspruchsvoraussetzungen, die bei Entscheidungen über mögliche Leistungen nach den geltenden rechtlichen Bestimmungen geprüft werden müssen. Darauf wird noch an anderer Stelle einzugehen sein.

Fallbeispiel Herr und Frau L haben eine kleine Tochter im Alter von neun Monaten. Sie bereitet den Eltern große Sorgen. Die Geburt verlief kompliziert. Es trat Sauerstoffmangel beim Kind auf, der wahrscheinlich zu einer Hirnschädigung geführt hat. Das Mädchen weist erhebliche Entwicklungsrückstände auf (u. a. hinsichtlich der Wahrnehmung und Motorik). Frau und Herr L machen sich jetzt um die Zukunft ihres Kindes große Sorgen.

Die beschriebene Situation der Tochter im obigen Beispiel lässt vermuten, dass ein grundsätzlicher Leistungsanspruch im Sinne des SGB IX gegeben ist. Der Entwicklungsstand des Kindes weicht von dem in diesem Lebensalter typischen ab. Eine Behinderung ist zu erwarten. Die weitere geistige Entwicklung scheint eine künftige Teilhabe am Leben in der Gesellschaft zu erschweren. Welche Leistungsangebote sind für den obigen Fall im Moment und in der Zukunft möglich?

§ 4 Absatz 1 SGB IX definiert **Leistungen zur Teilhabe** grundsätzlich:

§ „(1) Die Leistungen zur Teilhabe umfassen die notwendigen Sozialleistungen, um unabhängig von der Ursache der Behinderung

1. die Behinderung abzuwenden, zu beseitigen, zu mindern, ihre Verschlimmerung zu verhüten oder ihre Folgen zu mildern,

2. Einschränkungen der Erwerbsfähigkeit oder Pflegebedürftigkeit zu vermeiden, zu überwinden, zu mindern oder eine Verschlimmerung zu verhüten sowie den vorzeitigen Bezug anderer Sozialleistungen zu vermeiden oder laufende Sozialleistungen zu mindern,

3. die Teilhabe am Arbeitsleben entsprechend den Neigungen und Fähigkeiten dauerhaft zu sichern oder

4. die persönliche Entwicklung ganzheitlich zu fördern und die Teilhabe am Leben in der Gesellschaft sowie eine möglichst selbstständige und selbstbestimmte Lebensführung zu ermöglichen oder zu erleichtern."

Bei der Tochter von Familie L geht es zunächst sicher darum, die zu erwartende Behinderung zu mindern bzw. deren Folgen zu mildern. Das SGB IX bestimmt in § 5 Leistungsgruppen, die zur Teilhabe grundsätzlich erbracht werden können:

§ „Zur Teilhabe werden erbracht

1. Leistungen zur medizinischen Rehabilitation,

2. Leistungen zur Teilhabe am Arbeitsleben,

3. unterhaltssichernde und andere ergänzende Leistungen,

4. Leistungen zur Teilhabe am Leben in der Gemeinschaft."

Das Gesetz bestimmt im Weiteren die Träger der in § 5 SGB IX genannten Rehabilitationsleistungen. Die Rehabilitationsträger agieren in diesem Zusammenhang auf der Grundlage der für sie gültigen Leistungsgesetze. § 6 Absatz 1 SGB IX lautet:

§ „Träger der Leistungen zur Teilhabe (Rehabilitationsträger) können sein

1. die gesetzliche Krankenkasse für Leistungen nach § 5 Nr. 1 und 3,

2. die Bundesanstalt für Arbeit für Leistungen nach § 5 Nr. 2 und 3,

3. die Träger der gesetzlichen Unfallversicherung für Leistungen nach § 5 Nr. 1 bis 4,

4. die Träger der gesetzlichen Rentenversicherung für Leistungen nach § 5 Nr. 1 bis 3, die Träger der Alterssicherung der Landwirte für Leistungen nach § 5 Nr. 1 und 3,

5. die Träger der Kriegsopferversorgung und die Träger der Kriegsopferfürsorge im Rahmen des Rechts der sozialen Entschädigung bei Gesundheitsschäden für Leistungen nach § 5 Nr. 1 bis 4,

6. die Träger der öffentlichen Jugendhilfe für Leistungen nach § 5 Nr. 1, 2 und 4,

7. die Träger der Sozialhilfe für Leistungen nach § 5 Nr. 1, 2 und 4."

Für Familie L wurden bisher Leistungen zur medizinischen Rehabilitation erbracht. Rehabilitationsträger war und ist hier die gesetzliche Krankenkasse, bei der die Familie versichert ist. Die Tochter ist im Rahmen der Familienversicherung nach § 10 SGB V diesbezüglich abgesichert.

20.1.2 Gemeinsame Servicestellen

Familien in Situationen wie Familie L bewegen natürlich viele Fragen, die die nähere und weitere Zukunft des Kindes betreffen. Solche Fragen drehen sich um mögliche Hilfsmaßnahmen, die durch die Familie weiterhin erbracht werden können, um die Auswirkungen der möglichen Behinderung zu mindern, den Besuch von geeigneten vorschulischen Einrichtungen, Schulbesuch und spätere Berufsausbildung. Der Gesetzgeber hat deshalb im SGB IX die Einrichtung von gemeinsamen Servicestellen verfügt. Sie bieten Beratung und Unterstützung für unmittelbar Betroffene und deren Vertrauenspersonen bzw. Personensorgeberechtigten an. Der § 22 Absatz 1 SGB IX regelt u. a.:

§ „Gemeinsame Servicestellen der Rehabilitationsträger bieten behinderten und von Behinderung bedrohten Menschen, ihren Vertrauenspersonen und Personensorgeberechtigten nach § 60 Beratung und Unterstützung an. Die Beratung und Unterstützung umfasst insbesondere,

1. über Leistungsvoraussetzungen, Leistungen der Rehabilitationsträger, besondere Hilfen im Arbeitsleben sowie über die Verwaltungsabläufe zu informieren,

2. bei der Klärung des Rehabilitationsbedarfs, bei der Inanspruchnahme von Leistungen zur Teilhabe und der besonderen Hilfen im Arbeitsleben sowie bei der Erfüllung von Mitwirkungspflichten zu helfen,

3. zu klären, welcher Rehabilitationsträger zuständig ist, auf klare und sachdienliche Anträge hinzuwirken und sie an den zuständigen Rehabilitationsträger weiterzuleiten,

4. bei einem Rehabilitationsbedarf, der voraussichtlich ein Gutachten erfordert, den zuständigen Rehabilitationsträger darüber zu informieren,

5. die Entscheidung des zuständigen Rehabilitationsträgers in Fällen, in denen die Notwendigkeit von Leistungen zur Teilhabe offenkundig ist, so umfassend vorzubereiten, dass dieser unverzüglich entscheiden kann,

6. bis zur Entscheidung oder Leistung des Rehabilitationsträgers den behinderten oder von Behinderung bedrohten Menschen unterstützend zu begleiten,

7. bei den Rehabilitationsträgern auf zeitnahe Entscheidungen und Leistungen hinzuwirken und

8. zwischen mehreren Rehabilitationsträgern und Beteiligten auch während der Leistungserbringung zu koordinieren und zu vermitteln. ..."

Die gemeinsamen Servicestellen sind ein neuartiger Weg, um behinderten und von Behinderung bedrohten Menschen die notwendige Unterstützung zukommen zu lassen. Servicestellen werden in der Praxis einem Rehabilitationsträger zugeordnet. Damit werden bereits vorhandene Strukturen genutzt und Kosten gespart. Die in der gesetzlichen Bestimmung genannten Beratungsaufgaben stellen keinen abgeschlossenen Katalog dar. Vielmehr geht es um eine professionelle Beratung bezogen auf den Einzelfall. Familie L könnte diese Einrichtung nutzen, um sich beispielsweise über weitere Fördermöglichkeiten für ihr Kind beraten zu lassen. Servicestellen haben keine eigene Entscheidungskompetenz. Vielmehr vermitteln sie die Rehabilitationsträger, die im Einzelfall zuständig sind. Dies geht bis zur Hilfe für die konkrete Antragstellung und Weiterleitung des Antrags.

Werden Leistungen zur Teilhabe beantragt, dann muss der betreffende Rehabilitationsträger nach § 14 Absatz 1 SGB IX innerhalb einer Frist von zwei Wochen nach Eingang des Antrags seine Zuständigkeit prüfen. Ist er nicht zuständig, dann muss er den Antrag an den nach seiner Auffassung zuständigen Träger weiterleiten. Bei eigener Zuständigkeit muss der Rehabilitationsbedarf innerhalb von drei Wochen festgestellt werden (§ 14 Absatz 2 SGB IX).

Die genannten Bestimmungen erleichtern Betroffenen die schnelle Inanspruchnahme von Leistungen im Rahmen der Behindertenhilfe. Bei sorgfältiger Umsetzung im Alltag wird dadurch eine nicht unerhebliche Entbürokratisierung des Sozialleistungsrechts vorgenommen.

Aufgabe
Erkunden Sie in Ihrem Wohn- bzw. Schulumfeld vorhandene Servicestellen. Befragen Sie die Mitarbeiter zu ihrer Arbeit und der Umsetzung der Bestimmungen des SGB IX.

20.2 Früherkennung und Frühförderung

Diese Leistungen zur Teilhabe sind nach § 26 Absatz 2 Nr. 2 SGB IX der medizinischen Rehabilitation zugeordnet. In § 30 des Gesetzes werden die Leistungen näher bestimmt. Sie setzen sich interdisziplinär zusammen und umfassen u. a.: medizinische, psychologische, heilpädagogische Leistungen sowie die Beratung der Erziehungsberechtigten. Früherkennung und Frühförderung findet häufig in **Frühförderstellen** statt. Grundlage für die zu erbringenden Leistungen dieser Einrichtungen bilden individuell erstellte Förderpläne, die in engem Zusammenwirken mit dem entsprechenden Fachpersonal (z.B. Ärzte, Logopäden, Psychologen, Heil- und Sonderpädagogen) und den Erziehungsberechtigten erstellt werden. In diesen wird zunächst das Entwicklungsrisiko festgestellt und die Förderung in der Regel bis zum Schuleintritt ausgestaltet.

Frühförderstellen arbeiten ambulant (Betroffene kommen in die Einrichtung) und auch mobil (Frühförderer kommen nach Hause, aber auch in die Kindertagesstätte). Der Erfolg der Arbeit hängt nicht unerheblich von der Mitarbeit der betroffenen Eltern ab. Sie erhalten innerhalb der Tätigkeit der Frühförderstellen konkrete Hinweise und Hilfen zu möglichen Unterstützungen im familiären Alltag. Diese umfassen beispielsweise die Durchführung bestimmter Übungen zur motorischen oder sprachlichen Entwicklung.

Wichtig ist für die Arbeit in der Frühförderung die Vermittlung von erfahrenen Fachkräften, die so früh wie möglich hinzugezogen werden sollten. Nur so können eventuelle Behinderungen erkannt und deren Auswirkungen soweit wie möglich gemindert werden.

Methodisch wird die Arbeit durch gezielte Einzelförderung bzw. Gruppenarbeit ausgestaltet. In vielen Förderstellen existieren Elterngruppen, Eltern-Kind-Gruppen und Kindergruppen. Durch die dabei möglichen sozialen Kontakte wird ein nicht unwesentlicher Beitrag zur Überwindung der oft vorhandenen sozialen Isolation der betroffenen Familien geleistet.

Das Wissen um das Vorhandensein von Frühförderstellen ist für Erzieherinnen und Erzieher sehr wichtig. Durch eine gezielte und fachkompetente Beobachtung der Kinder in Kindertagesstätten stellen oft sie zuerst eventuelle Entwicklungsauffälligkeiten fest. In Zusammenarbeit mit den Sorgeberechtigten kann in solchen Fällen das Hinzuziehen von Mitarbeitern der Frühförderstellen organisiert werden. Entwicklungsstörungen können dann rechtzeitig erkannt und Hilfen zielgerichtet organisiert werden.

Für Erzieherinnen und Erzieher bietet die Weiterqualifizierung zum Heil- bzw. Sonderpädagogen gute Chancen, um im Bereich der Frühförderung arbeiten zu können.

Aufgabe
Welche psychologischen und methodischen Kompetenzen sind bei Erzieherinnen und Erziehern gefragt, um die oben genannte Beobachtung von Kindern in Kindertagesstätten durchführen zu können?

Stellen Sie diese in einer Übersicht zusammen.

Arbeitsmaterialien zum Download, S. 37–38

20.3 Integrative Kindertagesstätten

Kindertagesstätten, die Kinder mit und ohne Behinderung aufnehmen, sind aus dem Spektrum der Kindertagesbetreuung nicht mehr wegzudenken. Sie stellen einen gemeinsamen Lebensraum für die betreuten Kinder dar, der große Möglichkeiten für eine gemeinsame Erziehung und Bildung bietet, aber auch diesbezügliche Probleme aufweist.

Integrationskindertagesstätten sind Einrichtungen zur teilstationären Betreuung im Sinne der Eingliederungshilfe nach § 53 ff. SGB XII. In ihnen werden mindestens fünf Kinder, die noch nicht im schulpflichtigen Alter sind, betreut. Zeitlich umfasst diese Betreuung in der Regel mindestens sechs Stunden am Tag. Der Träger einer Integrationskindertagesstätte muss mit dem jeweiligen Landessozialamt eine Vereinbarung über Inhalt, Umfang und Qualität der zu erbringenden Leistung abschließen. Rechtsgrundlage dafür ist der § 75 Absatz 3 SGB XII. Gegenstand der Vereinbarung ist der behinderungsbedingte Mehraufwand. Die Erlaubnis für den Betrieb der Einrichtung gemäß § 45 SGB VIII ist Voraussetzung für das Anerkennungsverfahren durch das Landessozialamt. Die Integrationskindertagesstätte muss gleichzeitig in der Jugendhilfeplanung des zuständigen örtlichen Trägers der Jugendhilfe bestätigt worden sein.

Die in einer solchen Einrichtung stattfindende Hilfe bezieht sich auf eine individuelle gruppenbezogene Förderung von Kindern mit einer nicht nur vorübergehenden wesentlichen geistigen und/oder körperlichen Behinderung. Um diese zu ermöglichen, bedarf es spezieller struktureller Rahmenbedingungen. Dazu gehören u. a. bauliche Anforderungen (z.B. Vorhaltung von gesonderten Räumen zur Einzel- bzw. Gruppentherapie), die Gruppengröße (im Land Brandenburg z.B. maximal 16 Kinder bei maximal fünf Kindern mit Behinderung je Integrationsgruppe, betreut durch zwei Vollkräfte) und die Qualifikation des Personals. Entsprechend der jeweils gültigen Personalverordnungen haben hier Heilerziehungspfleger, Heilpädagogen, Erzieherinnen mit behinderungsspezifischer Zusatzausbildung u. a. ein interessantes Arbeitsfeld.

Um Kinder in eine Integrationseinrichtung aufnehmen zu können, müssen vorher die individuellen Anspruchsvoraussetzungen geprüft werden.

Methodisch stellt die Arbeit mit Kindern mit und ohne Behinderung eine Herausforderung dar. Im Mittelpunkt steht der gemeinsame Tagesablauf. Er muss auf der Grundlage der jeweiligen pädagogischen Konzeption den Bedürfnissen beider Kindergruppen gerecht werden. Therapeutische Maßnahmen, die von Therapeuten in der Einrichtung durchgeführt werden, sollten sich in den Gruppenalltag harmonisch eingliedern. Eine Herausnahme der betroffenen Kinder aus der Gruppe ist hier schon als problematisch anzusehen. Es besteht die Gefahr der Aussonderung und der Nichtberücksichtigung aktueller Befindlichkeiten der Kinder. Eine Therapie eingebettet in den Gruppenalltag kann die Bildungs- und Erziehungsarbeit sehr unterstützen. Dazu ist eine enge Zusammenarbeit mit den betreffenden Fachkräften die Grundvoraussetzung. Sie müssen ihre Arbeit auch unter den pädagogischen Aspekten der Integrationskindertagesstätte betrachten.

Aufgaben
1. *Stellen Sie dar, welche Möglichkeiten und welche Probleme für die Entwicklung der Kinder in einer integrativen Kindertagesstätte gegeben sind. Leiten Sie daraus Anforderungen für die Arbeit von Erzieherinnen und Erziehern ab.*

2. *Familie L aus dem Fallbeispiel von Seite 216 möchte ihre inzwischen dreijährige Tochter in einer Kindertagesstätte unterbringen. Welche Hilfestellung kann dabei eine gemeinsame Servicestelle nach § 22 SGB IX geben?*

20.4 Integrationsklassen und Förderschulen

> *Fallbeispiel* Anja ist sechs Jahre alt und lebt im Land Brandenburg. Sie leidet an Trisomie 21. Bisher besuchte sie eine Integrationskindertagesstätte. Ihre Eltern überlegen, welche Schule Anja besuchen könnte. Sie wenden sich an das zuständige Schulamt.

Für Kinder in der Bundesrepublik Deutschland gilt eine Schulpflicht vom 6. bis zum 18. Lebensjahr. Dies gilt auch für Kinder und Jugendliche mit Behinderung. Bei ihnen kann die Schulpflicht allerdings bis zum 24. Lebensjahr verlängert werden. Mit der Festlegung der Schulpflicht geht der Staat gleichzeitig die Verpflichtung ein, die schulische Bildung für Kinder und Jugendliche mit Behinderung zu ermöglichen.

Die Diskussion darüber, ob Kinder mit Behinderung oder Entwicklungsstörung besser in Regelschulen oder in Förderschulen unterrichtet werden sollen, ist nach wie vor aktuell. Die Bundesvereinigung Lebenshilfe forderte 1991, dass neben der Schule für Menschen mit geistiger Behinderung auch verstärkt **Integrationsklassen** für Kinder mit und ohne Behinderung an allgemeinbildenden Schulen eingerichtet werden. Wann sind solche Klassen für die Betroffenen günstig, wann eher ungeeignet?

Betrachten wir unseren Ausgangsfall unter diesem Gesichtspunkt näher. Da Anja im Land Brandenburg wohnt und Bildungsangelegenheiten Ländersache sind, wollen wir zunächst das zutreffende Schulgesetz zu Rate ziehen.

In § 29 des Gesetzes werden Grundsätze der sonderpädagogischen Förderung festgeschrieben. Die Absätze 2 und 3 bestimmen:

> „(2) Sonderpädagogische Förderung sollen Grundschulen, weiterführende allgemein bildende Schulen und Oberstufenzentren durch gemeinsamen Unterricht mit Schülerinnen und Schülern ohne sonderpädagogischen Förderbedarf erfüllen, wenn eine angemessene personelle, räumliche und sächliche Ausstattung vorhanden ist oder nach Maßgabe gegebener Finanzierungsmöglichkeiten geschaffen werden kann.
>
> (3) Gemeinsamer Unterricht wird in enger Zusammenarbeit mit einer Förderschule oder einer Sonderpädagogischen Förder- und Beratungsstelle organisiert. Er ermöglicht ein wohnungsnahes Schulangebot. Die Formen des gemeinsamen Unterrichts sollen individuell entwickelt werden. Sie können zeitlich befristet oder stufenweise ausgeweitet werden."

Im Land Brandenburg soll für Schüler und Schülerinnen, die Lern-, Leistungs- und Entwicklungsbeeinträchtigungen aus den unterschiedlichsten Gründen haben, zunächst die Aufnahme in eine Integrationsklasse geprüft werden. Rechtlich ist diese Überprüfung durch die „Sonderpädagogik-Verordnung" des Landes Brandenburg geregelt. Verdeutlichen wir diesen Sachverhalt an unserem obigen Fallbeispiel. Anjas Eltern könnten beim zuständigen Schulamt zunächst den Antrag auf die Einleitung eines Feststellungsverfahrens für den sonderpädagogischen Förderbedarf ihrer Tochter stellen. Das Schulamt beauftragt dann eine Schule, die einen Förderausschuss einberuft. Haben sich Anjas Eltern noch nicht festgelegt, ob sie den Besuch einer Integrationsklasse wünschen, bzw. steht ihr diesbezüglicher Entschluss fest, dann wird die zuständige allgemeine Schule mit der Durchführung des Förderausschussverfahrens beauftragt. Mitglieder eines solchen Ausschusses sind u. a. auch die Eltern des betreffenden Kindes.

Nachdem auch unter Mithilfe einer Sonderpädagogin und der bisher betreuenden Erzieherin der integrativen Kindertagesstätte der Förderbedarf festgestellt wurde, können Anjas Eltern über den Schulbesuch endgültig entscheiden. Sie haben die Wahl zwischen einer Integrationsklasse oder einer entsprechenden Förderschule.

In § 29 Absatz 3 erwähnt das Brandenburgische Schulgesetz Sonderpädagogische För-
der- und Beratungsstellen. Sie beraten und unterstützen u. a. Eltern in Fragen des gemeinsamen Unterrichts. Förder- und Beratungsstellen haben darüber hinaus noch weitere
Aufgaben wahrzunehmen. Hierzu gehören u. a.:

- Unterstützung von Schulen und Kindertagesstätten in Fragen der gemeinsamen Erziehung,

- Teilnehmen an Sitzungen des Förderausschusses, Erarbeiten von sonderpädagogischen Gutachten,

- Unterstützung der Lehrkräfte bei der Erstellung von Förderplänen,

- Unterstützung der Fachkräfte der Kindertagesstätten und der Eltern beim Übergang
  von Kindern mit sonderpädagogischem Förderbedarf in die Schule,

- Übernehmen von Aufgaben in der Früherkennung und Frühförderung von noch nicht
  schulpflichtigen Kindern mit sonderpädagogischem Förderbedarf im Bereich des Hö-
  rens, Sehens oder der sprachlichen Entwicklung.

Integrationsklassen im Land Brandenburg haben eine maximale Klassenfrequenz von 23
Schülerinnen und Schülern; davon dürfen nicht mehr als vier einen sonderpädagogischen
Förderbedarf haben. Neben den Lehrerwochenstunden der allgemeinen Schule stehen
den Schülerinnen und Schülern noch zusätzliche Lehrerwochenstunden der der Behinde-
rungsart entsprechenden Förderschule zu. Sie liegen zwischen 2,5 und 7,6 Wochenstunden. Für die betroffenen Schülerinnen und Schüler gelten die Rahmenpläne der
entsprechenden Förderschule mit ihren Abschlüssen.

Wenn Anjas Eltern zur Auffassung gelangen sollten, dass der Unterricht in einer Förderschule für ihr Kind günstiger wäre, dann ist auch dies möglich. In der Bundesrepublik
Deutschland existieren vor allem folgende Förderschultypen:

- Allgemeine Förderschule

- Förderschule für Sprachauffällige

- Förderschule für Erziehungshilfe

- Förderschule für Menschen mit geistiger Behinderung

- Förderschule für Hörgeschädigte

- Förderschule für Körperbehinderte

- Förderschule für Sehgeschädigte

Ähnliche Regelungen für Schülerinnen und Schüler mit sonderpädagogischem Förderbedarf gibt es in allen Bundesländern. Dabei gewinnt in allen Ländern der Inklusionsge-
danke immer mehr an Bedeutung.

Aufgaben

1. *Analysieren Sie das Schulgesetz Ihres Bundeslandes hinsichtlich der sonderpädagogischen Förderung von Schülerinnen und Schülern. Stellen Sie die Ergebnisse Ihrer Analyse in Form einer Präsentation der Seminargruppe vor.*

2. *Im Schulgesetz des Landes Brandenburg wird von Förder- und nicht von Sonderschulen gesprochen. Wie beurteilen Sie die Verwendung der beiden Begrifflichkeiten?*

3. *Wie beurteilen Sie Integrationsklassen an allgemeinen Schulen aus der Sicht von Kindern mit und ohne sonderpädagogischen Förderbedarf?*

20.5 Berufsbildungs- und Berufsförderungswerke

Nach der schulischen Ausbildung von jungen Menschen mit Behinderung stehen betroffene Erziehungs- und Sorgeberechtigte auch vor der Frage einer möglichen Berufsausbildung für ihre Kinder. Die Behindertenhilfe hat sich auf diesem Gebiet in den letzten Jahren erheblich weiterentwickelt.

§ 35 SGB IX bestimmt Einrichtungen der beruflichen Rehabilitation:

> § „Leistungen werden durch Berufsbildungswerke, Berufsförderungswerke und vergleichbare Einrichtungen der beruflichen Rehabilitation ausgeführt, soweit Art oder Schwere der Behinderung oder die Sicherung des Erfolges die besonderen Hilfen dieser Einrichtungen erforderlich machen. ...“

Berufsbildungswerke sind Rehabilitationseinrichtungen zur beruflichen Erstausbildung von Jugendlichen mit Behinderung, die auf besondere Hilfen angewiesen sind. Ihre Ausstattung, Lerninhalte sowie die begleitende Betreuung durch Mediziner, Sonderpädagogen und andere Rehabilitationsfachdienste sind ganz auf die besonderen Belange der Menschen mit Behinderung abgestellt. Diese Einrichtungen streben für die Betroffenen einen Ausbildungsabschluss im Sinne des Berufsbildungsgesetzes an. Es werden aber auch Maßnahmen zur Abklärung einer beruflichen Eignung, der Arbeitserprobung und der berufsvorbereitenden Förderung durchgeführt, wenn die Ausbildungs- oder Berufsreife noch nicht vorhanden ist.

Die Palette der angebotenen Berufsausbildungen ist sehr umfangreich. Sie umfasst nach Angaben der „Bundesarbeitsgemeinschaft der Berufsbildungswerke" (www.bagbbw.de) zurzeit 190 Berufe im industriellen, kaufmännischen, handwerklichen, landwirtschaftlichen oder hauswirtschaftlichen Bereich. Während der Ausbildung erfolgen auch Praktika in Betrieben. Durch diese Verbindung mit der Arbeitswelt haben die Auszubildenden auch oft die Möglichkeit, einen künftigen Arbeitsplatz vermittelt zu bekommen.

Zu den begleitenden Diensten eines Berufsbildungswerkes gehört auch die Vorhaltung von Plätzen in einem Wohnheim. Dort erfolgt eine sozialpädagogische Betreuung in der Freizeit ebenso wie die Begleitung von weiteren notwendigen Rehabilitationsmaßnahmen.

Fallbeispiel Der 25-jährige Paul A ist in Folge eines privaten Motorradunfalls schwer mehrfach behindert. Er wird aus dem Krankenhaus entlassen und ist arbeitslos. Er möchte unbedingt weiter am Arbeitsleben teilhaben. Seinen bisherigen Beruf als Baumaschinist kann er nicht mehr ausüben.

Eine solche Lebenssituation stellt für die Betroffenen und deren Familien einen tiefen Einschnitt für die weitere Gestaltung ihres gesamten Lebens dar. Bisherige Lebensplanungen sind nicht mehr umsetzbar. Eine völlige Umorientierung ist notwendig. Wie kann es mit der Teilnahme am Arbeitsleben für Herrn A weitergehen?

In solchen Situationen kommen die in § 35 SGB IX erwähnten **Berufsförderungswerke** zum Tragen. Es sind dies Rehabilitationseinrichtungen zur beruflichen Fort- und Weiterbildung sowie der Umschulung von Erwachsenen mit Behinderung.

Betrachten wir für Herrn A mögliche diesbezügliche Perspektiven. Für ihn müsste der erste Schritt eine berufliche Neuorientierung sein. Dafür hat die „Bundesarbeitsgemeinschaft Deutscher Berufsförderungswerke" ein sogenanntes „RehaAssessment" entwickelt. Es handelt sich dabei um ein Beurteilungssystem, um vorhandene persönliche Neigungen und vorhandene Fähigkeiten zu erfassen und mit den Anforderungen eines Arbeitsplatzes oder Berufes zu verknüpfen. Herr A könnte beispielsweise in Verbindung mit einer allgemeinen Servicestelle Kontakt zu einem Berufsförderungswerk herstellen. Die oben genannte Arbeitsgemeinschaft dieser Einrichtungen (www.arbeitsgemeinschaft-berufsfoerderungswerke.de) umfasst den Zusammenschluss von 27 Berufsförderungswerken. Sie halten ca. 15 000 Ausbildungsplätze vor und bieten über 180 verschiedene Ausbildungsgänge und zusätzliche Teilqualifikationen an. Zu ihrem Angebot gehören auch sehr umfangreiche begleitende Dienste. So stehen beispielsweise Wohnheime zur Verfügung, die eine Betreuung und Begleitung durch Sozialarbeiter, Heilerziehungspfleger usw. bieten. Die Bildungskonzepte der Einrichtungen konzentrieren sich stark auf den einzelnen Teilnehmer. Dabei geht es neben dem Fachwissen auch um die Förderung der sozialen und personalen Kompetenzen. Ziel ist dabei, die berufliche, gesellschaftliche und private Handlungsfähigkeit wiederherzustellen. In vielen Einrichtungen können auch Alleinerziehende mit ihren Kindern aufgenommen werden.

Es gibt einige Berufsförderungswerke, die sich auf verschiedene Behinderungsarten spezialisiert haben. Dazu gehört natürlich auch eine entsprechende bauliche Ausgestaltung.

Aufgabe
Suchen Sie im Internet auf der Seite www.arbeitsgemeinschaft-berufsfoerderungswerke.de Beispiele von Teilnehmern an Ausbildungsmaßnahmen eines Berufsförderungswerkes in Ihrem Bundesland.

20.6 Die Werkstatt für Menschen mit Behinderung

Arbeit und Beruf stellen im Leben eines Menschen nicht nur die Möglichkeit dar, Geld zu verdienen und sich wirtschaftlich erhalten zu können. Beide sind gleichzeitig dazu angetan, sich an der Auseinandersetzung mit der Welt beteiligen zu können und in Kontakt mit anderen Menschen eine Bestätigung seiner selbst zu erfahren. Menschen mit Behinderung bedürfen dieser Möglichkeiten ganz besonders, da ihre sozialen Kontakte wegen der vorhandenen Einschränkungen schon von vorn herein oft eher begrenzt sind. **Werkstätten für Menschen mit Behinderung (WfbM)** sind in der Behindertenhilfe laut SGB IX eine mögliche Leistung zur Teilhabe am Arbeitsleben. § 39 SGB IX sagt hierzu:

> § „Leistungen in anerkannten Werkstätten für behinderte Menschen (§ 136) werden erbracht, um die Leistungs- oder Erwerbsfähigkeit der behinderten Menschen zu erhalten, zu entwickeln, zu verbessern oder wiederherzustellen, die Persönlichkeit dieser Menschen weiterzuentwickeln und ihre Beschäftigung zu ermöglichen oder zu sichern."

Aus dieser Bestimmung wird ersichtlich, dass es in den Werkstätten nicht allein um Beschäftigung für die Betroffenen geht. Oberstes Ziel ist die Persönlichkeitsentwicklung und das Ermöglichen einer sinnvollen Beschäftigung im Arbeitsleben der Gesellschaft.

§ 136 Absatz 1 SGB IX sagt zum Begriff und den Aufgaben dieser Einrichtungen weiter:

> § „Die Werkstatt für behinderte Menschen ist eine Einrichtung zur Teilhabe behinderter Menschen am Arbeitsleben im Sinne des Kapitels 5 des Teils 1 zur Eingliederung in das Arbeitsleben. Sie hat denjenigen behinderten Menschen, die wegen Art oder Schwere der Behinderung nicht, noch nicht oder noch nicht wieder auf dem allgemeinen Arbeitsmarkt beschäftigt werden können,
>
> 1. eine angemessene berufliche Bildung und eine Beschäftigung zu einem ihrer Leistung angemessenen Arbeitsentgelt aus dem Arbeitsergebnis anzubieten und
>
> 2. zu ermöglichen, ihre Leistungs- oder Erwerbsfähigkeit zu erhalten, zu entwickeln, zu erhöhen oder wiederzugewinnen und dabei ihre Persönlichkeit weiterzuentwickeln.
>
> Sie fördert den Übergang geeigneter Personen auf den allgemeinen Arbeitsmarkt durch geeignete Maßnahmen. Sie verfügt über ein möglichst breites Angebot an Berufsbildungs- und Arbeitsplätzen sowie über qualifiziertes Personal und einen begleitenden Dienst. Zum Angebot an Berufsbildungs- und Arbeitsplätzen gehören ausgelagerte Plätze auf dem allgemeinen Arbeitsmarkt. Die ausgelagerten Arbeitsplätze werden zum Zwecke des Übergangs und als dauerhaft ausgelagerte Plätze angeboten."

Die Werkstätten sind zuständig für Menschen mit Behinderung eines bestimmten Einzugsgebietes. Ursache, Art und Schwere der Behinderung spielen dabei keine Rolle.

Der Staat versucht im Sinne des Normalisierungsprinzips möglichst vielen Menschen mit Behinderungen eine Arbeitsmöglichkeit in der freien Wirtschaft zu ermöglichen. Deshalb verpflichtet der Gesetzgeber private und öffentliche Arbeitgeber mit mindestens 20 Arbeitsplätzen, auf 5 % der Plätze Menschen mit Schwerstbehinderung zu beschäftigen (§ 71 SGB IX). Kommen Arbeitgeber dieser Pflicht nicht nach, dann müssen sie eine sogenannte Ausgleichsabgabe zahlen. Diese liegt zwischen 105,00 und 260,00 € entsprechend einer festgelegten Beschäftigungsquote (§ 77 SGB IX).

Trotz dieser Regelungen haben es Menschen mit Behinderung noch immer recht schwer, in der freien Wirtschaft eine entsprechende berufliche Tätigkeit zu finden. Diese Lücke sollen die WfbM auch schließen helfen. Entsprechend ihres Rehabilitationsauftrages verfügen sie auch über eine besondere Struktur. Nachfolgend sollen diese Strukturelemente kurz erläutert werden.

Eingangsverfahren

Soll ein Mensch mit Behinderung in die Werkstatt aufgenommen werden, dann muss er zunächst das Eingangsverfahren durchlaufen. Die wichtigste Aufgabe dieses Verfahrens besteht in der Überprüfung, ob die Werkstatt die geeignete Einrichtung zur Teilhabe am Arbeitsleben für den Einzelnen ist. Weiterhin soll festgestellt werden, welche Bereiche der Werkstatt und welche Leistungen zur Teilhabe am Arbeitsleben in Betracht kommen. Dazu ist ein Eingliederungsplan zu erstellen. Die Dauer des Eingangsverfahrens liegt zwischen vier Wochen und drei Monaten.

In diesem Strukturbereich ist die Tätigkeit von Heilerziehungspflegern, Heilerziehungspflegerinnen und Erzieherinnen mit entsprechender Zusatzqualifikation denkbar. Sie müssen besondere Fähigkeiten in der Beobachtung sowie deren Auswertung und dem Erstellen von Förderplänen besitzen.

Berufsbildungsbereich

Der Berufsbildungsbereich schließt sich dem Eingangsverfahren an. Hier soll an der Entwicklung der Leistungsfähigkeit des Betroffenen gearbeitet werden. Dabei geht es um das Erlernen jener Tätigkeiten, die für den Arbeitsbereich der Werkstatt typisch sind. Ein individueller Förderplan stellt in diesem Bereich das Folgedokument des Eingliederungsplanes dar. Dabei spielen die Einschätzung u. a. des Sozialverhaltens, des lebenspraktischen Bereichs (u. a. räumliche Orientierung, Umgang mit Geld, Zeitbegriff), Kommunikationsfähigkeit, kognitive Fähigkeiten, das Arbeitsverhalten und motorische Fähigkeiten eine Rolle.

Der Berufsbildungsbereich erstreckt sich über maximal zwei Jahre. Am Ende soll der Betroffene in der Lage sein, wenigstens ein Mindestmaß wirtschaftlich verwertbarer Leistungen zu erbringen (§ 40 Absatz 1 SGB IX).

Arbeitsbereich

Zu diesem Strukturbereich bestimmt der § 41 Absatz 1 SGB IX u. a. das Folgende:

> § „Leistungen im Arbeitsbereich einer anerkannten Werkstatt für behinderte Menschen erhalten Menschen, bei denen
>
> 1. eine Beschäftigung auf dem allgemeinen Arbeitsmarkt oder
>
> 2. Berufsvorbereitung, berufliche Anpassung und Weiterbildung oder berufliche Ausbildung (§ 33 Abs. 3 Nr. 2 bis 4),
>
> wegen Art oder Schwere der Behinderung nicht, noch nicht oder noch nicht wieder in Betracht kommen und die in der Lage sind, wenigstens ein Mindestmaß an wirtschaftlich verwertbarer Arbeitsleistung zu erbringen."

Im Arbeitsbereich werden Menschen mit Behinderung entsprechend ihrer Neigung und Eignung beschäftigt. Weiterhin bieten die Werkstätten auch arbeitsbegleitende Maßnahmen an. Diese sollen der Erhaltung und Verbesserung der im Berufsbildungsbereich erworbenen Leistungsfähigkeit dienen (z. B. sportliche Betätigung). Das SGB IX bestimmt in § 41 Absatz 2 Nr. 3 auch die Förderung des Übergangs auf den allgemeinen Arbeitsmarkt als zu erbringende Leistung des Arbeitsbereichs. In der Praxis ist dies aber nur schwer realisierbar.

Viele WfbM haben sich zu mittelständischen Wirtschaftsunternehmen entwickelt. Die vorherrschenden Rechtsformen sind dabei die gGmbH (gemeinnützige Gesellschaft mit beschränkter Haftung) und der e. V. Das größte Problem für diese Einrichtungen ist die Beschaffung von entsprechender Arbeit. Dabei sind sie oft Zulieferer für Unternehmen auf dem allgemeinen Arbeitsmarkt. Diese können ihre erteilten Aufträge an die WfbM auf die Ausgleichsabgabe anrechnen lassen. Von Vorteil ist auch, dass die Werkstätten nur 7 % Mehrwertsteuer in ihre Kalkulation einbeziehen müssen. Ansonsten müssen sie ihre entstehenden Kosten soweit wie möglich durch ihre eigenen wirtschaftlichen Arbeitsergebnisse decken.

Die Menschen mit Behinderung stehen im Arbeitsbereich zu den WfbM in einem arbeitnehmerähnlichen Verhältnis (§ 138 SGB IX). Grundlage bildet ein zwischen dem Menschen mit Behinderung und dem Träger der Werkstatt abzuschließender Werkstattvertrag. Auf dessen Grundlage hat der Betroffene auch Anspruch auf ein Arbeitsentgelt, das sich u. a. auch an der individuellen Arbeitsleistung orientiert.

Zuständig für die Leistungen in den WfbM können verschiedene Rehabilitationsträger sein. Diese sind entsprechend ihrer Leistungsgesetze und den individuellen Leistungsvoraussetzungen der Menschen mit Behinderung zu erbringen.

Aufgaben

1. *Weisen Sie nach, dass die WfbM einen wichtigen Beitrag zur Realisierung des § 1 SGB IX leisten.*

2. *Setzen Sie sich mit folgender These auseinander: „Die WfbM stellen für den allgemeinen Arbeitsmarkt ein Konkurrenz dar, die Unternehmen besonders in wirtschaftlich schweren Zeiten in Bedrängnis bringen können."*

3. Studieren Sie die Werkstätten-Mitwirkungsverordnung (WMVO). Stellen Sie anhand dieser die Mitwirkungsmöglichkeiten von Menschen mit Behinderung am Leben in der WfbM dar.

Zusammenfassung

Einrichtungen der Behindertenhilfe gehören zum Arbeitsfeld sozialpädagogischer Fachkräfte. In ihnen können u. a. Erzieherinnen, Heilerziehungspflegerinnen sowie Heil- und Sonderpädagogen pädagogisch tätig sein.

Das SGB IX stellt eine wichtige neue Rechtsgrundlage für den Bereich der Behindertenhilfe dar. Es hat die Teilhabe und Selbstbestimmung von Menschen mit Behinderung zum Leitmotiv. Das bisherige Schwerbehindertengesetz ist als Teil 2 jetzt im SGB IX enthalten.

Gemeinsame Servicestellen sollen es betroffenen Menschen erleichtern, Sozialleistungen innerhalb der Behindertenhilfe schnell und problemloser erhalten zu können. Ihre Hauptaufgabe besteht in einer umfassenden Beratung und Unterstützung Betroffener und deren Angehöriger.

Einrichtungen der Frühförderung sind für von Behinderung bedrohte Kinder oder solche mit Behinderung im Vorschulalter zuständig. Sie arbeiten ambulant oder auch mobil. Ihre Tätigkeit soll Auswirkungen von Behinderungen so früh und soweit wie möglich durch heilpädagogische Maßnahmen begrenzen und die Integration der Betroffenen unterstützen. Frühförderstellen arbeiten dabei mit verschiedenen Fachdiensten und den Erziehungsberechtigten zusammen.

Integrative Kindertagesstätten erfüllen ihren Auftrag auf der Grundlage der zutreffenden Ländergesetze. Gleichzeitig sind sie teilstationäre Einrichtungen im Sinne der Eingliederungshilfe nach dem SGB XII. Durch die gemeinsame Erziehung, Bildung und Betreuung von Kindern mit und ohne Behinderung leisten sie einen wichtigen Beitrag zur Integration.

In Integrationsklassen und in Förderschulen können Kinder und Jugendliche mit Leistungseinschränkungen unterschiedlicher Art und Schwere ihr Recht auf Bildung realisieren. Einzelheiten sind in den Schulgesetzen und anderen landesrechtlichen Regelungen bestimmt.

Berufsbildungswerke führen eine berufliche Erstausbildung für junge Menschen mit Behinderung durch. In ihnen können Berufsabschlüsse gemäß dem Berufsbildungsgesetz erlangt werden.

Berufsförderungswerke sind Rehabilitationseinrichtungen zur beruflichen Fort- und Weiterbildung sowie der Umschulung von Erwachsenen mit Behinderung.

Werkstätten für Menschen mit Behinderung sind ein Leistungsangebot zur Teilhabe am Arbeitsleben gemäß SGB IX. Sie nehmen Menschen mit Behinderung auf, die wegen Art oder Schwere ihrer Behinderung noch nicht oder noch nicht wieder auf dem allgemeinen Arbeitsmarkt tätig sein können. Sie strukturieren sich in das Eingangsverfahren, den Berufsbildungs- und den Arbeitsbereich.

21 Grundzüge des Betreuungsrechts

21.1 Ziele des Betreuungsrechts

Fallbeispiel *Der neunzehnjährige Lothar J, welcher eine geistige Einschränkung hat, verlässt die Förderschule für Menschen mit geistiger Behinderung. Seine alleinerziehende Mutter stellt beim zuständigen Rehabilitationsträger, dem Arbeitsamt, einen Antrag auf Leistungen in einer WfbM. Ihr wird mitgeteilt, dass sie nicht berechtigt sei, einen solchen Antrag für ihren Sohn zu stellen.*

Solche und ähnliche Situationen können im Alltag auftreten. In diesen Fällen wird oft argumentiert: „Ich bin doch die Mutter (bzw. der Vater)." Untersuchen wir zunächst den rechtlichen Hintergrund für die oben getroffene Aussage durch den/die Mitarbeiter/in des Arbeitsamtes. Zunächst gilt in diesem Falle auch § 2 BGB.

§   „Die Volljährigkeit tritt mit der Vollendung des 18. Lebensjahres ein."

Somit steht fest, dass auch Herr J aus unserem Beispiel volljährig ist und nicht mehr unter der elterlichen Sorge der Mutter steht. Sie kann also tatsächlich nicht ohne Weiteres für ihren Sohn handeln.

An dieser Stelle ergibt sich überhaupt die Frage, wie durch das Grundgesetz festgelegte Grundrechte für Menschen gesichert werden können, die einige oder alle persönlichen Angelegenheiten aufgrund ihres körperlichen bzw. geistigen Zustands nicht selbst regeln können?

Bis zum Jahre 1991 gab es dafür die Entmündigung und den Einsatz eines Vormunds. Dieser vertrat den betroffenen Volljährigen in allen Angelegenheiten. Der Mensch mit Behinderung wurde kraft Gesetzes geschäftsunfähig. Der Umfang beispielsweise seiner geistigen Behinderung wurde völlig außer Acht gelassen. Durch eine solche Vormundschaft waren weitere erhebliche Rechtsverluste verbunden: Verlust der Testierfähigkeit, Verlust des Wahlrechts, keine wirkliche Mitbestimmung bei vorgesehener Sterilisation u. a.

Die Folgen der früheren Regelung waren auch, dass ein Amtsvormund bis zu über 200 sogenannter Mündel betreuen musste. Eine im wesentlichen schreibtischmäßige und unpersönliche Erledigung der Aufgaben war förmlich vorprogrammiert.

Alle genannten Folgen wurden im Laufe der Zeit als unbefriedigend und mit dem Grundgesetz nicht mehr vereinbar empfunden.

Deshalb trat 1992 das neue Betreuungsrecht in Kraft. Dieses verfolgt vor allen Dingen folgende Ziele:

* Sicherung der Menschen- und Bürgerrechte für den betroffenen Personenkreis,

* Weitgehende Aufrechterhaltung von Selbstbestimmung,

* Verbesserung von Pflege und Betreuung im Alltag.

21.2 Voraussetzungen für eine gesetzliche Betreuung – das Betreuungsverfahren

Das Betreuungsrecht ist hauptsächlich im BGB und im „Gesetz über das Verfahren in Familiensachen und in den Angelegenheiten der freiwilligen Gerichtsbarkeit" geregelt. Die Voraussetzungen für eine gesetzliche Betreuung sind in § 1896 Absatz 1 BGB bestimmt:

> § „Kann ein Volljähriger aufgrund einer psychischen Krankheit oder einer körperlichen, geistigen oder seelischen Behinderung seine Angelegenheiten ganz oder teilweise nicht besorgen, so bestellt das Betreuungsgericht auf seinen Antrag oder von Amts wegen für ihn einen Betreuer. Den Antrag kann auch ein Geschäftsunfähiger stellen. Soweit der Volljährige aufgrund einer körperlichen Behinderung seine Angelegenheiten nicht besorgen kann, darf der Betreuer nur auf Antrag des Volljährigen bestellt werden, es sei denn, dass dieser seinen Willen nicht kundtun kann."

In dieser Bestimmung des BGB werden **drei grundlegende Voraussetzungen für die Errichtung einer gesetzlichen Betreuung** genannt. Zunächst muss die betroffene Person volljährig sein. Weiterhin muss zumindest eine der nachfolgenden Beeinträchtigungen gegeben sein: psychische Krankheit oder geistige, körperliche bzw. seelische Behinderung. Die zuvor genannten Einschränkungen müssen die Ursache dafür sein, dass persönliche Angelegenheiten des Betroffenen von diesem ganz oder teilweise nicht mehr selbst besorgt werden können.

Die beschriebenen Voraussetzungen sind in unserem obigen Beispielfall sicher gegeben. Wie kommt es jetzt zur Einsetzung eines gesetzlichen Betreuers? Das BGB regelt, dass dafür das Betreuungsgericht (beim zuständigen Amtsgericht) zuständig ist. Dazu bedarf es eines Betreuungsverfahrens. Die nachfolgende Übersicht zeigt zwei Möglichkeiten, wie ein solches Verfahren in Gang gesetzt werden kann:

Betreuungsverfahren

Auf Antrag	Von Amts wegen
• des Betroffenen • bei körperlicher Behinderung ist Antrag des Betroffenen grundsätzlich notwendig (außer, wenn eigener Wille nicht zum Ausdruck gebracht werden kann)	• auf Anregung von Angehörigen, Pflegekräften, Ärzten, Mitarbeitern des Gesundheitsamtes, Nachbarn u. a.

Für unseren Fall wäre die Anregung einer Betreuung durch die Mutter denkbar. Sie müsste beim Betreuungsgericht vorstellig werden und die entstandene Problemsituation darlegen. Wichtig ist dabei zu wissen, dass dies nicht den Charakter eines Antrags hat. Das Gericht muss jetzt vielmehr aufgrund der Hinweise der Mutter von Amts wegen tätig werden. Welche **Inhalte des Betreuungsverfahrens** gibt es?

Erstellung eines medizinischen Gutachtens

Dieses Gutachten wird in den meisten Fällen zu Beginn des Verfahrens durch das zuständige Gericht in Auftrag gegeben. Kommt der Sachverständige zu dem Schluss, dass ein Betreuungsbedürfnis vorliegt, dann folgt der nächste Schritt.

Anhörung des Betroffenen

Der zuständige Richter macht sich im Rahmen einer Anhörung selbst ein Bild von der Situation des Betroffenen. Diese kann vor Gericht, aber auch im vertrauten Wohnumfeld der betroffenen Person stattfinden. Es geht dabei um den persönlichen Eindruck über den geistigen Zustand und die vorhandenen eigenen Fähigkeiten des Betroffenen. Die Ermittlung der persönlichen familiären Situation spielt dabei auch eine wichtige Rolle.

Bestellung einer Betreuungsperson und Festlegung des Aufgabenkreises

Die Betreuerbestellung und die Festlegungen darüber, für welche Aufgabenkreise der bestellte Betreuer zuständig ist, bilden den Abschluss des Verfahrens. Zur Person des Betreuers und dessen rechtlicher Stellung soll im nachfolgenden Abschnitt eingegangen werden. Wir wollen an dieser Stelle die möglichen **Aufgabenkreise im Rahmen einer gesetzlichen Betreuung** näher betrachten.

Das Gericht hat hierbei den Absatz 2 des § 1896 BGB zu beachten:

> § „Ein Betreuer darf nur für Aufgabenkreise bestellt werden, in denen die Betreuung erforderlich ist. Die Betreuung ist nicht erforderlich, soweit die Angelegenheiten des Volljährigen durch einen Bevollmächtigten, der nicht zu den in § 1897 Abs. 3 bezeichneten Personen gehört, oder durch andere Hilfen, bei denen kein gesetzlicher Vertreter bestellt wird, ebenso gut wie durch einen Betreuer besorgt werden können."

In dieser Bestimmung wird deutlich, dass das Betreuungsrecht die Selbstständigkeit der betroffenen Volljährigen soweit wie irgend möglich erhalten möchte. Die Ergebnisse des oben bezeichneten medizinischen Gutachtens und die gewonnenen persönlichen Eindrücke des zuständigen Richters führen zur Festlegung der Aufgabenkreise des Betreuers. Im Fall des neunzehnjährigen Lothar muss also ganz genau analysiert werden, welche konkreten persönlichen Angelegenheiten er nicht selbst erledigen kann. Dazu wird sicher auch der notwendige Schriftverkehr in Verbindung mit einer Antragstellung beim zuständigen Rehabilitationsträger gehören. Zu den häufigsten **Aufgabenkreisen eines Betreuers** gehören:

- die Aufenthaltsbestimmung (z. B. Unterbringung in einer betreuten Wohneinrichtung, Heim usw.),
- Zustimmung zu medizinischen Heilbehandlungsmaßnahmen (hier ist bei besonders schwerwiegenden Eingriffen noch zusätzlich die Zustimmung des Betreuungsgerichts erforderlich),
- Unterstützung des Betreuten bei der alltäglichen Lebensgestaltung (z. B. Umgang mit Behörden und Ämtern, Pflege, Versorgung),
- Vermögenssorge.

Der genannte Katalog möglicher Aufgaben ist natürlich nicht abgeschlossen. Entscheidend ist in jedem Falle die konkrete persönliche Situation des Betreuten. Sie ist der alleinige Gradmesser für die Bestimmung der Aufgaben eines gesetzlichen Betreuers.

Die Verfahrenskosten trägt grundsätzlich der Betroffene. Ist dieser nicht in der Lage dafür aufzukommen, dann kann das Gericht die Kosten der Staatskasse auferlegen.

Eine Betreuung muss vom Betreuungsgericht zeitlich befristet werden. Die Höchstdauer der Betreuung beträgt fünf Jahre. Ist die festgelegte Frist abgelaufen, dann muss stets ein neues Verfahren erfolgen, um die Notwendigkeit und den weiterhin erforderlichen Umfang einer Betreuung zu bestimmen.

In bestimmten Fällen kann das Betreuungsgericht für den Zeitraum des durchzuführenden Verfahrens für den Betroffenen einen **Verfahrenspfleger** bestellen. Dies ist ein Rechtsbeistand, der während des Betreuungsverfahrens die Interessen des Betroffenen zu vertreten hat. Er ist immer dann notwendig, wenn sich die Betreuung auf die Besorgung aller Angelegenheiten des Betreuten erstrecken soll.

Aufgabe
Stellen Sie die Voraussetzungen einer gesetzlichen Betreuung und den Ablauf eines Betreuungsverfahrens unter Einbeziehung der Bestimmungen des BGB in einer Übersicht zusammen.

21.3 Mögliche Betreuungspersonen und ihre Rechtsstellung

Wer kann Betreuer sein? Welche rechtliche Stellung hat der Betreuer gegenüber dem Betreuten? § 1897 Absatz 1 BGB sagt aus:

> „Zum Betreuer bestellt das Betreuungsgericht eine natürliche Person, die geeignet ist, in dem gerichtlich bestimmten Aufgabenkreis die Angelegenheiten des Betreuten rechtlich zu besorgen und ihn in dem hierfür erforderlichen Umfang persönlich zu betreuen."

Grundvoraussetzung ist nicht eine besondere Qualifikation, sondern lediglich die Fähigkeit, die notwendigen vom Gericht festgelegten Angelegenheiten wahrnehmen zu können.

Betroffene Personen haben die Möglichkeit, eine Person zu benennen, die zum Betreuer bestellt werden soll. Dazu regelt § 1897 Absatz 4 BGB Näheres:

> „Schlägt der Volljährige eine Person vor, die zum Betreuer bestellt werden kann, so ist diesem Vorschlag zu entsprechen, wenn es dem Wohl des Betreuten nicht zuwiderläuft. Schlägt er vor, eine bestimmte Person nicht zu bestellen, so soll hierauf Rücksicht genommen werden. Die Sätze 1 und 2 gelten auch für Vorschläge, die der Volljährige vor dem Betreuungsverfahren gemacht hat, es sei denn, dass er an diesen Vorschlägen erkennbar nicht festhalten will."

Das Vorschlagsrecht des Betroffenen ist unabhängig von seiner tatsächlichen Geschäftsfähigkeit. Jeder diesbezüglich geäußerte Wunsch, der auch sinnvoll erscheint und nicht Gefahr läuft, dem Volljährigen zu schaden, hat Gewicht. In unserem Ausgangsfall wäre es durchaus möglich, dass der Neunzehnjährige entsprechend seiner geistigen Leistungsfähigkeit einen Wunsch äußern könnte. Dieser müsste auch dann geprüft werden, wenn er beispielsweise die Mutter als Betreuungsperson ablehnen würde.

In diesem Zusammenhang sei auf die Möglichkeit einer **Betreuungsverfügung** hingewiesen. Volljährige können zuzeiten ihrer noch vollen geistigen Leistungsfähigkeit eine solche Verfügung erstellen. Sie ist für viele ältere Menschen, die eine künftige Altersdemenz in jeglicher Form befürchten, eine sinnvolle Vorsorgemöglichkeit. Eine solche Verfügung muss keinen besonderen Formvorschriften genügen. Die bloße Hinterlegung mit Wissen der Angehörigen reicht aus. Nachfolgend ein Beispiel für eine solche Verfügung:

Beispiel einer Betreuungsverfügung

Für den Fall, dass ich meine Angelegenheiten aufgrund einer schweren Behinderung nicht mehr allein besorgen kann, soll meine Tochter Beatrix zu meiner Betreuerin bestellt werden. Sie soll dafür sorgen, dass ich solange wie möglich in meinem eigenen Haushalt wohnen kann. Ich möchte auf keinen Fall, dass ich zu lebensverlängernden Maßnahmen in ein Krankenhaus verlegt werde.
Kann ich nicht mehr in meinem Zuhause allein wohnen bleiben, dann möchte ich in ein Einzelzimmer der Pflegeabteilung des Altenheims aufgenommen werden, bei dem ich mich vorsorglich angemeldet habe.

Ort
Datum
Unterschrift
Geburtsdatum
Anschrift

---

§ 1901c BGB sichert die Wirksamkeit einer solchen Betreuungsverfügung ab:

> § „Wer ein Schriftstück besitzt, in dem jemand für den Fall seiner Betreuung Vorschläge zur Auswahl des Betreuers oder Wünsche zur Wahrnehmung der Betreuung geäußert hat, hat es unverzüglich an das Betreuungsgericht abzuliefern, nachdem er von der Einleitung eines Verfahrens über die Bestellung eines Betreuers Kenntnis erlangt hat."

Hat ein betroffener Volljähriger keine Bestimmungen bezüglich einer Betreuungsperson getroffen, dann muss das Betreuungsgericht zunächst nach den Regelungen des § 1897 Absatz 5 BGB vorgehen:

> § „Schlägt der Volljährige niemanden vor, der zum Betreuer bestellt werden kann, so ist bei der Auswahl des Betreuers auf die verwandtschaftlichen und sonstigen persönlichen Bindungen des Volljährigen, insbesondere auf die Bindungen zu Eltern, zu Kindern, zum Ehegatten und zum Lebenspartner, sowie auf die Gefahr von Interessenkonflikten Rücksicht zu nehmen."

Für den Betroffenen in unserem Fallbeispiel käme in dieser Situation sicher die Mutter in erster Linie als Betreuer in Betracht.

Es gibt aber auch Fälle, in denen keine Person aus dem persönlichen Umfeld gefunden wird. Hier gibt es auf der Grundlage der Bestimmungen des BGB weitere Möglichkeiten für eine gesetzliche Betreuung. Da wäre zunächst die Möglichkeit eines Vereinsbetreuers nach § 1897 Absatz 2 Satz 1 BGB zu nennen:

> § „Der Mitarbeiter eines nach § 1908f anerkannten Betreuungsvereins, der dort ausschließlich oder teilweise als Betreuer tätig ist (Vereinsbetreuer), darf nur mit Einwilligung des Vereins bestellt werden. ..."

Betreuungsvereine können sich als rechtsfähige Vereine nach § 1908f BGB bilden und anerkennen lassen. Wird ein solcher Verein zur Betreuung berufen, dann überträgt dieser die konkrete Wahrnehmung der Aufgaben einem einzelnen Mitglied des Vereins. Darüber muss der Verein dem Betreuungsgericht unmittelbar nach der Betreuungsfestlegung Mitteilung machen.

§ 1897 Absatz 2 Satz 2 BGB bestimmt die Möglichkeit der Betreuung durch eine Betreuungsbehörde:

> § „... Entsprechendes gilt für den Mitarbeiter einer in Betreuungsangelegenheiten zuständigen Behörde, der dort ausschließlich oder teilweise als Betreuer tätig ist (Behördenbetreuer)."

In vielen Landkreisen ist die Zuständigkeit für Betreuungsangelegenheiten dem zuständigen Sozialamt zugeordnet.

Eine letzte Betreuungsmöglichkeit bietet ein Berufsbetreuer. Er kann unter den Voraussetzungen des § 1897 Absatz 6 BGB bestellt werden:

> § „Wer Betreuungen im Rahmen seiner Berufsausübung führt, soll nur dann zum Betreuer bestellt werden, wenn keine andere geeignete Person zur Verfügung steht, die zur ehrenamtlichen Führung der Betreuung bereit ist. Werden dem Betreuer Umstände bekannt, aus denen sich ergibt, dass der Volljährige durch eine oder mehrere andere geeignete Personen außerhalb einer Berufsausübung betreut werden kann, so hat er dies dem Gericht mitzuteilen."

In der Praxis kommen Berufsbetreuer aus nahezu allen Berufen. Dabei überwiegen jedoch die sozialen und juristischen Berufsgruppen. Sozialpädagogische Fachkräfte können durchaus in der Lage sein, als Berufsbetreuer zu arbeiten. Grundvoraussetzung für die Anerkennung als Berufsbetreuer ist, dass wenigstens zehn Betreuungen geführt oder angestrebt bzw. 20 Wochenstunden für Betreuungsarbeit aufgewendet bzw. angestrebt werden.

Einem Berufsbetreuer stehen der Ersatz seiner Auslagen und eine Vergütung zu. Die Höhe ist abhängig von seiner allgemeinen Qualifizierung. Die höchste Vergütung erhalten Betreuer mit einem Hochschulabschluss.

Eine eigenständige bundesweit anerkannte Ausbildung zum Berufsbetreuer gibt es nicht. Einzelheiten dazu sind landesrechtlich geregelt. Interessenten für eine solche berufliche Tätigkeit wenden sich am besten an die Betreuungsbehörde der Kreis- oder Stadtverwaltung.

Der gesetzliche Betreuer nimmt gegenüber dem Betreuten die Rechtsstellung eines gesetzlichen Vertreters ein. Dazu heißt es in § 1901 Absatz 1 BGB:

> § „Die Betreuung umfasst alle Tätigkeiten, die erforderlich sind, um die Angelegenheiten des Betreuten nach Maßgabe der folgenden Vorschriften rechtlich zu besorgen."

Die gesetzliche Vertretung bezieht sich dabei nur auf jene Aufgabenkreise, die durch das Gericht festgeschrieben wurden. In allen anderen persönlichen Angelegenheiten kann der Betreute auch weiterhin völlig eigenständig handeln.

Auch innerhalb der Aufgabenkreise muss der Betreuer sein Handeln bestimmten Prinzipien unterwerfen. Dazu sagt § 1901 BGB weiter aus:

> § „(2) Der Betreuer hat die Angelegenheiten des Betreuten so zu besorgen, wie es dessen Wohl entspricht. Zum Wohl des Betreuten gehört auch die Möglichkeit, im Rahmen seiner Fähigkeiten sein Leben nach seinen eigenen Wünschen und Vorstellungen zu gestalten.
>
> (3) Der Betreuer hat den Wünschen des Betreuten zu entsprechen, soweit dies dessen Wohl nicht zuwiderläuft und dem Betreuer zuzumuten ist. Dies gilt auch für Wünsche, die der Betreute vor der Bestellung des Betreuers geäußert hat, es sei denn, dass er an diesen Wünschen erkennbar nicht festhalten will. Ehe der Betreuer wichtige Angelegenheiten erledigt, bespricht er sie mit dem Betreuten, sofern dies dessen Wohl nicht zuwiderläuft."

Zu den allgemeinen Aufgaben des Betreuers gehört es auch, dass er innerhalb seines Aufgabenkreises Möglichkeiten nutzt, die Krankheit bzw. Behinderung mit ihren Auswirkungen zu mindern und eine Verschlimmerung möglichst zu vermeiden.

Erkennt der Betreuer, dass die Betreuung nicht mehr erforderlich ist bzw. der Aufgabenkreis eingeschränkt werden kann, dann muss er darüber dem Gericht Mitteilung machen. Das Gleiche gilt für die Feststellung, dass der Aufgabenkreis erweitert werden muss und dadurch vielleicht auch die Bestellung eines weiteren Betreuers erforderlich wird.

Der Betreuer ist gegenüber dem Gericht über seine Arbeit rechenschaftspflichtig.

Zusammenfassung

Im Bereich der Behindertenhilfe kommen sozialpädagogische Fachkräfte auch mit Volljährigen in Berührung, die unter einer gesetzlichen Betreuung stehen. Den rechtlichen Rahmen dafür bilden in erster Linie die §§ 1896 ff. BGB.

Oberste Ziele des Betreuungsrechts sind die Sicherung der Menschen- und Bürgerrechte sowie die Aufrechterhaltung der Selbstbestimmung für den betroffenen Personenkreis.

Voraussetzungen für die Errichtung einer gesetzlichen Betreuung sind:

- *die Volljährigkeit der betroffenen Person,*

- *das Vorliegen einer psychischen oder geistigen, körperlichen bzw. seelischen Behinderung,*

- *die Unfähigkeit, persönliche Angelegenheiten in Gänze oder teilweise nicht selbst besorgen zu können.*

Zuständig für die Durchführung eines Betreuungsverfahrens zur Bestellung einer Betreuungsperson ist das Betreuungsgericht. Es wird tätig von Amts wegen oder auf Antrag des Betroffenen.

Das Gericht bestimmt für den Betreuer einen konkreten Aufgabenkreis. In diesem ist er der gesetzliche Vertreter des Betreuten.

Mögliche Betreuungspersonen können sein: Verwandte, Bekannte, Mitarbeiter eines Betreuungsvereins bzw. einer Betreuungsbehörde, Berufsbetreuer.

Die Errichtung einer gesetzlichen Betreuung ist durch das Gericht stets zu befristen. Die Höchstdauer der Betreuung beträgt fünf Jahre. Danach muss neu über den Betreuungsfall entschieden werden.

Aufgaben

1. *Beschreiben Sie, welche allgemeinen Funktionen des Rechts für Sie in den Bestimmungen zum Betreuungsrecht erkennbar sind.*

2. *Erklären Sie die verschiedenen Arten einer gesetzlichen Betreuung.*

3. *Artikel 2 Absatz 1 des Grundgesetzes lautet: „Jeder hat das Recht auf die freie Entfaltung seiner Persönlichkeit, soweit er nicht die Rechte anderer verletzt und nicht gegen die verfassungsmäßige Ordnung oder das Sittengesetz verstößt."*

   Erörtern Sie den Beitrag der Bestimmungen des Betreuungsrechts zur Verwirklichung dieses Grundrechts.

Arbeits- und Informationsmaterial zum Download, S. 37–41

Erzieherinnen und Erzieher als Arbeitnehmer

22   Das Arbeitsrecht

22 Das Arbeitsrecht

22.1 Zweck, Hauptgebiete und wesentliche Rechtsgrundlagen

Erzieherinnen, Erzieher und Angehörige anderer sozialpädagogischen Berufe üben ihre Tätigkeiten überwiegend als Arbeitnehmerinnen bzw. Arbeitnehmer aus.

Definition
Arbeitnehmer sind Personen, die in einem Arbeitsverhältnis stehen und vom Arbeit-geber abhängige, weisungsgebundene Arbeit leisten.

Definition
Arbeitgeber ist jede natürliche oder juristische Person, die mindestens eine andere Person in einem Arbeitsverhältnis beschäftigt.

Als Arbeitnehmer stehen sozialpädagogische Kräfte in einem Vertragsverhältnis zum jeweiligen Arbeitgeber. Die weitaus größere Abhängigkeit des Arbeitnehmers in einem solchen Verhältnis zeigt sich u. a. darin, dass er nur aufgrund der unternehmerischen Tätigkeit des Arbeitgebers seine Arbeitstätigkeit und damit seine wirtschaftliche Existenz sichern kann. Daraus ergibt sich der Grundzweck des Arbeitsrechts:

Definition
Zweck des Arbeitsrechts ist der Schutz der Arbeitnehmer gegen Nachteile und Ge-fährdungen, die mit seiner unselbstständigen Stellung verbunden sind.

Die nachfolgende Übersicht stellt die Hauptbereiche des Arbeitnehmerschutzes innerhalb des Arbeitsrechts dar:

Hauptbereiche des Schutzes

Arbeitszeitschutz	Gesundheitsschutz	Entgeltschutz	Kündigungsschutz
u. a. Arbeitszeitgesetz	u. a. Gewerbeordnung	u. a. Entgeltfortzahlungs-gesetz, Bundesurlaubsgesetz	u. a. Kündigungsschutz-gesetz

Insgesamt ist das Arbeitsrecht sowohl dem Zivilrecht als auch dem öffentlichen Recht zuzurechnen. Zivilrecht liegt insofern vor, als dass es die individuellen Vertragsbedingungen zwischen Arbeitgeber und Arbeitnehmer im jeweiligen Arbeitsvertrag widerspiegelt. Öffentliches Recht deshalb, weil der Staat durch zwingendes Recht beispielsweise Fragen des Arbeitsschutzes überwacht.

Das Arbeitsrecht gliedert sich in zwei Hauptgebiete: **individuelles Arbeitsrecht** und **kollektives Arbeitsrecht**.

Zum individuellen Arbeitsrecht gehören alle Fragen des Arbeitsvertragsrechts und der Arbeitsschutz. Hier steht der einzelne Arbeitnehmer im Mittelpunkt der Regelungen.

Das kollektive Arbeitsrecht umfasst beispielsweise das Recht der Gewerkschaften und der Arbeitgeberverbände auf betrieblicher und vor allen Dingen überbetrieblicher Ebene. Es dient nicht nur allein dem Schutz des Arbeitnehmers, sondern auch einer sinnvollen und im Spannungsfeld der unterschiedlichen Interessen ausgewogenen Regelung des Arbeitslebens für alle Beteiligten. Bestimmungen des kollektiven Arbeitsrechts umfassen auch das Tarifrecht, das Betriebsverfassungsrecht und das Arbeitskampfrecht.

Die Rechtsgrundlagen des Arbeitsrechts sind sehr umfangreich. Nachfolgend sind einige der wichtigsten für die Bundesrepublik Deutschland aufgeführt:

Wichtige Rechtsgrundlagen des Arbeitsrechts

Grundgesetz	• Artikel 12 garantiert die Freiheit der Berufswahl. • Artikel 3 verbietet Ungleichbehandlung von Mann und Frau am Arbeitsplatz. • Artikel 9 Absatz 3 garantiert das Recht der Arbeitnehmer, sich in Gewerkschaften zusammenzuschließen.
Gesetze	• z. B. Kündigungsschutzgesetz, Bundesurlaubsgesetz • BGB: § 611 ff. Bestimmungen über den Dienstvertrag
Rechtsverordnungen	• z. B. Wahlordnung zum Betriebsverfassungsgesetz
Tarifverträge	• Vereinbarungen zwischen Arbeitgebern und Arbeitnehmern • z. B. Tarifvertrag der Länder (TVL)
Betriebs- und Dienstvereinbarungen	• werden von Betriebs- bzw. Personalräten in den Betrieben mit dem Arbeitgeber ausgehandelt und vereinbart
Arbeitsverträge	• Begründen das einzelne Arbeitsverhältnis zwischen Arbeitgeber und Arbeitnehmer

Die obigen Rechtsquellen stehen in einer Rangfolge, die durch den Aufbau der Übersicht wiedergegeben wird. Arbeitsverträge, die beispielsweise den Bestimmungen eines Gesetzes widersprechen, sind entweder insgesamt oder hinsichtlich einzelner Regelungen von Anfang an unwirksam. Entsprechend dem **Günstigkeitsprinzip** sind Abweichungen von übergeordneten Rechtsquellen zugunsten der Arbeitnehmer hingegen möglich.

Aufgabe
Erklären Sie anhand eines selbstgewählten Beispiels aus dem Arbeitsalltag sozialpädagogischer Fachkräfte die Notwendigkeit des Schutzes von Arbeitnehmern.

22.2 Der Arbeitsvertrag

Fallbeispiel 1 Julia hat vor einiger Zeit ihre Ausbildung zur Erzieherin erfolgreich abgeschlossen. Bei der Arbeitssuche hatte sie bisher keinen Erfolg. Sie bewarb sich in einer Ferienanlage als Animateurin. Sie wird zu einem Einstellungsgespräch eingeladen. Am Ende des Gesprächs wird mündlich vereinbart, dass Julia am 1. Juni ihre Tätigkeit aufnehmen soll. Julia soll an diesem Tag um 7.00 Uhr in der Ferienanlage zum Dienst erscheinen. Durch Zufall erhält sie die Möglichkeit, ab 15. Mai als Schwangerschaftsvertretung für zwei Jahre in einem Kinder- und Jugendheim zu arbeiten. Diese Tätigkeit sagt ihr mehr zu und sie nimmt ihre Arbeit zum 15. Mai auf, nachdem ein schriftlicher Arbeitsvertrag abgeschlossen wurde. Am 1. Juni erscheint sie nicht in der Ferienanlage. Diese verlangt jetzt von ihr die Erstattung von Ausgaben für eine Stellenanzeige und die Beschaffung einer Ersatzkraft.

Fallbeispiel 2 In einer Kindertagesstätte ist eine Reinigungskraft erkrankt. Die Leiterin verlangt von der Gruppenerzieherin, sie solle sich am Putzen der Einrichtung beteiligen (Gruppenraum). Die Erzieherin lehnt ab und verweist auf ihren Arbeitsvertrag, in dem von solchen Dienstobliegenheiten nichts steht.

Beide Fallbeispiele beziehen sich auf die wichtigste Rechtsgrundlage des individuellen Arbeitsrechts. Es ist der Arbeitsvertrag, der das Rechtsverhältnis zwischen dem einzelnen Arbeitnehmer und seinem Arbeitgeber konkret regelt. Jeder Arbeitsvertrag ist gleichzeitig ein Dienstvertrag. Dazu heißt es in § 611 BGB:

§ „(1) Durch den Dienstvertrag wird derjenige, welcher Dienste zusagt, zur Leistung der versprochenen Dienste, der andere Teil zur Gewährung der vereinbarten Vergütung verpflichtet.

(2) Gegenstand des Dienstvertrages können Dienste jeder Art sein."

Hauptmerkmal des Arbeitsvertrages als eine Unterform des Dienstvertrages ist die Leistung von unselbstständigen Diensten durch den Arbeitnehmer. Dies bedeutet, dass seine zu erbringenden Leistungen weisungsgebunden sind. Die Erzieherin im Fallbeispiel 2 erhält eine Weisung von ihrer Vorgesetzten. Es wird zu prüfen sein, ob diese vorliegende Weisung dem Arbeitsvertrag gemäß ist oder nicht.

Für jeden Arbeitsvertrag gilt das Prinzip der Vertragsfreiheit. Das bedeutet, dass Arbeitnehmer und Arbeitgeber als Vertragsparteien den Inhalt des Vertrages frei vereinbaren können. Die Vertragsfreiheit wird jedoch zum Schutze des Arbeitnehmers durch gesetzliche und tarifrechtliche Regelungen eingeschränkt. Die folgenden gesetzlichen Regelungen haben auf die Ausgestaltung von Arbeitsverträgen wesentlichen Einfluss:

Gesetz	Wesentlicher Inhalt
Arbeitszeitordnung	• Zulässige tägliche Arbeitszeit • Ruhepausen und Ruhezeiten
Kündigungsschutzgesetz	• Soll sozial nicht gerechtfertigte Kündigungen verhindern
Bundesurlaubsgesetz	• Sichert jedem Arbeitnehmer bezahlten Mindesturlaub
Mutterschutzgesetz	• Schützt werdende Mütter gesundheitlich und finanziell
Bundeselterngeld- und Elternzeitgesetz	• Fördert die Betreuung und Erziehung des Kindes in der ersten Lebensphase
Arbeitsplatzschutzgesetz	• Sichert die Arbeitsplätze Wehrpflichtiger und Zivildienstleistender
Lohnfortzahlungsgesetz	• Sichert die Entlohnung bei Krankheit

Aus dem Arbeitsvertrag als zweiseitigem Rechtsgeschäft ergeben sich für beide Vertragsparteien entsprechende Rechte und Pflichten. Für alle Arbeitsverträge gelten die nachfolgenden Hauptpflichten der Vertragsparteien:

Arbeitgeber	Arbeitnehmer
Zahlung der Vergütung	Erbringen der Arbeitsleistung
• Erfolgt nach erbrachter Leistung • Verschiedene Formen der Entlohnung möglich: z. B. monatlich, leistungsbezogen • Zahlungspflicht bleibt bestehen, wenn Arbeitgeber mit der Annahme der Arbeitsleistung in Verzug gerät (z. B. Arbeitsleistung ist wegen organisatorischer oder technischer Mängel nicht möglich)	• Arbeitnehmer muss vertraglich vereinbarte Arbeitsleistung erbringen • Weisungen konkretisieren vereinbarte Arbeitsleistung und müssen befolgt werden • Befreiung von der Arbeitspflicht ist für Urlaub, Mutterschutzfristen und Krankheit vorgesehen

Die Hauptpflichten des Arbeitsvertrages werden durch weitere Nebenpflichten der Vertragsparteien ergänzt:

Nebenpflichten des Arbeitnehmers

1. Sorgfaltspflicht
Diese Pflicht verlangt, dass der Arbeitnehmer sein nachgewiesenes Wissen und Können (erworbene fachliche Qualifizierungen) gewissenhaft und verantwortungsvoll im Berufsalltag zur Anwendung bringt. Dazu gehören im sozialpädagogischen Bereich beispielsweise das pädagogisch durchdachte und zielgerichtete Handeln im Interesse der betreuten Kinder und Jugendlichen. Die verantwortungsvolle Wahrnehmung der Aufsichtspflicht gehört ebenso dazu wie die Verpflichtung zur Teamarbeit.

2. Treuepflicht

In diesen Bereich gehört u. a. die Schweigepflicht. Sie erstreckt sich auf alle Informationen über die Familienverhältnisse der Kinder und Jugendlichen, deren Gesundheitszustand, charakterliche Besonderheiten usw. Die Pflicht zur Verschwiegenheit bezieht sich auch auf das Geschäftsgebaren des Trägers, die dort tätigen Personen und ihre Qualifizierung oder auf das Verhalten Vorgesetzter.

Wichtiger Bestandteil der Treuepflicht ist der sorgsame Umgang mit den Arbeitsmitteln, die der Arbeitgeber zur Verfügung gestellt hat. Beschädigungen müssen dem Arbeitgeber unverzüglich gemeldet werden.

Besondere Bedeutung hat die Treuepflicht für Erzieherinnen in kirchlichen Einrichtungen. Sie dürfen durch ihr Verhalten den Grundsätzen ihrer Kirche nicht zuwiderhandeln. Zum Beispiel kann der Kirchenaustritt ein Kündigungsgrund sein.

Nebenpflichten des Arbeitgebers

1. Beschäftigungspflicht

Diese Pflicht verlangt, dass der Arbeitnehmer mit der vereinbarten Arbeitszeit zu beschäftigen ist.

Zur Beschäftigungspflicht gehört auch das Recht des Arbeitnehmers auf Beschäftigung mit der vereinbarten Art der Arbeit. Dies bedeutet für unser zweites Fallbeispiel, dass Reinigungsarbeiten, wenn sie nicht im Vertrag vereinbart wurden, grundsätzlich nicht zu den Arbeitspflichten einer Erzieherin gehören. In einer solchen Situation wie der oben beschriebenen, ist eine kurzzeitige Übernahme solcher Arbeiten allerdings zumutbar. Die Erzieherin muss deshalb der Weisung Folge leisten. Kurzzeitig bedeutet etwa einen Zeitraum zwischen zwei bis vier Wochen.

2. Fürsorgepflicht

Jeder Arbeitgeber ist verpflichtet, Gesundheit und Leben des Arbeitnehmers zu schützen. Dazu gehört die Einhaltung des Arbeitsschutzes. Auch die Einhaltung der Arbeitszeitordnung ist von Bedeutung. In der Regel muss dem Arbeitnehmer nach Beendigung der täglichen Arbeitszeit eine Ruhezeit von mindestens elf Stunden gewährt werden.
Zur Fürsorgepflicht ist auch das regelmäßige Abführen der Beiträge zur Sozialversicherung zu zählen.

3. Zeugnispflicht

Bei der Beendigung des Arbeitsverhältnisses hat der Arbeitnehmer Anspruch auf die Erstellung eines Arbeitszeugnisses. § 630 BGB regelt:

> § „Bei der Beendigung eines dauernden Dienstverhältnisses kann der Verpflichtete von dem anderen Teil ein schriftliches Zeugnis über das Dienstverhältnis und dessen Dauer fordern. Das Zeugnis ist auf Verlangen auf die Leistungen und die Führung im Dienst zu erstrecken. Die Erteilung des Zeugnisses in elektronischer Form ist ausgeschlossen."

Sollte der Arbeitnehmer verlangen, dass im Zeugnis Aussagen über seine Leistungen im zurückliegenden Arbeitsverhältnis enthalten sind, dann handelt es sich um ein qualifiziertes Arbeitszeugnis. Ansonsten spricht man von einem einfachen Zeugnis.

Kehren wir jetzt zu unserem Fallbeispiel 1 zurück. Es berührt die Frage nach der Form eines Arbeitsvertrages. Grundsätzlich bedarf dieser keiner Schriftform. Rechtsgültig kann er auch mündlich abgeschlossen werden. Julia hat in unserem Fall mit der Ferienanlage einen Arbeitsvertrag abgeschlossen. Durch ihr Nichterscheinen zum vereinbarten Arbeitsbeginn hat sie ihre Pflicht zur Erbringung der Arbeitsleistung verletzt. Die Schadenersatzforderungen der Ferienanlage sind berechtigt.

Die Schriftform des Arbeitsvertrages ist empfehlenswert. Spätere Meinungsverschiedenheiten können dadurch von Anfang an vermieden werden. Der Gesetzgeber hat deshalb seit dem 20.7.1995 im Nachweisgesetz festgelegt, dass jeder Arbeitgeber dem Arbeitnehmer binnen eines Monats nach dem vereinbarten Beginn des Arbeitsverhältnisses eine unterschriebene Niederschrift mit den wesentlichen Arbeitsbedingungen aushändigen muss, soweit nicht von Anfang an ein schriftlicher Arbeitsvertrag abgeschlossen wurde.

Hauptinhalte des Arbeitsvertrages sollten folgende Punkte sein:

- Höhe der Vergütung,

- Art der Arbeit,

- Arbeitszeit,

- Urlaubsanspruch,

- Kündigungsfrist,

- soziale Leistungen (Urlaubsgeld, Weihnachtsgeld usw.),

- Beginn und Ende des Arbeitsverhältnisses,

- Dauer der Probezeit (maximal 6 Monate).

Neben den Festlegungen im Arbeitsvertrag über die Art der Arbeit ist eine ausführliche **Stellenbeschreibung** von großem Nutzen. Anhand dieser können sich beide Vertragsparteien relativ genau orientieren. Pflichterfüllung und Pflichtverletzung sind damit leichter nachvollziehbar.

Für die Tätigkeit von sozialpädagogischen Fachkräften spielt der Tarifvertrag der Länder eine wichtige Rolle. Er gilt für alle Arbeitnehmer, die in Einrichtungen des Bundes, der Länder und der Kommunen beschäftigt sind.

Freie Träger wenden das Tarifrecht der Länder meist entsprechend an. Über Arbeitsvertragsrichtlinien (AVR) verfügen beispielsweise das Diakonische Werk und der Deutsche Caritasverband. Diese Regelungen orientieren sich aber auch am Tarifrecht des öffentlichen Dienstes der Länder.

Aufgaben

1. *Formulieren Sie eine mögliche Stellenbeschreibung (stichpunktartig) für eine Erzieherin im Gruppendienst in einer altersgemischten Gruppe eines Kinder- und Jugendheimes.*

2. *Entwickeln Sie allgemeine Kriterien für ein qualifiziertes Arbeitszeugnis einer Erzieherin, die als Gruppenleiterin in einer Kindertagesstätte tätig war.*

22.3 Beendigung von Arbeitsverhältnissen

Fallbeispiel 1 Sabine ist 29 Jahre alt und arbeitet seit drei Jahren in einer Kindertagesstätte als Erzieherin. Sie ist kinderlos und nicht verheiratet. Der Träger der Einrichtung, die Gemeinde, kündigte ihr das Arbeitsverhältnis am 30.3.10 zum 30.4.10. Die Kündigung wird aus betrieblichen Gründen (geringe Auslastung der Einrichtung) ausgesprochen. Ist die Kündigung rechtens?

Fallbeispiel 2 Erzieherin Michaela arbeitet seit zwei Monaten in einer Jugendfreizeitstätte einer kreisfreien Stadt. Ihr Mann, der länger arbeitslos war, hat jetzt Arbeit in einem über 400 km entfernten Ort bekommen. Wohnraum kann dort auch kurzfristig vermittelt werden. Michaela kündigt ihr Arbeitsverhältnis mit einer Frist von drei Wochen. Ist die Kündigung möglich?

Fallbeispiel 3 Erzieherin Petra weiß, dass sie in ihrer Kindertagesstätte in nächster Zeit nur noch zu 60 % beschäftigt werden kann. Sie hat kurzfristig (innerhalb der nächsten zwei Wochen) die Möglichkeit, eine unbefristete Vollanstellung in einer sozialpädagogischen Einrichtung eines anderen Trägers zu bekommen. Kann sie beim bisherigen Arbeitgeber kurzfristig kündigen?

Alle drei Fälle spiegeln mögliche Situationen zur Beendigung von Arbeitsverhältnissen wider. Prinzipiell enden Arbeitsverhältnisse durch **Zeitablauf, Kündigung** oder **Aufhebungsvertrag**.

Zum Zeitablauf regelt § 620 Absatz 1 BGB:

§ „Das Dienstverhältnis endigt mit dem Ablauf der Zeit, für die es eingegangen ist."

Ein solches Arbeitsverhältnis war von Anfang an durch entsprechende Regelungen im Arbeitsvertrag befristet. Es endet automatisch mit dem Zeitablauf, wenn keine Verlängerung vereinbart wurde.

Die Beendigung des Arbeitsverhältnisses durch Kündigung kann als **ordentliche** oder als **außerordentliche Kündigung** erfolgen.

Eine ordentliche Kündigung liegt immer dann vor, wenn sie unter Einhaltung der in § 622 BGB bestimmten Fristen erfolgt. Außerdem müssen dabei auch die Bestimmungen des Kündigungsschutzgesetzes beachtet werden.

§ 622 Absatz 1 BGB legt fest:

§ „Das Arbeitsverhältnis eines Arbeiters oder eines Angestellten (Arbeitnehmer) kann mit einer Frist von vier Wochen zum Fünfzehnten oder zum Ende eines Kalendermonats gekündigt werden."

Nach dieser Regelung wäre die Kündigung im Fallbeispiel 2 nicht haltbar. Zu prüfen wäre jetzt, welche Probezeit im Arbeitsvertrag vereinbart worden ist. Dazu sagt § 622 Absatz 3 BGB:

§ „Während einer vereinbarten Probezeit, längstens für die Dauer von sechs Monaten, kann das Arbeitsverhältnis mit einer Frist von zwei Wochen gekündigt werden."

Beträgt also die Probezeit mehr als zwei Monate, was eigentlich üblich ist, dann kann Petra ohne Angabe von Gründen den Arbeitsvertrag kündigen. Dies kann in der Probezeit ebenso der Arbeitgeber.

Für die Kündigung in Fallbeispiel 1 müssen weitere rechtliche Aspekte herangezogen werden. Zunächst ist festzustellen, dass auch hier eine ordentliche Kündigung erfolgen soll. § 622 Absatz 2 BGB muss zurate gezogen werden:

§ „Für die Kündigung durch den Arbeitgeber beträgt die Kündigungsfrist, wenn das Arbeitsverhältnis in dem Betrieb oder Unternehmen

1. zwei Jahre bestanden hat, einen Monat zum Ende eines Kalendermonats,

2. fünf Jahre bestanden hat, zwei Monate zum Ende eines Kalendermonats,

3. acht Jahre bestanden hat, drei Monate zum Ende eines Kalendermonats,

4. zehn Jahre bestanden hat, vier Monate zum Ende eines Kalendermonats,

5. zwölf Jahre bestanden hat, fünf Monate zum Ende eines Kalendermonats,

6. 15 Jahre bestanden hat, sechs Monate zum Ende eines Kalendermonats,

7. 20 Jahre bestanden hat, sieben Monate zum Ende eines Kalendermonats.

Bei der Berechnung der Beschäftigungsdauer werden Zeiten, die vor der Vollendung des 25. Lebensjahres des Arbeitnehmers liegen, nicht berücksichtigt."

Die Kündigungsfrist für Arbeitgeber verlängert sich nach dieser Vorschrift entsprechend der Zugehörigkeit zum Betrieb bzw. Unternehmen. Für unsere Fallbeispiel 1 bedeutet dies, dass der Arbeitgeber spätestens am 31.03. die Kündigung gegenüber Sabine hätte aussprechen müssen, damit sie zum 30.04. wirksam wird. Dies ist erfolgt, da der Erzieherin am 30.03. gekündigt wurde. Aus der Sicht der einzuhaltenden Kündigungsfrist ist die ausgesprochene Beendigung des Arbeitsverhältnisses rechtens. Wir müssen aber jetzt noch prüfen, ob im Rahmen des Kündigungsschutzgesetzes eine solche ordentliche Kündigung durch den Arbeitgeber wie im Fallbeispiel möglich ist.

Betrachten wir dazu § 1 des Kündigungsschutzgesetzes (KSchG):

> § „(1) Die Kündigung des Arbeitsverhältnisses gegenüber einem Arbeitnehmer, dessen Arbeitsverhältnis in demselben Betrieb oder Unternehmen ohne Unterbrechung länger als sechs Monate bestanden hat, ist rechtsunwirksam, wenn sie sozial ungerechtfertigt ist.
>
> (2) Sozial ungerechtfertigt ist die Kündigung, wenn sie nicht durch Gründe, die in der Person oder dem Verhalten des Arbeitnehmers liegen, oder durch dringende betriebliche Erfordernisse, die eine Weiterbeschäftigung des Arbeitnehmers in diesem Betrieb entgegenstehen, bedingt ist. ...“

Ordentliche Kündigungen durch den Arbeitgeber müssen laut KSchG stets begründet werden. Arbeitnehmer hingegen müssen ihre ordentlich ausgesprochene Kündigung nicht begründen.

Der Gesetzgeber nennt im Gesetz drei mögliche Gründe für eine ordentliche Kündigung. Wir wollen diese in einer Übersicht zusammenfassen:

Gründe in der Person	Gründe im Verhalten	Dringende betriebliche Belange
u. a.	• häufiges Zuspätkommen	• Rationalisierung
• mangelnde fachliche Eignung	• Alkoholgenuss am Arbeitsplatz	• Auftragsmangel
• längere Krankheit, wenn dadurch der Betriebsablauf stark beeinträchtigt wird	• Störung des Betriebsfriedens	• Stilllegung des Betriebs

In unserem Fall sprechen dringende betriebliche Belange (geringe Auslastung der Einrichtung) für die Kündigung. Der Arbeitgeber hat aber auch noch zu prüfen, ob eine Weiterbeschäftigung in einer anderen Einrichtung der Stadt möglich ist. Ähnlich muss auch ein Betrieb des privaten Rechts vorgehen. Für die Stadt als öffentlicher Arbeitgeber kommt noch ein weiterer Gesichtspunkt zur Überprüfung hinzu. Es muss geprüft werden, ob die Kündigung in diesem Falle der Richtlinie zur personellen Auswahl bei Kündigung entspricht. Da Sabine erst drei Jahre tätig war, sie kinderlos ist, scheint die Beendigung ihres Arbeitsverhältnisses durch eine ordentliche Kündigung seitens des Arbeitgebers gerechtfertigt zu sein.

Die außerordentliche Kündigung ist der Form nach eine fristlose Kündigung ohne Einhaltung der gesetzlichen Kündigungsfrist. Sie ist nach § 626 Absatz 1 BGB nur aus wichtigen Gründen möglich. Solche Gründe müssen so schwerwiegend sein, dass es dem Kündigenden nicht zumutbar ist, das Arbeitsverhältnis bis zum Ablauf der Frist einer ordentlichen Kündigung aufrechtzuerhalten. Gründe können aus der Sicht von Arbeitgeber und Arbeitnehmer u. a. sein: Diebstahl am Arbeitsplatz, sexuelle Belästigung am Arbeitsplatz, Mobbing, Verletzung der Schweigepflicht.

Beachtet werden müssen bei der fristlosen Kündigung auch die Bestimmungen des § 626 Absatz 2 BGB:

> § „Die Kündigung kann nur innerhalb von zwei Wochen erfolgen. Die Frist beginnt mit dem Zeitpunkt, in dem der Kündigungsberechtigte von den für die Kündigung maßgebenden Tatsachen Kenntnis erlangt. Der Kündigende muss dem anderen Teil auf Verlangen den Kündigungsgrund unverzüglich schriftlich mitteilen."

Prinzipiell gilt für jede Art der Kündigung die Schriftform (§ 623 BGB).

Bleibt noch die letzte Möglichkeit für die Beendigung eines Arbeitsverhältnisses zu erläutern, der Aufhebungsvertrag. Er kommt im gegenseitigen Einvernehmen zwischen Arbeitgeber und Arbeitnehmer zustande. Beide erklären in einem Vertrag die Beendigung des Arbeitsverhältnisses zu einem bestimmten Zeitpunkt. Dieser kann außerhalb der Kündigungsfristen liegen. In unserem dritten Fall kann die betroffene Erzieherin um einen solchen Vertrag nachsuchen. Er käme auch im zweiten Fall in Betracht, wenn eine Kündigung innerhalb einer vereinbarten Probezeit nicht möglich wäre und auch die Einhaltung der Kündigungsfrist nach § 622 Absatz 1 BGB unmöglich erscheint.

Aufgaben

1. *Erstellen Sie eine Übersicht zu den Möglichkeiten der Beendigung von Arbeitsverhältnissen.*

2. *Beschreiben Sie drei mögliche Gründe für eine außerordentliche Kündigung gegenüber einem Erzieher oder einer Erzieherin in einer Jugendfreizeiteinrichtung.*

3. *Ordentliche Kündigungen müssen bei vorliegenden dringenden betrieblichen Erfordernissen stets sozial gerechtfertigt sein. Dies führt auch dazu, dass jüngeren sozialpädagogischen Fachkräften eher gekündigt wird. Wie beurteilen Sie diese Tatsache?*

22.4 Mutterschutz und Elternzeit

Innerhalb des Arbeitsrechts gibt es Gesetzlichkeiten, die bestimmte Arbeitnehmergruppen schützen sollen. Dazu zählen Frauen in Zeiten der Schwangerschaft bzw. unmittelbar nach der Entbindung. Das Gesetz lautet mit seinem vollständigen Titel **„Gesetz zum Schutze der erwerbstätigen Mutter (Mutterschutzgesetz – MuSchG).**

> *Fallbeispiel   Frau X arbeitet als Erzieherin in einer Heimeinrichtung für Kinder und Jugendliche. Die Einrichtung leistet Hilfe zur Erziehung im Sinne des SBG VIII. Frau X arbeitet im Schichtdienst, der auch nächtliche Dienste beinhaltet. Sie ist im dritten Monat schwanger. Gemeinsam mit ihrem Ehemann überlegt sie, wie sich ihre berufliche Tätigkeit während und nach der Entbindung gestalten könnte.*

Zunächst einmal gilt in diesem Falle das im MuSchG festgelegte Beschäftigungsverbot gemäß §§ 3, 6 MuSchG.

§ 3 Absatz 2 MuSchG

„Werdende Mütter dürfen in den letzten sechs Wochen vor der Entbindung nicht beschäftigt werden, es sei denn, dass sie sich zur Arbeitsleistung ausdrücklich bereit erklären; die Erklärung kann jederzeit widerrufen werden."

§ 6 Absatz 1 MuSchG

„Mütter dürfen bis zum Ablauf von acht Wochen nach der Entbindung nicht beschäftigt werden. Für Mütter nach Früh- und Mehrlingsgeburten verlängert sich diese Frist auf zwölf Wochen, bei Frühgeburten zusätzlich um den Zeitraum, der nach § 3 Abs. 2 nicht in Anspruch genommen werden konnte. Beim Tode ihres Kindes kann die Mutter auf ihr ausdrückliches Verlangen schon vor Ablauf dieser Fristen wieder beschäftigt werden, wenn nach ärztlichem Zeugnis nichts dagegen spricht. Sie kann ihre Erklärung jederzeit widerrufen."

Aus dieser Vorschrift ergibt sich für Frau X bei normalem Verlauf der Schwangerschaft und Geburt eine Mutterschutzfrist von insgesamt 14 Wochen. In dieser Zeit ist sie von ihrer Arbeit freigestellt und hat Anspruch auf Mutterschaftsgeld entsprechend der Reichsversicherungsordnung § 200. Gezahlt wird es von der jeweiligen Krankenversicherung.

Frau X muss nach § 5 Absatz 1 MuSchG ihrem Arbeitgeber unmittelbar nach Bekanntwerden ihre Schwangerschaft mitteilen. Im Einzelnen lautet die Bestimmung:

„Werdende Mütter sollen dem Arbeitgeber ihre Schwangerschaft und den mutmaßlichen Tag der Entbindung mitteilen, sobald ihnen ihr Zustand bekannt ist. Auf Verlangen des Arbeitgebers sollen sie das Zeugnis eines Arztes oder einer Hebamme vorlegen. Der Arbeitgeber hat die Aufsichtsbehörde unverzüglich von der Mitteilung der werdenden Mutter zu benachrichtigen. Er darf die Mitteilung der werdenden Mutter Dritten nicht unbefugt bekannt geben."

Für den Arbeitgeber hat die Schwangerschaft von Frau X weitere wichtige Konsequenzen. Die werdende Mutter darf jetzt nicht mehr zu Nachtdiensten herangezogen werden. Auch die Beschäftigung an Sonn- und Feiertagen ist nach § 8 Absatz 1 MuSchG untersagt:

„Werdende und stillende Mütter dürfen nicht mit Mehrarbeit, nicht in der Nacht zwischen 20 und 6 Uhr und nicht an Sonn- und Feiertagen beschäftigt werden."

Weiterhin unterliegt Frau X nach § 9 MuSchG einem Kündigungsverbot während der gesamten Schwangerschaft einschließlich bis zum Ablauf von vier Monaten nach der Geburt.

Für die Gestaltung des Familienlebens nach der Geburt des Kindes ist für Familie X das **„Bundeselterngeld- und Elternzeitgesetz"** (BEEG) von Bedeutung. Dieses ersetzt seit dem 1. Januar 2007 das bisherige „Bundeserziehungsgeldgesetz". Nach dem neuen BEEG haben Eltern nach der Geburt eines Kindes Anspruch auf Elterngeld. § 2 Absatz 1 BEEG sagt dazu aus:

„Elterngeld wird in Höhe von 67 Prozent des in den zwölf Kalendermonaten vor dem Monat der Geburt des Kindes durchschnittlich erzielten monatlichen Einkommens aus Erwerbstätigkeit bis zu einem Höchstbetrag von 1 800 Euro monatlich für volle Monate gezahlt, in denen die berechtigte Person kein Einkommen aus Erwerbstätigkeit erzielt. Als Einkommen aus Erwerbstätigkeit ist die Summe der positiven Einkünfte aus Land- und Forstwirtschaft, Gewerbebetrieb, selbstständiger Arbeit und nichtselbstständiger Arbeit im Sinne von § 2 Abs. 1 Satz 1 Nr. 1 bis 4 des Einkommensteuergesetzes nach Maßgabe der Absätze 7 bis 9 zu berücksichtigen."

Anspruchsberechtigte für das Elterngeld sind die jeweilige Mutter oder der jeweilige Vater des Kindes. Weitere wichtige Bedingungen sind, dass Mutter oder Vater nicht mehr als 30 Stunden in der Woche erwerbstätig sind und mit ihrem Kind in einem Haushalt leben.

Mütter und Väter können den Bezug des Elterngeldes auch untereinander aufteilen (Partnermonate). Dann beträgt die maximale Bezugsdauer des Elterngeldes 28 Monate. Nimmt nur ein Elternteil das Elterngeld wahr, dann beträgt die Bezugszeit maximal zwölf Monate.

Das BEEG regelt auch die Inanspruchnahme von Elternzeit. Der Anspruch darauf besteht bis zur Vollendung des dritten Lebensjahres des Kindes. Auch diese Zeit kann unter den Eltern aufgeteilt werden. Wichtig dabei ist, dass Elternzeit für eine Dauer von bis zu zwölf Monaten auch bis zum vollendeten achten Lebensjahr des Kindes genommen werden kann. Dazu bedarf es allerdings auch der Genehmigung durch den jeweiligen Arbeitgeber.

Mit den seit dem 1. Januar 2007 gültigen Neuerungen versucht der Gesetzgeber die Vereinbarkeit von Elternschaft und Beruf weiter zu verbessern.

Nähere Informationen zum Elterngeld und zur Elternzeit enthält die Broschüre „Elterngeld und Elternzeit" des Bundesministeriums für Familie, Senioren, Frauen und Jugend. Sie kann dort kostenlos bestellt werden. Sie ist auch unter der Adresse www.bmfsfj.de aus dem Internet abrufbar.

Aufgabe

Erklären Sie die Bedeutung der Regelungen zum Mutterschutz aus der Sicht der Familien und aus der Sicht unserer weiteren gesellschaftlichen Entwicklung.

22.5 Jugendarbeitsschutz

Zum besonders zu schützenden Teil der erwerbstätigen Bevölkerung zählt zweifellos auch der jugendliche Arbeitnehmer. Rechtsgrundlage ist das **„Gesetz zum Schutze der arbeitenden Jugend (Jugendarbeitsschutzgesetz – JArbSchG)"**.

§ 1 JArbSchG regelt zunächst den Geltungsbereich des Gesetzes:

§ „(1) Dieses Gesetz gilt in der Bundesrepublik Deutschland und in der ausschließlichen Wirtschaftszone für die Beschäftigung von Personen, die noch nicht 18 Jahre alt sind,

1. in der Berufsausbildung,

2. als Arbeitnehmer oder Heimarbeiter,

3. mit sonstigen Dienstleistungen, die der Arbeitsleistung von Arbeitnehmern oder Heimarbeitern ähnlich sind,

4. in einem der Berufsausbildung ähnlichen Ausbildungsverhältnis."

(2) Dieses Gesetz gilt nicht

1. für geringfügige Hilfeleistungen, soweit sie gelegentlich

a) aus Gefälligkeit,

b) aufgrund familienrechtlicher Vorschriften,

c) in Einrichtungen der Jugendhilfe,

d) in Einrichtungen zur Eingliederung Behinderter
   erbracht werden,

2. für die Beschäftigung durch die Personensorgeberechtigten im Familienhaushalt."

Das Gesetz bestimmt für seinen Geltungsbereich auch, wer im Sinne des Gesetzes Kind bzw. Jugendlicher ist. § 2 JArbSchG sagt aus:

§ „(1) Kind im Sinne dieses Gesetzes ist, wer noch nicht 15 Jahre alt ist.

(2) Jugendlicher im Sinne dieses Gesetzes ist, wer 15, aber noch nicht 18 Jahre alt ist."

Ziel des Gesetzes ist der Schutz von Kindern und Jugendlichen vor Überforderung und gesundheitlicher Gefährdung, insbesondere durch Unfälle. Unfallgefahren sind für Kinder und Jugendliche aufgrund mangelnder Erfahrungen und alterstypischen Besonderheiten größer als für ältere Arbeitnehmer.

Betrachten wir zunächst einige wesentliche Bestimmungen dieser Rechtsquelle bezüglich der Beschäftigung von Kindern.

Fallbeispiel 1 *Justus ist dreizehn Jahre alt und wohnt in einer Heimeinrichtung. Er ist Schü-*
ler einer Gesamtschule. Er befragt seinen verantwortlichen Erzieher, ob er das folgende
Angebot zur Aufbesserung seines Taschengeldes annehmen kann: Justus hat die Möglich-
keit, in der Woche täglich zwischen 5.30 Uhr und 7.30 Uhr Zeitungen auszutragen.

Grundsätzlich besteht für Kinder im Sinne des JArbSchG ein generelles Beschäftigungsverbot. Dies regelt der § 1 Absatz 1 JArbSchG dieser rechtlichen Regelung. In Absatz 2
werden Ausnahmen für eine mögliche Beschäftigung von Kindern genannt. Sie betreffen:

- Beschäftigungen innerhalb einer Beschäftigungs- bzw. Arbeitstherapie,

- im Rahmen des Betriebspraktikums während der Vollzeitschulpflicht,

- und Beschäftigungen in Erfüllung einer richterlichen Weisung.

Um Justus Problem zu lösen, müssen wir den Absatz 3 des § 5 JArbSchG betrachten:

> § „Das Verbot des Absatzes 1 gilt ferner nicht für die Beschäftigung von Kindern über
> 13 Jahre mit Einwilligung des Personensorgeberechtigten, soweit die Beschäftigung
> leicht und für Kinder geeignet ist. Die Beschäftigung ist leicht, wenn sie aufgrund
> ihrer Beschaffenheit und der besonderen Bedingungen, unter denen sie ausgeführt
> wird,
>
> 1. die Sicherheit, Gesundheit und Entwicklung der Kinder,
>
> 2. ihren Schulbesuch, ihre Beteiligung an Maßnahmen zur Berufswahlvorbereitung
>   oder Berufsausbildung, die von der zuständigen Stelle anerkannt sind, und
>
> 3. ihre Fähigkeit, dem Unterricht mit Nutzen zu folgen,
>
> nicht nachteilig beeinflusst. Die Kinder dürfen nicht mehr als zwei Stunden täglich,
> in landwirtschaftlichen Familienbetrieben nicht mehr als drei Stunden täglich, nicht
> zwischen 18 und 8 Uhr, nicht vor dem Schulunterricht und nicht während des Schul-
> unterrichts beschäftigt werden. Auf die Beschäftigung finden die §§ 15 bis 31 ent-
> sprechend Anwendung."

Nach dieser Regelung kann Justus eine wie oben beschriebene Beschäftigung nicht aufnehmen.

Sonderregelungen über die Beschäftigung von Kindern enthält § 6 JArbSchG. Sie beziehen
sich auf Ausnahmen für Veranstaltungen (z. B. Theatervorstellungen). Dafür kann entsprechend der gesetzlichen Vorschriften die Aufsichtsbehörde auf Antrag Sondergeneh-
migungen erteilen.

Wenden wir uns jetzt den Bestimmungen über die Beschäftigung von Jugendlichen zu.

Fallbeispiel 1 *Sascha ist 15 Jahre alt und geht noch zur Schule. Während der Sommerfe-*
rien möchte er in einer Tischlerei arbeiten. Die Arbeitszeit beginnt für ihn um 7.00 Uhr und
endet um 16.30 Uhr. In dieser Zeit hat er eine Stunde Pause. Freitags soll er von 7.00 bis
11.30 Uhr mit einer Pause von 30 Minuten arbeiten. Ist diese Arbeitszeit zulässig?

Fallbeispiel 2 Die siebzehnjährige Vera besucht eine Berufsfachschule für soziale Berufe. Im sozialpflegerischen Praktikum soll sie beim Wechsel von der Spätschicht zur Frühschicht wie folgt arbeiten: Spätschicht von 14.00 bis 23.00 Uhr; Frühschicht am folgenden Tag von 6.30 bis 15.30 Uhr. Die Schule legt gegen diese Arbeitszeit Widerspruch ein.

Bei der Beurteilung von Saschas Arbeitszeit im Fallbeispiel 1 sind verschiedene Regelungen zu beachten. Nach § 8 Absatz 1 JArbSchG beträgt die wöchentliche Arbeitszeit für Jugendliche maximal 40 Stunden. Dabei wird nach § 15 JArbSchG von einer Fünf-Tage-Woche ausgegangen. Als tägliche Arbeitszeit gilt die Zeit vom Beginn bis zum Ende der täglichen Beschäftigung ohne die Ruhepausen. Dies ist in § 4 Absatz 1 JArbSchG geregelt. Für die Dauer von Ruhepausen muss § 11 Absatz 1 JArbSchG beachtet werden:

§ „Jugendlichen müssen im Voraus feststehende Ruhepausen von angemessener Dauer gewährt werden. Die Ruhepausen müssen mindestens betragen

1. 30 Minuten bei einer Arbeitszeit von mehr als viereinhalb Stunden bis zu sechs Stunden,

2. 60 Minuten bei einer Arbeitszeit von mehr als sechs Stunden.

Als Ruhepause gilt nur eine Arbeitsunterbrechung von mindestens 15 Minuten."

Jugendliche dürfen nach § 11 Absatz 2 JArbSchG nicht länger als viereinhalb Stunden hintereinander ohne Ruhepausen beschäftigt werden. Der Aufenthalt während der Ruhepausen sollte möglichst außerhalb des Arbeitsraumes erfolgen. Ist dies nicht möglich, muss die Arbeit während dieser Zeit ruhen und die notwendige Erholung darf auch nicht anderweitig beeinträchtigt sein (§ 11 Absatz 3 JArbSchG).

Weiter heißt es in § 8 Absatz 2a JArbSchG:

§ „Wenn an einzelnen Werktagen die Arbeitszeit auf weniger als acht Stunden verkürzt ist, können Jugendliche an den übrigen Werktagen derselben Woche achteinhalb Stunden beschäftigt werden."

Da Saschas Arbeitszeit am Freitag nur viereinhalb Stunden einschließlich einer Pause von 30 Minuten beträgt, ist die Arbeitszeit von achteinhalb Stunden plus einer Stunde Pause an den übrigen Werktagen rechtens. Die gesamte wöchentliche Arbeitszeit (ohne Pausen) beträgt 38 Stunden und liegt damit unter der zulässigen Gesamtarbeitszeit von 40 Stunden.

Im zweiten Fallbeispiel basiert der Einspruch der Berufsfachschule gegen Veras Arbeitszeit auf den Bestimmungen des § 13 JArbSchG:

§ „Nach der Beendigung der täglichen Arbeitszeit dürfen Jugendliche nicht vor Ablauf einer ununterbrochenen Freizeit von mindestens 12 Stunden beschäftigt werden."

Mit der geplanten Arbeitszeitregelung wird Vera die gesetzlich garantierte Freizeit nicht gewährt. Somit ist der Widerspruch der Berufsfachschule gerechtfertigt und die Schichtzeit für Vera muss verändert werden.

Grundsätzliche Regelungen zur Gewährleistung der Nachtruhe beinhaltet § 14 JArbchG:

§ „(1) Jugendliche dürfen nur in der Zeit von 6 bis 20 Uhr beschäftigt werden.

(2) Jugendliche über 16 Jahren dürfen

1. im Gaststätten- und Schaustellergewerbe bis 22 Uhr,

2. in mehrschichtigen Betrieben bis 23 Uhr,

3. in der Landwirtschaft ab 5 Uhr oder bis 21 Uhr,

4. in Bäckereien und Konditoreien ab 5 Uhr,

beschäftigt werden."

Veras Schicht bis 23 Uhr ist rechtens, weil sie in einem mehrschichtigen Betrieb arbeitet.

Unter der Schichtzeit ist die tägliche Arbeitszeit unter Hinzurechnung der Ruhepausen zu verstehen. Nach § 12 JArbSchG darf die Schichtzeit für Jugendliche nicht mehr als zehn Stunden pro Tag betragen. Abweichende Regelungen gelten für die Beschäftigten unter Tage sowie in der Landwirtschaft, Tierhaltung, auf Bau- und Montagestellen.

Bei der Arbeitszeitplanung für Jugendliche sind weiterhin folgende Bestimmungen des JArbSchG zu beachten:

- §§ 9 und 10: Freistellung für Berufsschule, Prüfungen und außerbetriebliche Ausbildungsmaßnahmen;

- §§ 16 bis 18: Samstags-, Sonntags- und Feiertagsruhe;

- § 19: Urlaub.

Zusammenfassung
Zweck des Arbeitsrechts ist der Schutz der Arbeitnehmer vor Nachteilen und Gefährdungen, die sich aufgrund ihrer besonderen Abhängigkeit von den Arbeitgebern ergeben. Das Arbeitsrecht gehört in Teilen sowohl zum Zivilrecht als auch zum öffentlichen Recht. Es teilt sich in die Hauptgebiete individuelles Arbeitsrecht und kollektives Arbeitsrecht.
Der Arbeitsvertrag ist die wichtigste Rechtsgrundlage dieses Rechtsgebietes. Sein Abschluss ist vom Grundsatz her formfrei, allerdings müssen die Bestimmungen des Nachweisgesetzes beachtet werden. Der Arbeitsvertrag ist seinem Wesen nach ein Dienstvertrag und begründet als solcher das Rechtsverhältnis zwischen Arbeitgeber und Arbeitnehmer.
Hauptpflicht des Arbeitgebers ist die Zahlung der vereinbarten Vergütung, die Erbringung der vereinbarten Arbeitsleistung ist die Hauptpflicht des Arbeitnehmers. Ein Arbeitsverhältnis kann durch Zeitablauf, Kündigung (ordentlich oder außerordentlich) oder durch Aufhebungsvertrag beendet werden.
Mutterschutzgesetz, Bundeserziehungsgeldgesetz und Jugendarbeitsschutzgesetz sind wichtige Rechtsgrundlagen im Arbeitsrecht, die dem besonderen Schutz von Müttern, Familien und jugendlichen Arbeitnehmern dienen.

Sachwortverzeichnis